瑞士 Switzerland

MOOK NEWAction no.78

作者
蒙金蘭・墨刻編輯部

攝影
汪雨菁・墨刻攝影組

主編
蒙金蘭

美術設計
董嘉惠・許靜萍・羅婕云

地圖繪製
Nina・墨刻編輯部

出版公司
墨刻出版股份有限公司
地址：115台北市南港區昆陽街16號7樓
電話：886-2-2500-7008
傳真：886-2-2500-7796
E-mail：mook_service@cph.com.tw
讀者服務：readerservice@cph.com.tw
墨刻官網：www.mook.com.tw

發行公司
英屬蓋曼群島商家庭傳媒股份有限公司城邦分公司
地址：115台北市南港區昆陽街16號8樓
電話：886-2-2500-7718　886-2-2500-7719
傳真：886-2-2500-1990　886-2-2500-1991
城邦讀書花園：www.cite.com.tw
劃撥：19863813
戶名：書虫股份有限公司

香港發行所
城邦(香港)出版集團有限公司
地址：香港九龍土瓜灣土瓜灣道86號順聯工業大廈6樓A室
電話：852-2508-6231
傳真：852-2578-9337
E-mail：hkcite@biznetvigator.com

馬新發行所
城邦(馬新)出版集團 Cite (M) Sdn Bhd
地址：41, Jalan Radin Anum, Bandar Baru Sri Petaling,
57000 Kuala Lumpur, Malaysia.
電話：(603)90563833
傳真：(603)90576622
E-mail：services@cite.my

製版・印刷
藝樺設計有限公司・漾格科技股份有限公司

經銷商
聯合發行股份有限公司（電話：886-2-29178022）
誠品股份有限公司
金世盟實業股份有限公司

城邦書號
KV3078

定價
480元

ISBN
978-986-289-910-6・978-986-289-914-4（EPUB）
2023年9月初版　2024年4月二刷

首席執行長 Chief Executive Officer
何飛鵬　Feipong Ho

生活旅遊事業總經理暨墨刻出版社長 PCH Group President & Mook Managing Director
李淑霞　Kelly Lee

總編輯 Editor in Chief
汪雨菁　Eugenia Uang

資深主編 Senior Managing Editor
呂宛霖　Donna Lu

編輯 Editor
趙思語・唐德容・王藝霏・林昱霖
Yuyu Chew, Tejung Tang, Wang Yi Fei, Lin Yu Lin

資深美術設計主任 Senior Chief Designer
羅婕云　Jie-Yun Luo

資深美術設計 Senior Designer
李英娟　Rebecca Lee

影音企劃執行 Digital Planning Executive
邱茗晨　Mingchen Chiu

資深業務經理 Senior Advertising Manager
詹顏嘉　Jessie Jan

業務經理 Advertising Manager
劉玫玟　Karen Liu

業務專員 Advertising Specialist
程麒　Teresa Cheng

行銷企畫經理 Marketing Manager
呂妙君　Cloud Lu

行銷企畫主任 Marketing Supervisor
許立心　Sandra Hsu

業務行政專員 Marketing & Advertising Specialist
呂瑜珊　Cindy Lu

印務部經理 Printing Dept. Manager
王竟為　Jing Wei Wan

國家圖書館出版品預行編目資料

瑞士/蒙金蘭, 汪雨菁, 墨刻編輯部作. -- 初版. -- 臺北市：墨刻出版
股份有限公司出版：英屬蓋曼群島商家庭傳媒股份有限公司城邦分
公司發行, 2023.09
304面；16.8×23公分. -- (New action；78)
ISBN 978-986-289-910-6(平裝)
1.CST: 旅遊 2.CST: 瑞士
744.89　　　　　　　　　　　112013208

U0020338

墨刻整合傳媒廣告團隊
提供全方位廣告、數位、影音、代編、出版、行銷等服務
為您創造最佳效益
歡迎與我們聯繫：mook_service@mook.com.tw

©Ticino Tourism

行的營業時間彈性較大，且現在有越來越多商店，陸續延長營業時間。

銀行：一般營業時間為週一至週五8:30-16:30，週末及國定假日不服務，每周有一天延長服務時間，視各地區而定。

郵局：辦公時間為週一至週五8:30-12:00、14:00-17:00，大城市的郵局週六8:30-12:00也提供服務。此外，若是設在購物商場內的郵局，會隨商場服務時間改變。

商店：大部分商店週一至週五的營業時間為9:00~18:00，週六9:00~16:00，除了機場、火車站以外的商店，週日幾乎都不營業。百貨公司和大型超市週間固定一天會延長營業至21:00，延長營業時間依店家而異。

◎購物退稅Step by Step

在瑞士購物都會被收取8%的營業額加值稅(VAT)，且通常內含於商品價格中。外國旅客只要在店門口貼有「TAX FREE」的免稅商店中當日消費滿CHF300以上，只要90天內將商品帶離瑞士，均可申請退稅。有些大型鐘錶禮品店 外國遊客提供特別的當場扣稅服務，在這樣的商店裡消費，應退的稅款已直接從購物款中扣除，但離開瑞士前仍然必須前往海關退稅處蓋章並繳交表格，海關會將申請表寄回商店，否則該店家還是會從信用卡扣取稅額。

Step 1 填寫免稅申請表格

於購物商店索取免稅申請表格(Global Refund Cheque)並填妥。有時商家會要求出示護照證明非瑞士居民。要特別注意的是，欲退稅的商品完成手續前不能先使用。

Step 2 機場退稅審查

離境前攜帶購買之商品、申請表格及購物收據，到機場的櫃台辦理退稅。辦完登機手續經過海關後，找到寫著「VAT Refund」或「Global Blue」的櫃檯，選擇您使用的語言，螢幕上就會告訴您如何操作。通常是將單子放到桌面上，辦公室的工作人員可以通過電子攝像設備看到單子的內容。

有時如果金額較大，可能會被要求出示購賣的商品，所以如果買了價格昂貴的物品需要退稅，最好不要放到托運行李裡，以備退稅時檢查。工作人員審完單據後，就會在單據上蓋章。

Step 3 選擇退款方式

蓋完章後，持申請書到附近的「Global Blue Cash Refund Office」櫃檯領取退稅款。可以選擇美金或是瑞士法郎現金，或是將金額退回信用卡帳單內。

如果來不及到Cash Refund櫃檯領取退稅款，也可以在歐洲其他國家的任何一個Cash Refund櫃檯領取，但由於瑞士不屬於歐盟成員國，因此一定要先將單據在瑞士海關蓋章。同樣道理，瑞士海關也不會幫你在歐盟境內買的商品蓋退稅章，所以若從其他國家進入瑞士，通過邊境時一定要先辦理退稅。

◎旅遊常見德、法、義文單字對照表

中文	德文	法文	義大利文
星期一	Montag	Lundi	Lunedi
星期二	Dienstag	Mardi	martedì
星期三	Mittwoch	Mercredi	mercoledì
星期四	Donnerstag	Jeudi	Giovedi
星期五	Freitag	Vendredi	venerdì
星期六	Samstag	Samedi	Di Sabato
星期天	Sonntag	Dimanche	La Domenica
火車站	Bahnhof	Gare	Stazione
車站月台	Plattform	Quai	Piattaforma
出口	Ausgang	Sortie	Produzione
入口	Eingang	Entrée	Ingresso
到達	Ankunft	Arrivée	Arrivo
出發	Abfahrt	Départ	Partenza

Switzerland 瑞士

no.78

德國

法國

蘇黎世● Zürich

列支敦士登

奧地利

伯恩● Bern

瑞士 Switzerland

日內瓦 Genéve

義大利

MOOK NEWAction

瑞士 MOOK NEWAction no.78
Switzerland

本書所提供的各項可能變動性資訊，如交通、時間、價格(含票價)、地址、電話、網址，係以2023年8月前所收集的為準；特別提醒的是，COVID-19疫情期間這類資訊的變動幅度較大，正確內容請以當地即時標示的資訊為主。
如果你在旅行中發現資訊已更動，或是有任何內文或地圖需要修正的地方，歡迎隨時指正和批評。你可以透過下列方式告訴我們：
寫信：台北市104中山區民生東路二段141號9樓MOOK編輯部收
傳真：02-25007996
E-mail：mook_service@hmg.com.tw
FB粉絲團：「MOOK墨刻出版」www.facebook.com/travelmook

符號説明

🕾 電話　　🅗 休日　　❶ 注意事項　　⏱ 所需時間　　ℹ 旅遊諮詢
🎧 地址　　💲 價格　　🅖 營業項目　　🚃 如何前往　　🅗 住宿
🕙 時間　　🆄 網址　　✿ 特色　　🚇 市區交通

3

Welcome to Switzerland

歡迎來到瑞士

第一次拜訪瑞士時，猶記得是個涼爽的六月天，當火車從鄰國進入瑞士，只覺得眼前的風景好像印象派大師筆下的畫面一般：藍天、白雲、青山、綠水，構圖和諧、色彩飽和，忍不住驚呼「好漂亮！」

接下來的每一天，都像是生活在畫中，相機快門隨便一按，就是一張無須修圖的風景明信片。

第二次拜訪瑞士，是白雪靄靄的冬天，身旁的同伴驚喜大喊：「下雪了！」雖然我也喜歡冷冽的空氣、雖然也喜歡下雪的浪漫，但是心裡默默祈禱：「下夠就好了，否則世界是黑白的，很難拍照。」冬天的瑞士雖然有獨特的風情，但難免缺少春夏季節的千嬌百媚。

此後，又造訪瑞士好幾次，不但看過少女峰、馬特洪峰、鐵力士山等不同季節的不同面貌，更腳踏實地走過這些山區的好幾條山徑，遇過山羊、黑面羊、聽過牛鈴交響曲、餵過土撥鼠……，總覺得瑞士迷人的元素難以數計，每次來都有新的感動。

朋友問我以後還會不會再來瑞士，當然要啊！希望很快再見！

瑞士全圖

德國
Deutschland

巴塞爾
Basel

Aesch
Gelterkinden
Aarau
Lenzbu
Olten

德萊蒙
Delémont

Moutier

Solothurn
Langenthal

Grenchen

比爾
Biel

Burgdorf

法國
France

拉紹德封
La Chaux-de-Fonds

勒洛克勒
Le Locle

紐沙特
Neuchâtel

伯恩
Bern

皮拉區
Pila

紐沙特湖
Lac de Neuchâtel

Murten

Langnau
Wiggen

皮拉圖斯山
Pilatus

聖十字
Ste-Croix

弗里堡
Fribourg

Münsigen

圖恩
Thun

布里恩茲
Brienz

依佛登
Yverdon-les-Bains

圖恩湖
Thunersee

布里恩茲湖
Brienzersee

史匹茲
Spiez

茵特拉肯
Interlaken

麥林根
Meiringen

洛桑
Lausanne

Oey-Diemtigen

女根
Wengen

格林德瓦
Grindelwald

莫爾日
Morges

拉沃地區
Lavaux

Châtel-St-D.

威薇
Vevey

茲懷斯文
Zweisimmen

穆倫
Mürren

雪朗峰
Schilthorn

少女峰
Jungfrau

阿雷奇冰
Aletschllor.

日內瓦湖
Lac Léman

蒙投
Montreux

代堡
Château-d'Oex

尼庸
Nyon

西庸城堡
Château de Chillon

達布列斯
Les Diablerets

洛加伯特
Leukerbad

布里格
Brig

菲許
Fiesch

日內瓦
Genéve

西昂
Sion

洛伊克
Leuk

菲斯普
Visp

馬蒂尼
Martigny

薩斯菲
Saas Fee

法國
France

策馬特
Zermatt

蘇納格
Sunnegga

葛納葛特
Gornergrat

馬特洪峰
Matterhorn

羅莎峰
Monte Rosa

小馬特洪峰
Klein Matterhorn

白朗峰
Mont Blanc

圖例 ⊙景點 ⊙城鎮 ◉城市 —— 主要公路 ═══ 鐵路 ▲山 - - - 國界

沙夫豪森
Schaffhausen

萊恩河畔施泰因
Stein am Rhein

羅曼斯漢
Romanshorn

波登湖
Bodensee

溫特圖爾
Winterthur

Will

羅爾沙赫
Rorschach

蘇黎世
Zürich

Gossau

聖加侖
St.Gallen

蘇黎世湖
Zürichsee

阿彭策爾
Appenzell

奧地利
Österreich

楚格
Zug

Ziegelbrücke

森蒂斯峰
Säntis

列支敦士登
Liechtenstein

布赫斯
Buchs

沙恩
Schaan

瑞吉山

Walen-see

瓦都茲
Vaduz

馬爾邦
Malbun

琉森
Luzern

布魯嫩
Brunnen

格拉魯斯
Glarus

薩爾岡斯
Sargans

巴德拉格斯
Bad Ragaz

琉森湖
Vierwaldstättersee

福爾倫
Flüelen

梅恩菲德
Maienfeld

克洛斯特斯
Klosters

下恩加丁谷地
Engiadina Bassa

英格堡
Engelberg

庫爾
Chur

達沃斯
Davos

羅瑞納隧道
Vereina-Tunnel

斯庫爾
Scuol

鐵力士山
Titlis

阿羅薩
Arosa

瓜爾達
Guarda

Göschenen

迪森蒂斯
Disentis

圖西斯
Thusis

策爾內茲
Zernez

瑞士國家公園
Parc Naziunal Svizzer

米施泰爾
Münstair

安德馬特
Andermatt

上恩加丁谷地
Engiadin'Ota

Faido

聖摩里茲
St.Moritz

蓬特雷西納
Pontresina

伯連納峰
Piz Bernina

搭急峰 Alp Grüm

Biasca

佛爾薩斯卡山谷
Valle Verzasca

波斯基亞沃
Poschiavo

洛卡諾
Locarno

貝林佐納
Bellinzona

提拉諾
Tirano

阿斯科納
Ascona

馬嬌蕾湖
Lago Maggiore

盧加諾湖
Lago di Lugano

盧加諾
Lugano

義大利
Italia

德語區

Melide

科摩湖
Lago di Como

法語區

羅曼語區

Chiasso

義大利語區

7

必去瑞士理由

親炙阿爾卑斯名山

少女峰是阿爾卑斯山脈的女神，優雅展顏即能顛倒眾生；馬特洪峰孤傲決然，展現王者之姿；鐵力士山的冰雪樂園總是歡笑滿溢；險峻的皮拉圖斯山龍罩著一層神秘面紗。

湖畔坐看風起雲湧

布里恩茲湖純淨清澈，圖恩湖閃耀翡翠光澤，琉森湖旖映襯皚皚雪山，馬嬌蕾湖渲染著南歐的熱情，而階梯式的葡萄園把寶石藍的日內瓦湖襯托得更加亮眼。出發吧！航向如夢似幻的山偎水涯。

與野生動物喜相逢

瑞士整個國家都在阿爾卑斯山區，保護大自然也不遺餘力，很多地方都可以近距離與野生動物深情相望。不只在山徑上可以遇見牛、羊、土撥鼠，就連在一些小鎮的大街上，都有可能要讓路給回家的羊群，有趣極了。

追尋愛的迫降足跡

疫情期間，一齣韓劇「愛的迫降」吹皺一池春水，劇中經常穿插出現瑞士迷人的山光水色，搭配浪漫的劇情，令人心嚮往之。終於，疫情告一段落，粉絲們可以實地飛往蘇黎世、布里恩茲湖、伊瑟瓦德、菲斯特、小夏戴克等地，身歷其境感受男女主角的浪漫情懷。

花花世界山野健行

瑞士山景之美，無需贅言，如果適逢春夏時節前往，別只顧著登頂就匆匆離開，山腰間的健行步道，同樣蘊藏著豐富的寶藏：生命力蓬勃的野花、探頭探腦的土撥鼠、搖頭晃腦吃草的牛群……驚喜無所不在。

見識精密鐘錶工業

瑞士鐘錶的製作技術和品質享譽國際，這項精緻工藝甚至是國家經濟命脈之一。來到鐘錶大本營，怎能錯過深入了解的機會。蘇黎世的拜耳鐘錶博物館、日內瓦百達翡麗鐘錶博物館、沙夫豪森的萬國錶博物館等，都能欣賞跨越世代的鐘錶收藏。

旅行計畫
Plan Your Trip

Top Highlights of Switzerland
瑞士之最

文●蒙金蘭‧墨刻編輯部　攝影●墨刻攝影組

湖光山色
Lakes and Mountains

　　瑞士的美訴説不盡，一言以蔽之：湖光山色！坐上遊船，換個角度欣賞瑞士，更加嫵媚動人。
無論是琉森湖、圖恩湖、布里恩茲湖、日內瓦湖或是馬嬌蕾湖，保證教你念念不忘。(P.140)

最浪漫湖泊
The Most Romantic Lakes

琉森湖，琉森/德語區
Vierwaldstättersee,
Luzern /
German-Speaking
Region (P.109)

布里恩茲湖與圖恩湖，
少女峰地區/德語區，
Brienzersee & Thunersee,
Jungfrau Region /
German-Speaking
Region (P.142)

可愛野生動物
Lovely wild animals

　　在阿爾卑斯的山徑上、小鎮裡，隨時有機會與黑面羊、牛、山羊、土撥鼠等可愛動物相遇。尤其是薩斯菲地區的土撥鼠，居然絲毫不怕人，大方在你面前把帶殼花生狠狠啃光的畫面，可愛到最高點。(P.176)

少女峰Jungfrau

少女峰上有全歐洲最高的火車站、全歐洲最高的郵局，更是眾多科學觀測的重要基地；天氣好的話，在少女峰周邊很多地區都有機會看到艾格峰、僧侶峰、少女峰三山並列的壯麗景象，親眼目睹時，心中的感動著實難以言喻。(P.136)

最佳纜車路線
The Best Cable Car Routes

艾格快線，少女峰地區／德語區
Eiger Express, Jungfrau Region / German-Speaking Region (P.149)

梅利菲展望台，少女峰地區／德語區
Männlichen, Jungfrau Region / German-Speaking Region (P.152)

馬特洪峰
Matterhorn

銳利的三角錐造型讓馬特洪峰展現孤傲的王者氣勢,成為瑞士的代表圖騰。拜科技所賜,旅人不再需要冒著生命危險翻山越嶺,只要跳上登山火車,就能近距離欣賞壯麗遼闊的山嶽美景。
(P.162)

最美的首都
The most beautiful capital

翡翠綠的阿勒河蜿蜒流過，把完整保留中世紀城牆街廓的老城區緊緊抱在懷裡，外圍則是櫛比鱗次的紅瓦房舍，點綴在翠綠山林間。此情此景，很難想像它竟然是一國的首都！的確是需要好好珍惜的世界文化遺產。(P.127)

最震撼登山鐵道
The Most Striking Railways

皮拉圖斯山鐵道，琉森/德語區
Pilatus Bahn, Luzern / German-Speaking Region (P.119)

少女峰鐵道，少女峰地區/德語區
Jungfraubahnen, Jungfrau Region / German-Speaking Region (P.155)

最迷人的山野健行
The most charming mountain hiking

　　無論少女峰、馬特洪峰或是鐵力士山，整個阿爾卑斯山區都是健行的好地方，只要搭著纜車登上高處，再順著山徑慢慢往下走，春夏季節更是一路野花相伴，不但最美、也是最輕鬆的山野健行路線。(P.57)

徐尼格觀景台，少女峰地區／德語區	葛納葛特登山鐵道，馬特洪峰區／德語區	魔塔拉觀景台，聖摩里茲／羅曼語區
Schynige Platte, Jungfrau Region / German–Speaking Region (P.146)	Gornergrat Bahn, Matterhorn Region / German–Speaking Region (P.168)	Muottas Muragl, St. Moritz / Romansh–Speaking Region (P.287)

阿爾卑斯山脈最大的冰河
The largest glacier in the Alps

阿雷奇冰河總長達23公里，面積超過120平方公里，從少女峰南側一直延伸到上隆河谷地，原本向著正南方順流而下，到了菲雪阿爾卑驀然西轉，形成一道極美的弧線，是阿爾卑斯山脈最大的冰河。(P.186)

最棒溫泉
The Best Hot Springs

巴登，蘇黎世及其周邊/
德語區
Baden, Zürich & Around/
German-Speaking
Region(P.96)

洛加伯特，洛加伯特/
德語區
Leukerbad, Leukerbad /
German-Speaking
Region(P.184)

最早的全景旋轉纜車
The First panoramic rotating cable car

要登上鐵力士山頂，必須從山下的英格堡搭乘3種不同的纜車上山，其中第二段有美麗的特呂布湖相伴，最後一段更是世界首創的360度旋轉纜車，讓人多方面大開眼界。(P.124)

最強觀景火車
Scenic Train
Tours

　瑞士數條各具特色的景觀列車，
讓旅客舒服地坐在位子上，悠閒穿
越冰河、高山隘口、湖泊與瀑布。
景觀列車的車廂都經過特殊設計，
不但有加大的全景透明車窗，座位
也特別寬敞，部分路線還有沿途語
音導覽；車上豐富的美酒佳餚，更
是為旅程加分不少。(P.46)

最美小鎮
The Most Beautiful Town

阿彭策爾，聖加侖及其周邊/
德語區
Appenzell, St. Gallen &
Around /
German-Speaking
Region(P.205)

梅恩菲德，梅恩菲德及其周
邊/德語區
Maienfeld, Maienfeld &
Around /
German-Speaking
Region(P.207)

戶外活動天堂
Outdoors Paradise

一齣「愛的迫降」，讓大家見識到在瑞士玩飛行傘的畫面竟是如此迷人！何止飛行傘，在瑞士從事滑翔翼、高山健行、騎自行車、滑雪、冰河健行等，都是既健康又賞心悅目的戶外活動。(P.55)

威薇，日內瓦湖區/
法語區
Vevey, Region du Leman /
French-Speaking
Region(P.253)

阿斯科納，洛卡諾及其周邊/
義語區
Ascona, Locarno &
Around /
Italian-Speaking
Region(P.279)

斯庫爾，下恩加丁谷地/
羅曼語區
Scuol, Engiadina Bassa /
Romansh-Speaking
Region(P.290)

Top Itineraries of Switzerland
瑞士精選行程　文●蒙金蘭‧墨刻編輯部

火車全景環遊15天

●行程特色

　　一口氣體驗5種景觀列車，完成這趟旅程後，不但會從此愛上瑞士的山巒湖泊，感受到4個語區的鮮明個性，更會對瑞士鐵路系統及大眾交通的整合留下深刻印象。旅程中無論是景觀列車、高速火車、遊湖船、登山火車、高空纜車甚至城市中的巴士電車，Swiss Travel Pass全部包辦，讓你輕輕鬆鬆就能環遊瑞士。

●行程內容

Day1：探索蘇黎世(Zürich)

Day2：蘇黎世→沙夫豪森(Schaffhausen)→蘇黎世

Day3：探索聖加侖(St. Gallen)及其周邊

Day4：體驗阿爾卑斯山麓快車(Pre-Alpine Express)，抵達琉森(Luzern)

Day5：探索琉森及皮拉圖斯山(Mt. Pilatus)

Day6：探索茵特拉肯(Interlaken)

Day7：茵特拉肯→少女峰車站(Jungfraujoch)→茵特拉肯

Day8：搭乘黃金列車(Golden Pass)，抵達蒙投(Montreux)

Day9：探索日內瓦湖區(Region du Léman)

Day10：前往策馬特(Zermatt)，探索馬特洪峰區(Matterhorn Region)

Day11：體驗冰河列車(Glacier Express)，抵達聖摩里茲(St. Moritz)

Day12：體驗伯連納快車(Bernina Express)，抵達盧加諾(Lugano)

Day13：探索貝林佐納(Bellinzona)、洛卡諾(Locarno)

Day14：體驗威廉泰爾快車(William Tell Express)，抵達琉森

Day15：返回蘇黎世，準備搭機回程

駕車環遊15天

●行程特色

　　在阿爾卑斯山區自駕，移動本身就是最棒的旅程，這條環遊之路(Ground Tour of Switzerland)捨棄了城鎮間的快速道路，曲曲折折繞山而行，就是要讓你看盡瑞士最美的風景。除了雪山、湖泊和冰河等自然景觀，也會經過5大世界遺產、品味4個語區的大城小鎮風情。握住手中的方向盤，盡情享受自由自在的旅行吧！

●行程內容

Day1：探索蘇黎世

Day2：蘇黎世→巴塞爾(Basel)→蘇黎世

Day3：蘇黎世→沙夫豪森→聖加侖

Day4：前往阿彭策爾(Appenzell)→列支敦士登(Liechtenstein)→梅恩菲德(Maienfeld)

Day5：前往達沃斯(Davos)→斯庫爾(Scuol)

Day6：前往聖摩里茲，探索聖摩里茲

Day7：前往貝林佐納，探索貝林佐納

Day8：前往盧加諾，探索盧加諾

Day9：前往策馬特，探索策馬特

Day10：探索馬特洪峰區

Day11：前往蒙投，探索日內瓦湖區

Day12：前往茵特拉肯→少女峰車站(火車往返)→茵特拉肯

Day13：前往伯恩(Bern)，探索伯恩

Day14：前往琉森，探索琉森

Day15：返回蘇黎世，準備搭機回程

三峰五湖精華10天

●行程特色

　這條路線可以一口氣搜集瑞士3大名峰及5大湖泊，且中世紀古城伯恩和琉森、國際大都會蘇黎世和日內瓦也網羅在行程中。行程安排上沒有非常緊湊，停留在茵特拉肯那天，可當天往返少女峰；從蒙投到日內瓦這段，可順遊西庸城堡或洛桑、威薇等小鎮。

●行程內容

Day1：探索蘇黎世

Day2：前往琉森，探索琉森

Day3：琉森→鐵力士山(Mt. Titlis)→琉森

Day4：前往茵特拉肯，探索茵特拉肯

Day5：茵特拉肯→少女峰車站→茵特拉肯

Day6：前往策馬特，探索馬特洪峰區

Day7：前往蒙投，探索日內瓦湖區

Day8：探索日內瓦湖區，抵達日內瓦

Day9：前往伯恩，探索伯恩

Day10：返回蘇黎世，準備搭機回程

景觀列車&自駕10天

●行程特色

　從井然有序的德語區出發，到羅曼語區的童話小鎮，然後搭景觀列車走過被列為世界文化遺產的鐵道，欣賞伯連納群峰、冰河與深谷，最後陽光與棕櫚樹迎接你進入義語區。建議從蘇黎世租車，一路開到聖摩里茲，在此還車後開始景觀列車行程，可同時體驗公路、鐵路，以及3種語區的文化差異。

●行程內容

Day1：探索蘇黎世

Day2：前往聖加侖，探索聖加侖及其周邊

Day3：前往梅恩菲德→列支敦士登→達沃斯

Day4：前往斯庫爾，探索下恩加丁谷地(Engiadina Bassa)

Day5：前往聖摩里茲，探索聖摩里茲

Day6：體驗伯連納快車，抵達盧加諾

Day7：前往貝林佐納，探索貝林佐納及洛卡諾

Day8：體驗威廉泰爾快車，抵達琉森

Day9：探索琉森及皮拉圖斯山

Day10：返回蘇黎世，準備搭機回程

雪山溫泉8天

●行程特色

　　從浪漫的法語區開始，接著前進策馬特親近馬特洪峰，天氣許可的話，不妨安排一段高山健行，然後由洛加伯特的溫泉洗去一身疲憊。少女峰與阿雷奇冰河是另一個重頭戲，然後經過優雅的伯恩與琉森，最後留下充裕的時間回到蘇黎世採購紀念品。

●行程內容

Day 1：探索日內瓦(Genève)

Day 2：探索日內瓦湖區

Day3：前往策馬特，探索馬特洪峰區

Day4：前往洛加伯特(Leukerbad)，探索洛加伯特

Day5：前往茵特拉肯→少女峰車站→茵特拉肯

Day6：前往伯恩，探索伯恩

Day7：前往琉森，探索琉森

Day8：前往蘇黎世，準備搭機回程

高山健行8天

●行程特色

　　瑞士山峰之美一直是旅人最主要的目的，這個行程主要推薦給健行愛好者，將大部分的時間獻給阿爾卑斯山。鐵力士山、少女峰和馬特洪峰各有特色，且都是交通方便容易到達的區域。最好選擇上午的時間登頂，山上的能見度比較高，然後有時間再選幾條健行步道走走。

●行程內容

Day1：探索蘇黎世

Day2：前往琉森，探索琉森

Day3：琉森→鐵力士山→琉森

Day4：前往茵特拉肯，探索茵特拉肯

Day5：茵特拉肯→少女峰車站→茵特拉肯

Day6：前往策馬特，探索馬特洪峰區

Day7：探索馬特洪峰區

Day8：返回蘇黎世，準備搭機回程

古城巡禮5天

●行程特色

如果只有5天的時間，那麼別浪費時間在交通往返上，建議集中探索單一地區，才不至於每個地方都蜻蜓點水，失去旅行的樂趣。這趟先好好地感受德語區的精華城鎮，以後有機會再深入瑞士的山水之間。

●行程內容

Day1：探索蘇黎世

Day2：前往琉森，探索琉森

Day3：琉森→鐵力士山→琉森

Day4：前往伯恩，探索伯恩

Day5：返回蘇黎世，準備搭機回程

經典瑞士5天

●行程特色

5天的旅程若能雙點進出，時間上更能有效運用，可以跨足德語和法語兩大區，看到更多瑞士的面貌。而且，除了茵特拉肯到蒙投的黃金列車之外，建議盡量選擇傍晚或晚上搭火車移動，把白天留給在定點遊玩、探索。

●行程內容

Day1：探索蘇黎世

Day2：前往琉森，探索琉森

Day3：前往茵特拉肯→少女峰車站→茵特拉肯

Day4：搭乘黃金列車，抵達蒙投，探索日內瓦湖區

Day5：探索日內瓦，準備搭機回程或前進下一站

When to go
最佳旅行時刻　文●墨刻編輯部　攝影●墨刻攝影組

瑞士是不臨海的內陸國，60%的國土屬於阿爾卑斯山脈，10%屬於西北部的侏羅山脈（Jura Mountains），一般而言屬於溫帶氣候，四季分明，夏季降雨稍多，少有酷寒、炎暑或連綿雨季。南部提契諾州是地中海型氣候，夏季較長且溫暖潮濕，可見到許多亞熱帶植物。橫貫瑞士的阿爾卑斯山區則屬於高山氣候，冬天雪季長，乾燥少雨，日溫差大，春天則來得較晚。

由於瑞士緯度較高，整體而言冬季較長，不管城市或高山，日夜溫差都很大。四季皆有不同風景，而旅遊旺季集中在6月中～9月初的登山健行時節，以及12～2月的滑雪季。3月至復活節前以及11月，很多景點、纜車都會縮減營運時間或封閉整修，為接下來的旅遊季做準備，安排行程時要注意。

百花之春

復活節過後，春天先從南部的提契諾州及日內瓦湖畔醒來，4～6月初百花開始綻放，遊客還不多，但氣候已逐漸溫暖，日照天數也開始增加，繽紛花朵點綴石板小徑，最適合安排古都或小鎮漫遊。

而高山的春天來得較晚，許多高海拔區域仍然積雪未融，健行步道大多封閉，部分山區的旅館甚至會在4月休館，700公尺左右的山麓地帶，5月以後就適合上山，而6月初阿爾卑斯黃花等開始遍佈山野，是最好的賞花時節。

健行之夏

6月中～9月初是瑞士最有活力的季節，陽光充足、日照時間長，藝術節、音樂節、電影節等各種文化活動輪番上陣；登山健行、腳踏車、湖上遊船、泛舟、風帆、飛行傘等各式各樣的戶外活動也紛紛動員，對熱愛自然的旅行者而言，夏季的瑞士就是天堂！

瑞士的盛夏對亞洲人而言不算太熱，早晚溫差較大，建議攜帶一件薄外套。而少女峰、馬特洪峰等3千公尺以上高山，終年積雪不化，即使夏季上山也要穿戴保暖衣物。

金黃之秋

9月中～11月是豐收的秋季，山林被渲染成一幅色彩飽滿的風景畫，深深淺淺的金黃與楓紅，映襯著高爽亮藍的天，丘陵梯田的金黃葡萄結實累累，城市裡一地的落葉增添浪漫情懷。此時進入狩獵期，許多餐廳會推出秋季限定的野味，有機會不妨試試。若要前往山區健行，10月中以前還算合適，但深秋以後日照時間大幅縮短，許多纜車會縮短行駛時間，尤其是11月常有不定期關閉維修的狀況。

銀白之冬

由於瑞士高山滑雪場的質量及數量都是世界級的，12～3月反而是瑞士的旅遊旺季，尤其是12月中～2月間，每個火車站進出的人都提著大包小包雪具，山區都是等待大展身手的遊客，若沒有事先訂房，熱門雪場都一房難求；城鎮的重點則是熱鬧的耶誕市集，入夜後點上五彩繽紛的燈光，更是浪漫。3月是雪季的末端，雪場是否開放會依照每年的融雪狀況而定。

瑞士**旅行日曆**

瑞士有許多宗教性的節日被定為國定/州定假日，但就像台灣的中秋節、端午節每年日期略有變動一樣，復活節、耶穌受難日或各州節慶活動等也是年年變更。需注意的是：許多景點、博物館或商家逢國定假日休息，出發前建議先確認該年度放假的確切日期，才不會白跑一趟。

日期	節慶/活動	地點	內容
1月1日	新年New Year	全國	全國各地都有盛大的煙火秀和倒數活動。
1月的最後一週	國際熱氣球週 The Château-d'Oex international hot-air balloon	代堡	自1979年起就是一年一度國際熱氣球競賽舉辦場地，每年至少有來自15個國家、超過80架熱氣球參加。
復活節的40天前	狂歡節Carnival	貝林佐納(2月中) 巴賽爾(2月底) 琉森(3月初)	從前教徒在耶穌復活前禁食40天，稱為四旬齋節。開始齋戒前放肆飲酒作樂，就演變成現在的狂歡節。各地都有不同的慶祝方式。
復活節前的週五	耶穌受難日 Good Friday	全國	
春分之後第一個週日	復活節 Easter	全國	各地都有尋找彩蛋活動，巧克力店從3週前開始充滿巧克力兔子和蛋。
復活節後的週一	Easter Monday	全國	
94月第3個週一	春鳴節Sechseläuten	蘇黎世	源自14世紀，宣告春天到來的第一聲鐘響。有古裝及中古行會遊行及燃燒雪人活動，雪人愈快燒盡，則代表春天愈早來到。
從復活節算起第40天	耶穌昇天節 Ascension Day	全國	
耶穌昇天節後第10天	聖靈降臨節 Whit Monday	全國	
7月中上旬	爵士音樂節Montreux Jazz Festival	蒙投	為期16天的國際性音樂盛會，發展至今已不僅只爵士樂表演而已。
8月1日	瑞士國慶日	全國	源自1291年聯邦憲章中所提及的「八月初」，到19世紀初才確定日期。全國都有升營火、懸掛國旗、施放煙火等慶祝方式，萊茵瀑布的煙火秀尤其壯觀。
8月初	洛卡諾國際電影節 Locarno International Film Festival	洛卡諾	全世界前5大電影節之一，有「最大的地方節慶」之美譽。夜晚在大廣場露天放映巨型電影是最大特色。
8月15日	列支敦士登國慶日	列支敦士登	
11月第4個週一	洋蔥市集 Zwiebelmarkt	伯恩	伯恩居民為了報答1405年大火後協助建城的周圍農民，允諾農民們得以在城中兜售農作物。除了洋蔥以外，當天會聚集上千個各式攤位。
12月第2週週末	登城節 Escalade	日內瓦	紀念1602年日內瓦市民與薩伏伊公爵對抗的一場大勝利。夜晚會穿著古裝，從隆河邊遊行至聖彼耶大教堂前廣場，並由騎馬的傳令官朗讀勝利宣言。
12月25日	聖誕節	全國	
12月26日	聖誕節翌日 Boxing Day	全國	許多百貨公司會在此時開始大折扣，是購物的好時機。
12月31日	除夕	全國	

Best Taste in Switzerland
瑞士好味 文●墨刻編輯部 攝影●墨刻攝影組

畜牧業發達的瑞士,乳製品和牛、羊料理當然是餐桌上的主角。對喜愛起士的人來說,瑞士是天堂般的國度,隨便一家超市販售的起士就多達上百種,使用不同口味起士變化出的傳統美食更是多樣化,可以說起士就是瑞士食物的靈魂。而不同語區受到鄰近文化的影響,又各自發展帶有義大利、法國特色的地區料理。

✛ 嫩煎鱸魚
Filets de Perches

瑞士是多湖的國家,不管哪個湖畔城市的淡水魚料理都肉質滑嫩、鮮美無比,其中最出名的是日內瓦湖區的嫩煎鱸魚。現撈鱸魚去骨切片,奶油稍微嫩煎後,灑幾滴檸檬就能品嘗到魚肉鮮甜滋味;有些餐廳採用法式做法:淋上特製奶油白醬,一口咬下,檸檬與義式香料的清香伴隨奶油的濃郁在舌尖迸發,多層次的味覺饗宴令人意猶未盡。

✛ 阿爾卑斯焗通心粉
Älpelermagronen

源自阿爾卑斯山區的經典菜,和其他瑞士傳統菜一樣,阿爾卑斯焗通心粉的原料少不了奶油、起士和馬鈴薯,通常選用比較硬的Berkäse起士、Appenzeller起士或帶點香草味道的Gruyere起士,盛盤後再灑上酥炸洋蔥絲增加香脆口感。最畫龍點睛的是搭配食用的肉桂蘋果泥,酸酸甜甜的味道不僅有開胃效果,與濃厚奶香形成奇妙的完美比例,濃郁不失清爽。

✛ 伯恩盤
Berner Platte

各種肉類和醃製菜類的組合,包含燻豬肉、牛舌、豬蹄膀和香腸等,分別以高湯烹煮或烤過後放在一起,沾上黃芥末,再配上水煮馬鈴薯、酸味甜菜、酸菜等配菜一同食用,是伯恩地區冬天農家的家常菜,也是當地餐廳限定的特色料理,和啤酒特別對味。

✛ 烤起士
Raclette

將專用起士片放在電爐加熱的小鐵盤上,烤成半融化的濃稠狀態,再將熱騰騰的起士刮下覆蓋在切好的馬鈴薯、火腿片或培根上,搭配醃製蔬菜一起食用。在餐廳點菜時,若只想嘗嘗味道可選擇前菜,店家會直接端出已經烤好盛盤的起士,若是點一份主餐,就會提供爐子和小鐵盤,讓你試試DIY的樂趣。比較講究的傳統餐廳,會由服務生端出一大塊起士到桌邊服務,直接以加熱後的鋼刀切下起士片,利用刀子的熱度融化起士。

關於用餐禮儀

走進餐廳用餐，一般都要等候帶位，只要一坐下，服務生就會先問你要喝什麼飲料，這是西方人的用餐習慣。如果桌上沒準備飲用水，含氣泡的礦泉水(Sparking Water)和瓶裝礦泉水(Still Water)都要付費，亦可詢問是否提供不需付費的自來水(Tap Water)。稍具規模的餐廳，菜單通常同時有德、法、義、英4種語言，如果沒有也不用緊張，瑞士人的英文能力都有一定水準。

準備結帳時只需要向服務生舉單手示意，或說「Check, please」，服務生就會拿帳單至桌邊結帳。餐廳已包含服務費，若在高級餐廳用餐且真的很滿意，可自行斟酌給小費，通常是餐費的5~10%。

在物價高昂的瑞士旅行，走進中價位餐廳用餐，即使只單點主菜和飲料，每人平均也要CHF30~40，進餐廳前記得先看看門口的菜單價位。若不想大傷荷包，除了連鎖速食店、街邊快餐車以外，百貨超市也是好選擇。規模較大的連鎖超市Coop City、Migros，以及連鎖百貨Globus和Manor都有附設自助式餐廳及舒適的用餐區。

✚起士火鍋
Cheese Fondue

一鍋融化的濃稠起士在小爐火上微微冒泡，淡鵝黃色的光澤、空氣中飽滿的起士味混合酒香，挑動飢餓的神經。起士火鍋是瑞士最著名的國菜，使用Gruyere、Emmental等2~4種起士放在白酒或櫻桃酒中加熱融化，將麵包或水煮小馬鈴薯蘸滿起士後一口吃下。通常會搭配酸黃瓜、醃漬小洋蔥這類可喚醒味覺的小菜，才不會太膩。

起士火鍋最好兩人以上一同享用，搭配白酒或熱紅茶，比較能幫助消化。若是和瑞士人一起享用火鍋，切忌讓叉子上的麵包掉入鍋中，這是不合禮儀的行為，照慣例可是要買一瓶白酒賠罪喔！

✚炸肉火鍋
Bourguignonne

炸肉火鍋和起士火鍋的吃法相當類似，只是鍋子裡裝的不是湯也不是起士，而是滾燙的油。肉類可以選擇牛、豬或羊肉，使用特製的細長叉子叉起切成骰子狀的小塊肉，放進熱鍋裡油炸，幾分熟全憑自己控制，之後沾上各種調味醬料食用。為了吃出多變的味道，一般餐廳會提供4~6種沾醬，比較常見的有蛋黃芥末醬、莎莎醬、牛排醬、蘑菇醬等，且無限量提供種類豐富的醃製蔬菜降低油膩感。

✛ 奶油牛柳
Zürche Geschnetzeltes

　　蘇黎世地區發展出的牛肉料理，現在德語區標榜提供瑞士菜的餐廳都能品嘗到。最傳統的做法是使用小牛肉切成細長條狀或小丁塊，混合洋蔥、蘑菇拌炒，加上白葡萄酒和奶油白醬略煨煮，最後以辣椒粉和檸檬汁提味。略偏鹹的濃郁奶汁適合與馬鈴薯煎餅搭配享用。

✛ 馬鈴薯煎餅
Rösti/Röschti

　　瑞士人餐桌上的最佳配角就是馬鈴薯煎餅，尤其在德語區，幾乎點每道菜都會附贈。馬鈴薯煎餅以前是伯恩州農夫的飽食早餐，作法是將煮過的馬鈴薯刨粗絲，加上奶油、鹽和胡椒簡單調味，在平底鍋中乾煎，吃起來香香脆脆的，口感偏乾，最適合搭配燉肉類料理。

✛ 起士焗麵包
Ramequni/ Käseschnitte

　　這道阿爾卑斯山區的家常菜，通常會使用比較硬的圓麵包做基底，切片後抹上奶油和白酒，鋪上一層火腿或培根，接著再鋪上Raclette專用起士，送進烤箱焗烤，也可以在起士上打顆蛋。味道和烤起士很類似，又比較方便快速，很適合做為中午的快餐選擇；也因為份量及熱量十分充足，在山區特別受到滑雪客或健行者的歡迎。

✛ 火腿冷盤
Piatto Freddo/Kalte Platte

　　火腿冷盤是農家為了儲存食物過冬而發展出的鄉土料理，肉類組合包含風乾牛肉(Bündnerfleisch)、臘腸、生火腿、熟火腿等。風乾牛肉是選用整塊新鮮未烹調的牛肉，以大量鹽和調味料醃製後風乾而成，豬肉和臘腸則以煙燻處理，要吃的時候再切成薄片食用，鹹味較重且富有嚼勁，佐以各種起士切片和酸黃瓜等醃製蔬菜，通常被當作開胃前菜，也是品嘗葡萄酒的最佳下酒菜。

+卡普恩斯
Capuns

　　這是羅曼語區格勞賓登州特有的鄉土菜，將麵粉、雞蛋混合切丁的煙燻培根、絞肉、胡蘿蔔和香草等揉成麵團，外層以瑞士甜菜葉包裹捲起，於肉湯中燉煮而成。盛盤時再淋上奶油白醬及切絲起士，雖然高山地區口味偏鹹，但還算溫和容易接受，有點類似奶油燉煮的高麗菜捲。

Rivella乳清飲料
　　瑞士人深諳資源充分利用之道，Rivella就是把起士製作過程所產生的物質再利用的產品。製造起士時，表面會產生一層乳清，以往都直接倒掉，1952年開始被製成碳酸飲料，喝起來酸酸甜甜有點類似維大力，逐漸普及成為國民飲料。從最早紅色標籤的經典款，到藍色的低卡款、綠色的綠茶風味等，口味眾多，入境隨俗不妨喝喝看。

+大麥粥
Polenta

　　瑞士南部的義語區不只建築及文化，飲食習慣也深受北義大利的影響。傳統的Polenta是將穀物磨成粗粒粉末，加點鹽和牛奶在沸水中熬煮成非常濃稠的糊狀，常用的穀物有大麥、裸麥、蕎麥等。現在的Polenta大多以玉米製成，吃起來有點像玉米口味的燕麥泥，可以單點，也適合搭配肉類主食。在義語區的餐廳點燉肉料理，通常會附上大麥粥當作配菜。

+恩加丁大麥湯
Bündner Gerstensuppe

　　這是一道內容物相當豐盛的湯品，包含大麥、切片蔬菜、風乾牛肉、臘肉、培根、大豆、洋蔥、紅蘿蔔、西洋芹等，滿滿的食材一起燉煮成奶油湯，在氣溫稍低的山區，溫暖下肚。上菜份量通常誠意十足，並附贈佐湯麵包，建議可以兩人分享。

+焦糖核桃塔
Bündner Nusstorte

　　羅曼語區格勞賓登州的傳統糕點，內餡是滿滿的核桃堅果，稍有硬度，一口咬下，迸發出混合的堅果香、焦糖香和蜂蜜香氣，完全是樸實的農家路線。因可長期保存，也適合作為伴手禮。

+油煎香腸
Bratwurst

　　全瑞士餐廳都吃得到的家常料理，一般使用油煎後淋上醬汁，搭配馬鈴薯煎餅或薯條一起食用。比較常見的香腸種類有小牛肉製成的白色香腸Bratwurst；較短、味道偏鹹的紅色豬肉香腸Cervelat；體型最大、牛肉和豬肉混合、帶點肥肉卻不會太過油膩的Schüblig。

Best Buy in Switzerland
瑞士好買 文●墨刻編輯部 攝影●墨刻攝影組

提到瑞士必買的紀念品，立刻會聯想到鐘錶、巧克力和瑞士刀，其實瑞士商品以堅固耐用聞名世界的品牌不少，但瑞士人厲害之處不只在於控制產品品質，更能控制產品價格，所以除了品項是否齊全、能否退稅之外，差價不大。地方限定手工巧克力或具有阿爾卑斯農家風味的商品，則是比較有地方特色的旅遊紀念品。

＋鐘錶

瑞士鐘錶在全球的領先地位起源於16世紀的日內瓦，當時受到宗教迫害的新教徒由鄰國逃到日內瓦，帶來先進的專業製錶技術，並結合瑞士珠寶工藝，讓當時的日內瓦因鐘錶業而富裕，17世紀成立的日內瓦製錶協會就是世界上第一個鐘錶同業公會。周圍的侏羅山區域也隨之發展鐘錶工業，19世紀初瑞士錶就佔了世界鐘錶產量的2/3。現在不管是結構複雜的高價機械錶，或以輕薄平價、百變創意取勝的Swatch都非常受歡迎，但只有機芯在瑞士出產、組裝及完工檢測都在瑞士完成的手錶，才能被賦予瑞士製造(Swiss Made)的高品質印記。

＋Bally皮鞋皮件

1850年，瑞士彈性絲帶製造商卡爾·弗蘭茨·巴利(Carl Franz Bally)到巴黎出差，想要買鞋送愛妻，卻因為忘了尺寸而將同一款式的所有尺寸全部買回。這溫柔浪漫的男人從此對鞋子深深著迷，第二年便於家鄉Schönenwerd小鎮經營製鞋生意，短短20年內，Bally在歐洲製鞋業中就占有舉足輕重的地位，現在更成為世界知名的百年名牌。Bally典雅雋永、方便穿著搭配，且不易退流行的設計主軸，廣受品味人士喜愛。

＋瑞士刀

卡爾·艾斯納(Karl Elsener)因應瑞士陸軍的需求，在1884年設計出一款攜帶方便的多功能隨身小刀，沒想到推出之後大受歡迎，於是正式申請專利並註冊公司，並以母親的名字「Victoria」為公司命名。後來不銹鋼材質運用於刀具製作，在名稱中加入不銹鋼(inox)的元素，瑞士刀最大品牌Victorinox於是誕生。瑞士刀順應潮流，功能、造型皆變化多端，許多專賣商店還提供免費刻字服務，可說是瑞士遊客人手一把的紀念品。

✛國旗商品

鮮紅底色搭配大大的白色十字，線條俐落簡潔的瑞士國旗，印在各式各樣的商品上，就是最能直接代表瑞士的特色紀念品。由瑞士國旗圖樣衍生出的商品種類相當豐富，包括衣服、水壺、鋼筆、牛鈴、背包等，而且全國各地都買得到，所以建議等到旅行的最後一天或是從蘇黎世機場出境前再選購即可。

✛牛鈴

阿爾卑斯山上牧民為了方便管理放牧的牛群，將大大的牛鈴掛在牛脖子上，透過鈴聲辨識自家的牛群，避免牛隻走失。傳統的做法是將鐵皮燒紅後，手工打製焊接，每戶人家的牛鈴大小和厚薄不同，所以有的清脆悅耳，有的低沉渾厚，牧民並根據當地習俗，在牛鈴上繪製不同圖案。全國紀念品店都找得到各種尺寸的牛鈴，常見的圖案選擇有阿爾卑斯小白花、瑞士國旗、地區地標型景點等。

✛長毛象戶外用品Mammut

瑞士酷愛戶外運動的人口眾多，各種山岳、雪地、空中、水中戶外活動特殊需求的服裝、配備，瑞士應有盡有，國際名牌齊聚。其中，在地的品牌長毛象Mammut，擁有超過160年的歷史，秉持瑞士人對產品品質的要求，功能表現卓越，基本上就是安全、專業、品質的保證，穿戴起來令人格外放心。玩家們都知道，長毛象可以說是戶外用品中的「愛馬仕(Hermès)」，精品中的精品，價格自然不便宜，到了原產國，當然要找機會下手。

✛星期五包Freitag

Freitag是創業於蘇黎世的防水帆布包，在台灣常被翻譯成星期五包，但Freitag其實是老闆Markus與Daniel兩兄弟的姓氏。Freitag兄弟倆都是設計師，年輕時以蘇黎世闖天下，騎腳踏車帶著自己的作品四處奔波，卻經常被突如其來的大雨淋得一身溼，於是他們突發奇想，以貨車外覆的防水帆布為原料、以安全帶作背帶、以腳踏車內胎作為布面的邊緣，縫製出充滿工業味的防水肩包。資源回收的奇特創意、防水堅固的質料特性、功能實用的夾層設計、絕不撞包的獨一無二，使Freitag立刻成為歐洲反主流年輕人的最愛。

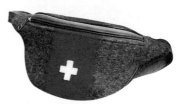

✛羊毛氈包

羊毛氈其實是一種傳統的織品形式，利用羊毛纖維的特性，經過加熱、潤滑、加壓等過程，讓一根根細而彎曲的羊毛纖維糾結在一起，變得扎實而容易塑形。阿爾卑斯山區的特色紀念品之一就是以羊毛氈為原料縫製的各種商品，例如灰色羊毛氈搭配瑞士國旗的可愛腰包，手感溫暖質樸，頗受女性遊客歡迎。羊毛氈包包屬於地區限定商品，只在少女峰地區找得到喔！

＋木雕

瑞士山區的冬天很長，牧民閒暇之餘利用周邊廣大林地的自然資源，在木頭上敲敲打打，逐漸發展出木刻創作的手工藝商品。想要把有手感的木雕紀念品帶回家，最好在少女峰地區的商店尋找，尤其是有「木雕之鄉」美名的布里恩茲小鎮，種類多樣，雕工也較細緻。木雕的主題很多，山區小牛和聖伯納犬最受歡迎。

＋Sigg隨身瓶

1908年，原本只是瑞士生產鍋具的小工廠為了充分利用鋁材剩料，將鋁片衝壓成簡單的水壺，就是Sigg的前身。熱銷全球的Sigg水壺都是以100%可回收利用的鋁鎂合金製成，一體成型、質輕耐用，所以特別受到戶外運動者的喜愛。現代感十足的流線瓶身和色彩鮮豔的設計圖樣，甚至被紐約當代藝術中心(MoMA)收入館藏。

＋手工巧克力

瑞士是牛奶巧克力的發源地，種類繁多、價格適中的品牌巧克力，最適合當作伴手禮。但若想深入了解瑞士巧克力的魅力，不能錯過百年老店的手工巧克力，除了專注於原料、溫度等流程的掌控，每家店的獨門配方各有老饕熟客擁護。此外，根據節慶製作主題巧克力，已成為同業間約定俗成的傳統，例如春天的瓢蟲、兔子及復活節的彩蛋巧克力。

＋巴塞爾薑餅

Basel Läckerli

Läckerli是巴塞爾特產的薑餅，以前當地人只有過年時才會吃，因為Läckerli-Huus將這個貌似平常的小餅乾發揚光大，現在瑞士各大城市都能買到。Läckerli有「小巧且令人愉悅」的意思，正好為這塊小甜點下了最佳註解。小塊包裝的Läckerli口感較像糕餅，除了薑味外，混合了杏仁、蜂蜜、肉桂、豆蔻、丁香等香氣，留在口腔的特殊味道，嘗過就很難忘記。

+利口樂潤喉糖 Ricola

利口樂是運用生長在瑞士的優質香草，所製造出口味獨特的潤喉糖，因為從1940年發明以來，行銷至全世界，熟悉得讓人幾乎忘了它是來自遙遠的瑞士。利口樂多年來嚴守獨家傳統配方，也陸續推出檸檬香草、薄荷、紫錐花蜂蜜檸檬等新口味。

+Kambly餅乾

Kambly可說是瑞士國民品牌的餅乾，創立於1910年，超過百年以來一直屬於家族企業，目前由第三及第四代續經營。Kambly最古老、最著名的產品是一種名為Bretzeli的餅乾，源自創始者祖母的配方；後來又逐漸發展出添加了巧克力、堅果等不同形狀、口味的餅乾，選擇眾多，在各大超市都能輕易看到。

+果乾

旅途中，飲食容易缺乏維生素和纖維質，除了可到當地超市採買當季盛產的生鮮蔬果外，也可以試試高溫脫水後製造的果乾，尤其是以溫帶水果製成的果乾，像是蘋果乾、杏桃乾、蔓越莓乾等，大型連鎖超市有提供自有品牌的多款果乾，好吃又划算。

+葡萄酒

瑞士釀造葡萄酒的歷史相當悠久，據說在羅馬時期，葡萄酒文化就已相當盛行。只是瑞士和列支敦士登的葡萄園面積有限，品質控管嚴格且產量不多，再加上瑞士人好酒，因此兩國的葡萄酒均不外銷，所以愛酒人士來到瑞士和列支敦士登一定要試試。瑞士的葡萄酒整體來說口感柔順、果香濃郁，接受度相當高。最大的葡萄酒產區在瓦萊州，其他還有日內瓦湖畔、提契諾州、東部梅恩菲德和聖加侖一帶，以及列支敦士登丘陵地等都是主要的葡萄酒產區。

+阿彭策爾香草酒
Appenzeller Alpenbitter

百年來一直依循家族傳統秘方釀造而成的香草酒，是阿彭策爾地區限定的特色紀念品。混合42種天然香草的味道，在開瓶瞬間就被香氣包圍，尤其以八角香氣特別突出，酒精含量高達29%，入口時甜味中帶一絲辛辣，隨後胸腹之間立刻升起一股暖意。當地人喜歡搭配帶點辣味的阿彭策爾肉乾(Mostbrockli)飲用，據說有幫助消化的功用，此外，也會在著涼受寒時來一杯，就像東方人喝藥酒一般。

開　車　不　喝　酒，　喝　酒　不　開　車

Transportation in Switzerland
瑞士交通攻略

文●蒙金蘭．墨刻編輯部　攝影●墨刻攝影組

鐵路系統

火車是瑞士境內及聯絡鄰國最主要、最方便的交通工具。城市間的主要幹線均由瑞士國鐵負責營運，正式名稱為瑞士聯邦鐵道(Swiss Federal Railways)，簡稱SBB／CFF／FFS(分別是德／法／義文)，由於同一輛列車會行駛於各語區間，因此車廂上都會同時標示3種語言的簡稱，旅途上的車廂廣播也相當有趣，例如從蘇黎世出發至日內瓦，車廂廣播的主要語言從德文變成法文的同時，就知道進入法語區了。

國鐵涵蓋主要幹線，民營私鐵則補足鄉村間的支線及登山鐵道，不過，旅客也毋需擔心轉乘的問題，瑞士交通系統(Swiss Travel System)整合了國內的大眾交通工具，除了登山鐵道以外，票務機制及購票方式都有聯營。綿密分佈的鐵路網絡，讓旅遊瑞士的每個角落都輕鬆易行。

火車種類

根據停靠站多寡、列車行駛速度分為許多不同的車種，一般點對點車票或瑞士火車通行證均可自由搭乘所有車種，不需額外付費。在各段行程間嘗試不同列車，也是瑞士鐵道之旅的一大樂趣。

瑞士國內列車分為中長距離的特快車Intercity(IC)、Intercity-Neigezug(ICN)、Interregional (IR)，停靠站較多的快車Regional Express (RE)，區間行駛且每站都停靠的Regionalzug (R)，以及大城市周邊的通勤火車S-Bahn (S)。

往來鄰國的跨國列車，如果旅行範圍於瑞士境內的話，皆可持瑞士火車票自由搭乘；只是若搭乘跨國列車建議事先訂位。經過瑞士境內的高速火車包含德國至義大利的歐洲城際特快EC (Eurocity)、德國高速列車ICE (Intercity Express)、義大利高速列車CFS (Cosalpino Pendolino)以及法國子彈列車TGV (Train a'Grande Vitesse)。

車票種類

瑞士火車的舒適度令人驚訝，價格則令人驚嚇，根據個人需求及旅遊天數找到適合自己的票券，才能省下可觀的旅費。若行程安排上要移動的城市較多，建議先在台灣購買火車通行證或在瑞士火車站購買折扣卡，可省下不少花費，還可享有許多附加的門票或餐廳折扣優惠。

瑞士旅行通行證只在瑞士境外發售，需於出發前在台灣向有代理瑞士國鐵票務的旅行社購買。

瑞士國鐵官方網站 🔗www.sbb.ch
飛達旅遊 (瑞士國鐵總代理) 🔗www.gobytrain.com.tw

◎瑞士旅行通行證

	適用對象	使用範圍	使用期間	其他優惠
瑞士旅行通行證 (連續) Swiss Travel Pass	非瑞士居民。適合每日都會搭乘火車移動的旅客	效期內可不限次數、不限里程，自由搭乘瑞士國鐵、景觀列車、大部分的私鐵、遊湖船及全國90座城市的大眾交通系統。大部份的登山鐵道及空中纜車則享50%票價優惠(少女峰鐵道折扣為25%off)	第一次啟用後，連續使用	有效期間內可免費參觀瑞士境內500家博物館。參加蘇黎世、伯恩、琉森、日內瓦等旅遊局辦的市區導覽；搭乘市區大眾交通也可免費
瑞士旅行通行證 (彈性) Swiss Travel Pass Flex	非瑞士居民。適合需要在瑞士進行3天以上、非連續性中長程移動的旅客	同Swiss Travel Pass(連續)，但僅限自選當天有效	第一次啟用後，一個月內任選數天	同Swiss Travel Pass(連續)，但僅限自選日當天有效
半價卡 Half Fare Card	非瑞士居民。適合旅遊時間較長，且不會太頻繁移動的旅客	效期內可以半價優惠購買瑞士境內所有國鐵、大部分私鐵、郵政巴士、遊湖船及登山鐵道票券	一個月	無
瑞士家庭卡 Swiss Family Card	與6~15歲兒童一同旅行	只要至少一位成人購買任一種旅遊交通證，同行兒童即可隨行免費搭乘。購買票券必須同時提出申請，台灣旅行社或是瑞士境內所有火車站櫃檯均可辦理		無

◎瑞士旅行通行證2024年價格一覽表

種類	效期	成人個人票		未滿25歲青年票	
		頭等車廂	二等車廂	頭等車廂	二等車廂
瑞士旅行通行證 (連續) Swiss Travel Pass	連續3天	389	244	274	172
	連續4天	469	295	330	209
	連續6天	602	379	424	268
	連續8天	665	419	469	297
	連續15天	723	459	512	328
瑞士旅行通行證 (彈性) Swiss Travel Pass Flex	3天/一個月內	445	279	314	197
	4天/一個月內	539	339	379	240
	6天/一個月內	644	405	454	287
	8天/一個月內	697	439	492	311
	15天/一個月內	755	479	535	342
瑞士半價卡 Swiss Half Fare Card	一個月	-	120	-	
瑞士家庭卡 Swiss Family Card		免費			

＊6歲以下免費，6-15歲與大人同行，票價為半價，滿16歲即需購全票。

＊單位：瑞士法郎/每人，本表為2023年費率。

＊瑞士旅行通行證價格會逐年調整，如果出發的半年前就已擬定旅行計畫，則可以先買好6個月以內要開始使用的票，這樣也可以現省一些旅費。

◎瑞士旅行通行證使用方式

目前，瑞士交通系統已幾乎全面電子化，連續票最為單純：收到票後，確認好姓名等個人重要資訊、票種、艙等、生效日期、使用天數等細項後，因為QR Code不會再改變，以A4紙列印下來隨身攜帶，搭車時配合護照接受查驗即可；和傳統票券有點類似，但已不用再蓋生效章等其他額外手續，萬一忘了帶或遺失了，再列印一份即可。

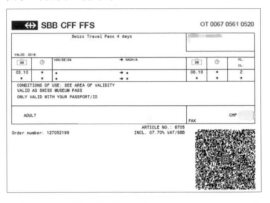

如果是彈性票，在確認好資訊細項後，必須登入網頁登錄每個使用日，每個使用日都會產生當天的QR Code，可以存在手機裡出示給查票人員，也可以列

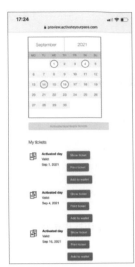

印成紙本以供查票。

無論是連續或彈性票，最重要的是「啟用日」，會明確標註票券的「第一天使用日(First Travel Day)」，所以最好在行程日期完全確定後再購買啟用。

一般而言不需訂位，但若搭乘強制訂位的景觀列車，訂位費用不包含於通行證費用中，景觀列車的訂位費用根據路線、車廂等級而有不同。

◎跨國聯票比單國通行證略複雜

如果不是單遊瑞士，而是一趟遊覽兩個國家以上，購買歐鐵火車聯票（Eurail Pass）更為方便划算。但是火車聯票因為關係到兩個以上國家的主管機關，所以使用上會比單國通行證略為複雜。

手機載入歐鐵火車聯票後，需要先創建一個Trip(旅程)，使其與你的火車通行證 Connect (連結)，並且在Trip 中紀錄你將使用這張火車通行證搭乘的所有Journey (交通段段)。如果購買的是一個月內任選7天的通行證，便需要紀錄7個不同Travel Day (旅行日)所搭乘的火車Journey；一個Travel Day內可以有數個 Journey。

如果購買的是連續票種的通行證，例如連續15天，則是從生效日起算(含當日)連續15天都可以使用車票乘車。

從傳統票證跨入電子票證，為了幫助消費者快速上手，飛達旅遊在售出票券後皆會提供教學影片，詳細說明使用方式與細節，甚至可以預約時間進行一對一、手把手教學，以減輕消費者的不安感，消費者不

Eurail Pass電子票證小錦囊

　　歐鐵火車聯票只要把購得的票券下載在手機裡，不但可以隨時查詢車班，需不需要訂位也標示得很清楚，相當方便。

· 因為電子票證存在手機裡，所以保管好手機是首要任務。每回使用前，確認好日期、班次後，會產生一個QR Code，查票員查票時就是掃描這個QR Code。

· 務必要在上車前開啟啟用按鍵，表示你有乖乖買票，否則一旦被發現尚未開啟，就會被認定「逃票」而罰款，切勿大意或心存僥倖。

· 同行的旅者，因為旅程相同，建議每個人的票證都存好預定的行程，萬一主要計畫者的票券遺失或出了問題，其他同行者還留有資訊，不至於慌了手腳。

· 傳統紙本票券一旦遺失，很可能找不回來，已付出的金額完全損失；如果透過飛達購買電子火車通行證，萬一手機掉了，可以聯絡幫你購買的服務人員，根據購買時的資料把電子火車通行證要回來，不至於完全損失。

事先訂位省時省事

　　訂位可以在瑞士國鐵的APP上預約，也可以透過飛達旅遊的官方網站完成，訂位費基本上相同。由於飛達的官網提供親切的繁體中文介面，直接顯示新台幣價格，也方便索取收據；若遇到狀況時還有台灣客服人員可以幫忙服務解決，所以建議在飛達官網預訂，比較放心。

妨多加利用。

◎區域周遊券 Regional Pass

　　瑞士各地區發售的區域周遊券，可在發行區域內無限制搭乘所有交通工具，適合長時間待在同一區旅遊的人。比較特別的是，這一類周遊券大多有季節性，例如：伯恩高地周遊券(Regional Pass Bernese Oberland)只在5～10月發行；瑞士中部通行證(Tell Pass)只在4～10月發行。可在瑞士各區域遊客服務中心或透過旅行社購票。

◎點對點車票

　　瑞士的國鐵票價系統依里程計費，所以即使購買點對點車票，也要注意行車路線，才不會無故買到比較高價的票。由於單點火車票價格較高，所以對遊客而言較少使用。購票可在瑞士境內所有火車站櫃台、自動售票機，或出發前在瑞士國鐵、飛達的網頁上購票。

班次查詢

　　瑞士國鐵的網站是自助旅行時規劃全境交通最好的幫手，建議出發前先下載瑞士國鐵的手機APP(SBB Mobile)，不但有官網上的所有訊息，而且操作簡單，便於查詢所有列車班次、上下車月台、中途停靠站等資訊，有些偏僻的小鎮沒有火車到達，網站還會

列出郵政巴士、公車或遊船的轉乘方式及時刻表；搭車時還會顯示目前位置，不用擔心坐過站。
瑞士國鐵官方網站 ⊕www.sbb.ch

預約訂位

　　一般來說，瑞士的火車並不需要特別訂位，即使是上下班時間或旅遊旺季，也很容易找到座位。

　　若在旅遊旺季搭乘熱門的景觀列車，建議事先訂位，而搭乘伯連納快車則一定要先預約。持有Swiss Travel Pass雖可免費搭乘景觀列車，但仍需另外支付訂位費用，每一種列車收取的訂位費用不同。搭乘跨國列車前往其他國家(EC/TGV/ICE)，原則上也要先預約座位。

郵政巴士

　　瑞士境內60%的國土屬於阿爾卑斯山脈，雖然火車路線已盡可能翻山越嶺，但還是有地域及地形限制，鮮黃色的郵政巴士帶著專屬的號角標誌穿梭山林原野，細膩地串起村落及鄉鎮，深入全國各角落。

　　郵政巴士屬於聯邦政府所管轄，在德語區稱為Postauto(法語區Car postal、義語區Autopostale、英文Post Bus)，顧名思義，起源於從前載送郵件的馬車，當初為了將郵件送達，不管多偏遠的山區都有馬車行駛。如今，行駛於同樣路線上的黃色巴士，座位舒適、車體新穎、服務準時不誤點，甚至車上還提供免費的無線網路，是瑞士境內相當便捷且價廉的交通工具。

　　一般而言，巴士都不需要預約，如果是旅遊旺季，只要提早到站牌前等車就會有位子，但部分特殊的觀光路線一定要預約訂位，例如：聖摩里茲(St.Moritz)出發，穿越義大利國境到達義語區盧加諾(Lugano)的棕櫚快車(Palm Express)。

查詢路線/時間

　　郵政巴士也屬於瑞士交通系統的一環，使用瑞士國鐵網站與免費APP的簡易查詢功能，就能輕易找到巴士路線、班次、票價等，可提供路線規劃、時刻表、地圖、各沿途停靠站以及火車轉乘資訊，巴士行進中還會顯示目前的位置。可點選功能鍵，將行程資訊直接儲存於手機的行事曆中，相當貼心。

瑞士國鐵網站 ⏱www.sbb.ch
郵政巴士網站 ⏱www.postbus.ch

國際駕照

出發前別忘了先前往監理所申請國際駕照。

申請文件：國民身分證正本、國內駕照正本、護照正本或影本、6個月內2吋照片2張
申請費用：新台幣250元
申請時間：臨櫃辦理，約2分鐘就可取件
駕照效期：3年或國內駕照到期日

租車自駕

　　有些壯麗風景，只有親自翻越山口的剎那才看得到；有些自在，只有手握方向盤，聽著那首最愛的歌，掌控自己的方向和時間時才能真正釋放。瑞士的公路系統標示清楚且道路平整，看著阿爾卑斯山脈在眼前飛逝，奔馳在白雪與茵綠交織的夢境中，你會恍然了解，原來開車也可以是一種心曠神怡的享受。

租車

◎租車公司

　　瑞士據點最多的租車公司是Europcar，其他知名的全球連鎖租車公司有Avis、Hertz、Budget等，這些大公司可供選擇的車款多、車齡新、服務據點廣，如果想要甲地租、乙地還，比較容易找到還車點，若有需要維修服務或道路救援也比較方便。

Europcar ⏱www.europcar.ch
Hertz ⏱www.hertz.ch
Avis ⏱www.avis.ch
Budget ⏱www.budget.ch
National Car Rental ⏱www.nationalcar.com
Sixt ⏱www.sixt.ch

◎預約租車

　　租車有兩種方式：一種是先透過網路訂好車子，到了機場或火車站再憑預訂號碼取車；另一種是臨櫃辦理，機場、火車站都可以找到多家租車公司櫃檯，各大城鎮也有租車公司的服務據點。如果能先透過網路預約，常常有比較優惠的折扣價格，且有充裕的時間詳細比較價格、了解保險及各項規定，也比較安心。

　　此外，瑞士的自排車(automatic car)比較稀少，且租金相對昂貴，若有這方面的需求，最好先透過網路預約並指定自排車款。

◎保險

　　保險都是以日計價，租得愈久，保費越貴。第三責任險(Liability Insurance Supplement，簡稱LIS)是強制性，此外，損害賠償保險已包含在租金內，其他保險則視個人需求而定，比較常被問到的有碰撞損失免除保險(CDW)、人身意外保險(PAI)、竊盜損失險(TP)，可視個人國內保險的狀況決定是否加保。

◎其他配備

　　若有嬰幼兒同行，一定要使用兒童安全椅。而GPS(衛星定位導航系統)就看個人需求了，雖然現在的智慧型手機有許多離線地圖可使用，但除非有同行者能協助確認路線，或是有自備固定手機的手機座，否則還是租用GPS比較方便。

取車

　　取車時櫃檯人員會先確認相關文件，並提供租車合約。領到車子後一定要先檢查車子狀況，確認車體有無損傷，避免日後還車糾紛。發動引擎，檢查油箱是否已經加滿，接著調整好椅子和後照鏡，確認每一種按鈕的使用功能，並記得先在停車場內繞一繞，試試看剎車是否正常，一切妥當後就準備上路囉！

◎取車必備

· **有效期內的英文國際駕照**
· **台灣駕照**(一年以上駕駛經歷)
· **信用卡：**若事先於網路預約，需使用預約時的同一張信用卡。
· **護照**
· **年齡20歲以上**(依租車公司規定而異)
· **若已在網路預約，需提供租車的預約號碼或確認單**

開車上路

◎高速公路

　　瑞士主要城市之間都有高速公路相連，大幅減少開車時間，高速公路以綠底，白色道路線條表示，最高速限120km/小時，通常規畫為兩線道，右邊為行駛道，左邊是超車道，一般行駛禁止佔用超車道。

　　瑞士全境的高速公路都沒有設置收費站，使用費為一年繳交一次CHF40，所有進入高速公路的

車輛都需預先付費，再把高速公路使用許可貼紙「Vignette」貼在擋風玻璃上。若是租車旅遊，租車公司多半已經先行將貼紙貼在車上。但若是從其他國家租車入境瑞士者，經過邊境海關檢查處時，會被要求購買。

◎一般道路

道路的路況維持相當好，沿途風景迷人，郊區道路速限80km/小時。行駛在一般道路上，常常可以看到城市名稱和「Transit」的指示標誌，若不打算進入城鎮，可跟隨「Transit」指示牌，從外環道路經過。

進入市區或城鎮後，最高速限降低至50km/小時，街道上常有隱藏式攝影機，請注意行駛時一定要遵守規定，若是被罰款，帳單還是會寄到台灣。若是在有電車行駛的城市，需要禮讓電車先行，若想超過停止的電車，可從左邊超車。

◎山區道路

在阿爾卑斯山區兜風，翻過一個又一個高山隘口，是瑞士開車旅遊最大的樂趣。遇到單行或狹窄路段時，上山車輛有優先行駛權，此外，冬季及春季雪融前往山區，若道路因積雪而封閉，都會指示可繞路行駛的路段，或是搭乘穿山火車(Car Train)。

◎穿山火車Car Train

瑞士的鐵路除了可以帶旅客穿山越嶺，也可以讓你連人帶車，輕輕鬆鬆到達山的另一邊。這種專門運輸汽車的火車多半設於高山隘口下方，遇到高山下雪無法通行的狀況，就可以利用火車隧道運送汽車。使用方式是先在收費亭購買火車票，之後開到閘道口前排隊，待火車到站停妥後就會開放讓汽車一輛輛開上火車，車子停妥後直接熄火並拉起手煞車即可，人就坐在自己的車子裡一起搭火車過隧道。自駕旅遊中最有可能遇上的是連接東部和下恩加丁谷地的維瑞納隧道(Vereina-Tunnel)，以及從少女峰地區前往策馬特必經的樂緒伯格隧道(Lötschberg-Tunnel)。

◎雪地開車

雪地行車的要訣只有一個字：慢。如果忽然下起大雪，先把大燈切換成遠光燈，再打開霧燈或警示燈，跟著前方車轍走是比較穩的。在雪地上緊急煞車是大忌，抓地力不夠的情況下，容易失控或翻車。若遇到下坡路段，以連續輕踩煞車的方式放慢速度。容易結冰的路段，都會有標示提醒駕駛者，遇到這些路段，無論如何都要減速慢行。

◎加油

拿到車時，一定要先詢問服務人員該加什麼油。瑞士的加油站多半是自助式，有預先付費及加油後付款的方式。「預先付款」先投幣或插入信用卡，選擇加油的種類(95無鉛汽油即Bleifrei95、柴油Diesel)，

將油槍放入加油孔並按下把手即可開始加油，金額到達後油槍會自動跳停。「加油後付款」則是先選汽油種類，看著錶加到自己想要的量或金額，放開油槍把手，加滿會自動跳停，加完油再到商店櫃檯告知加油機的號碼付款。

◎停車

市區內可尋找路邊的計時停車格，或是多利用公園地下、廣場或大樓的停車場，在標示有「Stationierungsverbot」或「Interdiction de Stationner」的地方和人行道上都不能停車。停車場中的黃色區域為私人停車格，也禁止停車。租來的車子裡通常有藍色計時牌，在停車場停妥後記得把時鐘轉到入場時間，並將計時牌放在車窗上，記下停車格號碼，至投幣機繳費。

不論把車停在哪裡，下車之前都一定要把GPS收好；行李最好收在後車廂裡。雖然瑞士治安良好，還是別引誘人犯罪。

◎道路救援

在道路上如果發生拋錨、爆胎、電瓶或汽油耗盡等狀況時，車鑰匙上通常會有道路救援的免付費電話號碼，而道路救援的費用則會在還車時顯示在信用卡簽單上(拋錨停在路肩時，別忘了在車後100公尺放置三角警示牌)。若是具有責任歸屬的交通事故，除了通知租車公司外，也必須報警處理，並在警察前來勘驗前，保留事故現場。

還車

多數旅客會選擇機場作為還車點，接近機場航廈時，順著路標指示的還車地點「Rental Car Return」，進入停車場後就會看到各家租車公司的引導標誌，停妥後就會有租車公司的人員過來檢查車輛狀況。拿到車時油箱通常已經加滿，所以還車的時候也要先加滿，如果沒有事先加滿油，會被收取不足的油資，當然，租車公司的油價計算絕對比石油公司

貴。服務人員檢查後，把鑰匙交還租車櫃檯就算是完成還車了。

山區交通

很早就有環保概念的瑞士人，開發初期就選擇了成本高但對環境影響最小的交通工具，在各種險惡的地形鑽隧道、鋪鐵軌、拉纜繩，以登山鐵道、電纜車、空中纜車等在最短時間內把最多的旅客拉上山巔。朝山頂爬升的過程中，轉乘各種山區交通工具，也是瑞士旅遊的一大樂趣！

◎運行狀況

山上的交通工具都容易受到天候狀況影響，高山風大時，空中纜車會暫時停駛；積雪太深時，火車則無法運行。購票前一定要注意入口處的地圖，地圖上會標示整個山區交通工具及健行/滑雪道的開放狀況，紅燈亮起代表暫停營運。此外，根據季節及每日天氣不同，最後一班下山纜車的時間也會有所調整，上山前最好先確認末班下山纜車的時間。

◎購票

一般而言，登山火車及空中纜車大多屬於私鐵營運，使用Swiss Travel Pass需另外購票，但享有50%折扣(少女峰鐵道為25%優惠)。若只是單次前往某個地點，直接在山下車站購買單程/來回票即可。

若打算連續在同一山區停留數天，且預計多次使用交通工具，建議可先向遊客中心詢問，購買各區的無限暢遊券。

不管是登山火車或是空中纜車，大多使用感應式票卡，進出月台都需要感應，所以一定要將票卡保管好。

瑞士百科
Encyclopedia of Switzerland

Grand Train Tours of Switzerland
瑞士景觀列車
流動的美麗樂章

文●墨刻編輯部
攝影●墨刻攝影組

聰明的瑞士人，總能用最輕巧的方式征服高峰。搭上景觀列車奔馳向山水畫境，啜飲一杯咖啡，用最優雅的姿態穿越高山、冰河、飛瀑、流泉，從曠野到山林、從亞熱帶到寒帶，火車不再只是種移動的工具，旅行的過程才是最重要的目的。

瑞士精心規畫出多條景觀列車，各具特色：冰河列車帶你縱覽阿爾卑斯山；伯連納列車沿途崇山峻嶺、冰河湖泊驚喜連連；聖哥達全景觀快車能同時感受火車和遊湖船的樂趣；黃金列車則一次走遍德、法語區精華景點。

冰河快車 Glacier Express

流轉於峽谷冰河間的電影畫面

冰河快車是世界上最出名的火車之一，全線幾乎沿著瑞士境內的阿爾卑斯山脈行駛，連接策馬特和聖摩里茲兩大最受歡迎的高山度假勝地，沿途穿越了91個隧道及291座橋樑，經過無數瀑布、冰河、峽谷與高原，景觀變化多端得超乎想像。

冰河快車總長300公里，車行時間約為8個小時，是由私人鐵路公司Rhätische Bahn Railway(RhB)和Matterhorn Gothard Bahn分段經營，因為平均時速僅約37公里，所以又有「世界上最慢的快車」之名。

聖摩里茲至庫爾路段與伯連納快車重疊，稱為阿爾布拉路線(Albulalinie)，這段被列為世界文化遺產的鐵道利用精湛的迴旋技術，讓列車在短時間內爬升416公尺，只見同樣的景色不斷在眼前消失又出現，相當有趣。經過Filisur後進入幽暗的蘭德瓦瑟隧道，一出隧道口，長142公尺、高65公尺的蘭德瓦瑟拱橋(Landwasser Viaduct)在天空劃出優美弧線，瞬間有飛翔在峽谷上的錯覺。

經過圖西斯(Thusis)後進入人口稀少、保有自然風光的萊茵峽谷(Rheinschlucht)，這裏也是旅程最低點，接著開始向上攀爬至此行最高點上阿爾卑斯隘口，終年積雪的山脈和萬年冰河如電影畫面般在眼前緩緩流轉，讓人捨不得眨眼。

旅遊時間有限之下，建議選擇聖摩里茲至安德馬特的精華路段，到達安德馬特後可轉搭往貝林佐納的聖哥達全景觀快車，結合義語區的行程。如果只想稍稍體驗高級景觀列車的滋味，

也可在前往策馬特的途中，搭乘菲斯普(Visp)/布里格(Brig)至策馬特路段，從平緩的河谷平原沿著陡峭的高聳峽谷，一路攀升至海拔1,604公尺的策馬特。

車型特色

當冰河列車火紅的車體，行駛過以翠綠樹林、白色冰河及湛藍天空彩繪而成的阿爾卑斯山脈，無疑是曠野中的視覺焦點。車廂配備大型觀景窗及車頂天窗，視野開闊，能盡情徜徉阿爾卑斯山脈的美景中。行程手冊及一組全新耳機貼心地放在每個座位上，旅途中的景點都有中文解說。每輛冰河快車都加掛了餐車，可以在舒適的全景觀小酒吧內，一邊啜飲香醇咖啡，一邊欣賞綺麗景色。或是選擇在自己的座位上點餐，由服務人員為你送上美味餐點。

冰河快車

N

法國
France

德國
Deutschland

巴塞爾
Basel

蘇黎世
Zürich
蘇黎世湖
Zürichsee

琉森Luzern

彼拉圖斯山
pilatus
琉森湖
Vierwaldstättersee

列支敦士登
Liechtenstein 奧地利
Österreich

伯恩
Bern

布里恩茲湖
Brienzersee
圖恩湖
Thunersee

鐵力士山Titlis
茵特拉肯
Interlaken

庫爾
Chur 阿羅薩
Arosa 達沃斯
Davos

迪森蒂斯
Disentis
費里蘇
Filisur

洛桑
Lausanne
日內瓦湖
Lac Léman

少女峰Jungfrau

安德馬特
Andermatt

聖摩里茲
St.Moritz

日內瓦
Genève

菲斯普
Visp 布里格
Brig

洛卡諾
Locarno

貝林佐納
Bellinzona

法國
France

策馬特
Zermatt

馬特洪峰
Matterhorn 小馬特洪峰
Klein Matterhorn

盧加諾
Lugano 義大利
Italia

圖例 ▬▬▬ 火車

©Rhaetische Bahn

列車資訊

⮕聖摩里茲St. Moritz－庫爾Chur－安德馬特Andermatt－布里格Brig－策馬特Zermatt

⬇夏季(5月中~10月底)每日2班次，7~8月增開一班；冬季(12月中~5月中)每日1班次

🕐((0)81 288 6565

🌐www.glacierexpress.ch

❗1. 持瑞士火車通行證(Swiss Travel Pass)可依車票等次免費乘車；持歐洲聯營火車票(Eurailpass)則僅有折扣優惠。2. 搭乘前必需先訂位，可在台灣販售通行證的旅行社、瑞士各主要火車站或於官網上訂位，夏季訂位費用每人CHF39~49，冬季每人CHF29~39。

票價 行駛時間

	二等廂	頭等廂	行駛時間
聖摩里茲－策馬特	152	268	7小時45分
聖摩里茲－布里格	114	201	6小時50分
聖摩里茲－安德馬特	84	147.8	4小時50分
達沃斯－策馬特	145	255	7小時30分
達沃斯－布里格	107	188	6小時20分
達沃斯－安德馬特	77	134	4小時20分
庫爾－策馬特	119	210	5小時40分
庫爾－布里格	81	143	4小時30分
安德馬特－策馬特	73	129	3小時20分

※票價及出發時間每年略有調整，出發前請至官方網站查詢。
※餐車主菜價格CHF36起

冰河快車高度圖

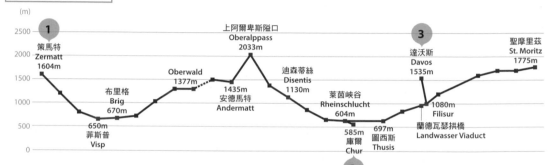

1 策馬特 Zermatt 1604m
布里格 Brig 670m
菲斯普 Visp 650m
Oberwald 1377m
1435m 安德馬特 Andermatt
上阿爾卑斯隘口 Oberalppass 2033m
迪森蒂絲 Disentis 1130m
萊茵峽谷 Rheinschlucht 604m
585m 庫爾 Chur
697m 圖西斯 Thusis
2
1080m Filisur
蘭德瓦瑟拱橋 Landwasser Viaduct
3 達沃斯 Davos 1535m
聖摩里茲 St. Moritz 1775m

1 策馬特

前進馬特洪峰的最後村落，即使無數遊客前來，依然保持清新質樸的阿爾卑斯風情。除了健行賞景和滑雪，不妨放慢腳步逛逛這可愛的小山城。(P.165)

2 庫爾

瑞士東部的重要關口，擁有瑞士最悠久的城市歷史。蜿蜒的石板巷弄，北義哥德式的石造建築與精美壁畫，充滿濃濃中世紀風情。(P.213)

3 達沃斯

以空氣清新著稱的冬季滑雪渡假勝地。兩側高山共有相連接的7座雪場，夏天則是健行者的天堂，搭乘纜車至亞考布斯峰(Jakobshorn)可擁有極遼闊的視野。(P.217)

✚ 趣味紀念品

為了使冰河列車爬坡時，餐桌上的飲料不會因為火車斜度而溢出，鐵路公司特別設計一款站起來歪歪的斜口杯，造型相當可愛獨特，只能在庫爾、聖摩里茲和策馬特火車站買得到。

聖哥達全景觀快車 Gotthard Panorama Express

湖水與山林之詩篇

聖哥達全景觀快車的行程始於瑞士的歷史發源地——琉森，終點是義大利語區的盧加諾或貝林佐納。半天之內就能從井然有序的中部德語區，進入熱情奔放的提契諾(Ticino)義語區，感受截然不同的文化差異。最特別的是，聖哥達全景觀快車路線包含了火車以及行駛於水上的汽船，不僅能欣賞阿爾卑斯山的優美山林，還能迎著琉森湖的風深深呼吸，感受湖光山色的寧靜。

在琉森的碼頭搭乘帶有懷舊風味的蒸氣郵輪出發，站在甲板上迎著琉森湖的清新水氣，左岸的瑞吉山、鐵力士山，以及右岸的皮拉圖斯山等著與你告別；接著蒸氣郵輪停靠的湖畔小鎮，許多就是威廉泰爾傳說的發源地。遊湖時間大約2小時45分，中午可使用上船時領到的折扣券，品嘗一份美味的午餐，好好享受繁忙旅程中偷閒休息的大好機會！

於福爾倫上岸後，可以立刻接駁全景觀火車前往盧加諾，沿途會經過聖哥達(St. Gotthard)山區，那裡蜿蜒曲折的隧道會帶人翻山越嶺進入瑞士南部。當離開15公里長的聖哥達隧道，再次感受到陽光耀眼時，已經正式進入了義語區。可選擇造訪貝林佐納，或是繼續前往盧加諾或洛卡諾。

聖哥達全景觀快車

圖例 ━━火車 ┅┅┅遊船

列車資訊

➡ 琉森Luzern－福爾倫Flüelen－貝林佐納Bellinzona－洛卡諾Locarno／盧加諾Lugano

🕐 4~10月中週二至週日行駛。琉森出發：11:12；盧加諾出發：9:18

🌐 www.gotthard-panorama-express.ch/en

❗ 可在台灣販售通行證的旅行社、瑞士各主要火車站或於官網上訂位；遊船無須訂位。船上午餐建議事先訂位。

票價 行駛時間

	頭等廂 (CHF)	使用 Swiss Travel Pass	訂位費 (CHF)	行駛時間
琉森－貝林佐納		持頭等艙票可免費搭乘；使用二等艙票另付CHF34可升等搭乘	CHF16	4小時40分鐘
琉森－洛卡諾				5小時
琉森－盧加諾	160			5小時20分鐘

※琉森Luzern－福爾倫Flüelen 蒸汽遊船航程約2小時45分鐘。
※行駛時間包含福爾倫和貝林佐納的換車時間

伯連納快車
Bernina Express

從高山冰河到
陽光棕櫚

伯連納鐵路至今仍是穿越阿爾卑斯山區的鐵道中海拔最高的一座，同時也是高低落差最大的路線，122公里的路程共穿越55個隧道，196座橋樑，從著翠蔥鬱的樹林草坡，上升至高山冰河環繞的銀色世界，最後抵達棕櫚搖曳的義語區湖畔。圖西斯到蒂拉諾路段，因為在建築學、工程學與環境概念的高度成就，於2008年正式被列為世界文化遺產，完美體現了人類運用現代技術克服險阻山嶽的最佳範例。

奇峰(Piz Morteratsch)和伯連納峰(Piz Bernina)，很快地，摩特拉奇冰河與佩斯冰河(Pers Glacier)在眾人的眼前會合，瀑布、冰河等壯觀的奇景，都以極近的距離從眼前閃逝。接著冰河融雪形成的白湖(Lago Bianco)在驚嘆聲中出現在火車右側，乳白綠的湖水被稱為「冰河牛奶」(Glacier milk)，後方聳立著Sassal Masone與Piz Camberna兩座山峰及冰河，山腰處還能見到一道道蜿蜒瀑布向湖中奔流而去，此時也來到全程最高點的歐司比里歐(Ospizio Bernina)。接著開始一路向下，當火車離開布魯西歐站(Brusio)後，建築在平原上的圓形高架橋帶來最後的高潮，這裏可清楚看到火車利用圓形拱橋攀爬及下降的最佳範例。最後，繽紛的義大利風情屋舍宣告了蒂拉諾地區的到來，劃下奇幻之旅的句點。

庫爾～聖摩里茲路段

搭乘鮮紅色的全景觀列車從庫爾出發，首先吸引目光的是多姆勒什(Domleschg)區城堡區，火車穿行於河谷間、城堡則點綴在樹林中，相當夢幻。接著開始在高聳的橋樑上不斷穿行，包括90公尺高的索利斯橋(Solis Viaduct)及優美弧型的蘭德瓦瑟拱橋(Landwasser Viaduct)。從Bergün到Preda之間千萬別眨眼，在短短20分鐘之內，火車將經由5個環形隧道、9座橋樑瞬間爬升416公尺，進入恩加汀谷地，這就是最高明的鐵路段－阿爾布拉路線(Albulalinie)。

聖摩里茲～蒂拉諾路段

列車經過Pontresina後進入最驚人的高山冰河段，首先映入眼廉的是摩特拉

列車資訊

→ 庫爾Chur／聖摩里茲St. Moritz－提拉諾Tirano－盧加諾 Lugano

→ 火車全年行駛，從庫爾或達沃斯出發，每日一班次；從聖摩里茲出發，夏季每日兩班次，冬季一班次。伯連納快車巴士僅於4月至10月下旬行駛，提拉諾至盧加諾每日14:20發車

🌐 (0)81 288-6565

🚇 tickets.rhb.ch

❗ 進入義大利必須持有有效的護照。持瑞士火車通行證(Swiss Travel Pass)可依車票等次免費乘車，搭乘前需事先訂位。

票價 行駛時間

	二等廂		頭等廂		訂位費		行駛時間
	單程	來回	單程	來回	夏季	冬季	
庫爾－蒂拉諾	66	132	113	226	26	24	4小時13分
聖摩里茲－蒂拉諾	33	66	57	114			2小時30分

※票價及出發時間每年略有調整，出發前請至官方網站查詢。
※庫爾出發往返蒂拉諾路線全年行駛；其餘路線僅夏季行駛。出發前請至官方網站查詢。
※如果沒有時間搭完全程，不妨選擇圖西斯至聖摩里茲路段。

伯連納快車高度圖

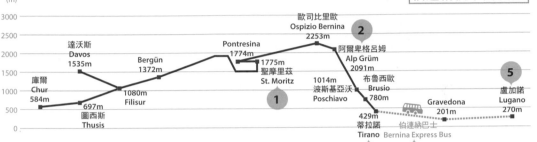

1. **聖摩里茲**
著名的溫泉城市、高山健行及冬季滑雪都受到歐洲旅客的喜愛，是全瑞士最早設有旅遊局的城鎮，也是名流出入、以昂貴出名的度假勝地。(P.284)

2. **阿爾卑格呂姆**
車站旁的觀景台能眺望伯連納峰、帕魯峰(Piz Palü)及壯闊的冰河，往蒂拉諾方向，山巒疊翠的山谷間，波斯基亞沃湖(Lago di Poschiavo)閃閃發光。建議在歐司比里歐站下車，沿著白湖畔的健行步道，步行至此，路程約1.5小時，還能欣賞紅色列車、白色湖水與青山交織成的絕美風景。

3. **蒂拉諾**
瑞義交界的小鎮，伯連納快車終點站是瑞士火車站，車站內辦理入境檢查後，離開車站就是義大利，小鎮教堂前可以看見鮮紅列車像電車般穿越市區的景象。

4. **伯連納巴士**
Bernina Express Bus
伯連納快車的延伸旅程，沿途經過不少懸崖峭壁，讓乘客有置身雲霄飛車之感。司機的超完美技術與沿途風景同樣令人折服，沿著義大利北部的科摩湖(Lake Como)進入瑞士的義語區。

5. **盧加諾**
提契諾州(Ticino)最大城市，集悠閒的渡假氛圍與時髦的都會風情於一身，一次滿足逛街、賞古蹟、遊湖和健行賞景的所有需求。(P.262)

🎖 驕傲戰利品

在蒂拉諾站下車後，別忘了憑票根換取一張旅程證書，為這趟跨越寒帶及亞熱帶氣候的火車之行，留下最完整的回憶。

黃金列車 Golden Pass Line

蒐集
瑞士精華景點

黃金列車(Golden Pass Line)顧名思義就是條黃金路線，集瑞士精華景觀之大成，以位於瑞士心臟地帶的德語區琉森湖畔為起點，穿越阿爾卑斯山脈，一路延伸到瑞士西南部的法語區，抵達日內瓦湖畔。

目前的黃金列車分成2段：琉森到茵特拉肯之間，屬於琉森茵特拉肯快線(Luzern Interlaken Express)，車程1小時50分；茵特拉肯到蒙投之間，有黃金列車快線(Golden Pass Express)貫穿，直達車程3小時15分。其中從茲懷斯文到蒙投這一段，又可以有3種選擇：講求效率的，可以搭乘黃金列車快線直達；如果不趕時間，則可以改乘視野更開闊的黃金列車(Golden Pass Panoramic)，或是復古風格的黃金列車美好年代（The Belle Epoque），後兩者的車程都是2小時9分鐘。

黃金列車整條路線由Brünig、BLS和MOB這3家不同的公司聯合經營，由於這3段鐵軌的幅寬不同，因此以往必須在茵特拉肯與茲懷斯文兩度換乘列車。直到西元 2019 年，世界首創的全新技術終於獲得成功，可以在幾秒鐘內改變規格及高度，以符合兩種不同規格的軌道。2022 年 12 月 11 日，蒙投到茵特拉肯的首輛直達列車全面啟動，不但省下轉乘時間，也讓這條賞景路線更為順暢。

至於Golden Pass Panoramic列車，是行駛於茲懷斯文至蒙投這段MOB鐵道的全景觀火車，它曾經是世界上第一個天窗式設計的空調景觀火車，在1979年時正式使用。它的設計出自於法拉利的設計師法利拉(Pinin Farina)，不僅內部寬敞舒適，就連外觀都非常流線。最新的列車提供 Prestige 艙、1 等艙及 2 等艙，18 個 Prestige 級座椅可旋轉，以便從各種角度欣賞美景，是非常難得的體驗。

而採用復古車廂的The Belle Epoque列車，每天只有兩班，部分車廂還包裝成巧克力列車，提供除了交通、賞景之外的多元趣味。

©MOB-GoldenPass

車型特色

　　講求效率的，可以搭乘黃金列車快線從茵特拉肯直達蒙投，在茲懷斯文感受不同規格軌道間快速轉換的高科技成效；想享受大窗賞景的，可以在茲懷斯文選擇Golden Pass Panoramic列車前往蒙投；想體驗復古趣味的，不妨在茲懷斯文改乘The Belle Epoque列車抵達蒙投。

列車資訊

　琉森Luzern－茵特拉肯東站Interlaken Ost－茲懷斯文Zweismmen－蒙投Montreux
　全年運行，約每小時1~2班次
　(0)21 989-8190
　journey.mob.ch/en
　持有瑞士火車通行證(Swiss Travel Pass)、歐洲聯營火車票(Eurailpass)及黃金列車行駛路線的「點對點分段火車票」，在票券效期內可搭乘黃金列車，不需另外購票，也不強制訂位。1等艙及2等艙訂位費CHF20，Prestige艙訂位費CHF35。

黃金列車高度圖

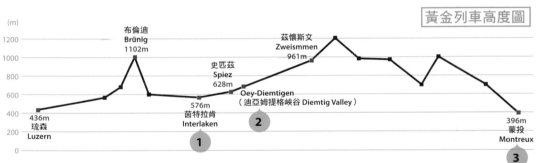

(m) 布倫迪 Brünig 1102m／茲懷斯文 Zweismmen 961m／史匹茲 Spiez 628m／Oey-Diemtigen（迪亞姆提格峽谷 Diemtig Valley）／436m 琉森 Luzern／576m 茵特拉肯 Interlaken ①／②／396m 蒙投 Montreux ③

① 茵特拉肯
　位於布里恩茲湖及圖恩湖之間，茵特拉肯是進入少女峰地區的門戶。從這裡可以前往少女峰、艾格峰和僧侶峰，鄰近小山城格林德瓦是健行者的天堂。(P.140)

② 迪亞姆提格峽谷
　瑞士阿爾卑斯山區規模最大的農牧經濟社區，為一座國家級區域自然公園，區域極少人工設施，有許多健行路線能感受純樸自然的阿爾卑斯風光。

③ 蒙投
　有「瑞士藍色海岸上的珍珠」之稱，可愛的小城和不遠處的西庸古堡都值得到訪。由此前往洛桑、威薇或日內瓦都相當方便。(P.256)

阿爾卑斯山麓快車 Voralpen Express

賞遊瑞士東部自然與人文

阿爾卑斯山麓快車從琉森出發，經過阿爾特戈爾道(Arth-Goldau)、拉珀斯維爾(Rapperswil)抵達聖加侖(St. Gallen)。這條路線帶領遊客邀遊在阿爾卑斯山麓一帶，沿途除了千奇百怪的岩石和幽靜的深谷風景外，阿彭策爾(Appenzeller)與吐根堡(Toggenburg)牛羊緩步翠綠草坡的牧歌般畫面，最能呈現傳統阿爾卑斯風情。

在人文風情方面，途經的幾座城市都以巴洛克式的建築風格聞名，聖加侖著名的修道院及圖書館(Convent of St Gall and Abbey Library)更是早在1983年時就被列為瑞士的第一批世界遺產(P.202)。

列車資訊

➡ 琉森 Luzern－拉珀斯維爾Rapperswil－聖加侖 St. Gallen。琉森－聖加侖車程約2小時15分；琉森－拉珀斯維爾車程約1小時20分。

🕐 全年行駛，約每小時一班次

☎ (0)58 580-7070

🌐 unterwegs.sob.ch/de/pages/voralpen-express

❗ 持瑞士火車通行證(Swiss Travel Pass)、歐洲聯營火車票(Eurailpass)等有效火車票券皆可免費搭乘；不需事先訂位。

巧克力列車 Chocolate Train

融化在香甜誘惑

這是一個新的想像空間，搭乘MOB鐵道公司旗下的美好時光(Belle Epoque)復古風車廂，和一節全景觀的車廂，遊覽瑞士優美景緻、小鎮和美食的旅程。

當火車從蒙投出發後，熱騰騰的咖啡和牛角麵包已上桌伺候，此時你可以一邊享用可口的點心，一邊欣賞窗外的景緻，十分悠閒。接下來將搭乘巴士前往美麗的小城鎮格魯耶爾(Gruyere)，在這裡有足夠的時間逛逛村落及參觀格魯耶爾城堡，並品嘗這裡著名的起士所烹調出的美食；然後前往位於布羅(Broc)的Cailler巧克力工廠，可以了解巧克力的生產過程，並試吃各式各樣的美味巧克力。

列車資訊

➡ 蒙投 Montreux－格魯耶爾 Gruyere－布羅Broc－蒙投Montreux

🕐 5~9月間運行，每年略有調整，出發前請至官方網站查詢。含參觀全程約9小時。

💲 成人頭等艙CHF99、二等艙CHF89，持有Swiss Travel Pass成人頭等艙CHF59，二等艙CHF59。(費用包含交通工具、門票及訂位)

☎ (0)21 989-8190

🌐 journey.mob.ch/en/products/chocolate-train

❗ 需事先訂位，可於官方網站上預約。

徜徉山水　療癒身心

Outdoors in Switzerland
瑞士必體驗戶外活動

文●蒙金蘭・墨刻編輯部
攝影●墨刻攝影組

瑞士人喜愛運動、樂於親近大自然，假日旅行幾乎等同於搭火車到某個山區健行、騎腳踏車或滑雪。站在山巔吹著穿越萬年冰河的涼風，親近阿爾卑斯雄偉群山，不需要過人的體力、專業的高級配備，也不會有灰頭土臉的狼狽，只要放慢旅行速度，每個人都能體驗瑞士人慢活的幸福感。

夏日裡用雙腳走進阿爾卑斯山，騎上腳踏車穿越山林、湖泊與城鎮，冬季帶上尋求刺激的冒險心滑在銀白雪地感受速度；地面上的活動已經難以取捨，天上和水裏的活動更是精彩：無論是背著飛行傘翱翔於群山之巔，或是縱身跳入湖泊游泳、在萊茵河順水漂流、簡簡單單躺在戶外溫泉池中享受雄偉山巒圍繞的美景，都是畢生難忘的體驗。

飛行傘 & 滑翔翼

翱翔在
青山之上

　　阿爾卑斯山區的山脈河谷間高低落差大，搭配絕佳的上升氣流，幾乎全年良好的飛行條件，使瑞士成為世界上最適合玩飛行傘和滑翔翼的國家之一。尤其是少女峰山區谷地的對流風，非常利於飛行傘盤旋，遇上適合的上升氣流可飛越山脈之上，茵特拉肯、徐尼格、菲斯特及雪朗峰等地區常常可看到飛行傘玩家展開鮮豔的圖案，以藍天白雪為背景，自由盤旋於天際山嶺間，看著令人悠然神往。

　　只要你有足夠的勇氣，即使完全沒經驗，也可以在教練的協助帶領下嘗試這項特別的體驗。基本上遊客使用的是雙人飛行傘，實際操作的是你身後經驗豐富的飛行教練，飛行時其實比較像是坐在綁好安全帶的椅子中，唯一要克服的只有向前衝刺，跳下去的剎那。一秒鐘後，瞬間感覺身體被穩穩地向上拉升，張開眼睛，就能享受如老鷹般自由翱翔於阿爾卑斯群山間的快感了。

　　除了少女峰山區，策馬特、聖摩里茲、達沃斯、洛卡諾的卡爾達達(Cardada)和鄰近日內瓦湖的Villeuve地區也都很適合飛行。

瑞士滑翔運動協會
☞www.shv-fsvl.ch
Paragliding Interlaken(茵特拉肯)
☞www.paragliding-interlaken.ch
Mountaingliders(洛卡諾)
☞www.mountaingliders.com
Luftarena(聖摩里茲)
☞www.luftarena.ch

高山健行

湖光山色
形影不離

全瑞士的健行道總長約9千公里，串連起高山、峽谷、冰河、湖泊與一座座葡萄園、牧場、乳酪工廠。在阿爾卑斯山區健行，更是暢快愜意：搭乘纜車及登山火車輕鬆抵達山頂展望台，或動輒上千公尺的山麓，然後以此為起點，遊走在萬年冰河或碧綠草坡上，每一個角度都可能是難忘的絕景。不同難度的健行道，滿足不同人士的需求，對喜愛大自然的旅人而言，這裡就是健行的夢幻天堂。

路線規劃

安排健行路線前要先了解個人的體力、裝備和時間，若只有半天或是想輕鬆地散步，適合觀景台至纜車站間的短程行程，或是搭車直達山頂，再往下走1~2站；如果時間充裕才適合連結兩山的路線或環繞路線；若是想在冰河上健行或是體驗高海拔山屋，則要事先安排好專業山嚮或參加行程。

選定路線後，一定要確認該路線的海拔高差、實際距離及官方預估的所需時間，並試排接駁纜車或火車的時刻，最好也了解若中途因天候、身體狀況等因素必須放棄時，是否有休息站或交通工具等事項。

季節與天氣

6~9月是瑞士高山健行最佳季節，高山植物綻放繽紛色彩，小動物也開始活躍，眼前綠油油的遼闊草原襯托遠方白皚皚的萬年冰河，藍天之下每個角度都是美景。海拔較高的山區6月上旬可能仍有積雪，或正逢雪融時間，此時步道濕滑難走，要特別小心；若冬季(12~3月)前往瑞士，也有冬季健行路線，但積雪較

難行，建議使用登山杖或雪鞋輔助。

如果住宿山區或山腳下的旅館，打開房間內電視，第一台頻道24小時播放山上的天候狀況和即時影像，山下纜車站也會有即時資訊及全天氣候預測，出發當天一定要再次確認。山區的天氣變化多端，若上山後才發現氣候不佳，千萬不要勉強健行，以免發生危險。

纜車時間及健行路況

山下的纜車站或登山火車站都會有一個大看板地圖，標示本日山區各纜車路線的運行狀況，及健行路段是否開放：綠色代表開放，紅色是封閉。空中纜車有時會因為天氣因素而暫停行駛，健行道路也可能因積雪未融或雪崩而封閉，上山前一定要仔細確認。

到達山上車站，出發前記得留意當日末班車的時間，通常在山上纜車站入口就有明顯標示，夏季即使晚上8~9點，天色依然明亮，健行途中千萬別以天色判斷時間，以免錯過最後下山的纜車。此外，地圖上也會標示沿途餐廳地點，沿著鐵軌或纜車的路線，途中可休息上廁所的餐廳通常較多。

認識路標

瑞士的健行路線規劃完善，就算沒有完整地圖，每個叉路都有標示清楚的路標，只要學會辨認，基本上不用擔心迷路。路標上會說明目的地的方向及所需時間，但路標上的時間是以習慣健走或戶外活動的瑞士人腳程來計算，如果你平常較少運動，最好再乘上1.5倍來估計實際所需時間比較恰當。有時會遇到兩個不同方向的指標，卻指向相同目的地，那代表行經路線不同，要特別注意標示上的時間，再選擇想走的道路。

✚ 行前準備

工欲善其事，必先利其器，雖然阿爾卑斯山區的健行道路多半規劃完善，甚至有許多適合親子同遊的路線，但如果沒有穿著正確的裝備，弄得一身狼狽不說，有時還會造成危險及傷害。

【鞋子】

如果只打算走大眾親子路線，稍微活動一下筋骨，舒適好走的運動鞋或慢跑鞋就足夠；若想挑戰略具難度、或是距離較遠些的路線，建議穿著鞋底刻紋較深的健行或登山鞋，有表面防水材質當然更好。

【衣服】

阿爾卑斯山區有許多海拔落差達上千公尺的健行路線，山下艷陽高照、山上積雪未融，洋蔥式的穿法最適合山區活動：裡面穿著一層具排汗功能的短袖或長袖上衣，外面罩一件可防風、防雨且透氣的外套，搭配方便活動的長褲，基本上就夠了，褲子若具備防風、防雨且透氣的功能，則更為理想；如果體質比較怕冷，不妨加帶一件具保暖功能的刷毛衣或羽絨衣。輕盈不佔空間的圍巾及帽子是預防氣候變化的好幫手，建議隨身攜帶。

【背包】

不論哪種健行路線，方便雙手活動的雙肩背包最實用。瑞士的登山小屋通常設備齊全，就算安排需過夜的行程，也不需要背睡袋上山。

【雨具】

山上天氣變化多端，若下午才下山，有時會遇上烏雲密布，甚至瞬間風雨交加的狀況。雨傘的抗風性差且單手持傘行走不便，建議攜帶雨衣。如果外套如前面所提具備防風、防雨甚至透氣等功能，就不用擔心這個問題。

【防曬用品】

高山空氣乾燥、紫外線強，不想回來脫一層皮的話，太陽眼鏡、防曬乳液、遮陽帽及護唇膏都是必備物品。

【食物飲水】

登山健行需要隨時少量補充水分，飲用水是必備。此外，雖然熱門路線都是約2小時路程就有餐廳，最好還是隨身攜帶少量乾糧和巧克力，可避免身體忽然失去熱量又臨時找不到餐廳的困擾。

【個人藥品】

即使是輕鬆的短程健行，為了以防萬一，基本的個人藥品還是隨身攜帶比較安心。

【登山杖】

登山手杖是維持平衡、支撐重量的好幫手，在陡峭的下坡路線可減緩膝蓋傷害，走在冰雪上又可防止滑倒，短程路線可視個人需求攜帶。

【地圖】

當地遊客服務中心都可以索取免費的簡易健行地圖(Wanderkarte)。如果是大眾或活力型路線，順著路標在規劃好的健行道上，其實不太需要地圖，如果路線難度較高，需要詳細的等高線地圖，可先至SwitzerlandMobility網站上下載列印。

持有智慧型手機，建議事先下載免費的SwitzerlandMobility APP，內含瑞士全境所有健行路線地圖及介紹，地圖可離線使用，若有網路服務，點選地圖上的車站即可連結SBB網站，直接查詢火車或巴士接駁時刻。部分遊客中心也提供iphone租借服務，內建程式有GPS定位、健行路線導航、天氣預報以及沿途花卉圖鑑等詳細說明。

SwitzerlandMobility

🆄 schweizmobil.ch/en

✚ 高手請看過來

登山健行的高手們來到瑞士，如果不想錯過冰河健行、4000m等級的登山路線或是挑戰名峰，除了準備專業的登山裝備以外，更需要熟知當地狀況的山岳嚮導帶領。這些嚮導都是領有執照、隸屬於山岳嚮導協會的專業人員，可以到當地的遊客中心或山岳協會再洽詢，但由於人數有限，建議出發前就事先透過網路預約。

瑞士山岳協會(Swiss Alpine Club, SAC)

🆄 www.sac-cas.ch

阿爾卑斯高山導遊中心Alpin Center

🆄 www.zermatt.ch/alpincenter

✚ 關於高山反應

高山反應是指在2000~2500m以上高海拔的山區，因為氣壓低、吸入氧氣不易造成血液中含氧量降低，引發頭痛、暈眩、水腫、心悸、嘔吐等症狀。在瑞士搭乘纜車或登山火車，短時間就能攀升到3000m以上的展望台，年紀大及心血管疾病的患者需要特別注意。為了避免高山反應，首先要避免一口氣搭車到太高的地方，不妨在轉乘處稍微休息、喝杯熱茶補充水分，讓身體適應。在高海拔處也不宜劇烈快速地移動，盡量深呼吸並放慢速度。若真的感覺身體不適，請盡速搭乘下一班車下山，高度一旦下降便可有效緩解不適的症狀。非常不舒服時，可先向展望台工作人員說明狀況，借用氧氣瓶補充氧氣，減輕症狀。

推薦路線　瑞士全境只要有山林的地方都密布健行道，以下推薦路線都是經典或頗具特色的行程，可根據個人體力、時間及整體的旅程規畫選擇適合路線。

路線名稱	起迄點	里程數	估算腳程	難易度	參考頁數
鐵力士山花間小徑	特呂布湖Trübsee→格斯尼阿爾坡Gerschnialp	4.4	60~70分鐘	★	P.125
徐尼格全景健行	徐尼格觀景台Schynige Platte↔歐柏峰Oberberghorn	2	75分鐘	★★	P.146
徐尼格菲斯特健行	徐尼格觀景台Schynige Platte↔菲斯特First	16.1	4.5~6小時	★★★	P.146
菲斯特巴哈阿爾普湖健行	菲斯特First↔巴哈阿爾普湖Bachalpsee	6	1.5~2小時	★	P.150
梅利菲小夏戴克全景健行	梅利菲Männlichen↔小夏戴克Kleine Scheidegg	4.5	80~90分鐘	★	P.152
少女峰艾格峰健行	艾格冰河Eigergletscher↔小夏戴克Kleine Scheidegg	2.3	35~60分鐘	★	P.156
少女峰冰河健行	少女峰站Jungfraujoch↔僧侶峰小屋Mönchsjoch Hut	4	2.5小時	★★	P.156
馬特洪峰葛納葛特鐵道健行	葛納葛特Gornergrat→利菲爾堡Riffelberg	3.4	1.5~2小時	★★	P.169
馬特洪峰五湖健行	布勞黑德Blauherd→蘇納格Sunnegga	7.6	4~6小時	★★★	P.173
海蒂之路	梅恩菲德火車站Maienfeld↔海蒂村博物館Heididorf	5	1.5小時	★	P.210

★難易度1顆星代表很輕鬆、5顆星代表頗辛苦

自行車
城市山野
任我行

以時速15公里的速度前行，不急不徐，仰起頭望向涼爽微風，正好可以慢慢地欣賞小鎮、古城、湖光山色，深深呼吸阿爾卑斯山混合青草芳香的新鮮空氣。瑞士人很愛騎腳踏車，所以發展出9,000多公里的單車路線，以及4,000公里的山地自行車路線，不管是市區代步、日內瓦湖畔葡萄園巡禮、或是騎上岩壁山巔，從輕鬆玩樂到刺激冒險，滿足你的不同需求。

瑞士的單車道系統也納入SwitzerlandMobility的一環，又分為一般自行車(Cycling in Switzerland)和山地腳踏車(Mountainbiking in Switzerland)。SwitzerlandMobility網站上有全瑞士的腳踏車路線推薦，並可列印路線圖，預訂旅館等。更棒的是：若規劃為期數天的腳踏車行程，也毋需煩惱行李問題，你可以先排好行程，在網站上預訂有行李運送服務的旅館，早上離開時，只需要把行李留在櫃檯，晚上到達下一個旅館，行李就已在房間等待，你唯一需要的，就是好好享受瑞士美景。

SwitzerlandMobility
wanderland.myswitzerland.com

租借自行車

全國火車站都有單車出租服務，而且可以甲地租、乙地還，車種選擇性多，包含公路車、山地越野車、協力車、電動腳踏車、兒童車等。當然，車站規模較大，車種選擇性一定較多，此外，車種也影響租用費。一般租借方式是直接到租車服務櫃台，告知希望租車的時間、還車車站、租車種類、名字及聯絡方式(當晚住宿地點)，最後在租借文件上簽名即可。但如果是暑假旺季，可能會有租不到車的狀況，建議可先上網預訂。

蘇黎世有Zurich Rollt免費自行車租借系統，只要繳交保證金CHF20，可使用一整天，若隔天還車需付CHF10。電動自行車每日租借費CHF30。

伯恩、圖恩、巴塞爾、洛桑等城市都有城市自行車可租借。PubliBike 的 "Velo Bern" 自行車租賃系統從2018年中期開始運營，目前有210個站點可以租賃2000多輛自行車，車隊中電動自行車已經達半數以上。一般自行車前30分鐘租金為CHF3.5，24小時則只需CHF24；電動自行車前30分鐘租金CHF5.5，全日則CHF48。此外還有Carvelo2go、Rent A Bike等自行車租車系統。

Zurich Rollt
www.zuerich.com/en/visit/sport/zurich-rollt
PubliBike
www.publibike.ch/en/home
Carvelo2go
www.carvelo2go.ch/en/
Rent A Bike
www.rentabike.ch/en/home

注意事項

單車專用道

和車輛一樣靠右行走，以黃線區隔車輛和單車，暗紅色的指示牌為腳踏車專用路標，專用道的地上也有黃色自行車圖案。市區內的街道旁可留意，常常有自行車專用停車區。瑞士是多山的國家，一般自行車道和山地單車道的標誌不同，騎行時需稍微留意，否則會不小心騎到需要翻山越嶺的山路，若規劃中長程路徑，出發前最好先詢問遊客服務中心。

單車運送

大部分的交通工具都有攜帶自行車的專用車廂，車內有可以固定自行車的支架，甚至策馬特的葛納葛特鐵道內也有可將自行車垂直放置的立架。若是在火車站租借的自行車，還可以免費攜帶上火車托運，如果是其他地方租賃的單車，則需要另外支付每日CHF20(電動或特殊自行車CHF30)的單車運送費用。

路線及地圖

建議善用3G手機下載免費的SwitzerlandMobility APP，內含瑞士全境自行車路線地圖，且地圖上的車站均可與SBB網站聯結，直接查詢列車時刻，對於行程規劃或臨時調整行程都相當方便。若自行車只是作為城市中遊覽的交通工具，可向當地遊客中心洽詢，請對方推薦適合的自行車觀光路線。

滑雪

飆速
銀白樂園

每年12月到隔年復活節前，銀白色的阿爾卑斯山區就開始活躍熱鬧起來。瑞士共有200多個雪場，滑道種類豐富、雪量豐富且雪質佳，冬季氣候乾爽穩定，可以說整個阿爾卑斯山區都是歐洲人的滑雪天堂。滑雪道通常是在樹木生長區以上約1,500~1,800公尺的斜坡，便利的山區交通讓滑雪變得更輕鬆，而長達20公里的歐洲最長滑道，讓玩家可以盡情享受飆速的快感。

就算你一竅不通也不需要擔心，別再只是用欽羨崇拜的眼光看著滑雪客帥氣地從眼前經過，瑞士每個雪場都有專門滑雪學校，專業的滑雪教練能規劃從初級到專業的各種課程，讓你半天就能稍稍感受到滑雪的成就感。若你已經有獨立滑雪的能力，各山區雪場都有完整的滑雪裝備可租借，帶上個人酷炫的滑雪裝，準備朝阿爾卑斯山俯衝吧！

滑雪裝備

瑞士的雪場都有專門的雪具店可租借雪板、雪鞋和安全帽，但還是要準備自己的雪衣和墨鏡。

服裝

滑雪對初學者來說，是大量消耗體力的運動，雖然在冰天雪地中，但一直活動的狀態下很容易流汗，所以內層吸濕排汗的衣服，外層防水的雪衣/褲是最好的搭配。一般來說，初學者會在山下的練習道，但若是一天的課程，可能下午會跟隨教練上山，海拔較高的地方，就有增加保暖中層衣的必要。

襪子

雪鞋的高度約至小腿肚，襪子盡量選擇稍厚的及膝棉襪，避免在活動時摩擦而不舒服。

雪鏡

高海拔山區日照輻射強烈，雪地的反光更傷害眼睛，由於一般墨鏡容易遺落且跌倒時容易傷害眼睛，建議配戴專用滑雪風鏡。

圍巾/手套/帽子

初學難免「接觸地面」的時間長一點，活動方便的保暖防水手套是必需品。圍巾和帽子都是為了避免凍傷，盡量選擇適合戶外活動的吸汗脖圍。

安全帽

任何運動都有風險，建議在雪場租用滑雪安全帽，一方面保護自己，另一方面也有保暖的功用。

雪鞋/雪板

都有尺寸分別，若是滑雪旺季前往，建議事先於網路上預約，實際試穿雪鞋時若不合腳，還是可要求更換。可與滑雪教練約在雪具店，由教練提供專業協助並確認裝備。

Intersport Rent
ⓘ www.intersportrent.com

滑雪學校

各地雪場都有加入滑雪聯盟的滑雪學校，部分雪場提供中文教練，如聖摩里茲。可選擇2小時至一週的滑雪課程，根據不同等級提供專業指導。

瑞士滑雪聯盟Swiss Ski and Snowboard School
ⓘ www.swiss-ski-school.ch

雪橇

如果對自己的運動細胞真的很沒信心，不妨試試大人小孩都愛玩的雪橇。不要以為坐著滑雪很簡單，雪橇只能利用雙腳煞車和控制轉彎方向，因為貼近地面，直線俯衝的高速在大轉彎時往往停不下來，立刻就能體驗飛身撲進雪堆中的感覺，沿途總是歡笑聲與尖叫聲不絕於耳。

策馬特的葛納葛特鐵道沿線、少女峰的小夏戴克到格林德瓦的區段、達沃斯以及聖伯里茲的Muottas Muragl都設有獨立雪橇滑道，山下的雪具店或部分的登山火車站都能租借到雪橇，搭配火車票可以一次又一次玩到過癮為止。

✚ 清涼一夏

瑞士有些高海拔山區終年積雪不化，即使炎炎夏日也能在冰雪樂園中享受玩雪樂趣。夏季雪場每年根據雪況不同而決定是否開放。

鐵力士山Mt. Titlis (英格堡, P. 122)
ⓘ www.titlis.ch/zh
少女峰車站Jungfraujoch (少女峰地區, P. 154)
ⓘ www.jungfrau.ch/en-gb/jungfraujoch-top-of-europe
阿拉靈山Allalin (薩斯菲, P. 180)
ⓘ www.saas-fee.ch
冰河3000 Glacier 3000 (日內瓦湖區, P.259)
ⓘ www.glacier3000.ch

卑斯山脈的湛藍湖水波光瀲灩，偶爾還有天鵝從臨近水域游過，是很特別的清涼體驗。

河流經過的城市也會在河邊搭建泳池，而更酷的玩法是在萊茵河裡順水漂流。巴塞爾居民夏季最愛的娛樂，就是抱著浮板或浮球跳入萊茵河，順著強勁水流一路往下游漂游，到下一個跳水台再上岸。為了不要走路回去上游，還發展出可裝衣服的浮球，方便上岸後穿上衣服搭電車。

瑞士這些景觀泳池的開放時間大約是6~9月間，蘇黎世湖、日內瓦湖、圖恩湖、萊茵河及阿勒河四周都不只一個公眾泳池區可選擇。
蘇黎世湖Seebad Enge
🌐 www.seebadenge.ch/wp
日內瓦湖Bains des Pâquis
🌐 www.bains-des-paquis.ch
巴塞爾萊茵河Breite Badhysli
🌐 rheinbad-breite.ch/baden

游泳
澄淨融雪
舒活身心

雖然不臨海，瑞士人還是有辦法在夏日盡情享受玩水樂趣。阿爾卑斯山雪水融化後，造就了清澈見底的湖泊，水質澄淨到生飲也無礙，熱愛大自然的瑞士人當然不會浪費這池乾淨的湖水與美景，直接在湖面上用木質甲板圍出一塊範圍，或湖畔搭建簡單的跳水台，就成了天然湖水的游泳池。遠處襯映著阿爾

高空彈跳
縱身躍進
浩瀚大壩

007電影《黃金眼》中，詹姆斯‧龐德站在水壩的頂端，帥氣一躍而下，為電影拉開序幕；想要感受這種不顧一切縱身而躍、以自由落體的速度下墜、心臟似乎要蹦出胸口、命懸一線的極度刺激感，瑞士有許多地點都可以玩高空彈跳，其中，最有名的地點當然是電影拍攝地——位於提契諾州佛薩斯卡峽谷中的水壩。深達220公尺的佛薩斯卡水壩(Verzasca Dam)是全歐洲最大的水壩，除了蓄水發電的功能之外，在極限運動玩家的心目中，這處全世界最高的固定式高空彈跳點，被列為一生一定要挑戰一次的地方，適合喜愛尋求刺激的遊客。
Trekking Team
🌐 www.trekking.ch
茵特拉肯Paragliding Interlaken
🌐 www.paragliding-interlaken.ch

分區導覽
Area Guide

How to Explore Switzerland
如何玩瑞士各地

德語區German-Speaking Region

蘇黎世及其周邊：第一大城蘇黎世雖然身為國際大都會，舊城區卻仍然維持著中世紀的風情；從這裡當天往返沙夫豪森、萊茵河畔的施泰因等城鎮都很方便。

琉森：步行在舊城區和羅伊斯河畔，是旅遊琉森的最佳方式；乘船遨遊琉森湖，以及從這裡出發前往皮拉圖斯山、鐵力士山等，都是當天可以來回的行程。

鐵力士山區：旋轉纜車的終點，便是鐵力士山的山頂平台，從這裡可以輕易前往冰洞、凌霄岩道、冰河公園等設施；而山腰的特呂布湖站，則是春夏健行花間小徑的最佳起點。

伯恩：不但從1848年起即是瑞士的首都，而且早在1983年便被列為瑞士的第一批世界遺產，用徒步的方式遊歷伯恩老城，是領略伯恩之美的最佳方式。

少女峰地區：以茵特拉肯或格林德瓦作為落腳的基地，利用登山火車、纜車等前往少女峰、徐尼格觀景台、菲斯特等地，保證你會愛上這片阿爾卑斯美麗的山區。

馬特洪峰區：以策馬特為基地，利用登山火車、纜車等前往葛納葛特觀景台、馬特洪峰冰河天堂等地，全方位探索馬特洪峰區之美，天公作美的話，馬特洪峰一路長伴左右。

薩斯菲：周遭被18座超過4千公尺的群峰圍繞，包括瑞士第一高峰羅莎峰。搭纜車到全球最高的旋轉餐廳享受360度被冰河環繞的感覺；親手餵食土撥鼠，與土撥鼠面對面親密接觸。

聖加侖及其周邊：巴洛克風格的修道院圖書館和大教堂，早在1983年被評定為世界文化遺產。從這裡出發前往阿彭策爾、波登湖、森蒂斯山都可當日來回，前往德國、奧地利和列支敦士登等鄰國就好像去隔壁城鎮般簡單。

梅恩菲德及其周邊：台灣遊客記憶中卡通《小天使》的阿爾卑斯山區場景，順著海蒂之路來到重現卡通場景的海蒂村。晚上不妨住在巴德拉格斯，讓溫泉洗去旅途的疲憊。

達沃斯及其周邊：以空氣清新著稱，發展成呼吸系統病患的夏季療養中心；可搭纜車登上亞考布斯峰等高山，或是前往克洛斯特斯健行。

列支敦士登Liechtenstein

　　首都瓦都茲是主要的遊覽重點，租車的話，幾乎一天之內就可以把整個列支敦士登遊遍。

列支敦士登

德語區

法語區

羅曼語區

義大利語區

義語區Italian-Speaking Region

盧加諾及其周邊：舊城區國際名牌精品匯集，北義的迴廊式建築讓遊客可以風雨無阻地享受血拼樂趣；搭電纜車即可輕鬆登上聖薩爾瓦多山或布雷山；別忘了走一趟水路，拜訪盧加諾湖邊的鄰近小鎮。

貝林佐納：漫步老城鎮的石板街道，品啜悠閒自在的義語區氛圍；登上瑞士唯一現存的中世紀堡壘，放鬆在提契諾原野的青草芳香中。

洛卡諾及其周邊：古樸可愛的舊城深受義大利影響；阿斯科納散發色彩飽滿的地中海風情；奇美塔擁有令人屏息的美景；而佛薩斯卡峽谷的幽靜氣息更具有療癒身心的功效。

法語區French-Speaking Region

日內瓦：瑞士的第二大城、聯合國歐洲總部及紅十字總會所在地，而百年如一日的老城區、時尚與高雅兼具的購物大道，以及日內瓦湖中的大噴泉，都使日內瓦成為瑞士最受歡迎的觀光大城。

日內瓦湖區：沿著洛桑、拉沃、威薇、蒙投一線，是本區的精華地段。除了漫步在湖光山色中，小鎮上許多特殊主題的博物館，為旅途添加不少趣味。

羅曼語區Romansh-Speaking Region

聖摩里茲：陽光普照的聖摩里茲是歐洲富豪名流喜愛的冬季度假區，也是著名的溫泉城市。白天上山走向大自然，夜裡泡溫泉舒緩身心，感受歐美名流的度假方式。

下恩加丁谷地：以溫泉療養中心聞名的斯庫爾、世外桃源般的小鎮瓜爾達、自然生態資源豐富的瑞士國家公園以及珍藏9世紀濕壁畫的聖約翰本篤修道院，都是令人心曠神怡的美妙旅程。

德語區

德語區

German-Speaking Region

德語區是瑞士境內範圍最大的語區，包含瑞士的中部、東部與北部地帶，在比例上占了全國人口的64%，然而這裡所使用的德文與標準高地德文，在拼字和音調上都有所出入，也因此被稱為瑞士德文(Swiss German)。

走入德語區內，阿爾卑斯群山與散落在山間的城鎮就是旅行者追逐的焦點，尤其是兩大名山——少女峰與馬特洪峰，更為德語區樹立了壯麗的大自然形象。少女峰上擁有歐洲最高的車站、阿爾卑斯山最長的冰河及運用冰河開鑿而成的冰宮，登上峰頂，冰原世紀彷彿重現眼前；馬特洪峰獨特的三角形四面尖錐山相形，則是瑞士的標誌象徵之一，即使周圍有38座超過4,000公尺山峰，馬特洪峰依然如孤傲的巨人，令人望而生敬。

瑞士第一大城蘇黎世，雖然身為國際大都會，舊城區卻仍然維持著中世紀的風情；美麗的琉森擁有風華絕代的卡貝爾木橋，周邊的皮拉圖斯山與鐵力士山也是眺望阿爾卑斯群峰的勝地；首都伯恩雖然不如蘇黎世來得名號響亮，但古色古香的舊城區已經被聯合國列為世界遺產，是來到瑞士不可錯過的歷史名城；而鐘錶交易重鎮巴塞爾豐富多元的博物館、聖加侖華美的古老圖書館以及小天使海蒂的故鄉等，也都以多變的風情吸引旅客到訪。

德語區之最Top Highlights of German-Speaking Region

鐵力士山
Mt. Titlis
搭著世界首創的360度旋轉纜車，即可親近冰洞、冰川、全歐洲海拔高度最高的吊橋，享受賞雪、滑雪之樂。(P.121)

伯恩 Bern
首都伯恩保存完整的老城區被列為世界文化遺產，分散在各廣場的市集熱鬧有趣。好好利用火車站旁免費租借的腳踏車，迎著微風感受中世紀古城的歷史風情。(P.126)

卡貝爾木橋
Kapellbrücke
木橋的倒影蕩漾在水面上，背景襯映著殘雪未融的山峰，緩緩游過的天鵝與雍容優雅的卡貝爾木橋相得益彰。這是瑞士最迷人的景緻之一。(P.110)

少女峰健行
Hiking in Jungfrau Region
6~9月最適合準備好走的鞋子到阿爾卑斯山區健行，走在平緩的山麓，讓隨風搖曳的小花、皚皚雪山和聲聲牛鈴一路相伴。(P.135)

蘇黎世及其周邊
Zürich & Around

文●蒙金蘭·墨刻編輯部　攝影●汪雨菁·墨刻攝影組

蘇黎世的多采多姿在所有城市中可謂獨樹一幟：新鮮自然的空氣、清澈純淨的湖泊、遠處的阿爾卑斯美景、隨處可以生飲的噴泉泉水、舒適便利的生活機能與悠閒緩慢的節奏步調，讓蘇黎世向來在世界最宜居住城市(World's Most Livable Cities)的排行榜上蟬聯榜首地位。

雖然早在2千多年前，羅馬人就已在這裡建立稅關，但蘇黎世卻直到西元929年才被正式記載為獨立城鎮。此後，各式商會統治了蘇黎世一段時間，這也就是現在每年4月第3個週一，蘇黎世春鳴節(Sechseläuten)中穿著傳統行會服飾遊行的由來。1877年，蘇黎世證券交易中心成立，隨著交易所逐漸躍升為全球第4大證券交易所，蘇黎世也轉型成全球舉足輕重的商業城市，而這裡的購物魅力也因而揚名四海，各式高消費的精品應有盡有，其中又以畫廊和古董拍賣為最。

雖然是商業氣息濃厚的國際都會，瑞士第一大城，蘇黎世卻不同於一般充斥著高樓大廈的現代化城市，市中心的舊城區至今還保留歐洲古典的風味；一間間藝廊、古董店和個性餐廳、商家，將這裡點綴得十分時髦、有趣，而熱鬧繁華的夜生活，也在入夜後為蘇黎世掀起另一波高潮。集傳統與現代精華的蘇黎世，就等您親自來一一體會她的多元之美。

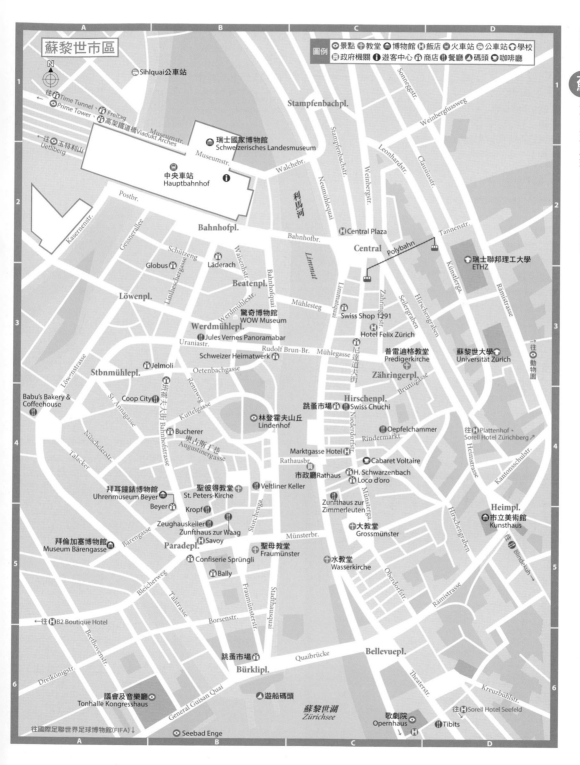

蘇黎世市區

圖例　◉景點　✝教堂　🏛博物館　🏨飯店　🚉火車站　🚌公車站　🏫學校
　　　🏢政府機關　ℹ遊客中心　商店　🍴餐廳　⚓碼頭　☕咖啡廳

🚌 Sihlquai公車站

Stampfenbachpl.

往 Time Tunnel、Freitag
Prime Tower

往玉特利山
Uetliberg

高架鐵道橋 Viadukt Arches

瑞士國家博物館
Schweizerisches Landesmuseum

中央車站
Hauptbahnhof

Bahnhofpl.

利馬河

Central Plaza

Central　Polybahn

瑞士聯邦理工大學
ETHZ

Globus

Läderach

Löwenpl.

Beatenpl.

Swiss Shop 1291

Hotel Felix Zürich

驚奇博物館
WOW Museum

Werdmühlepl.

Jules Vernes Panoramabar

Schweizer Heimatwerk

普雷迪格教堂
Predigerkirche

蘇黎世大學
Universität Zürich

Jelmoli

Stbnmühlepl.

Zähringerpl.

Babu's Bakery & Coffeehouse

Coop City

跳蚤市場　Swiss Chuchi

Hirschenpl.

Bucherer

林登霍夫山丘
Lindenhof

Oepfelchammer

Rindermarkt

往 Plattenhof、Sorell Hotel Zürichberg

Marktgasse Hotel

Cabaret Voltaire

市政廳Rathaus

H. Schwarzenbach

Loco d'oro

拜耳鐘錶博物館
Uhrenmuseum Beyer

聖彼得教堂
St. Peters-Kirche

Veltliner Keller

Zunfthaus zur Zimmerleuten

市立美術館
Kunsthaus

Heimpl.

Beyer

Kropfli

大教堂
Grossmünster

Zeughauskeller

Zunfthaus zur Waag

拜倫加塞博物館
Museum Bärengasse

Savoy

Paradepl.

聖母教堂
Fraumünster

水教堂
Wasserkirche

Confiserie Sprüngli

Bally

往 B2 Boutique Hotel

跳蚤市場

Bellevuepl.

Bürklipl.

議會及音樂廳
Tonhalle Kongresshaus

遊船碼頭

蘇黎世湖
Zürichsee

往 Sorell Hotel Seefeld

往國際足聯世界足球博物館(FIFA)

Seebad Enge

歌劇院
Opernhaus

Tibits

INFO

基本資訊

人口：近40萬
面積：87.88平方公里
區域號碼：(0)44或(0)43
海拔：405公尺

如何到達──航空

蘇黎世機場(ZRH)是瑞士的主要門戶，有超過70家航空公司的班機停靠，航線連結世界各地170多座主要城市。從台灣前往蘇黎世無直飛航班，都需要經由亞洲或歐洲城市轉機，提供較多航班的航空公司包括瑞士國際航空、泰國航空、荷蘭皇家航空、德國漢莎航空及新加坡航空。

ⓤ www.flughafen-zuerich.ch/en/passengers

◎火車Train

入境大廳的對面為蘇黎世機場購物中心(Airport Center)，地下二樓即是機場火車站(Zürich Flughafen)，可搭乘S-Bahn(通勤火車)的S2、S16，或IC、IR等列車抵達蘇黎世中央車站(Zürich HB)，火車運行時間約為05:00-00:40，車程只需約10分鐘。平均每10分鐘之內就有一班列車，相當便捷。

機場至中央車站的火車票，成人單程頭等廂CHF11.6，二等廂CHF7，持有效期間內的Swiss Travel Pass可免費搭乘，如果還不想開啟使用Swiss Travel Pass，且一天內有計畫搭乘多次大眾運輸工具及參觀市區內博物館，建議直接購買蘇黎世卡(Zürich Card)。售票口就在航空公司報到櫃台的第三區旁(Check-in 3 area)，人員售票時間為06:15-22:30，其他時間可使用自動售票機購票。若使用自動售票機購買前往蘇黎世的單程車票，有兩種路徑選擇：若沒有特殊中途下車的需求，請選擇直達(Direkt)的最短行車距離，若是選擇經過Bulach的路線會跨越4區，票價較高。

ⓤ www.sbb.ch

◎輕軌電車Tram

從蘇黎世機場也有輕軌電車系統10號通往老城區，途經Glattpark、Zürich Oerlikon、Milchbuck及Irchel，終點為蘇黎世中央車站(Bahnhofplatz/HB站)，車程約需50分鐘，平均每7.5~15分鐘一班次。雖然比較耗時，但若是目的地在輕軌沿線各站附近的話，搭乘輕軌也會是不錯的選擇。輕軌電車搭乘處在機場大樓的入口、巴士站旁。

◎飯店接駁巴士Hotel Shuttle Bus

若是行李較多，不想費心找交通工具，往返蘇黎世市區各大飯店與機場間的接駁巴士是不錯的選擇。這種中型巴士通常設備新穎，座位舒適，可以在入境大廳的出口接機，又能直接抵達下榻飯店的門口，頗受觀光客歡迎。

從蘇黎世機場到市區合作飯店，06:30~23:00之間每30分鐘發車，不需預約，直接在入境大廳出口外的飯店巴士乘車區(Hotel Bus Zone 4)搭乘，於車上向司機購票即可，價格會因為搭乘人數及飯店距離而不同，預訂飯店時可詢問是否提供此服務的折扣。從飯店前往機場可請櫃台代為預約，需至少提前2小時，服務時間為04:45~22:00。

☎(0)848 007-100
ⓤ checkin-allways.com

◎計程車Taxi

計程車招呼站在第一、二航廈入境處的出口，搭計程車到蘇黎世市中心需時20分鐘，車資約CHF60。

如何到達──火車

蘇黎世中央火車站(Zürich Hauptbahnhof，簡稱Zürich HB)是歐洲中部的交通樞紐，每天有超過2,900輛火車會經過蘇黎世中央車站，往來瑞士及歐洲各大城市。搭乘TGV高速火車從巴黎至蘇黎世需時約4小時；從米蘭至蘇黎世亦需時4小時。以瑞士境內而言，從琉森直達蘇黎世只需50分鐘，從伯恩直達也只要1小時，從日內瓦搭乘直達的IC列車則需約2小時40分，從盧加諾至蘇黎世約2小時40分。已

於2016年開通穿越阿爾卑斯山脈的聖哥達基線隧道(Gotthard Base Tunnel)長達57公里，完成後前往南部義語區及義大利可再節省半小時。

🌐 www.sbb.ch

市區交通

◎大眾運輸系統

蘇黎世的主要觀光景點都集中在老城區，用徒步的方式便可走遍全城。若是不想走路，或是要前往比較遠的地方，也可搭乘路面輕軌電車。蘇黎世的路面輕軌電車擁有15條路線，範圍遍布全市區，而前往郊區或鄰近的城市則可搭乘通勤電車系統(S-Bahn)。

◎大眾交通票券

蘇黎世各類型大眾交通工具都是由ZVV(Zürcher Verkehrsverbund)整合服務，採用相同的購票機制，車票可通用，在各大廣場售票亭均有販售。搭乘電車也可在站牌旁的自動售票機購票，若僅在市中心區移動，半小時近距離單程票(Kurzstrecken Einzelbillette)就按黃色鈕，並投入金額CHF2.7，即可取得票。

如果一天之內會搭乘多次，建議購買一日券較為划算，也可省去不少買票的時間。1～2區一日券(Tageskarten)票價：成人為CHF14.6(頭等廂)或CHF8.8(二等廂)；6至16歲孩童為CHF10.2(頭等廂)或CHF6.2(二等廂)。取票之後，在首次使用之前必須至車站或車上的戳印機打上啟用日期、時間，方能使用，一日券效期從戳印標記時間算起24小時。若是持有Swiss Travel Pass或是蘇黎世卡，則可免費搭乘所有大眾交通工具。

📞 (0)84 898-8988

🌐 www.zvv.ch

◎免費自行車租借

蘇黎世有Zurich Rollt免費自行車租借系統，只要繳交保證金CHF20，可使用一整天，若隔天還車需付CHF10。電動自行車每日租借費CHF30。

Zurich Rollt

🌐 www.zuerich.com/en/visit/sport/zurich-rollt

◎計程車

在蘇黎世搭乘計程車，必須至計程車招呼站或以電話叫車，計程車起錶價為CHF6，2公里後每公里跳錶CHF3.8。要注意的是，叫車有時需支付額外的叫車費用。

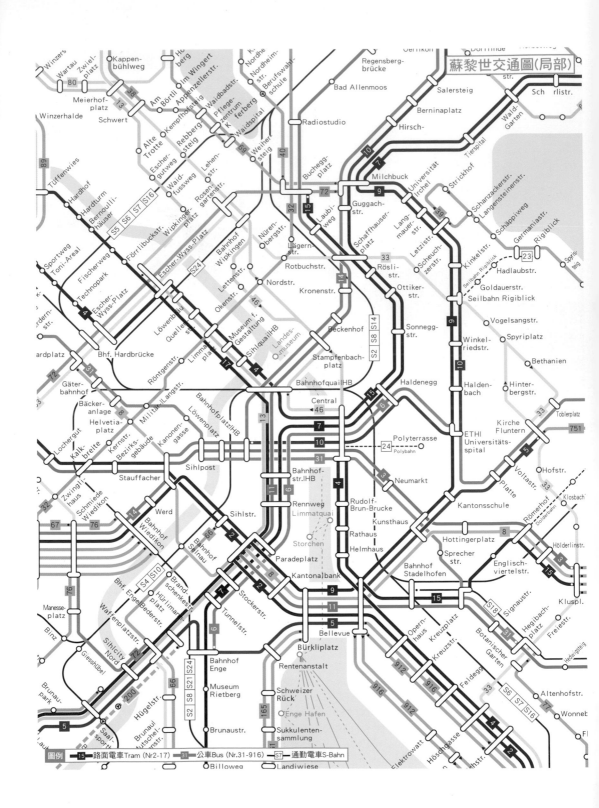

蘇黎世交通圖（局部）

圖例 15 路面電車 Tram (Nr2-17)　31 公車 Bus (Nr.31-916)　S7 通勤電車 S-Bahn

72

7x7 Fahrdienste
☎(0)44 777-7777
🚇www.7x7.ch
Taxi 444 AG
☎(0)44 444-4444
🚇www.taxi444.ch
Tixi(身障協助)
☎(0)84 800-2060
🚇www.tixi.ch
◎**租車**
　若想以開車的方式在瑞士旅遊，建議出發前於網路預約，並選擇直接在蘇黎世機場購物中心的二樓租車櫃檯辦理取車，較為方便。機場提供租車服務的公司包括Avis、Budget、Dollar Thrifty、Europcar、Hertz、National及Sixt等。

優惠票券
◎**蘇黎世卡Zürich Card**
　持有蘇黎世卡除了可以搭乘市區及周邊地區所有大眾交通工具，包括火車、電車、巴士、遊船和纜車，還可以免費或優惠價進入40間博物館、美術館，享受24家特定餐廳的餐飲優惠，還可享有遊客中心的市區觀光5折優惠。蘇黎世卡可在機場、火車站、遊客中心、遊船碼頭及遊船碼頭售票窗口購買，首次使用之前必須至車站或車上的截印機打上啟用日期、時間，

方能使用。若是持有Swiss Travel Pass，因有效日期內可免費搭乘所有人眾交通工具及參觀全國超過500家博物館，因此沒有購買蘇黎世卡的必要。但要注意的是，Swiss Travel Pass與蘇黎世卡在其他優惠的適用範圍上不盡相同。
💲24小時卡成人CHF27、6至16歲孩童CHF19；72小時卡成人CHF53，孩童為CHF37。
🚇www.zuerich.com/en/zurichcard

觀光行程
◎**徒步導覽－老城的故事**
Zürich Old Town Walking Tour
　如果英文能力不錯，又想要了解更多這個城市的故事，沒有比跟著專業導遊用雙腳走遍全城更合適了！這是蘇黎世旅遊局舉辦的導覽行程，從中央車站內的遊客服務中心出發，全程2小時，從一棟棟老建築挖掘蘇黎世的歷史與現在。可在遊客中心購買或上網預定行程。
⬇每週日~四11:00、週六13:00
💲成人CHF25，6-16歲兒童CHF12.5，持有蘇黎世卡半價優惠。
🚇www.zuerich.com
◎**遊湖船Zürichsee Schifffahrtsgesellschaft(ZSG)**
　在以乾淨湖水和雪山景色聞名的親水之城，搭船遊湖被列為必遊行程。遊湖船的碼頭和售票處都在

班霍夫大街(Bahnhofstrasse)盡頭的布爾克利廣場(Bürkliplatz)，4~10月間有許多不同的行程和船種可供選擇，包括可欣賞老城區風光的利馬河遊船(Limmat River Cruises)、在船上享受美味餐點的起士火鍋巡航(Cheese Fondue Cruise)和早午餐巡航(Brunch Cruise)等。使用Swiss Travel Pass或Zürich Card可免費搭乘短程行程及利馬河遊船，別放棄這個迷人的權益！

遊船時間每年變動，建議至官網查詢或提前至碼頭詢問。

📞 (0)44 487-1333
🌐 www.zsg.ch

◎遊萊茵河船
Schifffahrtsgesellschaft Untersee und Rhein

每年4月初至10月中，在萊茵河上游河段有遊船行駛於沙夫豪森與德國波登湖(Bodensee)畔的克魯茲林根(Kreuzlingen)之間，遊船停靠萊茵河及Untersee兩岸城鎮，途經萊茵河畔施泰因、施泰克伯恩(Steckborn)、萊歐瑙島（Reichenau）與康斯坦茨(Konstanz)等。每天09:10~15:00之間發船，大約兩小時一班次，順游全程約3.5小時，逆游則約4.5小時。票價依距離計算，單人單程票價為CHF9~53，一日票為CHF49.5。沙夫豪森和萊茵河畔施泰因之間的交通，單人單程為CHF27.8，順游約1小時15分鐘，逆游約2小時。

🏠 Freier Platz 8, 8200 Schaffhausen
📞 (0)52 634-0800
🌐 www.urh.ch

旅遊諮詢
◎蘇黎世遊客服務中心
🏠 Im Hauptbahnhof(中央車站一樓)
📞 (0)44 215-4000
⏰ 11~5月中週一至六08:30-19:00、週日09:00-18:00；5月中~10月週一至六08:00-20:30、週日08:30-18:30。
🌐 www.zuerich.com

◎沙夫豪森遊客服務中心
🏠 Vordergasse 73
📞 (0)52 632-4020
⏰ 週一至五10:00-17:00、週六10:00-14:00；週日休
🌐 www.schaffhauserland.ch

◎巴登遊客服務中心
🏠 Bahnhofplatz 1(火車站往舊城方向出口)
📞 (0)56 200-8787
⏰ 週一12:00-17:30，週二至五09:00-12:30、13:30-17:30，週六09:00-14:00；週日休。
🌐 www.baden.ch

城市概略City Guideline

蘇黎世市中心區域不大，利馬河貫穿城市中央，向南注入蘇黎世湖。中央車站以南，河東岸尼達道夫街區和西岸林登霍夫山丘周圍都屬於舊城區，主要景點都集中在河道兩岸，用散步的方式就能走完。中央車站西邊原本是工業區，近幾年發展為文化藝術密集的新興區域，小型劇院、爵士酒吧、設計餐廳和文創商圈塑造一股新潮流，也為蘇黎世的觀光及夜生活注入新氣象。

蘇黎世行程建議
Itineraries in Zürich

蘇黎世是瑞士的門戶，幾乎是所有人來到這個國家的第一個落腳處，作為瑞士的文化、藝術及金融中心，老城區卻完全不見繁忙的都會景象，蘇黎世湖畔依然一派悠閒。既然來到瑞士，就要融入當地的步調，自在享受這一片湖光山色，千萬不要把行程排得太趕，才能玩出真正的瑞士味兒！

如果你有2天

從火車站前的班霍夫大街開啟旅程，往利馬河方向拾級而上，來到林登霍夫山丘眺望列馬河右岸老城景色，接著參考本書的散步路線，在清風綠蔭下走過利馬河兩岸的景點和教堂，踩上尼達道夫街的石頭路，在老城區狹窄的巷弄中尋找令人意想不到的美味餐廳與個性小店。下午回到蘇黎世湖畔的布爾克利廣場(Bürkliplatz)，搭上遊湖船晃蕩在蘇黎世湖上，眼前是怡然恬靜的湖畔光景，遠處是波光粼粼映照著皚皚雪山，頓時有通體舒暢的開懷。可以選擇搭乘1.5小時的繞湖行程，或是單程前往Thalwil或其他沿湖小鎮，再上岸搭乘火車回到蘇黎世。

第二天起個大早，搭乘S10通勤火車前往蘇黎世西郊的玉特利山健行，山頂的觀景平台可以將整個蘇黎世地區及湖泊景色盡收眼底，接著漫步在森林中的步道上，享受悠閒的親山健行。下午回到市區開啟知識之門，想要了解瑞士的一切，瑞士國家博物館在最短的時間內為你解答；對鐘錶有興趣的話，拜爾鐘錶博物館巧奪天工的機械鐘，足以玩味半天。若喜歡小酌一杯，別錯過夜晚的蘇黎世西區，最潮的夜生活與最前衛的表演，絕對讓你大開眼界。

如果你有3~5天

　　蘇黎世觀光景點集中，對外交通網絡密布，四通八達且距離不遠，建議可以蘇黎世為中心，安排近郊及鄰近城市的一日小旅行。你可以前往歐洲最大的萊茵瀑布旁，感受萬馬奔騰的雷霆氣勢，而距離不遠的沙夫豪森老城和萊茵河畔的施泰因，還將時間停留在榮耀富裕的中世紀，華麗凸窗、濕壁畫和鵝卵石街道充滿浪漫氣息；或是搭乘火車，20分鐘後就遠離都會，置身溫泉度假小鎮巴登，用溫泉水洗滌旅途上的疲憊。此外，博物館之城巴塞爾、擁有最美圖書館的聖加侖、受藝術家青睞的湖岸琉森、文化遺產之都伯恩等，都是1個小時的車程即可抵達。

蘇黎世散步路線
Walking Route in Zürich

　　雖然蘇黎世是個交通方便的國際級都市，但惟有漫步穿梭曲折的小巷子裡，最能領略老城區的瑞士慢活精神。行程從中央車站出發，沿著行人專用的①**班霍夫大街**向南，在名號響遍歐洲的購物大道上，一定

能開啟你的購物魂；接著往利馬河方向，隨意選條向上的台階來到②**林登霍夫山丘**，這裡是眺望利馬河右岸景觀和大教堂的尖塔的最佳地點；從山丘的南側下來，③**聖彼得教堂**醒目的大鐘面立刻出現眼前，時間充裕的話，④**拜耳鐘錶博物館**內稀奇古怪的趣味鐘、⑤**聖母教堂**內夏卡爾的彩繪花窗一定不會讓你失望。

　　沿著利馬河岸走向⑥**蘇黎世湖**，波光瀲灩的清澈湖水映襯遠方綿延山脈，除了在涼爽微風中享受湖光山色外，每逢週六，布爾克利廣場跳蚤市場更是挖寶的好地方。越過Quai大橋，朝河岸邊的雙尖塔北行，⑦**大教堂**是茲利文傳揚新教的根據地，旁邊的⑧**市政廳**保留了中世紀一樓拱門簷廊式建築，也頗值得駐足欣賞。

　　拐個巷子進入蘇黎世歷史最悠久的商業中心⑨**尼達道夫街**，想尋找有特色的紀念品就趁現在！行程終章來到Central廣場，登山鐵道纜車(Polybahn)將會帶領你們前往⑩**瑞士聯邦理工學院**觀景平台，飽覽蘇黎世湖畔的老城風光。

距離：3.5公里

老城區Altstadt

MAP ▶ P.69B4

林登霍夫山丘

MOOK Choice

Lindenhof

「愛的迫降」片頭畫面

🚊 搭Tram 6、7、11、13至Rennweg站，沿Kuttelgasse東行，登上階梯即達

在班霍夫大街與利馬河之間，有一處稱為林登霍夫的小丘陵，曾經挖掘出2,000年前羅馬時代的稅關遺址。羅馬人當年在此設立關卡，看中的就是它居高臨下的宰制地位。韓劇「愛的迫降」片頭，男女主角擦身而過的畫面，就是在這裡拍攝的。

「Linden」在德文中代表椴樹，林登霍夫山丘上就長滿成排老椴樹，每當天氣晴朗的假日午後，石牆上坐滿了眺望賞景的人們，在涼爽的樹蔭下，靜靜欣賞著利馬河東岸高低錯落的老城斜瓦，感受蘇黎世傳統街區的古典美。而大教堂醒目的雙塔、普雷迪格教堂(Predigerkirche)細瘦的綠色塔尖、遠處的蘇黎世大學主樓圓頂、在此也都清晰可見。

除了城市美景，在林登霍夫山丘上也能見識到蘇黎世悠閒的市民娛樂。和瑞士其他的市民公園一樣，這裡的空地上也畫有數面大型的西洋棋盤，對弈的人們搬動著如同滅火器大小的棋子廝殺著，讓這場陣仗顯得格外浩大。而一旁滾鐵球(boules)的人們努力瞄準目標，要讓自己的鐵球比別人的更靠近標的物，這也是當地常見的休閒活動之一。

老城區Altstadt

MAP ▶ P.69B3B4

班霍夫大街

Bahnhofstrasse

蘇黎世的香榭大道

🚉中央車站正門出口即達 📱www.bahnhofstrasse-zuerich.ch

歐洲老經驗的買手肯定知道，在巴黎有香榭麗舍大道，在倫敦有牛津街，而在蘇黎世當然就屬班霍夫大道最為精彩。這條長達1.4公里、自中央車站延伸到蘇黎世湖畔的站前大道，是蘇黎世的精品大街，從世界知名品牌的流行服飾、珠寶、鐘錶店到百貨公司等，琳瑯滿目的精品以最吸引人的姿態誘惑著來往行人。尤其這裡規劃成僅允許電車行駛的行人徒步區，給予了血拼客更大的逛街自由。

老城區Altstadt

MAP ▶ P.69B5

閱兵廣場

Paradeplatz

瑞士最大的金融中心

🚋搭Tram 6、7、11、13至Paradeplatz站下即達

閱兵廣場位於班霍夫大街的中心地帶，自從瑞士的大型銀行在這裡設立主要的辦事處開始，廣場周邊就逐漸發展，成為目前全瑞士最大的金融交易中心。

閱兵廣場也是介於老城區和蘇黎世湖之間的一個重要的電車樞紐站，「愛的迫降」有一幕第二女主角徐丹推著行李箱站在街頭，身後有多線電車同時停泊、啟動，就是在此處拍攝的。

老城區Altstadt

MAP ▶ P.69B4

奧古斯丁巷

Augustinergasse

MOOK Choice

中世紀豪宅凸窗林立

🚊搭Tram 6、7、11、13、17至Rennweg站下，再步行約2分鐘可達

奧古斯丁巷是蘇黎世最美的歷史街道之一，因為從17世紀開始，一些富有的工廠主紛紛到這裡定居，並且聘請當時最棒的工匠打造最漂亮的房子，因此彷彿豪宅的競技場。

這條小街道最搶眼的，就是眾多歷史樓房保存完好的木雕凸窗。凸窗除了有利於自然採光外，當年的主要作用是讓屋主可以清楚地窺視街道，如果發現街道上來了不速之客，即可採取措施優雅地避開來人，所以這些凸窗通常不會直接建在前門的上方，而總是略微偏移。

奧古斯丁巷目前規劃為行人徒步區，只見咖啡廳、餐館、商店林立，道路兩旁掛滿瑞士國旗。「愛的迫降」中，男主角曾和當時的未婚妻逛到此處。

老城區Altstadt

MAP ▶ P.69B4

聖彼得教堂

Kirche St. Peters

城市計時塔

🚊搭Tram 2、6、7、8、9、11、13至Paradeplatz站下車，沿In Gassen東行，走上往林登霍夫山丘的階梯即達。或搭Tram4、15至Rathaus，過橋後即抵達 🏠St.-Peter-Hofstatt ⏰週一至五08:00-18:00，週六09:00-16:00，週日11:00-16:00(週日早上10:00為彌撒時間)；每月第一個週六有風琴音樂會 💲免費 🌐www.st-peter-zh.ch

和大教堂、聖母教堂並立的聖彼得教堂，也是構成蘇黎世天際線的重要成員之一。聖彼得教堂是蘇黎世最古老的教區教堂，建造年代可能早於西元800年，但教堂之名首次出現在歷史文獻上是在西元857年，那一年東法蘭克國王日耳曼的

路易將此地送給他的兩個女兒。1345年，蘇黎世的第一任市長魯道夫·布朗(Rudolf Brun)獲得了這座教堂，並於15年後葬於教堂的唱詩席下方。

教堂在建築上的特色，包括晚期羅馬哥德式的教堂尖頂和13世紀早期風格的唱詩席等，不過，最引人注目的還是鐘塔上直徑長達8.7公尺的巨大鐘面，為當今全歐洲之最，讓人大老遠便能看清現在的時刻，也使聖彼得教堂成為蘇黎世最重要的地標之一。

茲文利 Huldrych Zwingli：瑞士宗教改革先驅

　　16世紀歐洲因為教會日益腐敗而發生宗教改革，在日耳曼有馬丁‧路德，在瑞士則是由茲文利領導。茲文利反對教會代外國辦理徵召瑞士傭兵團，因而公開否認教皇的權威，他強調「上帝的旨意」，發展出「上帝的選民論」，成為新教重要的思想依據之一。茲文利的雕像常是手持聖經與長劍，表現出茲文利為了傳揚新教積極奮戰的精神，而他最終也是戰死在沙場上。茲文利死後，他的學說由喀爾文(Jean Chauvin)所吸收，終使後者成為宗教改革理論的集大成者。

老城區Altstadt

MAP ▶ P.69B5

聖母教堂

Fraumünster

意象強烈的另類彩繪玻璃

🚊搭Tram 2、6、7、8、9、11、13至Paradeplatz站下車，沿Poststrass東行即達 🏠Münsterhof 2 ☎(0)44 221 2063 ⏰3～10月10:00-18:00；11月～翌年2月10:00-17:00(週日早上彌撒時間不開放參觀) 💲免費 🌐www.fraumuenster.ch ❗教堂內禁止拍照

　　有著高聳纖細尖塔的聖母教堂，隔著利馬河與大教堂對望。這座教堂於西元853年，在查理曼大帝之孫日耳曼的路易(Louis the German)的贊助下興建，最初作為日耳曼南部貴族女子的修道院。聖母教堂因為其尊貴的背景，甚至在13世紀之前都還享有鑄造錢幣的特權！不過宗教改革之後，這裡成為新教的據點，教堂卸下華麗的妝扮，只留下樸實無華的聖潔氣息。

　　來到聖母教堂參觀的遊客總是絡繹不絕，最主要的原因就在於唱詩班席後方的5條彩繪玻璃窗與南面袖廊的玫瑰窗，其大膽豐沛的色彩及像詩意般流動的意象，喜愛藝術的人一眼便能認出是當代超現實主義大師馬克‧夏卡爾(Marc Chagall)的作品，透過光線照射在教堂中的聖經人物們，輕盈而又不失莊嚴。北面袖廊的彩繪玻璃窗同樣出自名家之手，那是於1945年由瑞士畫家奧古斯托‧賈克梅提(Augusto Giacometti)所繪。

　　聖母教堂內的管風琴也同樣值得一看，有著5,793根音管的巨大管風琴，是整個蘇黎世州中最大的一架；而由現代畫家保羅‧波德馬(Paul Bodmer)所繪的一系列濕壁畫，也是參觀教堂時的一個重點。

MAP ▶ P.69D2

瑞士聯邦理工學院觀景平台

ETH Polyterrasse

俯瞰蘇黎世的菁英學府

MOOK Choice

🎵 從中央車站向東步行過橋至Central，即可抵達山下纜車站，纜車每3分鐘一班，使用Swiss Travel Pass或蘇黎世卡免費；或搭乘Tram 6、9、10於ETH/Universitätsspital站下車。 🏠 Rämistrasse 101 ❻www.ethz.ch

成立於1864年的瑞士聯邦理工學院(Eidgenössischen Technischen Hochschule, ETH)位於老城後方的山丘上，是孕育諾貝爾獎得主的搖籃，也是愛因斯坦的母校。主建築由德國著名建築師Gottfried Semper設計，新古典式的雄偉立面，即使遠在利馬河對岸也能看到。

聯邦理工學院前方是面積廣大的觀景平台，年輕的學生們常常聚在長椅或階梯上看書聊天，從這裡向下眺望，映襯著遠方阿爾卑斯山脈的蘇黎世湖、老城區櫛比鱗次的屋瓦、以及教堂尖塔勾勒出的天際線景觀一覽無遺，建議上午順光時段前往，較適合拍照。

若是想到山上看風景，可以從老城區的Central廣場搭乘登山鐵道纜車(PolyBahn)，約2分鐘車程，可愛的紅色小火車就會將你送達山丘上的纜車站。

老城區Altstadt

MAP ▶ P.69B2

瑞士國家博物館

MOOK
Choice

Schweizerisches Landesmuseum

濃縮千年歷史精華

🚇 中央車站往Landesmuseum方向出口即達 🏠 Museumstrasse 2 ☎(0)44 218-6511 ⏰週二至日10:00-17:00(週四至19:00);週一休 後成人CHF10,優待票CHF8,16歲以下、使用蘇黎世卡或瑞士博物館通行證免費。提供中文多媒體導覽 🌐 www.landesmuseum.ch/zh

　與一般博物館為了宣揚國威,多半建成新文藝復興的宏偉樣式不同,這間瑞士首屈一指的歷史博物館就像一棟童話故事中的浪漫城堡一樣。瑞士國家博物館擁有全瑞士最完整的收藏,館藏範圍從新石器時代的原人遺跡,到近代服裝織品,可以說是把數千年的歷史都濃縮進這間博物館裡了。而由瑞士知名建築師團隊Christ & Gantenbein設計的新翼也在2016年夏天完工,

摩登的線條完美地融合在原有的歷史建築裡,象徵著瑞士在流逝的歲月裡堅持著傳統、也適度接受新的概念,成就了今天的瑞士。

　展覽動線規劃也相當特別,直接從16世紀對瑞士影響深遠的宗教改革切入,深入淺出地引導參觀者走過瑞士獨立及拿破崙戰爭。進入2樓挑高展示廳,不停轉動的巨大輪盤是數百年來引領瑞士不斷前進的代表性象徵,以此為開端,可以在瑞士聯邦委員會的辦公桌上聆聽聯邦制和直接民主的真意,透過故事了解今日瑞士富裕的原因,認識瑞士三大經濟支柱 醫療、金融及旅遊業的發展。若租用博物館的導覽設備,40分鐘的虛擬實境故事,就能穿越5百年歷史,解答你對瑞士的疑惑與好奇,相當適合做為瑞士之旅的起點。此外,博物館中也收藏了豐富的中世紀教堂中的聖器、雕刻、壁畫和禮拜遊行使用的木雕,以及早期塞爾特人的工藝傑作,若是對歷史有濃厚興趣,也會滿載而歸。

老城區Altstadt

MAP ▶ P.69C5

大教堂

Grossmünster

利馬河畔天際焦點

🚋搭Tram 4、15至Helmhaus站即達 🏠Grossmünsterplatz ☎(0)44 251-3860 ⏰教堂3～10月10:00-18:00；11～2月10:00-17:00(週日早上彌撒時間不開放參觀)。高塔(Karlsturm tower)3～10月週一至六10:00-17:30，週日12:30-17:30；11～2月週一至六10:00-16:30，週日12:30-16:30 💲教堂免費，高塔CHF5 🌐www.grossmuenster.ch

　　大教堂的雙塔在利馬河畔佇立著，形成一幅美麗的圖畫，也成了蘇黎世老城區最重要的象徵。根據傳說，西元9世紀初，統治歐洲大陸的查理曼大帝(Charlemagne)曾在此地發現兩位蘇黎世聖人Felix和Regula的墓穴，因而下令依照《聖奧斯汀會規》興建一座教堂，便是今日蘇黎世大教堂的前身。不過，現今所見的蘇黎世大教堂建築結構，只能追溯至11世紀末到12世紀初，而教堂內的地窖則是其最古老的部分。

　　16世紀時，神學家茲文利(Huldrych Zwingli)便是以蘇黎世大教堂為根據地，大力推行宗教改革，使蘇黎世成為宗教改革初期的新教重鎮。他曾在此提倡「禱告不忘工作」(Pray and Work)的主張，而這樣的新教倫理也直接促成了近代西方的資本主義精神。

　　除了羅馬式的地窖與主祭壇外，最值得一看的便是由瑞士本地畫家奧古斯托‧賈克梅提(Augusto Giacometti)於1932年所繪的彩繪玻璃窗。而大教堂青銅大門上的浮雕，刻劃的是大教堂的歷史，則是1935至1950年間出自德國雕刻家奧圖‧孟許(Otto Münch)之手。

老城區Altstadt

MAP ▶ P.69B4

拜耳鐘錶博物館

Uhrenmuseum Beyer

賞玩無價時間

🚋搭Tram 2、6、7、8、9、11、13至Paradeplatz站下車，沿Bahnhofstr.北行即達 🏠Bahnhofstrasse 31 ☎(0)43 344-6363 🕐週一至五14:00–18:00 💰成人CHF10，學生CHF5，12歲以下免費 ⓦwww.beyer-ch.com

　　位於拜耳鐘錶珠寶店地下室的拜耳鐘錶博物館，雖然展示面積不大，但每一件收藏都令人大開眼界、嘖嘖稱奇。這些原本都是拜耳家族第6代狄奧多·拜耳(Theodor Beyer)的私人珍藏，隨著蘇黎世禁止在地下室設立店舖，狄奧多於是在1970年利用這多餘的空間向大眾展示他的最愛。這裡蒐藏的計時器，從西元前1400年的結繩計時、日晷、沙漏、教堂大鐘、老爺鐘、懷錶，一直到原子時代的新式鐘錶，可說是擁有一套完整的鐘錶族譜。

　　展示依類型及年代分門別類，除了瑞士本地的鐘錶，也有來自世界各地的精品。其中最讓人流連忘返的，莫過於18、19世紀供中國貴族賞玩珍藏的機械鐘，這些機械鐘每一件都有不同的造型與巧妙，例如一只底部是鐘面的金色鳥籠，每到整點時分，籠中的雀鳥就會「活」起來；而一座中國賭徒造型的鐘，賭徒在整點時分會開出手上的牌，運用鐘體內的機關，使每次開出的結果都不相同，令人拍案叫絕。

老城區Altstadt

MAP ▶ P.69B3

驚奇博物館

WOW Museum

AI領航的異想空間

🚋從中央車站步行3–5分鐘可達 🏠Werdmühlestrasse 10 ☎(0)44 597-8400 🕐夏季每日9:00–20:00，週五、六延長至22:00；冬季週三至週一10:00–18:00 💰成人CHF23，優待票CHF16起，2–5歲兒童CHF5 ⓦwww.wow-museum.ch/en

　　2020年夏季開幕的驚奇博物館，又名「錯覺的空間(Room for Illusions)」，是嶄新的互動式博物館，運用精算過、精巧布置的空間環境，創造各種形態的視覺錯亂，讓參觀者在視覺和感官的幻象中看到有別於「正常」印象中的世界。

　　WOW Museum共有三層樓，劃分成不同的遊戲空間，記得要帶著智慧手機，作為開啟每個遊戲的鑰匙。例如透過許許多多的鏡子，因為無垠的折射效果營造出視覺迷宮，讓人一時不知自己究竟身在何處；又如藉著影像投射效果，讓明明在同一個空間裡的人們，居然變得有人飛簷走壁、有人倒立，讓人既新奇又困惑，充滿了驚奇的幻想和新的視角。當然，別忘了再度利用手機拍下令人莞爾的紀念照。

　　儘管博物館空間不大，但每種遊戲都想嘗試一下以滿足好奇心，大約需要60至90分鐘的時間。可惜目前館內的軟體尚未中文化，所以最好具備一定的英文程度，比較容易玩得盡興。

老城區Altstadt

MAP ▶ P.69B6C6

蘇黎世湖

MOOK Choice

Zürichsee

純淨天然的景觀及泳池

🚋搭Tram 2、5、8、9、11至Bürkliplatz站下車即達

　　沿著班霍夫大街往南走到盡頭，大約20分鐘路程，就有遠離城市的錯覺：遼闊的蘇黎世湖驀地在眼前展開，心胸也頓時開闊了起來。遠處襯映著阿爾卑斯山脈的湛藍湖水波光瀲灩，近前碼頭邊的澄澈碧波清可見底，唯一的髒亂竟只是從悠閒划水的天鵝身上脫落的羽毛，以及牠們所吃剩的飼料，令人很難相信這是擁有數十萬人口的瑞士第一大城港灣。

湖濱泳池 Seebad Enge

🚋搭Tram 5至Rentenanstalt站下 🏠Mythenquai 9 ☎(0)44 201-3889 🕐5月中～9月中09:00-19:00(6～8月08:00-20:00)。 💲成人CHF8，優待票CHF4。 🌐www.seebadenge.ch/wp

　　除了各式風帆船舶與水上活動之外，最吸引人的莫過於散佈湖邊的泳池。由於蘇黎世湖的水質澄淨到可以生飲也無礙，蘇黎世人索性在湖面上用木質甲板圍出一塊範圍，搭建起天然湖水的游泳池。在蘇黎世湖邊總計有26處這樣的付費公眾泳池，最有名的一處便是位於Seerestaurant Enge碼頭附近的Seebad Enge，白天人們可以在最自然潔淨的泳池裡恣意徜徉，到了夜晚則搖身一變，成為蘇黎世最熱門的雞尾酒派對場所。

可生飲的小噴泉

　　瑞士人民相當注重環境保護，即使是國際級大都市，仍能保有乾淨的河川湖水。蘇黎世市區常可見到小噴泉，只要標示eau potable就代表可以生飲，對於一整天在外走動的旅客相當方便，不但省去買飲料的費用，而且水質乾淨、富含礦物質，對蘇黎世人來說，這可是比貨架的礦泉水更好喝呢！

老城區Altstadt

MAP ▶ P.69D5

市立美術館

MOOK Choice

Kunsthaus

大師名作雲集的藝術殿堂

🚋搭Tram 3、5、9至Kunsthaus站即達 🏠Heimplatz 1 📞(0)44 253-8484 🕐週二至日10:00~18:00(週三、四延長至20:00)；週一休。 💲成人CHF23、優待票CHF18、16歲以下免費(含語音導覽)；週三免費參觀。特展部分需另購門票，也可購買與常設展的聯票 🌐www.kunsthaus.ch

　　位於老城區的市立美術館就在大教堂東方不遠處，其門口即有一座羅丹（Auguste Rodin）的著名雕塑品「地獄之門」(The Gates of Hell)。美術館的收藏從15世紀文藝復興時期的大師作品到後現代的達達主義，包羅萬象。其中以瑞士本地藝術家如阿爾貝托・賈克梅提(Alberto Giacometti)、斐迪南・霍德勒(Ferdinand Hodler)與亨利希・菲斯利(Johann Heinrich Füssli)的作品最受人矚目。此外，孟克（Edvard Munch）等北歐表現主義畫家的作品，這裡的收藏量也僅次於挪威，堪稱世界第二。而遊客也可以在這裡欣賞到法國印象派大師們，以及當代藝術家如畢卡索、馬蒂斯、夏卡爾等大師的名作，足以讓藝術愛好者消磨半日的時光。

MAP ▶ P.69A6

國際足聯
世界足球博物館
FIFA World Football Museum

足球迷的朝聖殿堂

搭Tram 5、6、7、13、17等，或搭S-Bahn火車2、8、21、24等號至Bahnhof Enge站即達 　Seestrasse 27　(0)43 388-2500　週二至週日10:00-18:00；週一休　成人CHF24、優待票CHF14，6歲以下孩童免費　www.fifamuseum.com

如果你是足球迷，千萬別錯過坐落於老城區西南方的國際足聯世界足球博物館。國際足聯世界足球博物館是一座1970年代的建築物，開闢成3個樓層的展覽館，面積約3千平方公尺，展出國際足聯的珍貴收藏，包括照片、影像、書籍、各成員國代表隊的球衣等，展品上千件，在地下一樓的「FIFA世界盃走廊」更有歷屆世界盃的比賽獎盃，完整呈現世界足球的發展歷程。

此外，館內也設置了許多互動區，運用高科技，以趣味化的方式讓參觀者也試試自己的身手。

春鳴節Sechseläuten

源自14世紀，當時是為了讓大家知道夏天工作的結束時間，而在晚上6點敲響大教堂的鐘，每年第一次鐘響就等於宣告春天的到來，這個習俗留傳到現在：每年4月的第3個週日晚上，上千名兒童將穿著古裝或戲服參加遊行；而到了週一下午，各行各業的人也會穿起自己所屬行會的古代服飾巡遊。他們會在Bellevueplatz上豎起一尊棉製的雪人(Böögg)，並在其下堆放草堆燃燒，而人們則騎著馬在其周圍奔馳環繞，直到雪人燒完為止。雪人愈快燒盡，則代表當年的夏天越美好。

4月的第3個週一

©Zürich Tourism

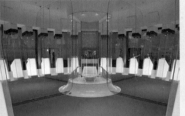

老城區外圍Outer Altstadt

MAP ▶ P.69A1

蘇黎世西區

（MOOK Choice）

Zürich West

享樂時尚夜生活

ⓝ www.stadt-zuerich.ch/zuerich-west

　蘇黎世西區原本是工人階級活動的工業區，佇立著許多大型工廠，過去入夜之後街上幾乎看不到幾個行人，尤其在工業區外移後，這裡更是籠罩在荒廢與蕭條中。不過近年來，隨著大型電影院的進駐，原來的造船工廠(Scchiffbau-Halle)也改建成藝術中心，粗獷的工業區廠房佈置成新潮的小型劇院、爵士酒吧、後現代設計餐廳等，吸引了無數本地及國際年輕藝術家、文化工作者、新秀建築師等，共同打造成21世紀文化藝術與夜生活的新典範，蘇黎世西區便脫胎換骨，成為年輕人聚集的超人氣區域。

高架鐵道橋 Viadukt Arches

ⓟ搭Tram 4、13在Löwenbräu站下車 ⓐViaduktstrasse ⓒ農夫市集週一至六09:00-20:00(各店不一) ⓝwww.im-viadukt.ch

　曾經，建於1894年的高架拱門鐵道橋，像一把長長的利刃，將蘇黎世第5區切割成兩邊，東邊是高級住宅及商業區，西邊則變成社會底層勞工們活動的工廠區，90年代甚至有情色及娛樂產業進駐。近幾年，在當地居民的推動及政府的協助下，鐵橋下的空間被重新打造成有質感的創意商圈，36個石造拱門下有餐廳、藝廊、創意家具、設計師品牌服飾店等，黑色的主建築物內部是農夫市集(Markethalle)，能夠買到來自蘇黎世近郊最新鮮的農產品。高架鐵道橋成了市民週末逛街散步的好地方，火車不時從上空呼嘯而過，則成了最有趣的畫面。

Prime Tower

ⓟ搭Tram 4、13在Escher-Wyss-Platz站下車即可看到 ⓐHardstrasse 201 ⓣ(0)58 800-4900 ⓝprimetower.ch/en

　飛機降落前，如果有機會坐在窗邊望向蘇黎世市區方向，目光一定會被這棟拔地而起的高樓所吸引。Prime Tower雖然只有36層樓高，卻已經是蘇黎世最高的大樓，坐落在以前工廠林立的蘇黎世西區，前身是座齒輪工廠，現在則是一棟新潮的商業辦公大樓，前衛的多角造型覆蓋玻璃帷幕，如一面高聳的長鏡子，反映西區的夜生活，也反射了老城的古典建築。頂樓是相當受歡迎的餐廳和酒吧，擁有絕佳視野，可以眺望整個蘇黎世市區和遠處的阿爾卑斯山脈。

蘇黎世周邊Around Zürich

MAP ▶ P.70A2

The Circle

機場旁別有洞天

🚃 搭火車或Tram 10、12在Zürich Flughafen, Bahnhof站下
🏠 Zürich Flughafen, Bahnhof Ⓜ www.thecircle.ch/en

等飛機不怕沒地方消磨時間囉！疫情過後，就在蘇黎世機場的火車站旁邊，出現了一個時尚的新區域，名為The Circle，裡面有眾多餐廳、咖啡廳、酒吧、商店，甚至來自蘇黎世的百貨公司，讓必須提早抵達機場的遊客，仍可以繼續享受瑞士式的悠閒氛圍。

The Circle是日本建築師山本理顯所規劃設計，由數幢無論在外型或建材上都頗前衛的樓房，合抱成一個半室內、半戶外的活動空間，包含兩間Hyatt酒店、一個大型會議中心、好幾家獨立的商店與食肆，另一側還有公園，讓不得不提前到達機場的遊客，仍有適當的好去處。而且消費售價和市區內差不多，沒有哄抬的傾向。目前招商尚未完全，日後設施勢必會愈來愈完善。

MAP ▶ P.91

萊茵河畔的施泰因

Stein am Rhein

閃耀萊茵河的瑰麗寶石

🚄 從蘇黎世沒有直達的班車，可搭乘IC在沙夫豪森轉車，約需1小時15分；搭S12於溫特圖爾(Winterthur)轉車，則需時約1小時；若從沙夫豪森出發，可搭乘S1，車程為24分鐘。出車站後，過橋即達老城區的市政廳廣場，步行約10分鐘。

一踏進市政廳廣場(Rathausplatz)，立刻會被周圍的璀璨景象所吸引住，廣場周圍包括市政廳在內的樓房大都建於16世紀，除了建有華麗的凸窗外，幾乎每一棟都繪上色彩鮮豔的溼壁畫，壁畫主題多半是歷史故事與神話傳說，而這些樓房就以其壁畫的主題來命名，例如紅牛、太

陽、白鷹、雄鹿等，其中的「太陽」在當地是一間饒富盛名的歷史餐廳。

在老城區裡有兩家博物館：修道院博物館(Kloster-museum St. Georgen)位於河邊的聖喬治修道院中，展示著過往本篤會修道院中的生活，以及數百年來的民間藝術；而林德烏爾姆博物館(Museum Lindwurm)則透過原封不動的傢俱陳設，原汁原味地重現了19世紀中葉的布爾喬亞階級生活，讓遊客經由實物與模型，認識當時人們的日常作息與工作場景。

荷恩克林根城堡 Burg Hohenklingen

🚄 從老城區有登山小徑可達，步行約30至45分鐘，或搭城堡固定合作的計程車(0)52 741-4141　🏠 Hohenklingenstrasse 1　📠 (0)52 741-2137　🕐 餐廳及城堡週三至日10:00-23:00；城堡5~9月每週二10:00-17:00亦開放　🌐 www.burghohenklingen.com

荷恩克林根城堡最初由柴林根公爵(Duke of Zähringen)建於12世紀左右，其後隨著屢經易幟而不斷增建。1457年，萊茵河畔施泰因的市民合力將城堡買下，一方面是為了炫耀市民階級的財富，一方面也作為城市的守望塔使用，而城堡也在往後的歲月裡，不止一次為當地市民阻擋住外敵的入侵。由於城堡的管理階級大都住在山下的老城區內，因此城堡維持了完整的舊時模樣，結構也不再有所更動。城堡在2005至2007年內部整修後，現有一部分開闢為高級餐廳，在這裡用餐不但氣氛優雅，窗外景色更是令人屏息。即使不在這裡用餐，也可以登上城堡的塔樓，眺望倚著萊茵河的老城景觀。

施泰因市區

N

① di Gross Schanz

聖心教堂 ✝
Herz Jesu-Kirche

荷恩克林根城堡 Schloss Hohenklingen

市立公園 🌳
Stadtgarten

Untertor

di Chli Schanz

Obertor

Langstuck

Schanz

di Gross Schanz

迷你火車站 🚂
Liliputbahn

Choligass

林德烏爾姆博物館 🏛
Museum Lindwurm

Undergass

Obergass

Understadt

遊船碼頭 ⚓
Schifflandi.

市政廳廣場 ❶
Rathausplatz

Adler 🅷

市政廳Rathaus 🏛
Oberstadt

萊茵河
Rhine

Bäregass

Chirchhofplatz

Ringass

市民教堂 ✝
Stadtkirche

聖喬治修道院
Monastery St. Georgen
修道院博物館 🏛
Kloster-museum St. Georgen

Espiweg

Wagenhauserstr.

Charregass

Rhiweg

萊茵河畔的
施泰因火車站 🚉

圖例　◉景點 ✝教堂 🍴餐廳 🏛博物館 🅷飯店 🚉火車站
　　　🌳公園 ⚓碼頭 🏛政府機關 ❶遊客中心 🛍商店

蘇黎世周邊Around Zürich

MAP ▶ P.92

沙夫豪森

MOOK Choice

Schaffhausen

富甲一方的中世紀古城

🚃 從蘇黎世可搭乘通勤電車S-Bahn直達沙夫豪森，需時約1小時，或搭乘IR或RE火車需時約40分鐘

沙夫豪森市區圖

沙夫豪森是遊歷萊茵瀑布時必訪的城市，雖然貴為沙夫豪森州的首府，卻是個規模小到足以用雙腳走遍的迷你小鎮。由於從前萊茵河的航運受到萊茵瀑布阻礙，商貨必須在沙夫豪森上岸後轉運，因而使它成為繁榮的貿易重鎮，短短兩條主街就密布了十餘處工會會館。現在這些會館的門口大都還保留著華麗的徽紋刻飾，足以想見昔日工商業發達的盛況。

老城區的弗龍瓦格廣場(Fronwagplatz)南側，弗龍瓦格塔(Fronwagturm)山牆上，有一面打造於1564年的天文鐘(Astronomical Clock)，這面巧奪天工的大鐘可以說是瑞士鐘錶發達的最佳註

腳，除了可以顯示時間、星期、季節外，還能預測日、月蝕、月亮形狀、月出月落的時間、太陽在黃道十二宮的位置、春分和秋分的日子等10種功能，真的很難相信早在450年前就已發展出如此精密的技術！

萬國錶博物館 IWC Schaffhausen

🚃 出沙夫豪森火車站後，過Bahnhofstr.到馬路對面，即是往老城區的方向 🏠 Baumgartenstrasse 15 ☎ (0)52 635-6565 🕐 週二至五9:00~17:30，週六9:00~15:30；週日、一休 💲 成人CHF6、優待票CHF3、12歲以下免費 🌐 www.iwc.com/en/company/museum.html

如果您對專業取向的鐘錶有興趣的話，萬國錶(IWC)的總部便是設在沙夫豪森的老城區裡，精品專賣店旁的萬國錶博物館，展示該品牌一百多年來設計出的經典錶款及重要技術，不妨進去參觀。

米諾要塞 Munot

從老城區沿任何一條路往東行，都能看到米諾要塞 ⏱ 5～9月08:00 20:00；10～4月09:00-17:00 💲免費 🌐 www.munot.ch

要欣賞沙夫豪森老城區的全景，最理想的位置就是登上老城東邊的米諾要塞。這座要塞建於1564到1589年宗教改革如火如荼之際，巨大的圓形主體建築令人印象深刻，寬闊的內部空間則為當時居民們在戰亂時提供庇護的場所。穿過幽暗的掩體，一條可以通行馬車的迴旋坡道將遊客帶往堡壘的頂部，在那裡，人們的視覺豁然開朗了起來，面對老城的方向望去，教堂和城門的尖塔鶴立在古老的街區裡，高低錯落的古宅屋瓦像浪潮一般首尾相連，就連萊茵河畔的景致以及周圍的葡萄園風光也一覽無遺。

因為登高望遠的良好視野，要塞的塔樓過去即作為城市的守望警戒之用，為了延續自古以來的傳統，至今還有守衛住在塔樓上，並於每天晚上9點敲鐘向居民們報時(在過去，這是指示城門關閉的鐘聲)。現在要塞頂部的圓形廣場，也常作為市民活動的場地，不定期舉辦音樂會、露天電影院及舞會等活動。

沙夫豪森的富裕象徵— 凸窗與溼壁畫

沙夫豪森老城街道上最值得一看的，便是家家戶戶牆上爭奇鬥豔的「凸窗」。凸窗除了可以讓屋內的人更容易觀察街上的動靜外，最主要的功能還是為了炫耀主人家的財富，由於建造所費不貲，主人無不極盡鋪張之能事來顯示自己財力雄厚，富豪之間甚至還會舉辦凸窗比賽以爭高下。

溼壁畫也是當時人們裝飾住家常見的方法，只是富裕的沙夫豪森人總是喜歡讓自己的家跟得上時代，於是在溼壁畫的保存上便不若萊茵河畔的施泰因那般完好。沙夫豪森現存的溼壁畫中，最有名的便是位於Vordergasse 65號的騎士之家(Haus zum Ritter)，這棟建於15世紀末的建築外牆，畫滿了以希臘羅馬神話及歷史故事為題材的美麗壁畫，主要寓意在於表現當時所看重的中古騎士美德。這是當地著名畫家史提默(Tobis Stimmer)於1570年繪製的作品，而身為武士階級的主人瓦德基希(Hans von Waldkirch)的肖像也出現在壁畫中的一角。不過，現今的壁畫是在1943年重新描繪的，原畫的一部分則被收藏在萬聖教堂的博物館裡。

萬聖大教堂及博物館
Münster und Museum zu Allerheiligen

從老城區往南行，看到最大的教堂尖頂即是萬聖教堂　Klosterstrasse 16　博物館(0)52 633-0777　博物館週二至日11:00~17:00；週一休　博物館成人CHF12，優待票CHF9　www.allerheiligen.ch/en

萬聖大教堂大約建於12世紀初，為一座純羅馬式的教堂，由於改信新教的緣故，大教堂內原本華麗的壁畫和雕飾皆被完全刮除，現在的大教堂內只能看到現代感濃厚的主祭壇掛毯，以及從前統治城市的公爵石棺。有趣的是，教堂內的12根大柱中有一根是有點傾壞的，於是當地人便稱呼這根大柱為「猶大」。

萬聖教堂的修道院是全瑞士規模最大的修道院，一邊是12世紀羅馬式的建築，而另一邊卻是13世紀哥德式的產物。修道院外圍是一處中古世紀的草藥園，一旁有座原本懸掛在高塔上的大鐘，因為鐘上的一段銘文曾直接觸發德國詩人席勒(Friedrich Schiller)的靈感，讓他寫下著名的詩篇《鐘之歌》(Lied der Glocke)，從此這口鐘便被稱作「席勒之鐘」。

而在萬聖大教堂博物館裡，則展示了沙夫豪森建城1千多年來的城市歷史，豐富而多樣化的展覽品，包括從附近山洞出土的石器時代文物、動物骨骸到當地人民從古至今的各種生活用品，同時還能看到騎士之家本來的牆面、天文鐘的另一面文字盤，以及廣場噴泉的雕像本尊。

MAP ▶ P.92A2

萊茵瀑布

Rhienfall

全歐洲最大瀑布

從沙夫豪森火車站前搭乘往Neuhausen/Herbstäcker方向的Bus 1(大約每10分鐘一班)，於Neuhausen Zentrum站下車，再循指標步行約20分鐘抵達北岸Schlösschen Wörth。從蘇黎世火車站搭乘S8、S9或IR至南岸Schloss Laufen站，需在溫特圖爾(Winterthur)轉車，約1小時可抵達　10:00~16:00　Schloss LaufenCHF5，6~16歲兒童CHF3　www.rheinfall.ch

「君不見，黃河之水天上來」這句話若是移轉到萊茵瀑布上，雖不中，亦不遠矣。萊茵瀑布是全歐洲最大的瀑布，幅寬150公尺，高低落差23公尺，平均每秒有700立方公尺的水量衝向13公尺深的深淵裡，尤其是夏天高山雪融之後，更為可觀。

還沒走近萊茵瀑布，老遠就能聽到猶如萬壑雷鳴般的波濤怒吼聲，等靠近瀑布，那股千軍萬馬奔騰翻躍的奪陣氣勢更是非同小可。遊客來到萊茵瀑布，可以沿著河邊走一圈，從各種角度欣賞萊茵瀑布的壯闊之美，也可搭乘渡船往返位於瀑布南岸的城堡Schloss Laufen及北岸的Schlösschen Wörth。觀賞萊茵瀑布有3個最理想的地方：在渡船碼頭Schlösschen Wörth附近的河邊，可以從正面飽覽萊茵瀑布的全景；而Schloss Laufen的禮品店觀景台，則能從高處俯視萊茵瀑布的側面。當然，最特別的觀景位置，就是乘坐渡船前往瀑布中央，爬上竦峙在大水之間的巨石，在離瀑布最近的距離，感受浩浩湯湯的震撼與被瀑布包圍的刺激。

Schloss Laufen除了是遊客中心的所在，城堡本身也開放參觀，除了可了解城堡的千年歷史、萊茵瀑布的歷史角色和自然環境，還可循著城堡下方景觀步道至水岸觀景台，感受觸手可即的瀑布水花濺起暢快清涼。每年7月31日，瑞士國慶日前一天晚上，這裡都會施放煙火慶祝，屆時滿天燦爛的火樹銀花照亮怒濤洶湧的萊茵瀑布，將是一輩子難以忘懷的壯觀景致。

萊茵瀑布建議行程

行程	內容	價格	時間	電話	網址
萊茵瀑布直達車 (Rhienfall Express)	自沙夫豪森遊客服務中心出發,乘坐小火車造型的直達車至萊茵瀑布,需時約35分鐘	成人單程CHF8,來回CHF12;6-12歲兒童單程CHF4,來回CHF7	7~8月中每天運行;4~6月及8月中到10月中只在週、假日運行。詳情請見官網		www.rhyfall-express.ch
跨河遊船 (Ferry Tours)	Schloss Laufen至Schlösschen Wörth間之單程交通航程約5分鐘	每人CHF6	大約每10分鐘一班次。4、10月11:00-17:00 5~9月09:30-18:30	(0)52 672 4811	www.rhyfall-maendli.ch
	Schlösschen Wörth出發的往返行程,共約需15分鐘	每人CHF8			
巨岩遊船 (Rock Tours)	Schlösschen Wörth出發的跨河耳機導覽行程,約30分鐘	每人CHF11			
	Schlösschen Wörth至瀑布中央大石,航程約30分鐘	每人CHF20(包含可在巨石上停留約20分鐘)			

巴登
Baden

走進利馬河畔老時光

🚄 從蘇黎世搭乘往巴塞爾方向IR列車，約15分鐘可抵達巴登中央車站，班次相當密集

Baden在德文中就是「入浴」的意思，從名稱就不難猜想，城鎮的起源和發展即是這天然湧出的礦泉所賜。自2千年前羅馬時代開始，巴登就以**Aquae Helveticae**(瑞士之泉)聲名遠播，也曾經受到歌德和尼采的青睞。作為瑞士溫泉度假勝地的始祖，巴登沒有擁擠的觀光人潮、氣派奢華的溫泉飯店，由利馬河和葡萄園圈繞的一方天地，洋溢著寧靜優雅的悠閒氣息。

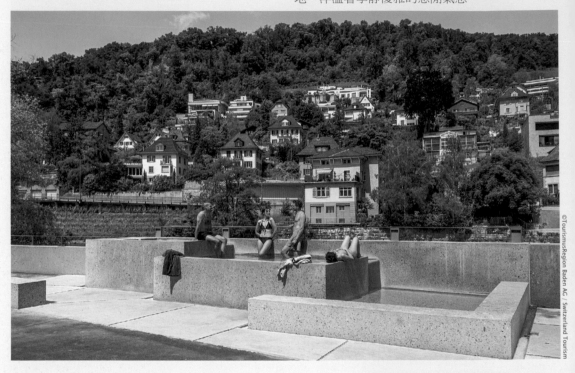

©TourismusRegion Baden AG / Switzerland Tourism

公共溫泉池 Heissen Brunnen

📍中央車站東方出口，沿著Baderstrasse往北方下坡步行至利馬河岸　🏠Bahnhofplatz 1, Baden　📞(0) 56 200-1530　🕐每日7:00~22:00　🌐your.baden.ch/thermalfountains

　沒有溫泉，就沒有巴登，由於與蘇黎世的交通相當方便，成為各地旅客放鬆身心的首選。巴登共有18處硫磺泉源，是瑞士礦物質含量最豐富的溫泉，每日有100萬升的泉水從超過3000米深的地底湧出，地底泉源溫度為47°C，一般溫泉浴場則維持在35~36°C間，水質滑順，水色透明，不會有特別重的硫磺味。溫泉水可泡可飲，對於治療風濕、關節痛及循環系統疾病有幫助。

　羅馬人發現溫泉後不久，就為當時的富人們開設了帶有溫泉水的浴室(Verenabad)，有鑑於這種天然治癒的力量應該普及民眾，後來很快也建設了大眾的公共溫泉。公共溫泉從羅馬人延續到中世紀，一直到19世紀逐漸被人們遺忘；150年後，公共溫泉的想法再次被提起，經過多年規劃，2021年底終於竣工，並免費供大眾使用。採用天然溫泉水的溫泉池，每天早上7點至晚上10點進行加熱，水溫維持在38°C以上。每週一、三和五都會進行清潔。

©TourismusRegion Baden AG / Switzerland Tourism

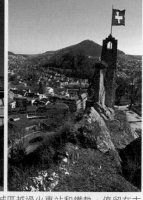

巴登舊城區 Baden Altstadt

🚩中央車站東方出口，沿著Badstrasse往南方下坡步行即進入舊城區。

巴登中央車站位於利馬河左岸高地，往北可抵達右岸溫泉區，往南這一片鐵道與河岸間的斜坡地帶就是舊城區。Badstrasse是老城最熱鬧的商店街，兩旁都是品牌商店和餐廳，踩著石板道路向下漫步，遠遠就能看到高聳的市塔門(Stadt-turm)，以前除了瞭望守衛的功能外，也身兼報時的鐘塔。穿越市塔門來到有小噴泉的獅子廣場(Löwenplatz)，在廣場旁找到通往山丘的小巷子，順著階梯向上就能到達石丹城堡遺址(Ruin

Stein)，視線從整齊劃一的新城區越過火車站和鐵軌，停留在古城櫛比鱗次的褐色魚鱗斜瓦上，河流對岸圍繞的是連綿丘陵和金黃葡萄園，15分鐘上坡的辛苦換來居高臨下的全景視野相當值得。

獅子廣場往利馬河方向下坡，步行至河邊就能看到有屋瓦木簷的木橋(Holzbrücke)，自14世紀開始即作為城市的重要聯外通道。木橋對面是歷史博物館，建議沿著博物館下方的河畔步道散步回程，稍往下游方向有座現代化的新橋，越過新橋可搭乘透明升降梯回到中央車站前的廣場。

巴登歷史博物館 Das Historische Museum

🚩中央車站東方出口，沿著Badstrasse往南方下坡步行至利馬河畔，越過木橋即抵達。🏠Wettingerstrasse 2 ☎(0)56 222-7574 ◐週二至六13:00-17:00(週四12:00-19:00)，週日10:00-17:00；週一休。💰成人CHF8，學生CHF6 🌐museum.baden.ch

13世紀時，舊木橋旁穩重厚實的塔門管控利馬河岸出入口，捍衛著老城。1415年瑞士邦聯征服巴登所在的阿爾高地區(Aargau)，並將山丘上原屬於哈布斯堡家族的石丹城堡(Stein)夷為平地，新上任的地方行政長官選擇此處入住，此後這棟塔樓就作為歷任地方長官官邸(Landvogteischloss)。1798年最後一任地方長官離開後，官邸曾售出成為私有財產、學校和監獄，1913年才由市府改為歷史博物館，並於1992年於河邊增蓋新館。

博物館中主要呈現巴登和鄰近地區的歷史，隨著塔樓的螺旋梯層層向上，可以認識史前時代的考古文物、羅馬時期至中世紀的藝術、木雕、工藝和繪畫，以及18～20世紀巴登地區的生活樣貌。新館重新規劃後，以巴登溫泉發展與地方關係為主題。

巴登市區

公共溫泉池
Heissen Brunnen

Römerstr.

Limmathof
Baden Hotel& Spa

Schiefe Br.

Parkstrasse

賭場
Grand Casino Baden

Baderstrasse

利馬河 Limmat

Bahnhofstr.

中央車站
Hauptbahnhof

通往河谷的升降梯

Badstrasse

Oirainstrasse

Sonnenbergstr.

Ehrendingerstrasse

Theaterpl.

Schlossberpl.

鐘塔
Stadtturm

巴登歷史博物館
Das Historische Museum

石丹城堡遺址
Ruin Stein

Löwenpl.

舊木橋
Holzbrücke

圖例 ◐景點 🏛博物館 ℹ遊客中心 🏠飯店 🚉火車站 ■廣場

Where to Eat in Zürich
吃在蘇黎世

老城區 Altstadt

MAP ▶ P.69C4 **Swiss Chuchi**

🚋搭Tram 4、15至Rudolf-Brun-Brücke站，沿Mühlegasse
東行，右轉Niederdorfstr.直走即達。 📍Rosengasse 10 ☎
(0)44 266-9696 🕐11:30~23:15，早餐週一至五06:15~10:00，
週六日至07:00~10:30 🔗www.swiss-chuchi.ch

提起瑞士美食，自然而然聯想到起士火鍋(Cheese Fondue)與
烤起士(Raclette)，位於Hotel Adler一樓的Swiss Chuchi正是以這
兩種瑞士名菜做為其招牌，一走進佈置成瑞士傳統木屋的餐廳
裡，馬上就聞到一股濃濃的起士味。

Swiss Chuchi最特別的地方在於，不僅僅有傳統口味的起士
火鍋，還可以選擇特別加料版，例如增加李子白蘭地或梨子白
蘭地的香味，或是加上火腿與香檳等。烤起士則是把起士片置
於小鐵盤上加熱，待起士熔化成稠狀時，將熱騰騰的起士刮下
覆蓋在切好的馬鈴薯或蔬菜上。由於每家餐廳使用的電爐型制
不盡相同，食用前可先向服務生請教使用方法。也可根據個人
喜好搭配雞胸、火腿或牛肉一起食用。

老城區 Altstadt

MAP ▶ P.69C4 **Zunfthaus zur Zimmerleuten**

🚋搭Tram 4、15於Helmhaus站下車，沿河岸向北走即抵
達。 📍Limmatquai 40 ☎(0)44 250-5363 🕐11:30~
14:00、18:00~22:30 🔗zunfthaus-zimmerleuten.ch

光是入口處的大紅鷹標誌和迎賓氣派迴旋梯，就能猜到
Zunfthaus zur Zimmerleuten的背景絕對大有來頭。位於市政廳
旁的Zunfthaus zur Zimmerleuten原本是一棟有850年歷史的中
世紀木造建築，曾經是木匠同業公會，於2007年慘遭祝融，所
幸保留下豐富的照片與文書資料，讓重建工作得以順利進行。
經過3年多的整修，現在可以選擇在氣派輝煌的挑高大廳舉辦
宴會，在2樓傳統瑞士家居風格的餐廳品嘗道地瑞士料理，或
是選擇在河邊拱型門廊下，一邊享用起士火鍋，一邊欣賞聖母
教堂與利馬河夜景。

老城區 Altstadt

MAP ▶ P.69C4 **Oepfelchammer**

🚋搭Tram 4、15至Rathaus站，沿Marktga.東行，左轉
Münsterga.，再右轉Rindermarkt即達。 📍Rindermarkt
12 🕐週二至六16:00~24:00，週日、一休。 🔗www.
oepfelchammer.ch

在老城區中心的Oepfelchammer是一家標榜著傳統舊式的
古早味餐廳，餐廳的對面不僅是瑞士19世紀著名詩人凱勒
(Gottfried Keller)年輕時的居所，而他過去也是這裡的常客，
同時這裡還是蘇黎世最古老的酒館驛站呢！餐廳內部區分為
兩部分：一邊是傳統木飾設計的Gaststube，另一邊則是優雅
的現代餐廳Züri-Stübli。目前
的經營者已是這個家族的第3
代，50餘年來，他們一直秉持
著服務至上的原則與高品質的
餐點，從前菜、主菜到甜點都
非常講究，所以這兒也就成為
蘇黎世最熱門的餐廳之一。

老城區 Altstadt

MAP ▶ P.69C4 **Cabaret Voltaire**

🚋搭Tram 4、15至Rathaus站，沿Marktga.東行，右轉
Münsterga.即達。 📍Spiegelgasse 1 ☎(0)43 268-0844
🕐週二至四13:30~24:00，週五、六13:30~02:00，週日
13:30~18:00

走進伏爾泰酒店，你可能
會被充滿顛覆意象的內部空間
嚇一大跳，不過可別大驚小
怪，因為1916年，雨果·巴
爾(Hugo Ball)、漢斯·阿爾普
(Hans Arp)等人就是在這裡創
造了達達主義(Dada)。今日的
伏爾泰酒店是一間咖啡酒吧，
同時當然也有一部分作為現代
藝術的展示空間與文藝活動場
所。而在一樓的精品店裡，也
可以買到許多與達達主義相關
的書籍及周邊產品。

老城區Altstadt

MAP ▶ P.69C4 **H. Schwarzenbach**

🚋搭Tram 4、15至Rathaus站，沿Marktga.東行，右轉Münsterga.即達 🏠Münstergasse 17 ☎(0)44 261-1315 ⏰週一至五09:00-18:30，週六09:00-17:00；週日休 🌐www.schwarzenbach.ch

蘇黎世的老城區聚集了各種形形色色的商店，其中有家擁有獨立品牌的咖啡和茶葉專賣店Teecafé Schwarzenbach，是老牌雜貨店H. Schwarzenbach開設的個性咖啡店。可惜咖啡屋已於2020年關閉。咖啡與茶葉雖然標榜低咖啡因，但仍然維持著濃烈的香氣。不論是茶葉或是咖啡，都是這裡的主角，尤其多達數十種的茶品，包括各式花草茶與單品茶，讓人看得眼花撩亂，一時之間不知該從何點起呢！

老城區Altstadt

MAP ▶ P.69B5 **Zeughauskeller**

🚋搭Tram 2、6、7、8、9、11、13至Paradeplatz站，沿Wagga.東行即達 🏠Bahnhofstrasse 28a ☎(0)44 220-1515 ⏰11:30-22:00 🌐www.zeughauskeller.ch

Zeughaus是軍械庫的意思，而這間餐廳從前的確是一間軍械庫！1927年，軍械庫被改建成一間酒吧，酒吧老闆在修繕時維持了軍械庫原有的結構，並將部分兵器保留下來，成為裝潢的題材。此後，酒吧雖屢經易手，但歷任老闆蕭規曹隨，因此現在人們到這裡用餐，仍然可以看到許多掛在牆上的斧鉞鎧甲，甚至重型槍炮。Zeughauskeller供應的是道地蘇黎世美食，除了有當地名菜蘇黎世牛肉片和阿爾卑斯山通心粉(Aeplermagronen)外，光是香腸的選擇就多達13種，是遠近馳名的傳統餐廳。

老城區Altstadt

MAP ▶ P.69B5 **zum Kropf**

🚋搭Tram 2、6、7、8、9、11、13至Paradeplatz站，沿In Gassen東行即達。 🏠In Gassen 16 ☎(0)44 221-1805 ⏰週一至週五11:30-14:00、18:00-23:00，週六11:30-23:00(最後點餐至22:00)；週日休 🌐www.zumkropf.ch

這間歷史悠久的餐廳自西元1444年起更換過許多頗具名氣的屋主，從絲綢布商、大地主、商會主席和議會官員等，一直到19世紀時的屋主將這裡改裝成酒店驛站，自此成為蘇黎世人集會的主要場所之一。高挑的屋頂與華麗古典金色壁畫，將這裡襯托得十分高雅，使得它繼蘇黎世歌劇院後，成為另一棟具有典型19世紀風格的歷史建築。為了維持餐廳的聲譽，這裡堅持提供瑞士傳統佳餚和高品質的美食，而午茶時間也不妨到此休息片刻，可以好好享受這份雍容華貴的氣息。

老城區Altstadt

MAP ▶ P.69B5 **Zunfthaus zur Waag**

🚋搭Tram 2、6、7、8、9、11、13至Paradeplatz站，沿Wagga.東行即達 🏠Münsterhof 8 ☎(0)44 216-9966；週日休 ⏰11:30-14:00、18:00-22:00 🌐www.zunfthaus-zur-waag.ch

Zunfthaus zur Waag是一棟建於1287年的建築，過去數個世紀以來，一直都是亞麻紡織工會的會所，直到19世紀後才幾經轉手，於1935年成為蘇黎世老城區內首屈一指的餐廳之一。想要嘗嘗蘇黎世的道地美食，可以點一客蘇黎世牛肉片(Zürcher Kalbsgeschnetzeltes)，那是將牛肉切成片狀用奶油嫩煎，再加上洋蔥丁和白酒一起煮，並搭配將馬鈴薯切碎、炒熟的薯餅(Roesti)食用，風味道地可口。而這裡的瑞士藍帶肉排(Kalbs-Cordonbleu Gefüllt)，內餡包裹流質的香濃起士，也非常值得一試。到了春天，千萬別忘了來一份當季盛產的新鮮蘆筍，那種鮮脆香甜的口感，可是過了季節就嘗不到的。

老城區Altstadt

MAP ▶ P.69B3 **Jules Vernes Panoramabar**

🚋中央車站沿著Bahnhofstrasse向南，於Uraniastrasse左轉即抵達。 🏠Uraniastrasse 9 ☎(0)43 888-6667 ⏰週二至三17:30-23:00，週四17:00-23:00，週五17:00-24:00，週六14:00-24:00，週日、一休 🌐www.jules-verne.ch

Jules Vernes是一家高高在上的屋頂酒吧，以前市中心的高塔是天文台，現在圓頂之下是風景迷人的餐酒館。小巧的空間內座位不多，繞著吧台走一圈正好將360度的蘇黎世盡收眼底，白天晚上皆風情萬種。推薦這兒的商業午餐，3道式的套餐在高消費的瑞士算是相對平價，且主菜時常更換。藍帶豬排(Kalbs-Cordonbleu Gefüllt)外皮酥脆，咬下後香濃起士隨著飽滿肉汁流出，相當過癮。

老城區Altstadt

MAP ▶ P.69B3 **Coop City Zürich St. Annahof**

🚊中央車站沿著Bahnhofstrasse向南步行約5分鐘即抵達。 🏠Bahnhofstrasse 57 📞(0)44 226-9100 ⏰週一至六09:00–20:00，週日休 🕸www.coop.ch

　　Coop是瑞士的全國連鎖零售集團，又根據規模大小，分為大城小鎮都有的一般超市，以及像班霍夫大街上這種什麼都賣的百貨公司。Coop City所附設的美食吧可說是背包客最好的朋友，不僅僅有簡單的三明治，主食有烤雞、豬排、義大利麵、燉飯等各種選擇，此外還有沙拉區、水果區、飲料區、甜點區，雖然不是吃到飽的方式，但一餐吃下來大約CHF15就有主餐加飲料，在餐飲費用高昂的瑞士，是節省開銷的好方法。

老城區Altstadt

MAP ▶ P.69A4 **Babu's Bakery & Coffeehouse**

🚊搭S-Bahn火車4、10等號至 Zürich Selnau站，再步行4–5分鐘可達；從中央車站步行8–10分鐘可達。 🏠LÖWENSTRASSE 1 📞(0)44 307-1010 ⏰週一至五7:00–18:00，週六8:00–18:00，週日9:00–17:00 🕸babus.ch

　　Babu's是一家頗受蘇黎世在地人歡迎的麵包店，運用優質的原料，像是來自埃蒙塔爾(Emmental)的Jumi家族的乳製品、來自波斯基亞沃(Poschiavo)的Macelleria Zanetti的香腸等，每天從清早陸續產出爐新鮮的麵包、三明治、糕點和蛋糕，結合飲料與餐點，推出早餐、午餐與早午餐，無論何時前往，門口總是站滿排隊的人群。不妨事先上網訂位，以免排隊之苦。

老城區外圍Outer Altstadt

MAP ▶ P.69A1 **Clouds**

🚊搭S-Bahn火車3、5、6、7、12等號至 Hardbrücke站即達。 🏠Maagplatz 5 📞(0)44 404-3000 ⏰餐酒館週二至四11:00–23:00，週五11:00–24:00，週六10:00–24:00，週日10:00–23:00，週一休；酒吧週三至四17:00–24:00，週五17:00–01:00，週六16:00–01:00，週日至二休 🕸clouds.ch

　　Clouds最大的賣點已經在名稱上完全表現，雲朵般的高度帶來絕無阻礙的寬闊視野。Clouds位於蘇黎世西區最高的建築物Prime Tower頂樓，大樓廣場旁有專屬的入口，走上2樓就是接待櫃台，你可以在此寄放外套和行李，用最輕鬆的裝扮和心情，搭乘電梯直達35樓。Clouds分為餐廳與餐酒館，餐廳走簡潔明亮的現代風格，根據季節供應不同的地中海式餐點，用餐需要事先預約；餐酒館有舒服的紅色沙發，夜晚適合對著滿城燈火小酌，下午點杯咖啡，不管是遠眺蘇黎世湖，或是數著地面如同火柴盒大小的房子，都非常愜意。

老城區外圍Outer Altstadt

MAP ▶ P.69D6 **Tibits**

🚊搭Tram 2、4至Opernhaus站即達。 🏠Seefeldstrasse 2 📞(0)44 260-3222 ⏰週一至四07:00–23:00，週五07:00–23:30，週六08:00–23:30，週日09:00–22:30 🕸www.tibits.ch

　　現在蘇黎世的年輕人最流行吃什麼？不是高熱量的速食品，也不是日式壽司，而是標榜健康、營養的素食料理！這家位在歌劇院附近的餐廳自2002年開業至今，在瑞士已有7家分店，走的是素食自助餐的模式，店內時髦又年輕的設計，搭配著舒適的座椅和中央色彩鮮豔的食物吧台，讓每個經過的人忍不住食指大動。每日供應超過40種沙拉、印度素食和烤餅、披薩、三明治、點心等，可以選擇在店內用餐或是外帶，只要拿個餐盤，選擇自己喜愛的菜色，最後再到櫃檯秤重結帳即可。

老城區外圍Outer Altstadt

MAP ▶ P.69D5 **Blindekuh**

🚊搭Tram 2、4至Höschgasse站，沿Höschga.東行，至Mühlebachstr.右轉即達。 🏠Mühlebachstrasse 148 📞(0)44 421-5050 ⏰週二至六18:00–23:00，週日17:30–23:00，週一休 🕸www.blindekuh.ch 🕙建議事先預約

　　這是一家十分有趣的餐廳：你完全無法判別它到底氣氛好不好、裝潢優不優、擺盤美不美，唯一重要的只剩下食物本身。這家全球首創的盲人餐廳位在一棟修道院建築內，一到餐廳就必須先在櫃檯點餐，因為進入餐廳之後什麼都看不見，乒乒乓乓的杯盤刀叉聲音和人們嘻笑的談話聲音就是全部。餐廳內一片漆黑，包括服務生和廚師也全都是盲胞的創意，就是要讓來此用餐的人體驗盲人的世界，抽離了視覺影響，進入聽覺、觸覺、嗅覺及味覺的高度感應狀態。

Where to Buy in Zürich
買在蘇黎世

老城區Altstadt

MAP ▶ P.69B3　**Jelmoli**

🚇出中央車站沿Bahnhofstrasse向南步行至Seidengasse路口即達。　🏠Seidengasse 1　☎(0)44 220-4411　🕐週一至六09:00-20:00；週日休。　🌐www.jelmoli.ch

　　Jelmoli是蘇黎世歷史最悠久的百貨公司，也是本地面積最大的名牌購物商場。Jelmoli連同地下室在內，總共有7層樓，首飾、香水、化妝品、居家生活、體育用品、生鮮超商一應俱全，氣氛和動線都和台灣的百貨公司非常相似，其中不少只有在瑞士才找得到的當地品牌。而在地下室的葡萄酒專賣店裡，各種葡萄酒依照產地分門別類，其中包括從不外銷出口的瑞士葡萄酒，喜愛品酒的人士可以來此嘗鮮。

老城區Altstadt

MAP ▶ P.69B2　**Globus**

🚇出中央車站後沿Bahnhofstrasse向南步行約3分鐘即抵達。　🏠Schweizergasse 11　☎(0)58 578-1111　🕐週一至六09:00-20:00；週日休。　🌐www.globus.ch

　　如果把Jelmoli比喻為遠東百貨的話，那Globus就是走精品路線的台北101了。以時尚品味及優良品質著稱的Globus，是擁有百年歷史的瑞士本土品牌連鎖百貨，其中以選擇多樣的女裝及名牌廚房用品特別受歡迎，地下室的超市，販售來自各地的高檔食材、葡萄酒、乳酪等，也有自有品牌的新鮮有機食品，只是高昂的價格連蘇黎世人消費前都會稍微遲疑一下。

老城區Altstadt

MAP ▶ P.69B5　**Confiserie Sprüngli**

🚇搭Tram 2、6、7、8、9、11、13至Paradeplatz站即達。　🏠Bahnhofstrasse 21　☎(0)44 224-4646　🕐週一至五07:30-18:30，週六08:00-18:00；週日休。　🌐www.spruengli.ch

　　瑞士巧克力聞名全球，而Confiserie Sprüngli更是在瑞士的巧克力歷史上扮演著非常重要的角色。Sprüngli巧克力店1836年就在蘇黎世開幕，並在1859年遷移至現址，一旁還有間溫馨的附屬咖啡屋。Sprüngli有90%的巧克力純手工製造，形形色色少說也有50種口味。除了巧克力外，還有看了就令人流口水的蛋糕、派類、小餅乾、小糕點等，而精緻的包裝更是增加購買的欲望！在這裡最受歡迎的，是24小時內必須食用的松露巧克力(Truffe du jour)；另外長得有點像迷你夾心餅，有巧克力、小紅莓等不同口味的Luxemburgerli也相當值得推薦。

老城區Altstadt

MAP ▶ P.69B4 **Beyer**

🚋搭Tram 2、6、7、8、9、11、13至Paradeplatz站下車,沿Bahnhofstr.北行即達。 🏠Bahnhofstrasse 31 ☎(0)43 344-6363 🕐週一至五09:30-18:30,週六09:30-16:00;週日休。 🌐www.beyer-ch.com

　　就像寶齊萊(Bucherer)之於琉森,拜耳也是在蘇黎世響噹噹的鐘錶珠寶專賣店。創業於1760年的拜耳,如今已傳到了第八代,每一代的繼承人都對鐘錶瞭若指掌,而在店中也有許多鐘錶匠和金匠,隨時為顧客提供服務。拜耳銷售的鐘錶品牌包括百達翡麗(Patek Philippe)、勞力士(Rolex)、萬國(IWC)、卡地亞(Cartier)、蕭邦(Chopard)、百年靈(Breitling)、伯爵(Piaget)等頂級名錶在內。同時,拜耳也提供古董鐘錶的交易買賣,在收藏圈享有很高的聲譽。

老城區Altstadt

MAP ▶ P.69B2 **Läderach**

🚋 中央車站出口沿Bahnhofstrasse向南步行即抵達。 🏠Bahnhofstrasse 106 ☎(0)44 211-5372 🕐週一至五09:00-20:00,週六09:00-18:00;週日休。 🌐www.laederach.ch

　　創業於1962年的Läderach在瑞士眾多巧克力廠牌中,算不上歷史悠久的一個,但因為創始人Rudolf Läderach所發明的巧克力半成品—可裝填內餡的巧克力空殼,使得Läderach在瑞士巧克力界擁有舉足輕重的地位。而第二代經營者Jurg Läderach更併購了知名巧克力專賣店Merkur,於是現在幾乎隨處都可以吃到香濃滑膩的Läderach巧克力。這家位於班霍夫大街的巧克力專賣店,除了有各式各樣的Läderach手工產品外,店鋪後方以傳統方法現場製作巧克力的Läderach Live Show更是吸引了顧客們的圍觀,可以想見這裡巧克力的品質保證與新鮮。

老城區Altstadt

MAP ▶ P.69B5 **Bally**

🚋搭Tram 2、6、7、8、9、11、13至Paradeplatz站下車,沿Bahnhofstr.南行即達。 🏠Bahnhofstrasse 20 ☎(0)44 224-3939 🕐週一至五09:30-19:00,週六10:00-18:00;週日休。 🌐www.bally.com

　　以皮鞋起家,享譽世界的瑞士高級皮件品牌Bally,蘇黎世專賣店就設在班霍夫大街後段。Bally的鞋子向來以質地柔軟、作工精緻、舒服實穿著稱,設計上偏向傳統歐洲的優雅風格,專賣店中不但陳列款式齊全的男女鞋,更展示了Bally全系列產品,包含皮包、皮夾、皮帶、絲巾、男女服飾等。在瑞士購買除了定價較低以外,出境前還可辦理退稅。

老城區Altstadt

MAP ▶ P.69B3 **Schweizer Heimatwerk**

🚋搭Tram 4、15至Rudolf-Brun-Brücke站,過橋即達。 🏠Uraniastrasse 1 ☎(0)44 222-1955 🕐週一至五09:00-20:00,週六09:00-18:00;週日休。 🌐www.heimatwerk.ch

　　如果你要尋找一個體面的禮物送人,並且不考慮用廉價的紀念品隨便敷衍了事的話,建議可以到Schweizer Heimatwerk來找找看。創立於1930年的Schweizer Heimatwerk是瑞士有名的手工藝品專賣店,目前在瑞士只有5家分店,其中3家在蘇黎世,包括位於機場中的免稅商店。這裡販賣的手工藝品標榜全是「瑞士製造」,有音樂盒、咕咕鐘、玩具、餐具、小擺飾、陶瓷藝品、針織刺繡等,不但品質精良,各物件的樣式也是獨一無二,只是價格自然也是不菲。

　　在「愛的迫降」裡,兩位女主角分別、同時光臨這家店,可見Schweizer Heimatwerk非常符合這兩位美女的品味。

老城區Altstadt

MAP ▶ P.69C3 **Swiss Shop 1291**

🚋搭Tram 3、4、6、7、10、15至Central站，沿Limmatquai南行即達。 🏠Limmatquai 126 ☎(0)44 251-5544 ⏰週一至六09:00-21:00，週日11:00-20:00。 🌐www.swiss-shop-1291.ch

這家位於列馬河畔的瑞士紀念品專賣店，瑞士刀的兩家龍頭品牌——Victorinox和Wenger的產品都有販售，而且型號非常齊全。除了主刀、開瓶器、剪刀等基本功能外，甚至還有隨身硬碟，以及專門適用於電腦維修或高爾夫球場的專業瑞士刀，滿足不同使用者的需求。除了功能選擇多樣化，在Dolmetsch還能找到復古造型的木殼與骨殼瑞士刀，適合喜愛與眾不同的玩家。

老城區Altstadt

MAP ▶ P.69C3C4 **尼達道夫街 Niederdorfstrasse**

🚋搭Tram 3、4、8、15、31至Central站即抵達。

如果班霍夫大大街上的精品名牌不能滿足你獨特的品味，那就到利馬河東岸的尼達道夫街尋寶吧！尼達道夫街是老城區的大動脈，從中世紀至今都是商業匯集之處，道路兩旁抹上粉嫩色彩的老房子，牆上壁畫和掛在二樓窗口的鑄鐵圖樣，揭示從前屋子主人的身分：以前的打鐵舖是現在的個性服飾店；木匠同業公會變成了餐廳。除了連鎖潮牌，小巷子內更是別有洞天，獨立品牌服飾、設計師家具、手工訂製珠寶等，都隱藏在只限行人徒步的逛街區中。

老城區Altstadt

MAP ▶ P.69C4 **H. Schwarzenbach**

🚋搭Tram 4、15至Rathaus站，沿Marktga.東行，右轉Münsterga.即達。 🏠Münstergasse 19 ☎(0)44 261-1315 ⏰週一至五09:00-18:30，週六09:00-17:00；週日休。 🌐www.schwarzenbach.ch

在蘇黎世老城區，即使只是雜貨店，也可以很有歷史。自1864年創業至今已是第五代傳人，Schwarzenbach以雜貨咖啡烘焙坊的角色，百年來在蘇黎世人心中佔一席之地。走進店內會立刻被貨架上一個個五顏六色的玻璃罐吸引，各式各樣的香料、堅果、漿果、蜜餞、果醬、茶葉、咖啡和巧克力，組成豐富而迷人的色澤，空氣中混雜各種食材香氣，調合成一種誘發購物欲望的香氣，喜歡乾果雜貨的人，一定要來這間可愛的雜貨店尋寶。

老城區Altstadt

MAP ▶ P.69C4 **Loco d'oro**

🚋搭Tram 4、15至Rathaus站，沿Marktga.東行，右轉Münsterga.即達。 🏠Münstergasse 13 ☎(0)44 261-4921 🕐週二至五10:00-13:00、14:00-18:30，週六10:00-17:00；週日、一休。 🌐www.locodoro.ch

Loco d'oro是一間很有個性的珠寶店，除了櫥窗前少量成品外，大部份的空間給了工作室，桌上是攤開的設計圖，各種挫刀及拋光工具的後頭，設計師低頭專注地工作。這裡的飾品沒有品牌加持，也沒有使用高級珠寶，但不管是鑲嵌寶石的精緻耳環，或是細細打磨出獨特表面紋路的戒指，每個款式都是獨一無二、手工打造出帶有溫度的首飾。如果在蘇黎世多停留幾天的話，也可以在此量身訂製專屬戒指。

老城區Altstadt

MAP ▶ P.69B6C4 **跳蚤市場 Flea Market**

🚋Bürkliplatz：搭Tram 2、5、8、9、11至Bürkliplatz站下車即達。Rosenhof：搭Tram 4、15至Rudolf-Brun-Brücke站，沿Mühlega.東行，右轉Niederdorfstr.，再右轉Rosenga.即達。 🕐Bürkliplatz：5～10月週六08:00-16:00。Rosenhof：3～10月週四10:00-20:00、週六10:00-17:00。

蘇黎世最大的跳蚤市場是在蘇黎世湖畔的布爾克利廣場(Bürkliplatz)，市集範圍涵蓋Fraumüsterstr.與General Guisan Quai一帶，幅員遼闊，人們摩肩接踵地一攤一攤逛著，愛熱鬧的人絕對不容錯過。另一處跳蚤市場是在尼達道夫街(Niederdorfstr.)巷弄中的Rosenhof，這裡的風格要比Bürkliplatz來得明確許多，走的是嬉皮與迷幻的路線，攤販大聲播放著Bob Dylan與Jimi Hendeix等人的音樂，販賣頭巾、菸草、唱片等物事，頗有種60年代的氣味。

老城區外圍Outer Altstadt

MAP ▶ P.69A1 **Freitag**

🚋搭S3、5、6、7、9、12、16至Zürich Hardbrücke站，出站往北下橋即可看到。 🏠Geroldstrasse 17 ☎(0) 43 366-9520 🕐週一至五10:30-19:00，週六10:00-18:00；週日休。 🌐www.freitag.ch

Freitag是少數還將工廠設在蘇黎世的公司，「蘇黎世製」的商品也是一大賣點。目前在世界各地有30家專賣店，位於蘇黎世西區的這家旗艦店最符合Freitag以資源回收玩創意的品牌精神，店面由19個大貨櫃疊合而成9層樓高塔，建築本身就是西區的地標，店內陳設的最大特色是四面像倉庫一樣的抽屜牆，每一個抽屜都代表一種花色，你可以根據抽屜外貼著的照片選擇喜歡的款式。逛完還可以爬上頂層的瞭望台，眺望蘇黎世西區工業城的景色。

老城區外圍Outer Altstadt

MAP ▶ P.69A1 **Time Tunnel**

🚋搭S3、5、6、7、9、12、16至Zürich Hardbrücke站，出站往北下橋可達。 🏠Viaduktstrasse 77, Bogen5 ☎(0)44 261-4224 🕐週三至五12:00-19:00，週六10:00-18:00；週日至二休。 🌐www.timetunnel.ch

位於西區的個性小店「時光隧道」，並不是要讓人們回到過去，而是要把人們的家裝潢成未來的模樣。這裡販賣的是各種充滿設計感的傢俱，如造型奇異的燈具、猶如科幻片場景的餐桌沙發、外觀抽象的各式餐具及擺飾等。此外，也有本地設計師將作品拿來這裡寄賣，因此你也可以發現一些風格強烈的服飾配件、珠寶首飾、二手衣物等。

Where to Stay in Zürich
住在蘇黎世

老城區Altstadt

MAP ▶ P.69C3　**Hotel Felix Zürich**

🚶從中央車站步行6~8分鐘可達。　🏠Zähringerstrasse 25　📞(0)44 256-7600　🌐www.hotelfelix.ch

Hotel Felix Zürich地處老城區的核心位置，曾經是一家歷史悠久的飯店，經過將近一整年的大規模翻修，2020年正式改頭換面，成為嶄新、明亮又高雅的設計精品飯店。

Hotel Felix Zürich備有56間房，雖然小巧，但在精緻的設計下搭配流線風格的家具，整體空間仍顯得寬敞；一樓的會客大廳與早餐室被合併成一個舒適的開放空間，相當迷人。

Hotel Felix最大的優勢就是地理位置，不但距離火車總站、利馬河岸、班霍夫大街都很近，各重要景點幾乎都在步行可達的距離內，連前往瑞士聯邦理工學院觀景平台都異常方便，而且附近餐廳、購物選擇眾多，是探索蘇黎世非常理想的駐足據點。

老城區Altstadt

MAP ▶ P.69C4　**Marktgasse Hotel**

🚶搭Tram 4、15至Rathaus站或Rudolf-Brun-Brücke站下，走進Marktgasse即達。　🏠Marktgasse 17　📞(0)44 266-1010　🌐www.marktgassehotel.ch

Marktgasse Hotel所坐落的建築，從15世紀開始就是接待旅人的客棧，隨著物換星移幾經改建，搖身一變成為一間嶄新的精品旅館。

Marktgasse Hotel擁有39間客房，內部空間寬敞，裝潢走簡潔的流線風格，把科技感巧妙地融合在歷史建築裡，桌椅櫥櫃等家飾也都力求不佔空間但功能齊全。飯店裡附設有兩個可用餐的餐廳，其中Delish Café Take-out是明亮的咖啡廳，房客可在這裡享用早餐，其它時間也隨時可以品嘗輕食、飲料；而同在地面樓層、位於入口另一側的Baltho Küche & Bar，是當地評價頗高的餐廳兼酒吧，國際路線的菜餚好吃、用餐氣氛輕鬆，週末晚上更是熱鬧，剛好可以見識一下瑞士年輕人的夜生活。

老城區Altstadt

MAP ▶ P.69C2　**Central Plaza**

🚶中央車站出口行經Bahnhof大橋至對岸即達。　🏠Central 1　📞(0)44 256-5656　🌐www.central.ch

Central Plaza距離中央車站只有幾步路的距離，去任何景點都很方便。走進大廳，一道人造瀑布從整面大理石牆流瀉下來，交誼廳內擺放著非洲部落的手工藝品和斑馬皮革造型的沙發與地毯，這些都令來此投宿的商務人士感受到一股原野狩獵般的新奇與刺激感。105間客房裡，也處處充斥著低調奢華的殖民地品味；而在專門供應燒烤類食物的餐廳King' Cave中，有絕佳的河景餐桌，可以一邊享用美食，一邊欣賞利馬河的景緻。

德語區 琉森

琉森
Luzern

文●蒙金蘭・墨刻編輯部
攝影●周治平・墨刻攝影組

琉森這個城市有多漂亮？當你走在羅伊斯(Reuss)河畔，看見夕陽餘暉照耀在卡貝爾木橋上，木橋的倒影蕩漾在寧靜的河面，背景則襯映著殘雪未融的山峰，必然忍不住拿出相機按下快門。此時真恨不得自己是一位畫家，才能用畫筆一點一滴地蒸餾出琉森的美感。

　　早在西元8世紀時，琉森就已發展出聚落的型態，而在拿破崙戰爭時期，還成為赫爾維蒂共和國(Helvetische Republik)的首都。步行是旅遊琉森的最佳方式，在舊城區和羅伊斯河畔處處遺留著古老的建築與巴洛克式教堂、廣場，獅子紀念碑更是被馬克吐溫讚頌為世界上最哀傷、最感人的雕刻；卡貝爾木橋是歐洲最古老的廊橋，雖然曾不幸慘遭祝融，但修復後的木橋仍是這座城市的代表圖騰。

　　此外，琉森的購物商區總是令觀光客荷包大失血，名滿天下的寶齊萊便是將總店設在這裡。

　　琉森也是邀遊瑞士中部名山的基地，從這裡出發前往皮拉圖斯山、鐵力士山和瑞吉山，都是在1天之內可以來回的行程。要同時享受湖光山色、老城風味與現代設施，琉森可說是瑞士最具備資格的城市。

INFO

基本資訊

人口：約8萬3千人
面積：37.4平方公里
區域號碼：(0)41
海拔：435公尺

如何到達——火車

　　琉森位於瑞士中心，聯外交通相當便捷。從蘇黎世直達琉森約50分鐘，從日內瓦直達琉森為2小時50分，從伯恩和巴塞爾前往約1小時可達。此外，琉森也是黃金快車(Golden Pass Line)與聖哥達全景觀快車(Gotthard Panorama Express)兩條景觀路線的起點，可從蒙投(Montreux)、茲懷斯文(Zweisimmen)和茵特拉肯(Interlaken)搭乘黃金快車至琉森，或從洛卡諾(Locarno)、盧加諾(Lugano)、貝林佐納(Bellinzona)搭乘聖哥達全景觀快車至琉森。
🚇www.sbb.ch

市區交通

◎大眾運輸系統

　　琉森的老城區不大，觀光景點大多可徒步抵達，若要到距離稍遠的地方，如交通博物館等景點，可以在火車站前搭乘市區巴士前往。琉森的巴士路線錯綜複雜，基本上，幾乎所有的路線都會在火車站前的總站(Luzern Bahnhof)會合，車票可在總站的售票機或於車上向司機購買；持有效期內的Swiss Travel Pass則可免費搭乘。若透過琉森旅遊局預定旅館，於入住時可免費獲得一張交通卡ÖVTicket，可搭乘區域內公車及二等艙火車，使用期限包含入住及退房日。
🚇www.vbl.ch

◎單車
Rent a Bike

🏠Robert–Zünd–Strasse 2 ☎(0)41 921–0575 ⏰週一至五8:00–19:00，週六、日8:00–12:00、13:00–17:00 🚇www.rentabike.ch

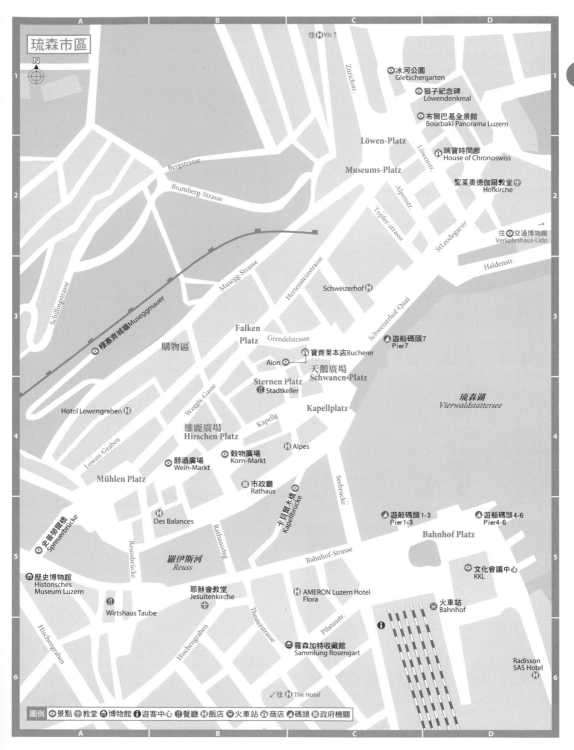

琉森市區

N

往 H YH ↑

⊙ 冰河公園
Gletschergarten

⊙ 獅子紀念碑
Löwendenkmal

⊙ 布爾巴基全景館
Bourbaki Panorama Luzern

Löwen-Platz

⊕ 瑞寶時間廊
House of Chronoswiss

Museums-Platz

⊕ 聖萊奧德伽爾教堂
Hofkirche

Zürichstr.

Bergstrasse

Bramberg-Strasse

Löwenstr.

Alpenstr.

Topfer-strasse

St.Leodegarstr

往 → 交通博物館
Verkehrshaus-Lido

Haldenstr.

Musegg Strasse

Hertensteinstrasse

Schillingstrasse

⊙ 穆塞賣城牆Museggmauer

購物區

Schweizerhof H

Schweizerhof-Quai

Falken
Platz

Grendelstrasse

⊟ 寶齊萊本店Bucherer

Aion ⊙

天鵝廣場
Schwanen-Platz

⚓ 遊船碼頭7
Pier7

Sternen Platz
⊟ Stadtkeller

Kapellplatz

琉森湖
Vierwaldstattersee

Weggis-Gasse

Hotel Lowengraben H

雄鹿廣場
Hirschen Platz

Kapellg

Löwen-Graben

⊙ 醇酒廣場
Wein-Markt

⊙ 穀物廣場
Korn-Markt

H Alpes

Mühlen Platz

⊟ 市政廳
Rathaus

卡貝爾木橋
Kapellbrücke

Seebrücke

⚓ 遊船碼頭1-3
Pier1-3

⚓ 遊船碼頭4-6
Pier4-6

⊙ 史普勞爾橋
Spreuerbrücke

H Des Balances

Reussbrücke

羅伊斯河
Reuss

Rathaussteg

Bahnhof-Strasse

Bahnhof Platz

🏛 歷史博物館
Historisches
Museum Luzern

耶穌會教堂
Jesuitenkirche

H AMERON Luzern Hotel
Flora

⊙ 文化會議中心
KKL

⊟ Wirtshaus Taube

Theaterstrasse

Pilatusstr.

🚉 火車站
Bahnhof

Hischengraben

Hischengraben

🏛 羅森加特收藏館
Sammlung Rosengart

i

Radisson
SAS Hotel H

往 H The Hotel

圖例 ⊙ 景點 ⊕ 教堂 🏛 博物館 i 遊客中心 ⊟ 餐廳 H 飯店 🚉 火車站 🏪 商店 ⚓ 碼頭 ⊟ 政府機關

觀光行程

◎環城觀光小火車 City Train Luzern

其實環城觀光小火車並不是真正的火車，而是可愛火車造型的連結觀光巴士，其路線將穿越舊城區，經過霍夫教堂、獅子紀念碑、耶穌會教堂、卡貝爾木橋、KKL等重要景點，全程約45分鐘，車上並配有含中文在內的16種語音導覽設備。車票直接向司機購買即可。

🚏隨時招手、隨時皆可上車　🕐5～10月中：11:00開始發車；10月中～4月：14:00開始發車　💲成人CHF15，5至15歲兒童CHF5　🌐www.citytrain.ch

◎舊城導覽 Guided City Tour

1.5小時的行程內，由專業導覽人員娓娓道來琉森的歷史故事，行經市區所有觀光景點。

📞(0)41 227-1717　🏠於火車站內遊客中心集合　🕐英語導覽每週三、五、六10:15出發　💲成人CHF25，6至16歲兒童CHF5　🌐www.luzern.com

優惠票券

◎琉森博物館卡 Luzern Museum Card

琉森博物館卡可於連續兩日內參觀市區內所有的博物館及美術館，每張卡限定進入一次，可於火車站及遊客服務中心購買，成人CHF39。若是持有Swiss Travel Pass，因可免費搭乘所有大眾交通工具及參觀全國445家博物館，因此沒有購買琉森博物館卡的必要。

🌐shop.luzern.com/en/products/museum-card-lucerne

◎Tell-Pass

若想深入探索琉森湖區及周圍群山，Tell-Pass是最便利的交通卡。持Tell-Pass可於有效期限內無限

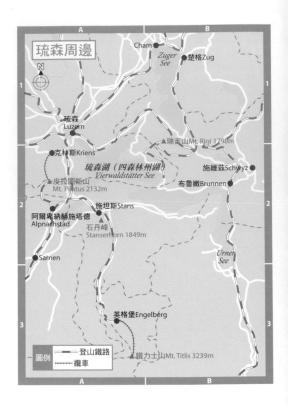

次搭乘區域內的火車、巴士、遊船及大部份登山火車和纜車，適用範圍包含鐵力士山、皮拉圖斯山、石丹峰及瑞吉山的山區交通。進入博物館則享有20~50不等的優惠票價。Tell-Pass可於各大旅館、火車站及遊客服務中心購買。

	4-10月（CHF）	11-3月（CHF）
2日	190	120
3日	220	150
4日	240	170
5日	250	180
10日	320	240
6-16歲兒童均一價	30	

🌐www.tellpass.ch

旅遊諮詢

◎遊客服務中心

🏠Zentralstrasse 5(火車站內)　📞(0)41 227-1717　🕐週一至五8:30-18:00、週六9:00-17:00，週日及假日9:00-14:00　🌐www.luzern.com

老城區外圍Outer Altstadt

MAP ▶ P.107D4

琉森湖

MOOK
Choice

Vierwaldstättersee

醉心瀲灩湖光山色

🚶出中央車站過橋後步行約7分鐘可達;從卡貝爾木橋步行約3
分鐘可達。 🏠Pier7(在Hotel Schweizerhof Luzern對面)。 📞
(0)41 367-6767 ⏰全年運行 💲票價依距離計算,從琉森出
發,單程CHF12起;1小時全景環遊(Panorama-Yacht Saphir)成
人CHF29,持Swiss Travel Pass優惠票CHF18,孩童票CHF12;
其它主題遊船詳情可隨時上網查詢。 🌐www.lakelucerne.ch

　　Vierwaldstättersee照字面解釋的話,可以翻
成「四森林州湖」。自古以來,琉森湖的美就令
所有遠來之人為她心醉神迷,而今日要親近琉森
湖的最佳方式,自然是登上遊船,來一趟如夢似
幻的湖泊航行。

　　船隻從琉森的城中心出發,從這個角度欣賞老
城區、卡貝爾木橋,又是一番不同的風情;而此
時的文化會議中心,更像是建築師理想中「建立

在水面上的一座巨型藝術品」。

　　向東航行而去,兩旁除了漂亮的房舍外,還陸
續出現城堡、修道院、草坪、甚至葡萄園,前方
的瑞吉山愈來愈近,而後方的皮拉圖斯山與石丹
峰仍如影隨形;這裡幾乎就是阿爾卑斯山脈的中
心點了,很難想像這樣幽靜的美景居然離琉森這
座大城市近在咫尺。

　　船上很貼心地為每位遊客準備專屬的耳機,備有
包括華語在內的12國語言,沿途作詳細的解說。你
可以搭配風景仔細聆聽,對琉森進行全面的了解;
也可以關掉耳機,盡情地享受眼前的畫面。

　　由於琉森位於湖的西北岸,想要一睹夕陽金光
伴隨著天邊紅霞灑落在琉森湖上的美景,就一定
得搭船才行,因此每年僅5到9月間行駛的日落
遊船(Sonnenuntergangs Fahrt)特別搶手;此
外,各式各樣搭配用餐選擇的遊船行程也都相當
受歡迎,可感受在湖光美景中享用一頓豐盛大餐
的悠閒愜意。

老城區外圍Outer Altstadt

MAP ▶ P.107B5

卡貝爾木橋

Kapellbrücke

浴火重生的城市守護者

🚋 出中央車站沿河岸西行即可看到

　　卡貝爾木橋毫無疑問是瑞士代表風景之一，優雅橋身與市容完美地結合，厚實穩重的古塔為這幅輕盈的畫面增添了重心所在，呈現和諧與平衡。

　　卡貝爾木橋建於14世紀初期，長204公尺，當時被當作琉森防禦體系的一部分，同時也是歐洲現存最古老的廊橋。內部廊頂架著120多根橫樑，每根橫樑上都有一片山形木板，繪有琉森的歷史故事和城市守護聖人聖李奧寶加(St. Leodegar)與聖莫里斯(St. Maurice)的圖畫。這些原本都是17世紀時的本地畫作，可惜1993年時，一艘停泊在木橋下的小船突然起火，讓這座琉森人的最愛陷入一片火海，雖然沒有將整座橋付之一炬，卻也燒毀了大部分的古畫。卡貝爾木

橋在劫後迅速重建完成，現今遊客所看到的畫作，色澤較老舊的便是17世紀的原作，而看起來較新的則是修補後的模仿作品。

　　橋旁的這座八角形水塔(Wasserturm)，約有34公尺高，在1300年建成時被視為城牆的延伸部分，後來曾先後作為城邦庫房、文獻室以及牢房之用。水塔在1993年的大火中並未遭受波及，如今則靜靜地守衛著卡貝爾木橋，供遊客聊發思古之幽情。

老城區外圍Outer Altstadt

MAP ▶ P.107C6

羅森加特收藏館

Sammlung Rosengart

與藝術大師們的午茶之約

🚋 出中央車站後沿Pilatusstr.西行即達 🏠 Pilatusstrasse 10 ☎ (0)41 220-1660 ⏰ 4～10月10:00-18:00；11～3月11:00-17:00。 💲 成人CHF20，敬老票CHF18，學生票CHF10，孩童票CHF10 🌐 www.rosengart.ch

　　羅森加特收藏館的館長安琪拉‧羅森加特(Angela Rosengart)與她的父親齊格菲‧羅森加特(Siegfried Rosengart)，是瑞士著名的藝術品收藏家與經銷商，他們長年與畢卡索(Pablo Picasso)保持著深厚的友誼，因而館中的收藏便以這位立體派大師的作品為主。原本城中還有另一處畢卡索博物館，但其館藏已全部移至羅森加

特收藏館中，也使得這裡的畢卡索畫作藏量更加豐富。

　　除了畢卡索的作品之外，其他當代大師的收藏也很可觀，包括克里(Paul Klee)、馬諦斯(Henri Matisse)、夏卡爾(Marc Chagall)與法國印象派大師們的傑作等，值得花一個下午的時間慢慢欣賞。

老城區外圍Outer Altstadt

MAP ▶ P.107D5

文化會議中心

MOOK Choice

KKL

視、聽、味覺的感官饗宴

🚇 出中央車站向東邊即可看到 🏠 Europaplatz 1 ☎ (0)41 226-7950 🌐 www.kkl-luzern.ch

1998年才正式啟用的KKL是琉森的新地標，由來自巴黎的建築大師尚‧努維爾(Jean Nouvel)操刀設計，其巨大的屋簷突出在琉森湖畔，顯得特別搶眼。KKL是一座結合音樂廳、國際會議廳、藝術博物館、美食餐廳和景觀酒吧的多功能文化中心，尤其是擁有1,840個座位的音樂廳，堪稱全世界設備最好的一座，每年夏天的琉森音樂節便是在這裡舉行，也成了琉森人的驕傲之一。此外，內部也有許多家吸引年輕族群的新潮餐廳，如Lucide、Seebar等。

夜幕低垂之後，KKL依然人氣不減，戶外廣場上的大型噴水池時而噴出3層樓高巨大水柱，看著對岸的霓虹燈光照映在琉森碼頭的港灣中，美麗的夜色自能醉人。

琉森音樂節 Lucerne Festival

琉森音樂節其實包含3個節慶：復活節的宗教音樂祭(Easter Festival)、夏天的古典交響樂音樂節(The Summer Festival)和11月的鋼琴音樂節(The Piano Festival)。一般提起琉森音樂節，指的大多是每年8、9月舉辦的古典交響樂音樂節，屆時來自世界各地的頂尖交響樂團、當代翹楚的古典樂手與名列傳奇的指揮大師都會在這裡齊聚一堂，在KKL裡展開為期2個月，多達30場的古典音樂盛會。而在琉森音樂節期間，除了交響樂外，城內各處的表演場地也會舉辦60多場其他類型的音樂表演，是琉森一年之中最重要的盛事。

🌐 www.lucernefestival.ch

老城區外圍Outer Altstadt

MAP ▶ P.107B5

耶穌會教堂

Jesuitenkirche

推開華麗天堂之門

🚇 出中央車站沿河岸西行即達 🏠 Bahnhofstrasse 11A ⏰ 06:30-18:30；週一、四不對外開放 🌐 www.jesuitenkirche-luzern.ch

位於羅伊斯河畔，與市政廳隔河相望的耶穌會教堂始建於1666年，是全瑞士第一座大型的巴洛克式宗教建築。教堂在外觀上最醒目的特色，就是兩座有著洋蔥形尖頂的塔樓；而教堂的內部更是精彩：潔白的牆身、粉色系的廊柱裝飾、紅色的大理石主祭壇，使教堂圍繞在一股明亮而聖潔的氣氛中。拱頂上色彩鮮豔的溼壁畫，描繪的是天堂之門打開的景象，在這幅畫中也能看到耶穌會教堂最原本的模樣。由於琉森是瑞士天主教的重鎮，耶穌會在這裡擁有很大的勢力，因此琉森的教堂比起蘇黎世、日內瓦等新教城市的教堂來得更有看頭，一切華麗的元素在這裡都保存得完好如初。

MAP ▶ P.107A4~C4

舊城廣場

MOOK
Choice

Altstadtplätze
飄散藝術韻味的老城區

⌂ 羅伊斯河右岸老城區內

　　羅伊斯河的右岸便是琉森老城區，這裡是一片
地勢逐漸隆起的山坡地，也是琉森逛街的精華
地段，每一排狹窄的街道上都藏有令人驚喜的小
店、藝廊和餐廳。在老城中心有好幾處被古老
建築物所包圍的廣場，這些建築物有的牆上漆
著美麗的壁畫，有的則擁有繁複的雕飾，增添
了琉森作為歷史古城的價值。湖畔的天鵝廣場
(Schwanen Platz)是老城的入口，也是名店林
立的黃金商業地段；醇酒廣場(Wein-Markt)是
昔日琉森人宣誓加入瑞士聯邦的地方；雄鹿廣場
(Hirschen Platz)的名字是來自於一家中世紀的
旅店；而穀物廣場(Korn-Markt)則以有著亮麗鐘
樓紅頂的市政廳和繪有熱鬧壁畫的舊行會建築而
聞名。

市政廳 Rathaus

🚶 從卡貝爾木橋步行約1分鐘可
達。 ⌂ Kornmarkt 3

　　呈義大利文藝復興式的市政
廳，是建築師Anton Isenmann於
1602到1606年間所建，考量到氣
候因素，屋頂特別採用伯恩州最
常見的懸垂低檐。面河的這一側
拱門廊道，當年就是舉辦市集的
地方，至今仍有假日市集；而二
樓的廳室以前是商行的穀倉，現
在則作為展覽場或音樂廳使用。

老城區外圍Outer Altstadt

MAP ▶ P.107A5

史普勞爾橋

MOOK Choice

Spreuerbrücke

勾勒中世紀生死課題

🔁 出中央車站後沿河岸西行即達

　史普勞爾橋建於1408年，原本也是屬於琉森防禦體系的一部分。在德文中，「Spreu」是「麥糠」的意思，因為早年居民們都是在這座橋上將麥糠倒入羅伊斯河中，史普勞爾橋因此而得名。史普勞爾橋最出名的地方便在於橋內頂部的三角橫樑木板上，67幅繪於1626至1635年的畫作，出自卡斯帕‧麥林格(Kaspar Meglinger)之手，題材則是黑死病流行時期最常見的主題——「死亡之舞」(Dance of Death)。在畫中，無論是貧富貴賤，還是善惡賢愚，都逃不開死神的跟隨，傳達出人生不離死、死生總無常的觀念，也反映了當時人們對於瘟疫的無奈。

老城區Altstadt

MAP ▶ P.107C3

寶齊萊本店

Bucherer

玩味世界最大鋼珠鐘

🔁 出火車站後過橋至Schwanen Platz即達　🏠 Schwanen Platz 5　☎ (0)41 369-7979　🕐 週一至五9:00-18:00，週六9:00-17:00，週日休　🌐 www.bucherer.com

　能夠像琉森的寶齊萊本店一樣，被來自全球各地的觀光團當成旅遊景點，搶著在店門口拍照留念的店面，在世界上應該是屈指可數的。喜愛鐘錶的人對寶齊萊一定不會感到陌生，在鐘錶珠寶專賣店中，寶齊萊可算是這一行的龍頭老大，目前在瑞士已經擁有15家分店，而其最初發跡的地方就是在琉森的這棟大樓裡。舉凡勞力士、萬國、伯爵、蕭邦、愛彼、帝舵、浪琴、雷達等頂級名錶，在這裡都設有專櫃，同時也能找到寶齊萊於2008年開始的自製品牌Carl F. Bucherer。而在較高的樓層裡也有Victorinox、Sigg、Swatch、雙人牌等名牌專櫃，儼然一間專賣瑞士及歐陸精品的百貨公司。

　而在店裡的電扶梯旁，還隱藏了另一處景點：全世界最大的鋼珠鐘Aion。這座高達4層樓的鋼珠鐘無法一眼就看盡其完整的面貌，只能一層一層地分段欣賞，在3、4樓的電扶梯旁可以看到鋼珠的運作，令人玩味無窮。

老城區Altstadt

MAP ▶ P.107A3

穆塞齊城牆

Museggmauer

登高遠眺湖光山色

🚌搭Bus 1、19至Löwenplatz站，沿Museggstr.西行，穿過城牆後看到右手邊有一條往上走的小徑即達。從卡貝爾木橋步行約12分鐘可達 ▼4個塔樓；4-10月8:00-19:00。 💲免費 🔗www.museggmauer.ch

琉森的城牆大約建於1386年，數百年來的滄海桑田，今日的城牆只剩下老城區北面一小段。所幸這段城牆的保存狀況相當完好，政府也定期加以維修，成為琉森市區的一處景點。

穆塞齊城牆至今仍留有9座形制殊異的塔樓，由西到東的名字依序是Nölli、Männli、Luegisland、Wacht、Zyt、Schirmer、Pulver、Allenwinden和Dächli，其中Männli、Zyt、Schirmer與Wacht在夏季時開放給遊客參觀。登上高塔的塔頂，可以眺望老城區和琉森湖的景色，耶穌會教堂等地標建築的尖頂也都歷歷在目。而在Zyt塔上有一座建於1535年的鐘，其鳴鐘時間要比其他鐘快上一分鐘，在以鐘錶精確著稱的瑞士來說算是相當異類，不過因為它是琉森現存最古老的鐘，使它得以享有「不準確」的特權。

老城區Altstadt

MAP ▶ P.107B4

Stadtkeller餐廳

感受原汁原味瑞士傳統

🚌出火車站後過橋至Schwanenplatz，沿Gerberga.西行至Sternenplatz即達 🏠Sternenplatz 3 📞(0)41 410-4733 ▼11:30-24:00(音樂及表演19:30起；4~10月午視用餐人數，也可能有表演安排，詳情可隨時上網查詢。) 🔗stadtkeller.ch/en

雖然民俗節慶不是天天能遇到，琉森老城區內的Stadtkeller餐廳提供傳統地方餐飲及民俗表演，還是能體驗瑞士山民文化。每天晚上，客人都可以一邊用餐，一邊欣賞瑞士民謠約德爾小調(Jodeln)的演出。Jodeln除了主唱者之外，伴奏的樂器有手風琴和低音提琴等，最特別的傳統樂器為瑞士特有的長號角和牛頸鈴。據聞Jodeln的緣起是早年住在山間的人，利用歌聲和其他人聯絡；但也有一種說法是Jodeln原來是瑞士人向神明禱告的呼喚，經過山間牧人的傳誦哼唱，逐漸發展成瑞士獨特的民謠。

老城區外圍Outer Altstadt

MAP ▶ P.107C1

獅子紀念碑

Löwendenkmal

世界上最動人心弦的石雕

🚌 搭Bus 1、19至Löwenplatz站，沿Denkmalstr.北行即達
🏠 Denkmalstrasse 4

位於冰河公園旁的獅子紀念碑是琉森的另一個象徵，這座垂死的獅子雕刻是為了紀念1792年時，在巴黎杜樂麗宮(Tuileries)為了保護法王路易十六而殉難的700多名瑞士傭傭兵，作者為丹麥名雕刻家巴特爾‧托瓦爾森(Bertel Thorvaldsen)。

石獅是在一塊天然的岩壁上鑿刻而成，身中斷矛的雄獅倒臥在碎裂的盾牌上，雖欲再戰卻已是力有未逮，生動細膩的情感全表現在獅子的臉上，頗有一種「誠既勇兮又以武，終剛強兮不可凌」的悲壯氣勢，令所有觀看的人無不動容。美國著名的小說家馬克‧吐溫(Mark Twain)就曾被這座雕像深深吸引，讚頌獅子紀念碑是「世界上最哀傷、最動人心弦的一座石雕」。

老城區外圍Outer Altstadt

MAP ▶ P.107C1

冰河公園

Gletschergarten

探索冰河時期奇幻地貌

🚌 搭Bus 1、19至Löwenplatz站，沿Denkmalstr.北行即達 🏠 Denkmalstrasse 4 ☎ (0)41 410-4340 ⏰ 4～10月09:00-18:00；11～3月10:00-17:00。 💲 成人CHF22，學生CHF17，6-16歲孩童CHF12 🌐 www.gletschergarten.ch

這裡的冰河遺跡其實是在一個非常偶然的情況下被挖掘出來的，1872年時，公園的創始人安木萊－妥勒(Joseph Wilhelm Amrein-Troller)原本只是要興建一座酒窖，卻在整地時意外發現許多冰河擦痕和冰壺遺跡，經過研究之後，證實這些都是萬年前冰河時期留下的地貌。1873年，公園正式對外開放，到了1980年又在遺跡上加建篷頂，以保護這些珍貴的遺跡不受風雨侵蝕。在所有的冰河遺跡中，最引人注目的便是直徑8公尺、深達9.5公尺的巨大冰壺，這些冰壺都是由冰河底部的水流轉動礫石所刨蝕而成，可以想見當時羅伊斯冰河底部所產生的漩渦威力有多驚人！

除了冰河遺跡，公園裡還有冰河博物館、安木萊屋、瞭望塔、鏡子迷宮等數個部分。冰河博物館介紹了冰河的形成，以及琉森兩萬年來的地科歷史；安木萊屋裡展示了許多立體地理模型，其中包括費赫將軍(General Pfyffers)於1762到1786年間製作的瑞士中部地貌模型，是世界上最古老的地貌模型作品。而一旁的鏡子迷宮原本是為了1896年的日內瓦博覽會而建，內部以西班牙的阿爾罕布拉宮(Alhambra)作為背景，搭配上360度稜角的鏡子，讓你隨時有撞「牆」的效果，十分有趣。

老城區外圍 Outer Altstadt

MAP ▶ P.107C1

布爾巴基全景館
Bourbaki Panorama Luzern

身歷其境再現歷史

🚌搭Bus 1、19至Löwenplatz站即達 🏠Löwenplatz 11 ☎(0)41 412-3030 🕐4～10月10:00-18:00；11～3月 10:00-17:00 💲成人CHF15，學生CHF12，6至16歲孩童 CHF7 🌐www.bourbakipanorama.ch

全景畫是在電影發明之前，歐洲市民重要的視覺娛樂之一。全景畫的類型分為很多種，有利用投影布幕的，也有利用立體鏡片的，但像是琉森布爾巴基全景館中的大型全景畫作，目前世界現存的作品已寥寥無幾。布爾巴基全景畫完成於1881年，是當時全景畫企業主委託日內瓦畫家愛德華・卡斯特(Edouard Castres)等人繪製的作品，內容描述的是1871年普法戰爭結束後，法軍指揮官布爾巴基將軍帶著8萬多名殘兵敗將穿越瑞士邊境並繳械尋求庇護的場景。由於卡斯特和另一位畫家斐迪南・赫德勒(Ferdinard Hodler)都曾親身參與那次救援行動，因此當時的情景全都如實呈現在這幅全景畫中，而在畫面裡也能找到他們倆的身影。

這幅全景畫原本是周長110公尺、高14公尺的標準全景畫大小，後來為了建物改建，裁掉了上部的4公尺。為了還原原畫的規模，館方在畫面前方設置了21處立體場景模型，將畫面延伸至參觀者面前，加上從背後音響中傳出遠方的隆隆炮聲、車馬雜沓聲與人們話語聲，讓人彷彿回到過去，親自見證了歷史事件。

老城區外圍 Outer Altstadt

MAP ▶ P.107D2

霍夫教堂
Hofkirche

具衝突美感的神聖殿堂

🚌出火車站後過橋至Schwanenplatz向東行即達 🏠Sankt-Leodegar-Strasse 6 ☎(0)41 229 95 00 🌐www.kathluzern.ch/st-leodegar-im-hof

霍夫教堂是琉森最重要的主座教堂，也是瑞士最具代表性的文藝復興風格教堂，供奉的是城市的守護聖人聖李奧寶加與聖莫里斯。教堂的外觀非常特別，兩棟塔尖與塔身幾乎等長的灰色尖塔，是典型的哥德式建築，中間卻夾著裝飾花俏的白色文藝復興式正立面，原來這棟教堂的前身是建於8世紀的本篤會修道院，1633年被大火燒毀後只剩下兩根尖塔，於是又於1645年重建成文藝復興的風格。

教堂內的瑪麗亞祭壇與靈魂祭壇也是參觀時的重點，這兩座祭壇有著細緻華麗的金色浮雕，表情生動地刻劃出耶穌受難與聖母臨終時的場景，是16世紀初期的作品。其他值得一看的還有一架造於17世紀、擁有4,950根音管的管風琴，不定期會有音樂會在此演出。

老城區外圍Outer Altstadt

MAP ▶ P.107D2

瑞寶時間廊
House of Chronoswiss

鑑賞精湛工藝創作

🚌搭Bus 1、19至Löwenplatz站即達 🏠Löwenstrasse 16b
📞(0)41 552-2100 ⏰週一至五9:00~17:30，週六、日休
🌐www.chronoswiss.com

　　1982年由朗恩(G.R. Lang)創立的瑞寶錶是起源於德國的品牌，在瑞士家族埃貝斯坦(Ebstein)收購後成為琉森唯一的鐘錶製造廠，而瑞寶錶時間廊不只是品牌經典陳列室，還能親眼見識重視細節的工匠精神與獨一無二的手工錶魅力。時間廊中可透過多媒體設備了解品牌發展歷程、瑞士製錶業訊息和機械錶的製作流程，透明玻璃的錶盤製作室中，師傅使用瀕臨失傳的古老曲線雕花機在錶盤上手工雕刻細如毫髮的機鏤紋飾(Guilloche)，一旁呈現的則是相當費時且失敗率極高的　琅烤釉技術，須經過7次上釉、煅燒與拋光，才能燒製出色澤剔透的錶盤，也唯有現場欣賞製錶工匠巧奪天工的傳統技藝，才能真正了解手工機械錶的價值與藝術。

老城區外圍Outer Altstadt

MAP ▶ P.107D2

瑞士交通博物館
Museum Verkehrshaus der Schweiz

飛天遁地的歡樂旅程

🚌搭Bus 6、8、24至Verkehrshaus站即達 🏠Haldenstrasse 44 📞(0)41 375-7575 ⏰夏季10:00~18:00，冬季10:00~17:00 💲博物館成人CHF35、學生CHF25、16歲以下兒童CHF15；天文館CHF18、學生CHF14、兒童CHF10；瑞士巧克力歷險成人CHF18、學生CHF14、兒童CHF10；一日通票CHF62、學生CHF46、兒童CHF12起 🌐www.verkehrshaus.ch

　　瑞士交通博物館占地達4萬平方公尺，是歐洲交通工具收藏量最多的博物館。超過3千多種陸海空交通工具，包括古老的蒸汽火車頭、傳統馬車、纜車、飛機、船，甚至太空梭等，每一件都訴說著交通史的發展故事。鐵道迷不可錯過超大型的火車展示場，室外的廣場上的迷你小火車，讓小朋友也能感受搭乘蒸氣火車的樂趣！

　　天文館(Planetarium)以天象儀讓遊客一睹宇宙間的奧妙，把瑞士美景投射在360度大螢幕上的「瑞士全景圖」可仔細探索瑞士地貌，同時還能在「宇宙全方位」中體驗無重力狀態下的太空世界。IMAX劇院有瑞士最大的19×25半球體螢幕，搭配3D影像，讓人看了大呼過癮，而與知名品牌瑞士蓮合作的瑞士巧克力歷險(Swiss Chocolate Adventure)，多媒體設備帶領你從原料出發，進入巧克力世界。

琉森周邊Around Luzern

MAP ▶ P.108A2

皮拉圖斯山

Mt. Pilatus

蒙上神祕面紗的禁山

🚌 從琉森火車站搭乘1號公車往克林斯(Kriens)方向，於 Zentrum Pilatus下車，步行5分鐘至克林斯纜車站上山。 ☎ (0)41 329-1111 ⏰ 金色環遊約5~10月，銀色環遊約5~11月(實際日期需視雪融狀況而定)；從克林斯至弗萊克穆恩特格 (Fräkmüntegg)的纜車全年開放，弗萊克穆恩特格至皮拉圖斯山頂(Pilatus Kulm)也是全年開放。 🌐 www.pilatus.ch/en

　　瑞士群山之中，皮拉圖斯山是最具神祕色彩的一座，在古老的歲月裡，關於龍的傳說與彼拉多的幽靈一度甚囂塵上，使得這裡曾經是琉森法律中的「禁山」。皮拉圖斯山之名即是來自將耶穌釘死的羅馬總督本多・彼拉多(Pontius Pilate)，傳說他的遺體被人拋入這裡的湖泊，此後每年耶穌受難日，他的幽靈便會伴隨著狂風暴雨出現。1585年，一群勇敢的市民不顧禁令結伴上山，他們想盡辦法挑釁湖裡的鬼魂，然而卻啥事也沒發

生，謠言於是不攻自破。如今的皮拉圖斯山雖然不再神祕，但山上的景色美麗依舊，引人無限遐想。

金色環遊 Goldene Rundfahrt

絕大多數遊客前往皮拉圖斯山，走的都是金色環遊的路線：用一份閒情逸致，變換路、海、空3種交通方式，親近這傳說中的禁山。

金色環遊的起點為琉森2號碼頭，從這裡搭上開往阿爾卑納赫施塔德(Alpnachstad)的遊船，沿途可以飽覽琉森湖的湖光山色；到阿爾卑納赫施塔德後，換搭全世界最陡峭的齒輪鐵道來到山頂(Pilatus Kulm)。而下山走的則是另一條路線：從山頂纜車站搭乘大纜車至弗萊克穆恩特格(Fräkmüntegg)，再換搭小纜車至克林斯，從克林斯便有1號公車回琉森。如此一來，遊湖船、齒輪鐵道、纜車等交通工具都坐過一輪，對於皮拉圖斯山的回憶也更全面而完整。銀色環遊的路線大致相同，只是遊船行程改為搭乘火車至阿爾卑納赫施塔德。

從琉森出發至阿爾卑納赫施塔德的首末班船約為9:38～16:38，每小時一班，航程約一個小時(船班時間每年變動，請上網查詢時刻表)。

環遊旅程票價如下表：

	成人 頭等艙／二等艙	6至16歲孩童遊船 頭等艙／二等艙
金色環遊	CHF128.6／CHF111.6	CHF64.7／CHF56.2
銀色環遊	CHF94.8／CHF89.4	CHF48.5／CHF45.5
使用Swiss Travel Pass	可免費搭乘遊船或火車至阿爾卑納赫施塔德，再到登山鐵道站購買Alpnachstad-Pilatus Kulm -Krines的票，5折後票價為CHF39	

皮拉圖斯山鐵道 Pilatus Bahn

🔘 請參見金色環遊　◀ 從阿爾卑納赫施塔德上山的首班車為08:10，末班車為17:30；從山頂下山的首班車為08:44，末班車為18:04。每35分鐘一班，上山車程30分鐘，下山車程40分鐘。實際車次請上網查詢時刻表。　💲 請參見金色環遊

皮拉圖斯山登山鐵道於1889年開始通車，至今已有超過百年的歷史，這條齒輪鐵道以其最大48°的坡度聞名於世，是全世界最陡峭的登山鐵道。要克服如此的高低差距，火車車廂與月台也需要特殊設計，每一間車廂與其相應的月台都設計成一層層的階梯狀，如此乘客才不會有「傾斜」的感覺。建議您不妨選擇第一節或是最後一節車廂搭乘，這樣才有機會見識那陡峭的鐵道真面目。

由於皮拉圖斯山標高2,132公尺，途中的景觀也會隨著高度攀升而有所變化，離開阿爾卑納赫施塔德車站後，首先會經過一片針葉林，當火車攀爬到一定的高度，還可欣賞到山下的阿爾卑納赫湖(Alpnachersee)和一旁典型的瑞士木屋；約莫過了20分鐘後，火車已行駛到1千公尺的高度，這時你所看到的景觀便成了岩石和草原，溫度也驟降了好幾度，如果是春天或秋季前來造訪此地，那麼還可能看到一些積雪與一片霧茫茫的景觀。

皮拉圖斯山頂 Pilatus Kulm

走出山上的車站，迎面而來的是一片寬闊的山頂平台，如果晴空萬里的話，在這裡可以欣賞到阿爾卑斯群峰白雪皚皚的壯麗景色。在山頂上有5條健行步道，若想擁有360°的絕佳視野，可沿著步道登上主峰觀景台(Oberhaupt)或埃塞爾峰(Esel)，這兩條步道的路程都只需要10分鐘。如果時間充裕，也可走個35分鐘來到特呂姆斯峰(Tomlishorn)，那裡是皮拉圖斯山標高最高的地方，夏天時，一路上都可以看到許多皮拉圖斯山特有的花種，而雄偉的鐵力士山也可以在這條路徑上清楚地看到。要特別提醒的是：山上的氣候總是變化多端，即使是在夏天造訪，也還是得穿件外套保暖。

在山頂上有兩家旅館——Hotel Pilatus-Kulm和Hotel Bellevue，不趕行程的話，建議在此用餐或住宿。旅館的餐廳裡供應熱騰騰的瑞士山地美食，足以補充登山所需的熱量。最特別的是，這裡有數種當地蒸餾的「龍酒」，烈到讓人像龍一樣噴火，如果吃了太多起士造成胃部不適，正好點一杯來讓肚子裡的起士熔化。

弗萊克穆恩特格繩索公園 Fräkmüntegg

🚡 可從克林斯搭小纜車前往，或是利用金色環遊從山頂搭大纜車抵達
☎ (0)41 630-3321 🗓 4月中~10月每日10:00-17:30 💲 成人CHF53、學生CHF33、6至16歲孩童CHF23；夏日大滑道單次成人CHF9、8到16歲孩童CHF7 🌐 www.pilatus.ch/en/discover/fraekmuentegg；www.rodelbahn.ch ❗ 夏日大滑道若潮溼則關閉

來到皮拉圖斯山除了健行賞景，還有什麼驚奇刺激的玩意兒嗎？答案是有的。從山頂坐纜車到弗萊克穆恩特格，這裡的挑戰絕對來勁兒！夏日大滑道(Summer Toboggan Run)是瑞士最長的軌道車滑道，長達1,350公尺的超長滑道，令所有喜愛極速快感的人熱血沸騰，無不躍躍欲試！這種滑道車有點類似極限運動中的skateluge，是利用身體重心來過彎，所不同者在於多了滑道和用來加速或減速的控速桿，因此速度更快卻也更安全。

弗萊克穆恩特格繩索公園的規模是瑞士最大，有點像台灣露營區裡常見的體能訓練場，只是每一個攀爬項目都是離地3層樓高。繩索公園裡總共有十多種難度各異的項目，玩家可以依自己的喜好和膽量，隨心所欲地攀爬飛盪在樹林之間。由於玩家身上會扣有安全索帶，因此雖然玩得驚心動魄，卻是保證安全無虞。

龍道 Drachenweg

在山頂的步道中，以一條被暱稱為「龍道」的岩洞隧道最受歡迎。這條在岩壁裡鑿出的步道長約500公尺，可從洞眼中欣賞到皮拉圖斯山另一面的景色，而隧道內的岩壁上也掛著許多和龍有關的藝術作品及傳說故事。關於龍的傳說，見於官方記載的是在1421年夏天，一條巨龍飛到了這裡，有位名叫史丹弗林(Stempflin)的農民看到牠著陸便驚嚇地昏了過去，他醒來後發現一顆石頭凝結在龍的血塊中，而這塊石頭在1509年時被官方正式認定具有神奇療效。

在另一個廣為流傳的故事中，有位年輕人在秋天時不小心跌入了皮拉圖斯山上的一個深洞，他甦醒後發現自己跌在兩條龍的中間，但龍並沒有傷害他。等到春天來臨，一條龍飛出了洞外，而另一條龍對年輕人說：「走吧，離開的時候到了！」說完便伸出尾巴，將年輕人救了出去。

德語區
鐵力士山區

鐵力士山區
Mt. Titlis Region

文●蒙金蘭・墨刻編輯部　攝影●周治平・墨刻攝影組

「在我的腳下，是萬丈的深淵；在我的頭上，是纜線的低吟。沒有螺旋槳的呼嘯，也沒有機器的鳴響，你卻能翱翔在深藍色的天空中，就像是隨風飛舞一樣……」這是1927年時，一位遊客造訪鐵力士山所留下的感想；將近一個世紀過去，人們來到鐵力士山還是有著相同的感受。白雪覆蓋的巍峨山峰，隨著天空而透出一抹淡淡的藍；無邊無際的疊嶺層巒，讓人們的思緒也如蒼鷹般乘風而起。要享受這一切美景，幾乎不費吹灰之力，因為從山腳下的英格堡(Engelberg)搭乘纜車到鐵力士山頂，前後只要23分鐘，這也使得每天上山的遊客總是絡繹不絕。

鐵力士山區圖

▲鐵力士山Titlis 3239m
冰洞
Glacier Cave
冰川飛渡Ice Flyer
冰河公園
Gletscherpark
鐵力士冰川站
Titlis Glacier station
Fürenalp
Surenenpass
Stafeli/Abnet
Stand 2428m
360度
旋轉纜車
Rotair
Wasserfall
Jochpass 2207m
Eienwäldli
Trübsee 1796m
特呂布湖
Trübsee
Alpstubli
英格堡 Engelberg
8人座纜車
Gerschnialp 1262m
Alplerseil纜車

圖例 ▬▬ 鐵路 ▬▬ 纜車 ▬▬ 健行路線

121

INFO

如何到達──火車

　　從琉森搭火車至英格堡，車程不到50分鐘。從英格堡火車站步行約10分鐘可抵達纜車站，然後搭乘纜車上山。

當地交通

◎鐵力士山登山纜車

　　要登上鐵力士山頂，昔日必須從山下的英格堡搭乘3種不同的纜車上山，中間分別需在特呂布湖(Trübsee)和史坦德(Stand，海拔2,428公尺)兩站換車；目前已經更進化，從英格堡即可搭8人座的鐵力士山 Xpress 纜車直達史坦德，然後再換車前往山頂。而從史坦德到鐵力士山頂的最後一段纜車，便是出現在鐵力士山logo上的360度旋轉纜車「Titlis Rotair」。

📞(0)41 639-5050

🕐每日08:30開始運作，最後一班從英格堡上行至山頂的纜車為15:40，最後一班從鐵力士山下行的纜車為16:50，全年開放(11月上旬會有定期維修)

💲英格堡至鐵力士山頂之間的來回票價為CHF96，單程CHF69，6至15歲孩童及持有Swiss Pass享5折優惠。冬季滑雪旺季，推出1至多日效期的通行證，詳情可上網查詢。

🌐www.titlis.ch

旅遊諮詢

◎遊客服務中心

🏠Hinterdorfstrasse 1

📞(0)41 639-7777

🕐每日8:00~12:00、13:00~17:00

🌐www.engelberg.ch/en

MAP ▶ P.121A2

英格堡

Engelberg

鐵力士腳下天使之山

　　位於琉森南方的英格堡，名字的意思是「天使之山」，早在12世紀即因為興建了雄偉的本篤會修道院，開啟了本地的歷史。這座修道院製作的起士遠近馳名，每天早上在修道院附設的商店裡還可看到手工製造起士的過程，更可以試吃並採購。目前修道院裡仍有約30名僧侶在這裡工作和生活，

　　海拔約1,050公尺的英格堡，即使因為鐵力士山而吸引遊人如織，但至今仍維持山城特有的寧靜閒散，非常適合喜愛山居生活的人們。

H+ Hotel & Spa Engelberg

🚶從英格堡火車站步行約4分鐘可達。 🏠Dorfstrasse 33 📞(0)41 639-5858 🌐www.h-hotels.com/en/hplus/hotels/hplus-hotel-engelberg

　　H+ Hotel & Spa Engelberg是一間四星級的飯店，雖然沒有華麗的裝潢，但是打開窗戶就是環抱的山景，從火車站步行即可抵達，商店、餐廳、超市都在左近，前往纜車站也很方便，非常適合作為探索鐵力士山時的根據地。

　　H+ Hotel & Spa Engelberg共有128間客房，附設兩間餐廳和1個酒吧，以及一處配備室內泳池、三溫暖、足浴、按摩療程的Spa中心等，休閒設施完善。

MAP ▶ P.121B1

鐵力士冰川站

MOOK Choice

Titlis Glacier Station

雲端上的萬年冰川

❗山上氣溫極低,日光卻非常強,建議攜帶厚外套、墨鏡及防晒乳液上山;在纜車站可租到各式滑雪裝備

旋轉纜車的終點站,便是標高3,020公尺的山頂平台,從纜車站露台可以眺望一望無際的銀色山峰。從這裡看到海拔3,239公尺的鐵力士山頂,已經似乎唾手可得,不過因為攻頂的途中仍有許多積冰雪的陡坡,若沒有充足的裝備不可輕易冒險,從旁欣賞它的美就足夠了。

除了分布在各個樓層的餐廳、商店及影片播放室,還有一間讓遊客穿著瑞士傳統服裝拍照留念的攝影館。從這裡可以輕易前往冰洞、凌霄岩道、冰河公園等設施。

冰洞 Glacier Cave

這處由人工在冰河中開鑿出的洞穴長達150公尺,深入10公尺冰層中,其鑿空的冰體有3,000立方公尺之多,不但可以體驗在冰層中漫步的奇妙感覺,還能親手觸摸平常只可遠觀的萬年寒冰。冰洞中偶爾也會展出冰雕作品,而五彩變幻的燈光照射在透出寒氣的冰壁上,更是有種超現實的虛幻氣氛。

123

鐵力士山旋轉纜車Titlis Rotair

搭從史坦德往鐵力士山頂的這一段Titlis Rotair纜車，是世界首創的360度旋轉纜車，纜車底部是一個大轉盤，在5分鐘的車程裡剛剛好旋轉一圈。所以上車的時候，完全不必爭先恐後，即使最後一個上車也無妨，因為無論站在哪個位置，只要看得到玻璃窗，纜車都會慢慢轉身，讓你看得到每個方位的景色，賞景機會均等。此時的腳底下是萬年不化的冰河景觀，壯觀無比。

鐵力士凌霄岩道 Titlis Cliff Walk

若自認膽量過人，千萬別錯過2012年開放的凌霄岩道，它曾經是全歐洲海拔高度最高的吊橋。100多公尺長的懸索橋鎖住岩壁兩端，連接冰川站的南觀景台和前往冰河公園的吊橋站，僅容兩人並肩的吊橋凌空懸掛在3041公尺的高空，向下看就是500公尺深陡峭岩壁，每一步都叫人心跳加速。遊客可以在這裡照張合照，下山前記得到商店的櫃檯看看拍照效果如何，滿意的話付費取件即可。

冰河公園 Gletscherpark

⊙冰河飛渡夏季10:00-16:00，冬季09:15-16:00；滑雪圈5-7月；雪地遊戲滑道5-9月 ❶冰河公園11～4月時，全作為滑雪場地。

如果你也是滑雪愛好者，自然不能錯過這裡落差高達2,000公尺的滑雪場地；對於大部份不諳雪性的台灣遊客，鐵力士山冰河公園最酷的地方，就在於即使不會滑雪，也能體驗雪地飆速快感！

從冰川站乘坐連結兩座山峰的吊椅－冰川飛渡(Ice Flyer)，享受凌空飛越冰河的暢快後，就能到達冰河公園。

歡樂滑雪圈（Snow Tube）是超級人氣王，只要排隊到滑道起點，坐上滑雪圈，等工作人員放開拉繩，就能一路俯衝，遇到刺激的加速過彎時，不需客氣，放心尖叫吧！無論你衝得多快、轉得多誇張，滑雪圈都不會翻覆。而雪地遊戲滑道有8種雪上玩具可以載著你體驗飆雪快感，包括蛇行滑板（Snake Gliss）、平衡滑雪車（Balancer）、衝雪摩托（Snow-Scoot）等。由於冰河公園所有的遊樂設備都是免費無限次使用，因此你可以每一種都玩個幾遍。滑下坡之後，再搭乘輸送帶輕鬆回到坡頂。

MAP ▶ P.121B2

特呂布湖

Trübsee

賞花同時聆聽牛鈴交響曲

Ⓢ 英格堡至特呂布湖纜車單程票為CHF26，來回為CHF36；格斯尼阿爾坡到英格堡纜車單程票為CHF10，來回為CHF14。

搭乘纜車隨著高度上升，英格堡可愛的木屋散布在松樹與草原之間，小鎮風光盡收眼底；再由海拔1,796公尺處的特呂布湖前進史坦德，原本茂密的森林已不復在，碧藍色的特呂布湖在陡峭山壁與翠綠草地的包圍下，宛如畫作。

山間花徑 Mountain Flower Trail

▼ 每年5～9月開放(視融雪及花開狀況而定)。

鐵力士山不僅山頂上精彩，山腰間同樣樂趣無窮，在諸多健行步道中，尤以花間小徑最為熱門。花間小徑共有兩條，一條是從特呂布湖纜車站出發，沿著特呂布湖北岸向西走到上特呂布，路程約1個小時；另一條則是從格斯尼阿爾坡(Gerschnialp)往西走到下特呂布，路程約40分鐘。在上、下特呂布之間，有Älplerseil纜車相連結，將這兩條花間小徑串成一條U字形的路徑。

在花間小徑的步道上，沿路都有一些黃色的小牌子，帶你認識每一種在此處盛開的花朵，各種顏色花卉點綴在綠色原野間，讓徜徉在這條小路上的人們無不沉浸在浪漫的世界裡。

春夏季期間，適逢農家們把牛放養到這一帶，牛群三三兩兩低頭吃草，脖子上的牛鈴自然搖出清脆的樂音，樂音此起彼落，無意間成了合奏的交響曲，雖然沒有指揮，仍然形成和諧的韻律，實在是山間健行最令人驚喜的收穫。

此外，在英格堡與格斯尼阿爾坡之間如果不想搭乘纜車的話，也可以租借越野腳踏車(Mountain Bike)或站立式單車(Trotti Bike)，在優美的景色裡享受騎乘單車的樂趣，也是一種充滿活力的體驗。

伯恩

Bern

文●墨刻編輯部　攝影●墨刻攝影組

伯恩從1848年起即是瑞士的首都，而且早在1983年便被聯合國教科文組織列為瑞士的第一批世界遺產。這座1191年由柴林根公爵(Duke of Zähringen)所建的城市，自中世紀晚期開始，就是阿爾卑斯北部最大、也最具影響力的城市。城市的象徵——熊，是源於建城者捕獲到的第一隻動物，而伯恩這名字也是熊的意思；至今熊已成為廣受市民喜愛的吉祥物，來到伯恩可別忘了參觀熊公園。

長達6公里的舊城區，在翠綠的阿勒河(Aare)環繞下，更是古意盎然，要欣賞這片把時間凍結在16世紀的老城景色，大教堂的塔樓與玫瑰園是最理想的地方。漫步在老城區內，你會遇到12座具有歷史價值的噴泉，每座噴泉都有其獨特典故，也將舊城區點綴得十分可愛；而昔日商家為遮蔽風雨而建的拱形騎樓，現在則成了市民與遊客散步購物的好去處。

在伯恩，也可以尋訪到一些名人的足跡，譬如曾在伯恩住了7年多的愛因斯坦，便是在這裡完成了著名的相對論；而伯恩也是瑞士最負盛名的畫家保羅・克里(Paul Klee)的家鄉，伯恩政府在離他墓地不遠處興建了一座保羅・克里藝術中心，成為今日克里收藏的重鎮。

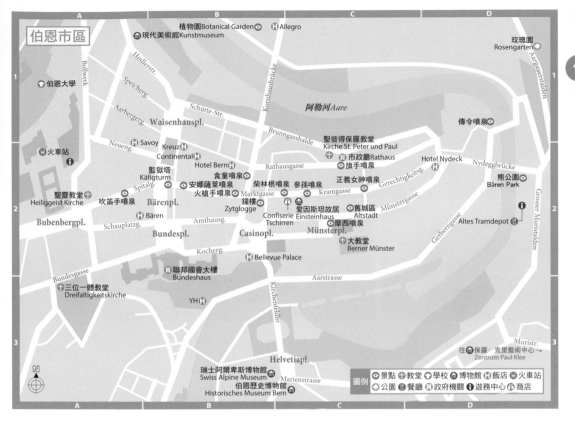

INFO

基本資訊

人口：約13萬人
面積：51.62平方公里
區域號碼：(0)31
海拔：540公尺

如何到達——航空

　　伯恩雖然是瑞士的首都，但伯恩的貝爾普機場(BRN)卻是個規模不大的小機場，一般從台灣出發的旅客鮮少有使用到的機會，需搭乘飛機至蘇黎世或日內瓦機場，再轉乘火車前往。但若你是從歐洲其他城市搭機前往，可在伯恩機場外搭上開往Belp火車站的機場巴士160號(Airport Bus)，接著轉乘通勤火車S-Bahn前往伯恩中央車站。車票可在站牌旁的售票機或在車上向司機購買，全票CHF3.7，持有效期限內Swiss Travel Pass可免費搭乘。伯恩機場搭計程車到市中心約20分鐘，車資約CHF45。
　　www.flughafenbern.ch

如何到達——火車

　　伯恩位在歐洲鐵路網上，有法國的TGV、德國的ICE及義大利的Cisalpino三條高速火車經過，搭乘火車到伯恩非常便利。而從瑞士各城市搭乘火車到伯恩，使用的則是瑞士國鐵系統，從蘇黎世直達伯恩，搭乘直達IC約1小時；從日內瓦直達伯恩最快約1小時47分，每小時3班次；而從琉森直達伯恩，每小時2班次，搭乘IR需1小時，搭乘RE則約1.5小時可達。
　　www.sbb.ch

市區交通

◎大眾運輸系統

　　伯恩市區不大，可用徒步的方式遊歷伯恩老城，大

127

約只要花一整天的時間，即可將大部分景點看遍。如果走累的話，在舊城區裡還有電車巴士行駛，可選擇先用散步的方式遊覽城區，回程時再搭乘電車巴士。在行經老城區的電車巴士中，12號是最常搭乘到的路線之一，它的路線就在伯恩最熱鬧的大道上，途經中央車站(Hauptbahnhof)、熊廣場(Bärenplatz)、鐘樓(Zytglogge)、市政廳(Rathaus)、熊公園(Bärengraben)、保羅・克里藝術中心(Zentrum Paul Klee)等站。車票可在站牌旁的售票機或在車上向司機購買，一日票CHF11.8，持有Swiss Travel Pass則可免費搭乘。

自2014年7月開始，只要選擇住宿伯恩的旅館，於入住時就會獲得城市交通卡(Bern Ticket)，持卡可無限使用由Libero Association所營運的大眾交通工具，適用範圍包含老城及市中心外圍所在的100/101區，以及火車站至貝爾普機場間的交通。更棒的是，一切皆已電子化，只要把有效票券存在手機裡，就可以當作車票搭乘火車站或機場前往旅館間的交通工具。

🚊 www.bernmobil.ch

◎計程車

在伯恩有2家主要的計程車行，叫車電話如下：

Bären Taxi

📞(0)31 371-1111

🚊 www.baerentaxi.ch

Nova Taxi

📞(0)31 331-3313

🚊 www.novataxi.ch

優惠票券

◎博物館卡Museum Card

持有伯恩的博物館卡可於有效時間內免費進入全城所有博物館及美術館，且每張卡均已包含2位16歲以下兒童的門票，若一家人旅行非常划算。博物館卡可於遊客服務中心或各大旅館購買。

💲24小時卡CHF28，48小時卡CHF35

🚊 www.bern.com

旅遊諮詢

◎中央車站遊客服務中心

🏠 Bahnhofplatz 10a

📞(0)31 328-1212

⏰週一至週五9:00-18:00，週六、日9:00-17:00

🚊 www.bern.com

Where to Explore in Bern
賞遊伯恩

老城區Altstadt

MAP ▶ P.127B2~D2

老城區
Altstadt

凝結在中世紀的古城

MOOK Choice

🌐 www.altstadt.be

　翠綠而蜿蜒的阿勒河(Aare)在流經這裡時形成了一處U字形的大河彎，河流限制了城市的規模，卻也將往昔的榮光封存在古老的16世紀，而1983年伯恩古城被列為世界遺產後，更是受到嚴格的改建限制，因此在伯恩的市容中幾乎看不到任何一棟鋼筋水泥的現代建築，成就了伯恩風情萬種的古典美。

　在伯恩老城區的街道上，最引人注目的便是形形色色的歷史噴泉，伯恩總共有250多座噴泉，沒有自來水系統的年代裡，是居民日常用水的重要依賴，至今這些噴泉都還保持著可以生飲的純淨。這其中有12座噴泉擁有造型華麗的雕塑，且大都集中在Marktg. – Kramg.這條大街上，每一座都擁有各自的歷史背景。例如安娜‧薩萊噴泉是為了紀念捐款興建醫院的安娜‧薩萊；摩西噴泉和參孫噴泉的主角都是聖經中的人物；而令人望而生畏的食童噴泉，則是因為從前常有兒童跌落附近的深溝，因此才造了一座吃小孩妖怪造型的噴泉來嚇阻兒童們的靠近。既然伯恩以「熊」來命名，和熊有關的噴泉也不在少數，在旗手噴泉和射手噴泉上都可以看到小熊跟班的可愛身影，象徵建城者家族的柴林根噴泉更是一隻戴著頭盔的熊。

　老城大部分的建築都有騎樓，在這裡可以不懼風雨地逛街購物，最特別的是大街兩旁從前當作酒窖使用的地下室，現在都改裝成個性商店，當你看到街邊敞開的地窖大門時，不妨下樓進去逛逛。

老城區Altstadt

MAP ▶ P.127B2

聯邦國會大樓
Bundeshaus

以藝術妝點政治中心

🚌 搭Bus 10、19至Bundesplatz站即達　🏠 Bundesgasse 3　☎ (0)31 322-8522　🕐 國會休會期間，每週六16:00有英文導覽團　💲 免費　🌐 www.parlament.ch　❶ 欲入內參觀必須攜帶護照或其他身分證明。

　聯邦國會大樓是瑞士聯邦政府與國會的所在，新文藝復興式的宏偉立面與碧綠色的主樓圓頂是最大特徵。這棟建築始建於1852年，直到1902年才正式完竣，建造過程中總共動用了38位藝術家來為大樓裝飾，而其主要的建築設計師為漢斯‧奧爾(Hans Auer)。國會休會時，聯邦國會大樓每天都有入內參觀的導覽行程，若是在開會期間造訪，也有機會從開放給公眾的旁聽席上觀看會議流程。聯邦國會大樓面前是熙來攘往的國會廣場(Bundesplatz)，廣場上的噴泉會以不斷變化的強度與節奏進行表演，尤其是入夜之後，26道高高噴起的水柱襯著打上燈光的國會大樓，總是吸引不少人佇足圍觀。

MAP ▶ P.127B2

鐘樓

Zytglogge

雀躍歡樂的報時秀

🚌搭Bus 12至Zytglogge站即達 🏠Kramgasse 28 📞(0)31 311-4837 🕐導覽團4、5、9&10月的週一、五、六14:15，週三&週日15:15；6~8月每日14:15(60分鐘) 💲導覽團成人CHF20，學生CHF15，6至16歲孩童CHF10 🌐www.bern.com/en/detail/berns-clock-tower-zytglogge ❗導覽團集合地點在鐘樓前

每到整點前4分鐘的時候，鐘塔左方的金色雄雞率先張開翅膀打破了寂靜，接著國王下方的小熊隊伍展開了遊行，上面的小丑也搖起了鈴鐺。等到整點時分，大鐘上的銅人敲響了報時的鐘聲，國王也擺動手中的權杖，報時秀到此結束，人潮也才漸漸散去。

鐘塔曾經在12世紀時作為伯恩城的西城門，至於目前的規模則是完成於1771年間。文字盤上第一層的天文鐘建於15世紀，鐘面的設計相當複雜，除了報時之外，還能看出季節、月份、日期、星期以及月亮的圓缺。如果對鐘樓內部感到興趣，可以在遊客中心報名參加導覽行程，導遊將會詳細解說這座16世紀報時大鐘的機械結構與運作原理。而在鐘樓頂上望向老城區的街景，也別有一番趣味。

MAP ▶ P.127C2

愛因斯坦故居

Einsteinhaus

從默默無聞到名滿天下

🚌搭Bus 12至Zytglogge站，沿Kramg.東行即達 🏠Kramgasse 49 📞(0)31 312-0091 🕐2~12月中每日10:00~17:00；12月底~1月底休 💲成人CHF7，優待票CHF5 🌐www.einstein-bern.ch

物理學家愛因斯坦(Albert Einstein)應該算是伯恩名氣最響亮的一位人物。在伯恩寓居7年多(1902~1909年)的時間中，他的職業是聯邦專利局的職員，並利用閒暇時間從事研究。愛因斯坦於1903年搬進這棟公寓時剛新婚不久，而1年後他的長子漢斯便是出生在這棟屋子裡。住在伯恩的期間，愛因斯坦發表了數量驚人的學術論文，其中包括最經典的狹義相對論與著名的$E=MC^2$質能相等公式(1905年)。1908年，他獲得伯恩大學的教職，翌年因獲聘為蘇黎世大學理論物理學副教授而離開了伯恩。

愛因斯坦故居內大致維持了他當年居住時的格局，展示他生前各個時期的照片、相對論的學術資料、上課的錄音帶等等，其中還包括他在報上分類廣告刊登的招生啟事和他的成績單，詳細而清楚地記錄著愛因斯坦的生平事蹟。

老城區Altstadt

MAP ▶ P.127C2

大教堂

Berner Münster

精雕細琢的聖殿

🚌搭Bus 12至Zytglogge站 🏠Münsterplatz 1 ☎(0)31 312-0462 ⏰4月初～10月中週一至六10:00-17:00，週日11:30起；10月中～3月底：週一至五12:00-16:00，週六10:00-17:00，週日11:30-16:00。高塔在教堂關閉前半小時停止入內 💰高塔成人CHF5，7至16歲孩童CHF2 🌐www.bernermuenster.ch

伯恩大教堂是全瑞士最大的宗教建築，其高達100公尺的鐘塔也是瑞士之最。這座晚期哥德式的教堂自1421年開始興建，但直到1893年才告完工，總共歷時4個世紀之久，由此可見工程之浩大，也成為伯恩市具有代表性的建築之一。教堂最著名的是正門口上精細繁複、色彩明豔的雕飾，上面共雕刻了234個栩栩如生的人物，表現的主題是「最後的審判」，在正義女神的左邊是天堂，右邊則是地獄。教堂內的彩繪玻璃也相當有名，其中有一面描繪的是「死亡之舞」，這雖是歐洲教堂中常見的題材，但在伯恩大教堂的死亡之舞中，死神總是以調皮搗蛋的姿態出現，令人發噱。

教堂的高塔是另一吸引人之處，從塔頂上俯瞰市區，你將深深為這世界遺產所著迷，老城的朱紅斜瓦高低錯落中透露出一種和諧的秩序，碧綠的阿勒河像一條翡翠做成的腰帶般將城市緊緊纏繞，迎面而來的快哉此風，也立刻將攀爬300多階的疲勞一掃而空。

洋蔥市集 Zwiebelmarkt

伯恩的洋蔥市集起源於1405年，當時伯恩發生了大火，將老城區燒成了一片廢墟。災後附近的農民協助城裡人重建他們的家園，為了報答這些農民，城裡人允諾讓他們得以在城中兜售自己種植的作物。久而久之，這個市集就變成了伯恩當地的節慶，當天伯恩周圍地區的農民會在城中擺下上千個攤位，除了洋蔥之外，也販售各種時令的蔬果。同時，也會有許多穿著古裝的人們，在各處表演伯恩歷史上的故事。

⏰每年11月的第4個週一

©Switzerland Tourism

老城區Altstadt

MAP ▶ P.127C2

Confiserie Tschirren巧克力店

百年老牌黑色魔力

🚌搭Bus 12至Zytglogge站，沿Kramg.東行即達 🏠Kramgasse 73 ☎(0)31 311-1717 ⏰週一至五8:15-18:30，週六8:00-17:00，週日9:00-17:00 🌐www.swiss-chocolate.ch

瑞士巧克力名聞天下，伯恩也是瑞士巧克力的重鎮之一，譬如曾以三角形造型聞名的Toblerone，就是伯恩的巧克力品牌。而位於伯恩老城區精華地段的Confiserie Tschirren，是當地一家老字號的巧克力店，成立於1919年，至今已有百年的歷史，在東京、倫敦等國際大都會也都設有分店。他們所販售的巧克力全是由自己生產製作，因此既新鮮又道地，其中尤以松露巧克力(Truffle)的人氣最高。

老城區外圍Outer Altstadt

MAP ▶ P.127D2

熊公園
Bären Park

與熊熊的親密接觸

🚌搭Bus 12至Bärengraben站即達　🏠Grosser Muristalden
4　🕐全天24小時　💲免費　🌐tierpark-bern.ch/baerenpark

伯恩建城之時，統治此地的柴林根公爵決定要以捕獲的第一隻動物來為新城命名，而他所捕捉到的第一隻獵物就是熊，從此熊就成了伯恩不可分割的象徵。

從前來到伯恩的遊客幾乎都會前往熊坑(Bear

Pit)參觀，熊坑並不是一般想像中的動物園，只是以圍牆將幾隻熊圍住，任熊自由自在地走動。可惜伯恩最著名的大熊Pedro於2009年4月30日過世，世界自然基金會要求伯恩再蓋一座更大、機能更齊全、更符合「熊道」的熊公園。新的熊公園沿阿勒河岸興建，占地6,000平方公尺，貫穿公園、沿著河道走的步道設計，讓遊客能更近距離觀看棕熊的日常活動。

老城區外圍Outer Altstadt

MAP ▶ P.127D1

玫瑰園
Rosengarten

MOOK Choice

以玫瑰芬芳佐美景

🚌搭Bus 12至Bärengraben站，沿著熊公園對面的小路上坡，或是搭Bus 10至Rosengarten站即達　🏠Alter
Aargauerstalden 31b

名列世界遺產的伯恩老城，一直都是伯恩在觀光產業上的最大號召，但有沒有一處地方可以把大教堂在內的老城全景一覽無遺呢？很幸運地，在與老城只有一河之隔的玫瑰園，就擁有足夠高的地勢得以飽覽老城景色，讓人由衷地讚嘆伯恩

實在是美到不可思議的一國之都，造訪伯恩時千萬別錯過這個欣賞角度。這裡不但種植玫瑰，而且品種和數量都相當可觀：在玫瑰園裡總共種植了223種不同品種的玫瑰，共計18,000多株，同時還有200種鳶尾花和28種杜鵑花，每當花季，園裡一片花團錦簇、萬紫千紅，猶如人間仙境。

雖然在玫瑰園的東側便有一處巴士站，但伯恩人最喜愛的方式還是從動物公園對面的小路悠閒地踱步上山。要提醒的是，由於玫瑰園位於伯恩老城的東邊，因此最好是在上午前往，拍照時才不會有逆光的問題。

老城區外圍Outer Altstadt

MAP ▶ P.127D3

保羅・克里藝術中心

Zentrum Paul Klee

充滿詩意的抽象美學

🚌搭Bus 12至Zentrum Paul Klee站即達 🏠Monument im Fruchtland 3 ☎(0)31 359-0101 🕐週二至日10:00–17:00；週一休 💲成人CHF20，優待票CHF10起，6至16歲孩童CHF7；加伯恩美術館套票：成人CHF32，優待票CHF18起 🌐www.zpk.org ❗藝術中心內禁止拍照

　　保羅・克里(Paul Klee)是20世紀初最重要的畫家之一，而他的故鄉就在伯恩！克里在27歲時離開伯恩到德國定居，在那裡他成為包浩斯學院(Bauhaus)的名師之一，並與好友康丁斯基(Wassily Kandinsky)發展出短暫卻又對畫壇影響深遠的「藍騎士畫派」(Blauer Reiter)。克里的畫放棄了對物體表象的追求，轉而用抽象的線條與色塊來組合畫面，有時甚至整個畫面均由幾何符號構成。這種視覺上的純美學已超脫了宗教、政治等目的，成為藝術為自己發聲的表現，而這些詩意的抽象線條對保羅・克里來說，也比任何唯妙唯肖的物體投影都要來得真實。

　　保羅・克里藝術中心2005年才建造完成，為了能與克里的作品相襯，建築本身的造型也很出色，而這正是設計出巴黎龐畢度中心與柏林波茨坦廣場的當代建築大師倫佐・皮亞諾(Renzo Piano)的傑作。藝術中心內收藏了4千多件保羅・克里的作品，其中有許多是克里家族的私藏，使得這裡成為全世界克里作品收藏量最豐富的美術館。

老城區外圍Outer Altstadt

MAP ▶ P.127D2

Altes Tramdepot酒吧

暢飲鮮釀啤酒

🚌搭Bus 12至Bärengraben站即達 🏠Grosser Muristalden 6 🕐每日11:00–00:30(點餐至23:00) 🌐www.altestramdepot.ch

　　動物公園後方的Altes Tramdepot原本是一棟舊車站建築，現在則成為伯恩最熱門的啤酒酒吧。這裡的啤酒完全是自家釀造，而且釀造的地點就在這間餐廳裡，因此從吧台幫浦中噴出的啤酒，全都是新鮮甘醇的佳釀，種類很多，舉凡小麥啤酒、黑啤酒、淡啤酒等，這裡都能暢飲得到。而且Altes Tramdepot不時還會更換酒牌，使得啤酒種類更加多樣化。

MAP ▶ P.127B3

瑞士阿爾卑斯博物館
Schweizerisches Alpines Museum

探索阿爾卑斯山地貌人文

🚃搭電車6、7、8、19等至Helvetiaplatz站即達 🏠Helvetiaplatz 4 ☎(0)31 350-0440 ⏰週二至日10:00-17:00；週一休 💰成人CHF18，優待票CHF12，6至16歲孩童CHF6 🌐www.alpinesmuseum.ch/en

　　外表看起來並不起眼，裡面卻是別有洞天。一樓的主題是阿爾卑斯山的自然景觀，一走進大門，便彷彿乘著飛行器來到了阿爾卑斯上空，從馬特洪峰(Matterhorn)到伯連納(Bernina)，整個阿爾卑斯山系的立體模型都濃縮在這間展示廳裡，雄偉的山峰走勢，讓人看得入神。除了山脈模型之外，這裡還有許多高山動物的標本與礦石切塊，讓遊客對阿爾卑斯山的生態體系與地質結構都有整體的認識。

　　二樓展示的是阿爾卑斯山的人文，穿著傳統服飾的山區住民模型向遊客展示著高山生活的各種面向，而冬季狂歡節所穿戴的惡魔面具，也吸引好奇的人一探究竟。此外，這裡也以模型和照片，介紹了探險家們如何征服這些危乎高哉的山巔。大量的照片與畫作，表現出這群登山者們面對高山時的視野與心境，也讓無法親臨峰頂的人們心嚮往之。

MAP ▶ P.127C3

伯恩歷史博物館／
愛因斯坦博物館
Bernisches Historisches Museum / Einstein Museum

遠古歷史與近代科學交會

🚃搭電車6、7、8、19等至Helvetiaplatz站即達 🏠Helvetiaplatz 5 ☎(0)31 350-7711 ⏰週二至週日10:00-17:00；週一休 💰常設展成人CHF16，6-16歲孩童CHF8；愛因斯坦博物館聯票成人CHF18，6-16歲孩童CHF9 🌐www.bhm.ch

　　從鐘樓往南過了科欽菲爾德橋(Kirchenfeldbrücke)後，看到一棟像是童話城堡一般的房子，那便是伯恩歷史博物館。伯恩歷史博物館是全瑞士第二大歷史博物館，展出的內容包羅萬象，從遠古的埃及文化與塞爾特人(Celts)遺物，到中世紀的武器盔甲、宗教聖器，這裡都有數量龐大的收藏與解說。

　　博物館的二樓便是眾所矚目的愛因斯坦博物館，其展廳以愛因斯坦生命中的各個時期做為區分，從1879年他在德國烏爾姆(Ulm)出生、蘇黎世聯邦理工大學的求學階段、伯恩的黃金歲月時期、在柏林受到納粹的壓迫，一直到在美國普林斯頓大學的任教與終老。這當中自然也包括了1905年的奇蹟年(the Wonder Year)與相對論(Theory of Relativity)的詳細介紹。透過質量均佳的館藏與生動的電子影像，不但可以對這位一代天才物理學家的生平有更深入的認識，也能了解19世紀末、20世紀初的猶太人在歐洲生活的處境。

德語區
●少女峰地區

少女峰地區
Jungfrau Region

文●蒙金蘭・墨刻編輯部　　攝影●汪雨菁・墨刻攝影組

少女峰頂著聯合國教科文組織的世界自然遺產光環，一直以來都是瑞士人氣絕頂的觀光重鎮，尤其由少女峰、僧侶峰及艾格峰這3座海拔4,000公尺上下的山峰所形成的三峰鼎立連綿山色，更是少女峰地區深烙人心的經典畫面。而全歐洲最長的阿雷奇冰河(Aletschgletscher)，也同樣吸引全球各地的登山客，不遠千里前來挑戰。

少女峰地區幾個重要的城鎮，包括位於山腳的入口城市茵特拉肯(Interlaken)及多條纜車與火車交會點的格林德瓦(Grindelwald)、勞特布魯能(Lauterbrunnen)、文根(Wengen)等，都是相當受歡迎的度假勝地，尤其是以登上歐洲屋脊少女峰的少女峰鐵道、以及新添的艾格快線(Eiger Express)最是人氣爆棚。

在這裡，只需要短短2小時，就可以翻山越嶺來到標高3,454公尺的少女峰車站，一窺冰雪世界的究竟。

除了登頂的感動外，也不要輕易錯過這裡的健行步道。少女峰一帶的健行步道規劃完整，其中不少是綿延於山腰之間的休閒型步道，坡度和緩，走來輕鬆愜意，還可以與阿爾卑斯的大自然直接面對面接觸，乳牛、土撥鼠都是路上的好伴侶。

INFO

基本資訊

區域號碼：(0)33

海拔：茵特拉肯567公尺；格林德瓦1,034公尺；勞特布魯能796公尺；文根1,274公尺；小夏戴克2,061公尺；艾格冰河站2,320公尺；少女峰車站3,454公尺；少女峰4,158公尺；艾格峰3,970公尺；僧侶峰4,107公尺

如何到達──火車

少女峰地區有不少出入城市，其中茵特拉肯位處群山及兩湖之間的中心地點，最為方便，也是進出少女峰山區的主要門戶。要注意的是，茵特拉肯有2個火車站：東站(Interlaken Ost)是前往少女峰山區及瑞士東部區域的主要車站；西站(Interlaken West)則是前往伯恩及瑞士南部的門戶。兩站之間的距離不遠，步行只需約20分鐘；無論搭火車還是公車，車程都在10分鐘之內。

從蘇黎世至茵特拉肯東站已有直達火車，車程約2小時；搭乘IC由伯恩經圖恩(Thun)直達茵特拉肯約需時50分鐘；由琉森搭乘直達快車約需1小時50分；從日內瓦出發，總車程需時3小時；而瑞士景觀列車中最有名的黃金列車(Golden Pass Line)也有經過茵特拉肯東站，從蒙投出發總車程約2.5至3.5小時。

🌐 www.sbb.ch

地區交通

區域內的大眾交通網絡非常方便，山城之間的交通可利用登山鐵道、纜車或郵政巴士，湖岸區域則可搭乘火車、遊湖船或沿湖巴士。茵特拉肯及圖恩也有提供租車服務，但比較適合在湖區遊玩，若要開車前往山區，只能抵達格林德瓦(Grindelwald)和勞特布魯能(Lauterbrunnen)。

◎火車和纜車

茵特拉肯、布里恩茲湖及圖恩湖沿岸都屬於私鐵BLS系統，仍可使用Swiss Travel Pass；而前往少女峰山區則屬於少女峰登山鐵道系統(Jungfrau Raiways)，Swiss Travel Pass只有部分路段免費。少女峰登山鐵道依據軌道寬度分為BOB、WAB、JB登山鐵道，各景點間的火車票皆可分段購買。使用Swiss Travel Pass只能免費搭乘BOB登山鐵道從茵特拉肯東站出發，至格林德瓦(Grindelwald)、文根(Wengen)、勞特布魯能(Lauterbrunnen)、穆倫(Mürren)之間的路段；前往少女峰車站需另外購買WAB及JB系統的車票，享有25%票價優惠。需注意的是，前往格林德瓦及勞特布魯能雖然是兩個不同方向，但車廂是相連的，行駛到Zweilutschinen才會分開，上車前須注意車廂外電子看板的行駛目的地。此外，勞特布魯能和格林德瓦以後的車廂只有二等廂，沒有頭等廂。

前往菲斯特(First)、雪朗峰(Schilthorn)和梅利菲展望台(Männlichen)則需轉乘空中纜車，持有Swiss Travel Pass可享50%優待票價。

若只想安排一日來回的行程並且搭配Swiss Travel Pass使用，可購買從勞特布魯能或格林德瓦出發的一日券，可享25%折扣優惠。勞特布魯能或格林德瓦往返少女峰車站成人CHF158.7(不持Swiss Travel Pass原價CHF218.3)。兒童票CHF20。

如果停留的天數較長，建議使用少女峰旅行通行證(Jungfrau Travel Pass)或少女峰旅行通行證 STS 優惠票，比較划算。

少女峰鐵道系統 🌐 www.jungfrau.ch
BLS鐵道系統 🌐 www.bls.ch

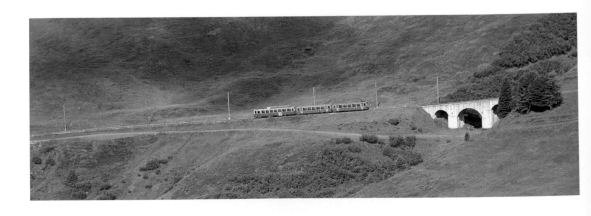

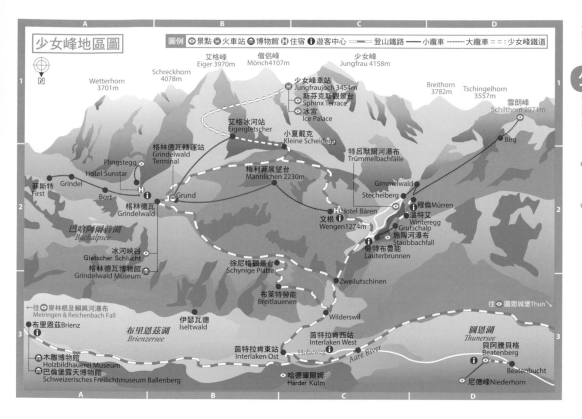

少女峰地區圖

圖例 ◎景點 🚂火車站 🏛博物館 Ⓗ住宿 🄸遊客中心 ══登山鐵路 ━━小纜車 ┅┅大纜車 ═══少女峰鐵道

艾格峰 Eiger 3970m
僧侶峰 Mönch 4107m
少女峰 Jungfrau 4158m

Schreckhorn 4078m
Wetterhorn 3701m
Breithorn 3782m
Tschingelhorn 3557m

少女峰車站 Jungfraujoch 3454m
斯芬克斯觀景台 Sphinx Terrace
冰宮 Ice Palace
雪朗峰 Schilthorn 2971m

艾格冰河站 Eigergletscher
小夏戴克 Kleine Scheidegg
Birg

格林德瓦轉運站 Grindelwald Terminal
梅利菲展望台 Männlichen 2230m
特呂默爾河瀑布 Trümmelbachfälle

Plingstegg
Hotel Sunstar
Gimmelwald
Stechelberg
穆倫Mürren

菲斯特 First
Grindel
Bort
Grund
溫特艾 Winteregg

格林德瓦 Grindelwald
Hotel Bären
施陶河瀑布 Staubbachfall

巴哈陶爾背湖 Bachalpsee
文根 Wengen1274m
勞特布魯能 Lauterbrunnen

冰河峽谷 Gletscher Schlucht
徐尼格觀景台 Schynige Platte

格林德瓦博物館 Grindelwald Museum
布萊特勞能 Breitlauenen
Zweilutschinen

←往◎麥林根及賴興河瀑布 Meiringen & Reichenbach Fall
Wilderswil
往◎圖恩城堡Thun↘

布里恩茲Brienz
伊瑟瓦德 Iseltwald
茵特拉肯西站 Interlaken West
圖恩湖 Thunersee
貝阿騰貝格 Beatenberg

布里恩茲湖 Brienzersee
Hoheweg
茵特拉肯東站 Interlaken Ost
Aare River
Beatenbucht

木雕博物館 Holzbildhauerei Museum
哈德庫爾姆 Harder Kulm
尼德峰 Niederhorn

巴倫堡露天博物館 Schweizerisches Freilichtmuseum Ballenberg

◎巴士

　以茵特拉肯為中心點，郵政巴士經由西邊圖恩湖(Thunersee)北岸前往圖恩，往東邊布里恩茲湖(Brienzersee)的方向則是行駛南岸，與鐵路系統相接正好可環湖一週。

　格林德瓦有當地的巴士系統Grindelwald Bus，可前往鄰近山區景點。週五~週日的夜間00:00~03:00，還有經營夜間巴士Moonliner M41往來茵特拉肯、勞特布魯能及格林德瓦。
郵政巴士 🌐www.postauto.ch
格林德瓦巴士 🌐www.grindelwaldbus.ch

◎遊船

　如果時間充裕的話，徜徉如翡翠般碧綠的圖恩湖及湛藍清澈的布里恩茲湖，慢慢航行到茵特拉肯，才是最能感受瑞士步調的玩法，若不想帶著大行李，也可先抵達茵特拉肯，再挑選遊湖行程。從圖恩出發的遊船運行時間為每年4月~12月初，從布里恩茲出發的遊船則為每年4月~10月。
BLS系統 🌐www.bls.ch

優惠票
◎少女峰旅行通行證 Jungfrau Travel Pass

　每年夏季(5月~10月)發行少女峰旅行通行證，3至8天內可無限次數搭乘山區的登山火車、空中纜車、

電纜車、巴士及遊湖船(不包括穆倫至雪朗峰的吊籃纜車)，非常適合沒有Swiss Travel Pass或是長時間探索的旅客。通行證的使用範圍有含與不含「登上少女峰站」之分，不含登頂連續3天成人CHF190，含登頂連續3天成人CHF265；如果持有Swiss Travel Pass或瑞士半價卡，則可購買瑞士少女峰旅行通行證STS優惠票，但是需要佔用Swiss Travel Pass的旅行日：不含登頂連續3天成人CHF145，含登頂連續3天成人CHF220。兒童票則不論天數、不論登不登頂一律CHF30，對親子旅遊而言相當友善。通行證可於官網、當地車站、旅館或旅行社購買。

🌐 www.jungfrau.ch

◎區域暢遊券Regional Pass Berner Oberland

　　區域暢遊券同樣是夏季發售(4月底~10月)，使用區域涵蓋整個伯恩高地(Berner Oberland)。無限暢遊區域包含少女峰地區登山鐵道、空中纜車、兩湖區的鐵路、巴士、遊湖船等，以及伯恩和琉森的火車，50%折扣票價區更擴大至蒙投、代堡(Chateau-d'Oex)等地，有3、4、6、8或10天票可選擇。需注意的是小夏戴克展望台~少女峰車站、穆倫~雪朗峰都屬於50%折扣票價區。

💲 3天票頭等艙CHF276，二等艙CHF230；4天票頭等艙CHF324，二等艙CHF270；6天票頭等艙CHF394，

二等艙CHF330；8天票頭等艙CHF445，二等艙CHF370；10天票頭等艙CHF479，二等艙CHF399，持Swiss Travel Pass都有35%折扣

🌐 www.berneseoberlandpass.ch

◎遊客卡 Visitor's Card

　　只要你住在茵特拉肯及雙湖區內的所有旅館，就會於入住時獲得一張遊客卡。出示遊客卡可免費搭乘區域內的所有公車，參加觀光導覽行程、參觀博物館、城堡、租船、租單車及部分纜車等，也可享有免費或折扣優惠，使用效期至退房當日為止。

❗入住時旅館承辦人員萬一疏忽忘了給予遊客卡，主動提醒即可

🌐 www.interlaken.ch

旅遊諮詢

◎茵特拉肯遊客中心

🏠 Marktgasse 1, 3800 Interlaken

📞 (0)33 826 5300

🕐 10~4月週一至五8:00-12:00、13:30-18:00，週六9:00-14:00，週日休；5、6、9月週一至五8:00-18:00，週六9:00-16:00，週日休；7~8月週一至五8:00-18:00，週六、日10:00-16:00

🌐 www.interlaken.ch

◎圖恩湖遊客中心

🏠 Seestrasse 2, 3600 Thun

📞 (0)33 225-9000

🕐 週一至週五9:00-12:30、13:30-18:00，週六10:00-12:00、12:00-15:00

🌐 www.thunersee.ch

◎布里恩茲遊客中心

🏠 Hauptstrasse 143, 3855 Brienz

📞 (0)33 952-8080

🕐 6~9月週一至五8:00-18:00，週六9:00-12:00、13:00-18:00，週日9:00-12:00、13:00-17:00；10月週一至五8:00-12:00、14:00-17:00，週六、日9:00-12:00、13:00-17:00；11~3月週一至五8:00-

---

在台灣先買好，方便又划算

　　若想安排少女峰地區1~8日的行程，由於每個月份出發票價會有不同，無論是否搭配Swiss Travel Pass使用，都可在台灣直接向旅行社購買。建議出發前向旅行社諮詢，買到最適合自己的划算票價，出門後就不必再為此傷腦筋了。詳細票價請上網站參考。

🌐 www.gobytrain.com.tw/webc/html/tickets/03.aspx?ccode=CH

12:00、14:00-17:00，週六、日休；4～5月週一至五8:00-12:00、14:00-18:00，週六9:00-12:00、13:00-18:00，週日9:00-12:00、13:00-17:00

ⓦwww.brienz-tourismus.ch

◎貝阿騰貝格遊客中心

🏠Spirenwaldstrasse 168

☎(0)33 841-1818

▼週一至週五8:00-12:00、13:30-17:30，週六10:00-12:00，週日休

ⓦwww.beatenberg.ch

◎格林德瓦遊客中心

🏠Dorfstrasse 110, 3818 Grindelwald

☎(0)33 854-1212

▼週一至週五8:30-18:00，週六、日9:00-18:00

ⓦwww.grindelwald.ch

◎穆倫遊客中心

🏠Höhematte, 3825 Mürren

☎(0)33 856-8686

▼5～9月每日9:00-12:00、13:00-18:30。

ⓦwww.mymuerren.ch

◎勞特布魯能遊客中心

🏠Stutzli 460, 3822 Lauterbrunnen

☎(0)33 856-8568

▼10～5月每日8:30-12:00、13:15-17:00

ⓦlauterbrunnen.swiss/en

◎文根遊客中心

🏠Wengiboden 1349B, 3823 Wengen

☎(0)33 856-8585

▼4月中～11月每日9:00-21:00

ⓦwengen.swiss/en

行程建議

少女峰地區半/一日遊建議行程（以茵特拉肯出發為例）：

遊程	路線規劃	時間	交通方式	特色
少女峰＋冰河健行 Jungfrau+ Glacier Hiking	茵特拉肯→勞特布魯能→文根→小夏戴克→少女峰站→艾格冰河站→格林德瓦→茵特拉肯	一日	登山火車、健行	搭乘少女峰鐵道登上少女峰站，欣賞歐洲最長的阿雷奇冰河；參加專業導覽的冰河健行
徐尼格觀景台 Schynige Platte	茵特拉肯→威爾德斯維爾→徐尼格觀景台→威爾德斯維爾→茵特拉肯	半日	登山火車、健行	搭乘傳統的登山鐵道並欣賞少女峰地區群山，遊賞高山植物園；全景健行
菲斯特 First	茵特拉肯→格林德瓦→菲斯特→格林德瓦→茵特拉肯	半天	登山火車、空中纜車、健行	菲斯特展望台，體驗懸崖步道、飛渡阿爾卑斯，亦可健行至巴哈阿爾普高山湖
梅利菲展望台 Männlichen	茵特拉肯→格林德瓦→Grindelwald Grund→梅利菲展望台→健行到小夏戴克→格林德瓦→茵特拉肯	半日	登山火車、空中纜車、健行	由梅利菲展望台健行至小夏戴克，少女峰、艾格峰和僧侶峰一路相伴
雪朗峰 Schilthorn	茵特拉肯→勞特布魯能→穆倫→雪朗峰→穆倫→Stechelberg→特呂默爾河瀑布→勞特布魯能→茵特拉肯	一日	登山火車、空中纜車、健行	峰頂有阿爾卑斯山首座360度旋轉餐廳，遠眺法國的白朗峰和德國的黑森林；回程由Stechelberg健行至勞特布魯能，順遊冰河瀑布
尼德峰展望台 Niederhorn	茵特拉肯→Beatenbucht碼頭→尼德峰展望台→貝阿騰貝格→茵特拉肯	半天	遊湖船、地面纜車、空中纜車、巴士	可同時體驗不同交通工具，欣賞三山兩湖一字排開的風光

MAP ▶ P.137B3C3

茵特拉肯

MOOK Choice

Interlaken

前往少女峰的門戶

由伯恩前往茵特拉肯西站約需時50分鐘，加6~8分鐘抵達東站；由琉森前往茵特拉肯東站則需約1小時50分，加6~8分鐘抵達西站。

「茵特拉肯」德文的意思是「兩湖之間」，它就位處於布里恩茲湖(Brienzersee)和圖恩湖(Thunersee)的中間，是一座具有獨特地理環境的城市，再加上這裡是通往少女峰(Jungfrau)的主要對外門戶，因此成為瑞士著名的度假城市。

茵特拉肯有兩個火車站，其中東站是前往少女峰山區的交通樞紐；兩站之間以何維克大道(Höheweg)相接，步行大約20分鐘。由於大多數的遊客會選擇在此過夜，第二天再前往少女峰遊覽，琳瑯滿目的名牌鐘錶珠寶、紀念品店和賭場總是被來自四面八方的遊客點綴得十分熱鬧，

威廉泰爾傳說William Tell

威廉泰爾是瑞士最有名的傳說英雄，象徵瑞士人為爭取自由與建國而戰的精神。14世紀初瑞士尚未建國，受到奧地利哈布斯堡家族(Habsburgs)的暴政統治。新任總督葛斯勒(Gessler)將自己的帽子高掛在阿爾特多夫(Altdorf)的廣場上，並規定居民經過時要向帽子行禮，威廉泰爾故意視而不見，葛斯勒為了懲罰他，要他用箭射下放在兒子頭上的紅蘋果，威廉泰爾一箭射中蘋果後，葛斯勒卻發現他藏有另一支箭，詢問另一支箭的用途，威廉泰爾回答「若不慎射中兒子，第二支箭用來射你」，葛斯勒怒火中燒將他逮捕，威廉泰爾卻在前往地牢的路上趁機逃脫。後來許多人加入威廉泰爾反抗暴政的行列，並在一次反抗行動中殺死了葛斯勒。

©Interlaken Tourism

威廉泰爾戶外劇場
William-Tell Open-air Theatre

從茵特拉肯東站或西站搭乘往Richtung Wilderswil方向的105號公車至Tell–Freilichtspiele Areal下車。 Tellweg 5, 3800 Matten (0)33 822-3722 每年6月中至8月，週四、六的20:00～22:15演出。詳細演出日期請上網確認或詢問茵特拉肯遊客中心 根據座位的不同分為CHF36、CHF50、 CHF52。6–16歲兒童半價。 www.tellspiele.ch

有什麼劇場可以只上演一部戲，而且演出百年卻依然年年吸引無數的觀眾？每年夏季夜晚，在茵特拉肯南端Matten的露天劇場演出的席勒(Friedrich Schiller)劇作《威廉‧泰爾》就有這份獨特魅力，自1912年開始，吸引超過200萬來自世界各地的遊客。

威廉泰爾戶外劇場的舞台是沿著森林山壁實景搭建，木造房舍都是實體大小，也會有真實的馬匹和牛群出場，超過180名穿著古裝的演員都是當地居民，雖然不是專業，但卻有不輸專業演員的戲劇水準。實景劇場從日落演到月升，還會有演員不時從你身後走出來，是令人印象深刻的表演方式。不過由於全劇以德文演出，建議最好先大概了解故事，比較能融入劇情；現場也有販售英文版本節目單。

茵特拉肯 N

A B

| 往 哈德庫爾姆 Harder Kulm
茵特拉肯-哈德登山火車 Interlaken-Harder Bahn
茵特拉肯東站 Interlaken Ost

阿勒河 Aare River
Höheweg

Schuh餐廳暨巧克力店 Grand Café Restaurant Schuh & Chocolatier
歐洲之巔紀念品旗艦店 Top of Europe Flagship Store
賭場 Casino
奇士霍夫 Kirchhofer
維多利亞少女峰大酒店 Victoria-Jungfrau Grand Hotel & Spa
赫馬特公園 Hoehe Matte

Klostergasse
Marktgasse Centralstrasse

往 茵特拉肯西站 Interlaken West
往 威廉泰爾戶外劇場 Centenary of William-Tell Open-air Theatre

圖 景點 商店 火車站
例 飯店 公園 咖啡廳

A B

因此商店的營業時間也比較長。

除了商業化的繁榮景象，漫步在茵特拉肯也非常悠閒。你可以順著阿勒河(Aare River)散步，欣賞舊市區的傳統房舍，和建於15世紀的市政廳；往Marktgasse的假日市集，體驗一下瑞士人的市場經驗！或是哪兒都不去，靜靜地坐在何維克大道中段的赫馬特公園(Hoehe Matte)，眺望夕陽下染上粉霧色的少女峰，沉浸在明信片般的風景中。

哈德庫爾姆

MOOK Choice

Harder Kulm

俯瞰兩湖與茵特拉肯

🚠從茵特拉肯東站步行約6分鐘即達哈德庫爾姆專屬登山纜車站，車程8~10分鐘即達山頂 ⏰每年4月中~10月底9:10-20:55(最後班車21:40下山)，10月底~11月底9:10-17:55(最後班車17:40下山)。纜車運行時間可隨時上網查詢 💲成人來回CHF40，持有Swiss Travel Pass可享50%優待票價 🌐www.jungfrau.ch/en-gb/harder-kulm

從茵特拉肯靠阿勒河這側仰望，會發現山頂有一座尖頂的建築物，不時有滑翔翼或飛行傘從建築附近躍下；一旦搭乘登山纜車，只要8~10分鐘就可以抵達山頂，從這裡俯瞰，立刻明白「茵特拉肯」何以會是「兩湖之間」，而且這座度假山城就像個立體模型般，在眼前攤開一目了然。

哈德庫爾姆是茵特拉肯的後山，海拔1,322公尺，擁有眺望艾格峰(Eiger)、僧侶峰(Mönch)和少女峰這3大名山肩併著肩的最佳角度，又同時可擁抱布里恩茲湖與圖恩湖；尤其在2011年10月雙湖橋完成之後，無疑成為最經典的打卡熱點，來到茵特拉肯只要天氣許可，一定要上來眺望一番。

雙湖橋凌空架起，突出於兩湖之上，懼高的人可能會有些腿軟。正面下望時右手邊是圖恩湖、左手邊是布里恩茲湖，因為地質所含的礦物成分不一樣，呈現出不同的色澤，互相爭妍。

布里恩茲湖與圖恩湖

MOOK Choice

Brienzersee & Thunersee

遺落山林間的碧綠翡翠

🚢茵特拉肯東碼頭(Interlaken Ost Brs)：茵特拉肯東站的後站出站即可抵達，位於布里恩茲湖邊；茵特拉肯西碼頭(Interlaken West Ths)：茵特拉肯西站的西面河邊，前往圖恩湖；布里恩茲碼頭(Brienz Brs)：位於布里恩茲火車站南側外；圖恩碼頭(Thun Ths)：位於圖恩火車站東側外。 ☎(0)58 327-4811 ⏰從圖恩出發的遊船運行時間為每年4~12月初，單程約2小時；從布里恩茲出發的遊船則為每年4~10月，單程約1時15分。航行班次時間及費用每年調整，建議出發前至官網查詢詳細資訊 💲圖恩湖&布里恩茲湖一日票頭等艙CHF127，二等艙CHF75 🌐www.bls.ch

圖恩湖在陽光下閃耀溫潤的翡翠綠，景緻幽靜，小巧可愛的村莊散落湖岸茵綠草地，若不是教堂尖塔上的鐘聲劃破寧靜，真讓人以為走入畫中；而布里恩茲湖則號稱是全瑞士最潔淨的湖泊，湖岸被茂密的森林、險峻的山崖及無數飛湍流瀑所環繞。搭乘遊船迎向湖面清風，清澈的湖水為前景，映襯著遠方少女峰皚皚白雪，這景致足以讓人忘卻煩憂，多年後仍然念念不忘。

茵特拉肯東、西火車站後側的遊船碼頭，不論是往東到布里恩茲，或者往西到圖恩，都很方便。使用Swiss Travel Pass可免費搭乘一般航程；此外，BLS也有多種巡航可供選擇，各種特殊巡航可於官網查詢或直接向碼頭服務處購買。

MAP ▶ P.137A3

布里恩茲
Brienz

瑞士木雕之鄉

🚉 從茵特拉肯搭火車抵達，車程約20分鐘。

　　布里恩茲是瑞士重要的林業重鎮，其木雕工藝的傳統相當悠久，至今大部分居民仍以木雕為生，也使布里恩茲「木雕之鄉」的美名不脛而走。同時，這裡的小提琴製作工藝學校也非常有名。

木雕博物館 Holzbildhauerei Museum

🚉 沿車站前方的Hauptstrasse西行即達。　🏠 Hauptstrasse 111　📞 (0)33 952-1317　⏰ 5月&10月週三至日13:30–17:00；6～9月週三至日10:30–17:00；11～2月休　💲 成人CHF8，16歲以下孩童免費　🌐 www.jobin.ch

　　木雕博物館成立於1835年，為執當地傳統木雕手工藝牛耳的Jobin企業所有。博物館內收藏有世界上數量最豐富的瑞士木雕藝術品，以及各式各樣精緻手工音樂盒，展出作品約500多件，其中包括一百多年前費時5年所完成的精美櫥櫃，以及由整棵梧桐樹幹雕刻的一群聖伯納犬，連繩子都是由同一棵木材所雕刻出來的，做工之細膩教人大開眼界。此外，百年前使用至今的木雕工作室，假日還可觀賞現場木雕表演。對於想要擁有相關手工藝品的旅客，可在博物館旁的Jobin紀念品店購買到木雕藝品、彩繪音樂盒、咕咕鐘、瑞士刀、牛頸鈴、各式刺繡等值得收藏的藝品。

巴倫堡露天博物館
Schweizerisches Freilichtmuseum Ballenberg

🚉 從布里恩茲火車站前搭乘郵政巴士至Ballenberg West, Museum站，約15分鐘即抵達　🏠 Museumsstrasse 100　📞 (0)33 952-1030　⏰ 4～10月每日10:00–17:00　💲 成人CHF32，6至16歲孩童CHF16；使用Swiss Travel Pass免費　🌐 www.ballenberg.ch

　　走進巴倫堡露天博物館就像開啟哆啦A夢的任意門，幾分鐘前還在18世紀的瑞士中部農村，讚嘆那幾乎垂到地面、鋪滿稻草的斜屋頂，下一刻已到達爬滿葡萄藤的鵝黃屋舍，打開19世紀日內瓦湖畔的酒莊大門，再順著斜坡往下，義語區獨有的小小石砌農舍出現在轉角，而煙燻臘腸的香味正從窗口飄散開來。

　　露天博物館佔地廣達66公頃，收集上百座14~19世紀間瑞士不同區域的代表性建築。你可以走進每棟屋舍，看看這些木造建築的臥室和廚房，想像從前人們的生活情景，戶外農場也依古代村莊的形制豢養了許多農莊動物，乳牛、駿馬、豬仔、綿羊等家畜自由自在地在草原上漫步。穿著民俗服裝的工人們，正在舊時作坊忙碌著，使用傳統工具從事生產工作，例如木雕、紡織、鍛造、刺繡、製作起士、烘焙麵包等，他們也很樂意傳授技巧，讓你親身參與瑞士農村生活。根據區域的不同，也提供具地區特色的傳統餐點，此外，還會遵循時令舉辦各式各樣的活動，諸如慶典、舞蹈、秋日市集等。

麥林根

MOOK Choice

Meiringen

追尋福爾摩斯的最後身影

🚉 從茵特拉肯東站搭火車32～34分鐘可達。

麥林根位於布里恩茲東方不遠處，因為賴興河瀑布壯美的景色，而成為一處觀光名勝，尤其是在《最後的案件》出版之後，更是有許多福爾摩斯迷從世界各地專程前來這裡朝聖。

因為和福爾摩斯有深厚的淵源，村子裡到處都看得到福爾摩斯的影子，甚至還有一間福爾摩斯博物館，仿照他在小說中的住處來興建，雖然是虛構的人物和故事，卻讓賴興河瀑布多了分神秘色彩。

賴興河瀑布 Reichenbach Fall

🚉 從麥林根火車站往南徒步18～20分鐘，可達登山纜車站(Reichenbachfallbahn)；亦可從火車站轉搭支線火車至Meiringen Alpbach(只有1站)，再步行8～10分鐘可達纜車站。搭乘登山纜車約7分鐘可抵瀑布。 ☎(0)33 982-2660 ⊙纜車營運時間為5月初～10月初9:00-17:30 (17:15最後一班上山)。 💲纜車票成人單程CHF8、來回CHF12，孩童單程CHF6，來回CHF8；纜車來回與福爾摩斯博物館聯票CHF13、孩童票CHF8 🌐 www.grimselwelt.ch/bahnen/reichenbachfall-bahn

在世界推理小説名著《福爾摩斯》系列的最後一集《最後的案件》中，名偵探福爾摩斯與他的死對頭莫瑞亞教授雙雙跌入了瀑布的深淵裡，而這個最終場景，作者柯南·道爾(Conan Doyle)情有獨鍾地將它設定在瑞士麥林根的賴興河瀑布。

伊瑟瓦德

Iseltwald

韓劇攪亂一池春水

🚉 從茵特拉肯東站的後站碼頭搭布里恩茲遊船，在Iseltwald站下，船程約45分鐘；或搭103等郵政巴士，約21分鐘可抵達Iseltwald站 💲玄彬甲板CHF5

伊瑟瓦德本來和布里恩茲湖畔許多小鎮一樣，低調、安靜、不為人知，怎奈一齣韓劇「愛的迫降」，出現了玄彬在湖邊甲板上彈鋼琴的畫面，浪漫卻帶點憂傷的氣氛讓人見識到布里恩茲湖之美，於是在新冠肺炎疫情解封後立刻造成一股旋風，尤其是東方遊客更是一窩蜂地前往伊瑟瓦德朝拜，並且一定要在玄彬彈鋼琴的甲板上拍照打卡，喧鬧的程度讓當地居民不勝其擾，決定向進入甲板的遊客收取「入場費」；即使如此，仍然阻擋不了不遠千里而來「朝聖」的粉絲。

從茵特拉肯前往伊瑟瓦德，只需45分鐘船程，沿途正好靜心欣賞布里恩茲湖的美景；而且下了碼頭之後，很快便能找到這個韓劇鏡頭裡的角落。不管你是不是深情的粉絲，建議既然光臨這個原本與世隔絕的湖濱小鎮，不妨好好感受它沉魚落雁的風情，而不是只忙著拍照、打卡而已。

貝阿騰貝格
Beatenberg
看不見盡頭的村莊

🚍從茵特拉肯西站出發，可搭乘郵政巴士10117號至貝阿騰貝格；也可搭乘圖恩湖遊船或STI巴士21號至湖邊的Beatenbucht碼頭，再轉乘地面登山纜車約10分鐘抵達。　⏰4月底～11月中空中纜車08:20-17:20，7～8月的週五、六延長至20:20；地面纜車08:04-18:04，7～8月延長至20:04，請注意每日最後下山班次時間。11月中～4月底空中纜車8:40-16:20(11月中～12月底停駛)；地面纜車週一至五08:04-17:44，週六、日至18:04。　💲Beatenbucht至貝阿騰貝格的地面纜車單程CHF7，一日券CHF14；貝阿騰貝格至尼德峰的空中纜車單程CHF38，來回CHF56；Beatenbucht至尼德峰來回票CHF45　🌐www.niederhorn.ch　ℹSwiss Travel Pass僅適用地面登山纜車，貝阿騰貝格前往尼德峰為50%優惠

貝阿騰貝格是少女峰地區最長的村莊，沿著幾乎水平的山麓，房舍、農莊和隨意走動的牛羊零星散落在道路兩旁的斜坡草地。最適合傍晚來此，陽光灑下一層金粉，波光粼粼的圖恩湖搭配

連綿不絕的山稜線，雪白山頭慢慢渲染上瑰麗的粉紅色，美景當前怎麼走也不覺累。

從貝阿騰貝格搭乘空中纜車，15分鐘後就可抵達尼德峰觀景台(Niederhorn)，4千公尺以上的高山在眼前一字排開，可同時看到三山兩湖的全景(艾格峰、僧侶峰、少女峰、圖恩湖、布里恩茲湖)。建議安排半日遊，從湖邊的Beatenbucht搭乘全景式的地面纜車上山，於貝阿騰貝格轉乘空中纜車上尼德峰觀景台，回程時可選擇從Bodenalp走和緩下坡至貝阿騰貝格村莊，繼續往村莊方向散步，沿途都有郵政巴士招呼站，累了就搭車回茵特拉肯西站。

圖恩

Thun
中世紀風情湖畔小城

🚍從茵特拉肯西站搭乘IC快車約30分鐘，或搭乘圖恩湖遊船約2小時抵達。

圖恩位於圖恩湖西端，阿勒河西流而過，將圖恩分成新城區、中洲區和河道北邊的舊城區。新城區為火車站、碼頭和商業辦公大樓所在地，河道中的中洲都是商店和餐廳，透過舊式的水閘門木橋連接兩岸，中午用餐時間，廣場上和木橋旁總是擠滿用餐、曬太陽的人。舊城區則發展於12世紀，城堡及市政廳前的主要街道Hauptgasse依然維持當時樣貌，充滿濃郁的中世紀風情，由於道路狹窄，發展出很特別的建築方式，Hauptgasse的地面為車道，二樓的房子向內退縮，大露臺則成為人行步道，行走在露台上看著下方車輛通過，逛起街來特別有趣。

圖恩古堡 Schlossmuseum Thun
🚍從圖恩舊城區市政廳對面的小巷子向上走即可抵達。　🏠Schlossberg 1　☎(0)33 223-2001　⏰2～3月每日13:00-16:00，4～10月每日10:00-17:00，11～1月每週日13:00-16:00　💲成人CHF10，優待票CHF8　🌐www.schlossthun.ch

無論從圖恩的那個角落向北方天空望去，都不會錯過那宛如童話中長髮公主被囚禁的白色高塔，然而圖恩城堡的歷史卻不若外表浪漫，最早是作為牢房使用，直到1186年Zähringen公爵Berchtold五世將城堡改建，才確立了現在的外型。

一開始就會走進圖恩城堡最重要的區域一騎士廳(Rittersaal)，也是歐洲保存最好的中世紀大廳之一，典型諾曼式建築的特色表現在挑高12呎的空間、加厚外牆及閣樓砲塔的設計，展示古代軍服和武器。爬上通往閣樓的木頭樓梯，是豁然開朗的老城區及阿爾卑斯群山風光，東邊的教堂尖塔與閃耀綠寶石光芒的圖恩湖，讓人彷彿走進童話世界。騎士廳往下走則是歷史博物館，展示伯恩地區及伯恩高地近400年來的生活及歷史，包含家具、農耕用具、瓷器及玩具收藏。

徐尼格觀景台

MOOK Choice

Schynige Platte

骨董火車賞景之旅

📍 從茵特拉肯東站搭火車至威爾德斯維爾(Wilderswil)站，車程只要4分鐘，然後轉乘往徐尼格之齒輪火車，車程約52分鐘 ☎ (0)33 828-7376 🕐 5月底～10月底8:30-18:00。每年日期略有變動，可隨時上網查詢 💲 門票包含在火車票價裡，單程CHF32，來回CHF64；使用Swiss Travel Pass免費。專人導覽費CHF80起 🌐 www.jungfrau.ch/en-gb/schynige-platte ❗ 如需導覽或訂餐須事先預約

　　從茵特拉肯隔壁的村落威爾德斯維爾(Wilderswil)搭上骨董造型的齒輪火車，車子前進的速度相當慢，不久之後就看到布里恩茲湖與圖恩湖出現在窗口；隨著海拔高度緩緩上升，湖的輪廓愈來愈清晰，一下子在左手邊、一下子又跳到右手邊，景色美得讓人眼睛忙著兩邊游移；等到快抵達目的地時，窗外驀然出現艾格峰、僧峰和少女峰並肩的身影，終於了解車行的速度為何放得這麼慢，因為這趟火車之旅沿途就像欣賞了一場風景影片，這樣的速度恰到好處。

　　徐尼格觀景台的海拔約1,967公尺，被四周更高的群山環抱，不但視野絕佳，而且區域內水氣充沛，造就豐富的動植物生態。火車沿途植被不斷改變，從較低海拔的森林逐漸轉變成矮樹叢、草坡，稱得上阿爾卑斯山的生態縮影之旅。

全景健行
Panorama Wanderung

　　如果你平常就很愛爬山，請不要蜻蜓點水急著下山，這裡有多條健行步道，分別花25分鐘、45分鐘或2.5小時可以完成，而且難度不高，適當的登山鞋即可功德圓滿。

　　順著環繞一圈的全景步道，可以登上2,069公尺的歐柏峰(Oberberghorn)，從不同的角度再一次俯瞰茵特拉肯、圖恩湖和布里恩茲湖。體力夠好的話，還可以從這裡直接健行到菲斯特喔！(不過單程大概需要至少5小時腳程)。

布萊特勞能 Breitlauenen

💲從威爾德斯維爾火車票單程CHF23，來回CHF46。

如果時間充裕的話，乘齒輪火車下山時，不妨在中間站布萊特勞能駐足一下。這個海拔1,542公尺處也有很棒的賞景點，而且非常適合從事飛行傘、滑翔翼等活動，車上常可見到帶著專業設備到這一站下車、準備大展身手的玩家。

車站旁有一家小店，販賣著手工糕餅、手工起士和多種冷熱飲，坐在鐵道旁享受香濃的瑞士小點、欣賞山光水色間不時綻開的飛行傘緩緩飄下山谷，愜意極了。

高山植物園 Alpengarten Schynige Platte

🚶從徐尼格觀景台火車站步行不到1分鐘即達　🔗www.alpengarten.ch/en

徐尼格觀景台上，有超過8千平方公尺的面積開闢成高山植物園，設立於1928年，是阿爾卑斯山區最早的高山植物園，它盡量以最自然的方式讓花草在這裡生長。在夏季，有將近800種野花——亦即超過阿爾卑斯山脈2/3以上的花卉都能在這裡看到，而且都有說明指示牌，還會教你如何欣賞它，是認識歐洲高山花卉的最佳戶外教室。

這裡的路並不算陡，輕輕鬆鬆就能遍賞阿爾卑斯山區各種花草草，教人流連忘返。

阿爾卑斯山野花 Alpenflora

如果你是「花癡」，記得夏天一定要來瑞士一趟，各個山區天然生長的野花盡情奔放，讓人讚嘆瑞士真的是全世界最美麗的國家之一！

阿爾卑斯群山有3種最具代表性的野花：雪絨花 (Edelweiss)、龍膽(Enzian)和阿爾卑斯玫瑰 (Alpenrose)。

雪絨花就是俗稱的小白花，因為經典名片《真善美》裡一曲《Edelweiss》而世界聞名，有看過電影的人應該都能朗朗上口。又名高山火絨草、高山薄雪草等，屬於菊科的植物，葉子和花瓣外面罩著一層細密的絨毛，好像穿了一件大衣，讓它們耐寒、耐乾燥又能抵擋紫外線。

龍膽屬於龍膽科的植物，廣泛分布於全世界溫帶地區的高山地帶，在北半球的龍膽屬，花通常為藍色的，但也有黃色、白色、紅色等。在阿爾卑斯山區就能看到春花龍膽等多種長相不太一樣的品種，台灣也有玉山龍膽、阿里山龍膽等。

阿爾卑斯玫瑰是直譯，正確名稱應該是「高山玫瑰杜鵑」，屬於杜鵑花科的植物，因為阿爾卑斯山高處不勝寒，所以它不但比我們平地看到的杜鵑花朵小得多，也比台灣高山的野生杜鵑還要更小。

除了這3大名花外，還有瑪格麗特、吊鐘花、高山銀蓮花(Anemone)、阿爾卑斯薊(Eryngium alpinum)等，其中不少和台灣的高山植物非常相像，同中見異，饒富趣味。

MAP ▶ P.137A2B2

格林德瓦

Grindelwald

艾格峰下的岩石森林

🚋 從茵特拉肯東站搭登山火車,約35分鐘可達

座落在艾格峰(Eiger)山谷裡的格林德瓦(又稱為岩石森林),從17世紀開始就是度假勝地,點綴在一片無盡綠野中,總是令遊人不停回首張望,是前往少女峰途中令人驚豔的純樸小鎮。車站前的Haupt-strasse連接Dorf-Strasse為村莊的主要街道,走到底只要20分鐘,兩側都是旅館、餐廳及商店,生活機能方便,且是少女峰少數汽車可到達的小鎮,讓格林德瓦成為少女峰地區的戶外活動天堂。

從格林德瓦出發,可搭乘纜車前往菲斯特展望台(First)或Pfingstegg展望台,也可以搭火車前往少女峰。2020年底,艾格快線竣工,出發的轉運站也位於格林德瓦,並且整合原有前往梅利菲展望台(Mannlichen)的纜車線,區域動線更行順暢,直接吸引許多想去少女峰的遊客住宿在這裡,小鎮因此比以往熱鬧不少,飯店也跟著一房難求。

夏日到此旅行,周圍山區有不少健行路線可選擇,體驗在山間巧遇乳牛、阿爾卑斯野花的精采畫面;冬天時,則變身滑雪愛好者的冰雪樂園。

艾格快線 Eiger express

🚌從格林德瓦火車站搭121、123等郵政巴士可達；從火車站步行約18分鐘可達 🏠Grindelwald Terminal ⏰7:00~20:00 🌐www.jungfrau.ch/en-gb/grindelwald-terminal

往日前往少女峰如果取道格林德瓦，需轉火車至小夏戴克(Kleine Scheidegg)後，再轉登山火車抵達少女峰；而最新的艾格快線則是搭乘寬敞又舒適的三索空中纜車，在15分鐘內掠過小夏戴克直接抵達艾格冰河站(Eigergletscher)，再轉一小段登山火車即可，比昔日節省約47分鐘就可以抵達目的地。

艾格快線由於採用先進的三索技術，可以在最小干預大自然的情況下達成運輸目的，因此全程長達6,483公尺的途中，只需要建造7座支撐塔，即使在高山的強風中仍然非常穩定，再度提升的纜車製造技術著實令人佩服。

新完成的格林德瓦轉運站除了交通功能外，也是一個新的購物中心，集合巧克力、鐘錶、運動用品、滑雪裝備等瑞士最具代表性的商品和國際頂級品牌，讓等車的前奏曲也變得多采多姿。

格林德瓦博物館 Grindelwald Museum

🚌車站前的Haupt-strasse向東連接Dorf-Strasse，看到Dorf教堂即抵達 🏠Dorfstrasse 204 ☎(0)33 853-4302 ⏰6月初~10月中週二至五及週日15:00-18:00；週六、週一及4~5月休館 💰成人CHF7，兒童CHF2 🌐www.grindelwald-museum.ch

想要瞭解阿爾卑斯山道地的鄉村文化與歷史，那麼這間博物館一定可以滿足你。格林德瓦博物館的經營者是一位親切的當地老先生，他憑著對於古物的熱愛，自己蒐羅了各種有年代的傳統阿爾卑斯農具、家具等用品，還有纜車初建時期的歷史資料、模型及當時使用的滑雪椅、滑雪鞋等，可以看到以前男士穿著西裝、女士穿著裙裝的登山滑雪裝備。

©Jungfrau Region/Mattias Nutt

冰河峽谷 Gletscher Schlucht

🚌從格林德瓦火車站前的巴士總站搭乘122號往Gletscher Schlucht的公車 ⏰5月~11月中每日9:30-18:00，週五延長至22:00 💰成人CHF19，兒童CHF10

如果是炎熱的夏季來此地，一陣涼透心脾的風從峽谷深處吹來，光是站在入口處，立刻有瞬間降溫10度的清涼感。冰河峽谷是由下格林德瓦冰河融水經年累月向下切蝕而成，走在岩石下的木頭步道，仰頭看兩岸高達100公尺的險峻峭壁，腳下是如萬馬奔騰的冰河雪水，讓人不禁感慨大自然的強大力量。步道長度約1公里，入口處有水晶博物館和冰河峽谷餐廳，博物館內展示伯恩高地的各種礦石。

MAP ▶ P.137A2

菲斯特

MOOK
Choice

First

向阿爾卑斯山俯衝

🚶從格林德瓦車站前的Haupt-strasse東行約10分鐘,可達Grindelwald-First纜車站,搭乘纜車上山 ☎(0)33 828-7233 🕐每日8:00開始,最後下山時間根據季節調整,一般為16:15-17:00,7~8月中延長至17:30,纜車站門口會貼上當日最末班次時間 💲纜車單程CHF34,來回CHF68;使用少女峰旅行通行證免費;使用Swiss Travel Pass半價優惠。菲斯特飛渡椅、菲斯特滑翔機、越野卡丁車等活動須另外付費,價格有單項、也有結合纜車或多項遊戲的聯票,詳情可上網查詢 🌐www.jungfrau.ch/en-gb/grindelwaldfirst

菲斯特是距離格林德瓦最近的人氣景點之一,

搭乘纜車上山只需要短短25分鐘,就能從標高1,034公尺的村莊上升至2,168公尺的台地。途中的Schreckfeld纜車站外可以同時眺望上格林德瓦冰河(Oberer Grindelwald-gletscher)及下格林德瓦冰河(Untere Grindelwald-gletscher)。台地上附設一間餐廳,戶外的露天咖啡座相當舒服,有陽光的下午,金黃色光芒灑在山稜線上,從東到西可看到Wetterhorn、上格林德瓦冰河、史瑞克峰(Schreckhorn)、艾格峰、小夏戴克及少女峰。「愛的迫降」裡,女主角尹世莉幫男主角和他當時的未婚妻拍了張合照,就是在菲斯特按下快門的。

巴哈阿爾普高山湖 Bachalpsee

🚶從菲斯特纜車站出發,去程約1小時、回程40分鐘即可

位於海拔2,271公尺的巴哈阿爾普湖,是由兩個相鄰的高山湖組成,若剛好遇到平靜無波的時刻,終年白頭的史瑞克峰倒映在藍寶石般的湖面上,畫面令人屏息。

從菲斯特纜車站開始健行,去程是平緩的上坡,回程更是輕鬆下坡,走在寬敞的碎石子路上,沿途欣賞兩旁盛開的高山植物,又有高達4,078公尺、呈「山」字型的史瑞克峰隨侍在側,運氣好的話還能遇到可愛的土撥鼠冒出頭來曬太陽。這段健行路線可以說毫無難度可言,而且路徑單純、沿途路標明確,完全不會迷路,有時間千萬別錯過。

天梭菲斯特懸崖步道
First Cliff Walk by Tissot

雖然從餐廳的露天座位上，就可以欣賞菲斯特群山環抱的氣象，但是走到天梭菲斯特懸崖步道的盡頭，不但更能感受到懾人的山勢，還有可能看到腳底下深不見底的山谷，小心目眩神馳。

懸崖步道沿著山壁外側搭建，以環狀的路線逐漸伸入山谷，其中有45公尺底下並無支撐，呈現懸在空中的狀態，低頭還可看到翠綠的森林、草原和一道奔流的瀑布，裸露的岩石縫隙成為盤旋在空中的黃嘴山鴉們偶爾的棲息地，抬頭則可看到史瑞克峰、艾格峰、小夏戴克、少女峰一字排開，景象讓人心曠神怡。

菲斯特飛渡椅 First Flyer
◆ 10:00-17:00

除了自然風光外，菲斯特設計了很多獨特、好玩的遊戲，有點刺激又不會太刺激。飛渡椅是乘坐著單人吊椅，以時速84公里的高速，俯衝向有210公尺落差的Schreckfeld車站，其實只有閘門打開那一剎那有點可怕而已，其餘時候就像搭著鞦韆慢慢落下，迎面還有無敵美景，因此非常受歡迎。不過因為一輪只有4個人，俯衝之後等待椅子歸位又需要一段時間，所以進展的速度有點慢，往往要排上一、兩個鐘頭才能玩到，所以有心體驗的話，建議坐纜車抵達菲斯特站後立刻前往排隊，才不會耗費太多排隊的時間。

菲斯特滑翔機
First Glider
◆ 10:00-17:00

滑翔翼是「愛的迫降」裡一項重要的元素，而山明水秀的菲斯特正是玩滑翔翼的好地方。如果你還沒有做好準備體驗真正的滑翔翼的話，菲斯特滑翔機是不錯的暖身運動。

2017年推出的菲斯特滑翔機設計成4個人一起飛翔的神鷹造型，先以每小時72公里的速度從史瑞克峰的方向衝向菲斯特，然後再以每小時83公里的速度在800公尺長的飛行路線上滑翔。在高速滑翔中飆向壯闊的山景，而眼前正是如詩如畫的阿爾卑斯山脈，怎不教人心跳加速！

滑翔機和飛渡椅一樣人氣爆表，所以有心嘗試的話，同樣建議坐纜車一抵達站後就立刻前往排隊，才不會耗費太多排隊的時間。

越野卡丁車 Mountain Cart
◆ 夏季10:00-17:30

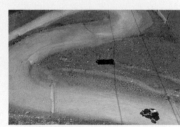

不管你會不會開車，都可以來試開越野卡丁車，戴好安全帽、掌握好速度，從山坡上慢慢俯衝下來。沿途並不盡然是平緩的道路，偶爾也會出現顛簸的石頭路，但由於車子設計的重心低、車輪間距寬、液壓制動器也可以確保駕駛者在長距離行駛時可以控制速度，而且前方確定不會有來車，所以基本上是安全的；會開車的人應該都能樂在其中；愛開車的人小心上癮。

151

MAP ▶ P.137B2

梅利菲展望台

MOOK Choice

Männlichen

360度無敵山景

🚠 從格林德瓦轉運站，搭乘纜車約19分鐘抵達；亦可從文根搭乘纜車上山 ⏰ 纜車運行時間約為每日08:00~17:00，下山末班次為17:30，但根據季節氣候略有調整，建議上山前於纜車站口確認當日最末班次時間 💲 從格林德瓦至梅利菲纜車單程CHF32，來回CHF64；從文根至梅利菲纜車單程CHF26，來回CHF52；從文根進、格林德瓦出的環遊行程CHF58，反之亦然。使用少女峰旅行通行證免費；使用Swiss Travel Pass半價優惠 🌐 www.maennlichen.ch

　　乘著纜車緩緩上升，耳邊忽然傳來陣陣牛鈴聲，忽高忽低忽左忽右迴盪在山谷間，沒有特定的節奏卻出奇地和諧，原來是牛群被放牧於此低頭吃青草，無意間演奏出的美妙樂音。

　　巍峨壯闊的山峰環繞，少女峰地區名峰盡收眼底，梅利菲展望台就因為這獨一無二的360度全景風光，成為少女峰人氣最高的展望台。在展望台上繞一圈，東邊是格林德瓦、菲斯特和Schreckhorn，南邊有少女峰、僧侶峰及艾格峰，西邊可看到雪朗峰、文根(Wengen)及勞特布魯能谷地，北側則是標高2,343公尺的梅利菲山頂(Männlichen Gipfel)，攻頂的來回路程只要40分鐘。

　　梅利菲展望台腹地廣大，冬季是滑雪愛好者一展身手的舞台；夏季遼闊的高山草原開滿野花，和緩步道迎來徐徐微風，最適合輕鬆健行。從梅利菲出發的健行路線很多，只要跟隨標示就不會迷路。

　　如果不打算健行，建議可安排小環遊行程，從格林德瓦搭乘纜車上山至展望台，再從另一邊往文根的纜車站下山，接著搭乘登山火車從文根至勞特布魯能，這樣行程比較有變化，也可看到不同風景。

梅利菲到小夏戴克輕鬆行

　　從梅利菲到小夏戴克這段步道，是少女峰地區最受歡迎的健行步道。全程均為寬敞的和緩下坡，艾格峰、僧侶峰與少女峰三峰相連的雄偉景觀隨著步伐前進，夏季野花點綴滿茵綠草坡，農家放牧的牛群三三兩兩地在山邊低頭吃草，雖然行走在超過2千公尺的高山，但幾乎沒有高低落差，就算是完全沒有健行經驗的人，也可以輕鬆完成。單程約需1小時20分鐘。

　　步道終點的小夏戴克車站是欣賞艾格峰北壁險峻山形的最佳地點，可休息用餐，再由此搭少女峰鐵道上少女峰展望台或是搭車下山。

MAP ▶ P.137B2

小夏戴克
Kleine Scheidegg

艾格北壁下的戶外樂園

🚩由茵特拉肯東站出發，東邊經過格林德瓦或西邊經過勞特布魯能轉乘登山火車皆可抵達，約需1小時15分鐘。

小夏戴克是東西兩條前往少女峰車站的登山鐵道必經交會點，也是仰望三山最佳地點。若有時間在此停留，一走出車站就會被放大版的少女峰、僧侶峰及艾格峰所震懾，尤其是被稱為「死亡絕壁」的艾格北壁，站在幾乎垂直的險峻山壁前，只感覺自己的渺小。

「愛的迫降」裡，男女主角曾經不約而同抵達小夏戴克，只是緣分尚未開始，兩人還只是陌生人，背景優美的車站和房舍，令人眼睛一亮。此外，從小夏戴克看著登山火車往少女峰前進，紅色的車身畫過夏日的綠地和更遠處的雪景，也是絕美的經典畫面。

MAP ▶ P.137C2

勞特布魯能
Lauterbrunnen

岩壁間傾洩的飄渺白絹

🚩從茵特拉肯搭登山火車至勞特布魯能約20分鐘，出火車站即可看到。 🌐www.lauterbrunnen.ch/portal ❗冬天因山上冰雪未融，不容易看到。

勞特布魯能是個位於冰河U型谷地的小鎮，兩側都是垂直高聳的岩壁，德文字面的意義便是「瀑布之鎮」的意思。這一帶共有72道瀑布奔流直下，而鎮上最有名的即是施陶河瀑布(Staubbachfall)。施陶河瀑布落差達297公尺，但因為水量不大，所以瀑布落到半途就如同煙塵飄散，而「Staub」在德文中指的正是「塵埃」之意，夏季雪融的午後會比較明顯。

從前歌德來到這裡遊歷時，看到施陶河瀑布飄逸脫俗的景致，一時詩興大發，留下了《水精靈之歌》(The song of ghosts over waters)這首詩作，也讓後世的遊人對於這條瀑布有了更多想像。

©Switzerland Tourism

特呂默爾河瀑布 Trümmelbachfälle

🚩搭乘往Stechelberg的郵政巴士，在Trümmelbachfälle站下車即達 ☎(0)33 855-3232 ⏰4月初～11月初每日09:00-17:00(7、8月為08:30-18:00) 💲成人CHF14，兒童CHF6 🌐www.truemmelbachfaelle.ch

從勞特布魯能車站搭郵政巴士前往穆倫的路上，會經過一處米其林旅遊指南(Guide Michelin)推薦的難得景觀，就是歐洲唯一藏在山體內部的冰河瀑布——特呂默爾河瀑布。

由來自艾格峰、僧侶峰、少女峰等10條阿爾卑斯冰河融化的水流匯集在勞特布魯能，從險峻的高山奔騰而下，強大的衝擊力不斷侵蝕著岩石縫隙，日久便在山體上形成多處洞穴，甚至穿透岩層、流瀉到山體裡面，最大水量可達每秒2萬公升。1877年探險家發現了最底部的瀑布，從此這裡便成了遊人來少女峰必訪的勝地之一。

進入特呂默爾河瀑布，可參觀10層激流沖刷的峽谷，最高和最低的瀑布有高達140公尺的落差，建議可利用深入岩石的纜車電梯直達最高層，再順著岩石間開鑿出的步道慢慢走下深谷。在漆黑的山洞裡，聽著若雷鳴似擊鼓般的瀑流聲震耳欲聾，從岩縫中流洩進來的陽光灑落在激流擾動的水面上，令人讚嘆大自然的鬼斧神工。

MAP ▶ P.137B1

少女峰車站

Jungfraujoch

歐洲最高火車站

🔽 從茵特拉肯東站出發，不論是經由格林德瓦還是勞特布魯能，上山的首班車都是06：35發車，上山的末班車為15：05(11~3月為14：05)；從少女峰車站下山的末班車為17：45(11~3月為16：40)。每30分鐘發車，全年行駛。
www.jungfrau.ch/zh-cn/jungfraujoch-top-of-europe

位於少女峰登山鐵道終點站的少女峰車站，本身就是一個有趣的高山育樂中心，還可以走出車站，來一趟冰上健行，體驗各式高山活動，相當精采。

標高3,454公尺的少女峰車站，是歐洲最高的火車站，也因此為她贏得了「歐洲屋脊(Top of Europe)」的美譽。這個歐洲屋脊不僅僅是一座車站而已，它集結了瞭望台、冰宮、餐廳、商店、郵局於一身，也因為位處高海拔，更是科學觀測的重要基地，包括空氣污染監測、大氣平流層微輻射測量、臭氧層與溫室效應的研究、天文觀測等。

車站在少女峰、僧侶峰及艾格峰的環繞下，其壯麗山色是吸引全球遊客不遠千里而來的主因，尤其是可以遠眺已被聯合國教科文組織列為世界遺產的阿雷奇冰河(Aletschgletscher)，更是令人興奮不已。

如果你想為來到歐洲屋脊留下紀念，車站裡還附設有郵局，不妨買張當地的明信片，蓋上有歐洲屋脊印記的郵戳，在這個歐洲標高最高的郵局寄出，更是別具意義。

MOOK Choice

世上最知名的登山鐵道：
少女峰鐵道Jungfraubahnen

走一趟少女峰，你才會親身感受人類如何將科技和智慧發揮到極致，並在盡量降低對生態的影響下，征服這片大山。

全長12公里的少女峰鐵道為齒輪鐵軌(Cog railway)，能克服陡峭山勢，途中有10公里是穿越高山岩層，可想見其工程的浩大與困難，共費時16年開鑿、花費了1億5千萬瑞士法郎才完成。

全程52分鐘的少女峰鐵道，只有小夏戴克到艾格冰河站行駛於曠野間，其後便完全行駛在岩壁之中。火車經過隧道中的艾格北壁站(Eigerwand)以及冰海站(Eismeer)還會短暫停留約5分鐘，讓遊客可以下車在觀景台眺望包括格林德瓦山谷與冰河等景觀。不過要注意的是，一趟完美的少女峰鐵道之旅，「氣候」絕對是關鍵，也因此強烈建議上路前要事先確認山頂天氣，可參考少女峰網頁上或是旅館內的山頂即時影像，也可詢問遊客中心。

少女峰私鐵的響亮名號，不僅來自於其瑞士一級景區的光環與極高的人氣，還有令人咋舌的昂貴鐵路票價，如何省錢就成了一大學問。若持有效期的Swiss Travel Pass，可免費坐到格林德瓦或勞特布魯能，之後的路段可享25~30%折扣；若想在少女峰地區待3~8天作深度旅遊，少女峰旅行通行證是最佳選擇。

斯芬克斯觀景台＆普拉特展望台
Sphinx Terrace & Plateau

來到少女峰車站後，只要搭上高速電梯，25秒內就能瞬間抬升111.4公尺，來到標高3,571公尺的斯芬克斯觀景台，這裏就是少女峰上所有人工設施的最高點。「斯芬克斯」這個建築體設立於1931年，原本是一座氣象台，可容納13位研究員，到了1950年加設球型屋頂，成為一座天文台。

走出戶外，寒氣逼人，是一座擁有360度視野的觀景台，艾格峰、僧侶峰、少女峰三座地標由左至右依序排列，山坳處，全歐洲最長，達到23公里的阿雷奇冰河遙向山下延伸，直到隱沒山峰稜線。極目所見，都在世界遺產保護的範圍，也是歐洲阿爾卑斯山區第一座被列入名單的世界遺產。天氣好的時候，這兒最遠甚至可以眺望到法國、德國和義大利。

另一處戶外展望台「普拉特」，儘管海拔高度不及斯芬克斯觀景台，仍有著可看到冰河的視野，抬頭仰望，還可以看到斯芬克斯的球型屋頂。

冰宮 Ice Palace

位於少女峰車站內的冰宮，是一處在冰河下方30公尺開鑿的冰封天地，要建造這樣的冰宮可謂是人力與財力的結晶。除了開鑿冰洞本身的難度之外，也由於冰河每年都會向下滑動，因此每隔數年就得將冰宮重新打造一次，才能維持冰宮內部的景觀。

在這裡，你可以實際體驗置身在「冰河」之中的神奇感受。仔細觀察冰宮牆面，會看到一層層由不同年份的冰雪堆積所擠壓出來的痕跡，可以想見冰河成形所耗費的時間之久。此外，冰宮裡還有各種動物的冰雕作品。由於地面較滑，行走在冰宮隧道之內可得要小心腳步。

阿爾卑斯山震撼體驗館 Alpine Sensation

為了慶祝少女峰鐵路100週年而興建的阿爾卑斯震撼體驗館，長250公尺的體驗隧道，讓人們一次認識少女峰地區的古往今來。一號展示廳有顆巨大的水晶球彷彿縮小版的美麗瑞士，時空隧道則以圖畫方式描繪了少女峰地區早期的旅遊業；二號展示廳聳立著有「瑞士鐵道之父」之稱的阿道夫耶塞勒(Adolf Guyer-Zeller)的大型雕像，伴隨著聲勢驚人的聲光效果，展示堅毅不拔的開拓精神，並介紹少女峰鐵路的歷史，向興建少女峰鐵路的工人們致敬。絕對是一趟難忘的時空之旅。

瑞士蓮巧克力天堂
Lindt Swiss Chocolate Heaven
◉10:00~16:00

位於少女峰上，歐洲海拔最高的巧克力店，不僅展示了瑞士蓮巧克力從烘焙可可豆開始的每一步製作過程，還有6個互動展示區讓人們可以充分沉浸在甜美的巧克力世界中。琳瑯滿目的商品除了所有瑞士蓮巧克力的經典款之外，還有一系列此店獨家販售的巧克力，讓你帶回專屬少女峰的甜蜜回憶。

冰河健行 Glacier Hiking

對愛山的旅人來說，少女峰車站不是終點，而是擁抱山的起點。從暗無天日的少女峰車站隧道往外走，立刻被銀白的冰封世界照射得睜不開眼，車站出發的幾條經典健行路線，不但能體驗行走在萬年冰河之上的感覺，也隨著行進路線角度的不同，一邊欣賞山形變換之美。

最受歡迎的大眾路線為少女峰-艾格峰路線(Jungfrau Eiger Walk)，大約只有45分鐘路程，目的地是欣賞那狀如刀刃的艾格北壁(Eiger North Wall)。另一條僧侶峰小屋路線(Mönchsjoch Hut)，來回約2.5小時，由於高海拔空氣稀薄且雪地難行，對平常少運動的人而言稍有難度。

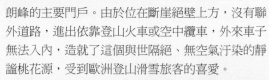

MAP ▶ P.137C2

穆倫
Mürren
與世隔絕的桃花源

🚠 從勞特布魯能火車站對面搭乘空中纜車，約6分鐘抵達 Grütschalp，再轉乘登山鐵道約15分鐘可抵達穆倫。也可從勞特布魯能火車站外搭乘郵政巴士往Stechelberg，約12分鐘後下車轉乘LSMS空中纜車到穆倫。 ◐12～4月上旬的冬天雪季，以及6～9月夏季最適合觀光，其他時間許多飯店和餐廳會停止營業 ⓤmuerren.swiss

穆倫是個坐落在勞特布魯能U型谷地岩壁上方的村莊，與對面山壁上的文根遙遙相望，也是通往雪朗峰的主要門戶。由於位在斷崖絕壁上方，沒有聯外道路，進出依靠登山火車或空中纜車，外來車子無法入內，造就了這個與世隔絕、無空氣汙染的靜謐桃花源，受到歐洲登山滑雪旅客的喜愛。

村莊內，阿爾卑斯山區的傳統木屋依山而建，2條平行主要道路連接東北側的登山鐵道站和西南側的空中纜車站。放慢腳步欣賞家家戶戶巧心布置的窗台，眼前有花朵繽紛綻放，遠方少女峰、僧侶峰及艾格峰在眼前展開，似乎觸手可及，要不是鳥兒悅耳的歌唱和旅人的歡笑聲，幾乎以為時間靜止了，感受真正的安靜悠閒。

MAP ▶ P.137D1

雪朗峰

MOOK Choice

Schilthorn
站在群峰之巔

🚠 從茵特拉肯前往雪朗峰需要先到達穆倫，從穆倫搭乘空中纜車上山約17分鐘 ☎(0)33 826-0007 ◐上山07:40-16:40、下山08:33-18:03，皆每半小時一班次；根據氣候略有調整，上山前請注意當天最後班次。4月下旬及11月下旬進行設備維修，詳細時間每年變動，可上官網查詢 ⑤這段纜車不屬於少女峰鐵道系統，無法使用通行證，來回票成人CHF85.6；若是從Stechelberg出發，來回票成人CHF108、兒童CHF54；持有Swiss Travel Pass票價CHF42.8 ⓤwww. schilthorn.ch

在史恩康納萊第一次宣布不再接演英國情報員007後，1969年出品的007系列第六部電影「女王密令(On Her Majesty's Secret Service)」決定以360度視野著稱的雪朗峰拍攝外景。製作單位為了在高達2,970公尺的雪朗峰山頂拍一場槍戰，跟當地政府周旋許久，最後出資興建觀景台和旋轉餐廳Schilthorn Piz Gloria，並在拍攝完畢後捐給當地政府。

雪朗峰的美景因電影的拍攝為世人所知，然而電影口碑不佳，現在上山的旅客，沒有多少人看過「女王密令」，真正吸引遊客的，除了對這部陌生電影的一絲絲好奇，主要還是為了那片遼闊壯觀的少女峰天際線和阿爾卑斯山200多座山峰。若對電影有興趣，可在旋轉餐廳的商店欣賞片段，再回到55分鐘自轉一圈的餐廳中，以雪朗峰之美佐餐。

山區的對流風非常適合飛行傘盤旋，常常可看到飛行傘玩家展開鮮豔的圖案，翱翔於天際山嶺、藍天白雪間，如果你勇氣過人，也可以在教練的協助下，模仿詹姆斯龐德，親自嘗試一躍而下、飛翔於阿爾卑斯山區的快感。

Where to Eat in Jungfrau
吃在少女峰區

茵特拉肯

MAP ▶ P.141A1

Schuh餐廳暨巧克力店
Grand Café Restaurant Schuh

🚌 搭21、103等郵政巴士可達；從茵特拉肯東站步行13-15分鐘可達 🏠Höheweg 56 ☎(0)33 888-8050 🕐週一至六10:00-23:00（午餐11:30-14:00、下午茶14:00-18:00、晚餐18:00-21:00)、週日10:00-20:00 🌐www.schuh-interlaken.ch

瑞士的巧克力名聞全球，手工巧克力更是有口皆碑。位在赫馬特公園(Hoehe Matte)旁的Schuh創立於1818年，建築本身是城裡兩幢最古老的建築之一，已被列入國家保護且不可以任意改建。

德文的Schuh，相當於英文的Shoe，因為1899年的經營者是Jacob Friedrich Schuh，他發揮創意推出皮鞋造型的手工巧克力，不但模樣吸引人，而且可可脂的含量很高，放入口中又綿又細、甜而不膩，很受推崇，於是成了店裡的招牌與店名。時至今日，Schuh的巧克力造型已經千變萬化，口味也琳瑯滿目，然而經典的皮鞋造型巧克力還是很熱銷。

1955年，Fritz Beutler買下Schuh，他的繼任者更開始同時經營餐廳，秉持對品質的要求，加上絕佳的地理位置，很快便成為茵特拉肯最受歡迎的餐廳。尤其在氣候宜人的日子，選擇戶外的座位，既可坐享以少女峰為背景的美景、又可欣賞赫馬特公園正在進行的各式各樣活動，是品味茵特拉肯度假風情的最理想據點。

Schuh的料理以瑞士傳統烹調為主，可以吃到各種瑞士具代表性的食物，口味道地；為了配合當地高度成長的東方遊客，當然也吃得到具東方口味的菜色。

茵特拉肯

MAP ▶ P.141B1

哈德庫爾姆全景餐廳
Harder Kulm Panorama Restaurant

🚡 從茵特拉肯東站步行約6分鐘可達哈德庫爾姆專屬登山纜車站，車程8-10分鐘即達山頂，再從纜車山頂站步行3-5分鐘可達 🏠Harder Kulm ☎(0)33 828-7311 🕐每年4月中~10月底8:30-21:30；10月底~11月底8:30-18:30；11月底~4月中休 🌐www.restaurantharderkulm.ch

從茵特拉肯望見的那座紅瓦尖頂建築，就是雙湖橋旁的哈德庫爾姆全景餐廳，外觀有點像城堡，卻又帶著些許東方色彩；3層樓的室內空間加上戶外用餐區，因為地理位置的獨特性，座位分外搶手。2017年夏天又增添一幢2層樓的新建築。

哈德庫爾姆全景餐廳的料理，以瑞士的傳統烹調為主，從早餐就開始營業，既可吃到藍帶豬排、燉牛肉、羊排、起士火鍋等正式的大餐，也可吃到簡便的輕食和選擇眾多的飲料。不論吃什麼，搭配眼前的無敵美景，感覺連飲料都分外甘甜。

Where to Buy in Jungfrau
買在少女峰區

茵特拉肯

MAP ▶ P.141A1　**歐洲之巔紀念品旗艦店**
Top of Europe Flagship Store

搭21、103等郵政巴士可達；從茵特拉肯東站步行約13-15分鐘可達　Höheweg35　(0)33 828-7101　9:00~22:00
www.jungfrau.ch/en-gb/souvenirs-and-gifts

少女峰鐵道公司可說是推動少女峰地區觀光發展的最大功臣，綿密又順暢的交通網絡讓眾人有機會深入少女峰的各個角落。近年更開創了百貨零售業，以「歐洲之巔」為名，集合瑞士重要的商品、紀念品，讓遊客可以一站購足所有想買的東西。

目前在瑞士的許多地方，都可看到歐洲之巔紀念品店，而這幢位於茵特拉肯最熱鬧區域的旗艦店面積最大、品項最齊全，而且裝潢別出心裁，逛一圈有如逛到了真正的少女峰一般。二樓設置了少女峰鐵道的諮詢櫃台，遊客可以在此購買適合自己的少女峰探索票券。

此外，少女峰鐵道公司也運用瑞士豐富、珍貴的天然資源，如阿爾卑斯各種高山植物、阿雷奇冰河水等，積極製作高品質的保養品，經過多年研發，終於推出自有品牌的系列產品，包括精華液、面霜、眼霜、面膜等，在店裡也有專屬的展示空間。

茵特拉肯

MAP ▶ P.141A1　**賭場與奇士霍夫**
Casino & Kirchhofer

搭21、103等郵政巴士可達；從茵特拉肯東站步行10-13分鐘可達　Höheweg 73　(0)33 828-8880　8:30-20:30
www.kirchhofer.com

走過茵特拉肯最寬闊的大街，視線很難不被一幢佔地龐大的建築物吸引：它的外側是奇士霍夫名品店、裡面則是茵特拉肯賭場，都對你的荷包虎視眈眈。

奇士霍夫是瑞士知名的家族經營企業，以展售瑞士高檔的鐘表為主，舉凡所有響噹噹的品牌，包括萬國、伯爵、蕭邦、愛彼、帝舵、寶璣、雷達等(除了勞力士外)，都可以在這裡找到。鐘表之外，店裡也販售眾多知名品牌的包包、皮件、保養品、化妝品、工藝品、紀念品等，規模著實驚人。

事實上，奇士霍夫光是在茵特拉肯的鬧區，就設立了4個規模不等的店面，各自鎖定不同的消費族群，幾乎每位消費者都難以逃出它的手掌心。

從佔地最廣的這幢奇士霍夫的中庭走進去，彷彿從滾滾紅塵剎那間就落入仙境，典雅的建築和草木扶疏的花園令人眼睛一亮，不管你想不想進賭場，都應該走進去看看，繞到花園後側，就能抵達阿勒河畔，有柳暗花明又一村的驚喜。

茵特拉肯

MAP ▶ P.141A1

維多利亞少女峰大酒店
Victoria-Jungfrau Grand Hotel & Spa

搭21、103等郵政巴士可達；從茵特拉肯東站步行13~15分鐘可達 Höheweg 41 (0)33 828-2828 www.victoria-jungfrau.ch/en

清晨，陽光還沒有照進赫馬特公園(Hoehe Matte)，但背景兩山之間已經清楚看到少女峰的輪廓了；事實上，少女峰一直存在，只是因為清晨的氣候穩定，最有機會看到它完整的面目，下午以後雲霧漸起，往往只能想像它出現的畫面。住在維多利亞少女峰大酒店，早上只要打開房間的窗戶，就有機會看到陽光為少女峰一筆筆增添輪廓與光彩。

維多利亞少女峰大酒店共有224間客房與套房，規模雖然不算特別大，卻被公認是全瑞士最高檔的飯店之一。白色的維多利亞式樓房一字排開，正好面對赫馬特公園(Hoehe Matte)，每一扇窗景都宛如天然的風景畫。尤其到了春夏旺季，每天都有眾多飛行傘、滑翔翼粉絲到少女峰山區來大顯身手，隨時都可能看到飛行傘以少女峰為背景從天而降的畫面，實在賞心悅目。

酒店的房間大致分成5種房型，空間寬敞明亮，裝潢布置高貴雅致，而且都配備大螢幕平面衛星電視、冷暖空調、保險箱、免費無線上網等現代化設施，備品則使用英國知名品牌Molton Brown等級的香皂、洗髮精等。

酒店附設兩間餐廳，享譽多年且最近又經過翻修的La Terrasse頗具南法風情，烹調融合地中海、南法及瑞士的料理特色，隨時配合時令推出當季菜單，曾經獲得《高特米魯》(Gault Millau)餐廳指南15分的高分推薦；天氣好的時候，坐在戶外區享受餐飲、欣賞街上來來往往的人群，最是悠閒愜意。而新開幕的Ristorante e Pizzeria Sapori以義大利美食為號召，食客可以親眼看到大廚們運用石爐現烤的披薩新鮮出爐。

酒店附設的Spa水療中心也頗受推崇，有游泳池、三溫暖、蒸氣室和為身體、皮膚設計的多種專業療程，還包括兩間豪華的私人水療室；也提供舒適的飲料酒吧和養生料理。

格林德瓦

MAP ▶ P.137A2 **Sunstar Hotel Grindelwald**

🚌從格林德瓦火車站搭121、122、123等郵政巴士可達；從火車站步行9-10分鐘可達　📍Dorfstrasse 168, 3818 Grindelwald　☎(0)33 854-7777　🌐grindelwald.sunstar.ch/en

海拔1050公尺左右的格林德瓦，倚著壯麗的艾格峰北壁，讓人第一眼就會愛上它；而這裡四通八達的交通網絡、豐富多元的活動設施，受歡迎的程度不亞於茵特拉肯。

四星級的Sunstar Hotel Grindelwald地理位置相當優越，大門正對面即是前往菲斯特的纜車，往返火車站和轉運站也都很方便。飯店裡有3間不同風格的餐廳和酒吧，還有一個設備頗完善的健身中心；羅馬溫泉浴場、烤箱、蒸氣室具備，也可預約按摩療程；大型的室內泳池更是四季皆可游泳。

文根

MAP ▶ P.137C2 **Hotel Restaurant Bären**

🚌從文根火車站步行3-5分鐘可達　📍Am Acher 1363, 3823 Wengen BE　☎(0)33 855-1419　🌐www.baeren-wengen.ch/en

文根位於勞特布魯能前往少女峰的轉運點上，也有纜車可登上梅利菲展望台，是個被高山包圍、汽車到不了的寧靜小山村，特別適合不喜歡熱鬧、有心遠離人群的遊客。

從1934年開始，Hotel Restaurant Bären即以民宿的型式開始營業，後來逐年更新、擴建，形成目前三星級規模的飯店。客房舒適、溫馨，藉著大片玻璃窗和陽台，可盡情欣賞窗外美景。飯店地面層的附設餐廳，可容納室內80名、戶外50名客人用餐，除了接待房客外，是文根頗具規模和名氣的餐廳，因此每到用餐時間，分外繁忙。

馬特洪峰區
Matterhorn Region

文●蒙金蘭・墨刻編輯部　攝影●汪雨菁・墨刻攝影組

若要為每個國家選出最具特色的地標，瑞士就非馬特洪峰莫屬。馬特洪峰奇特的金字塔造型，是許多人對瑞士山峰的第一想像，而擁有眺望馬特洪峰絕佳視野的策馬特，自然也成為瓦萊州(Valais)最具人氣的阿爾卑斯山城。

標高4,478公尺的馬特洪峰雖然不是瑞士的第一高峰，但是具有高辨識度的三角錐形狀卻成了瑞士的象徵符號。

馬特洪峰從19世紀初開始就是登山客們憧憬的挑戰聖地，一群群登山客前仆後繼地前來攻頂，然而馬特洪峰的險峻山崖，卻讓不少生命葬送在這深壑絕壁之間，直到1865年的7月14日，才終於由英國的登山家艾德華溫帕(Edward Whymper)率領7人團隊，由北東稜登頂成功，雖然下山時其中4人不幸摔落山谷罹難，但也從此開啟馬特洪峰享譽世界的名聲。

隨著葛納葛特登山鐵道的開通，馬特洪峰不再遙不可及，只要跳上火車，33分鐘後即可近距離欣賞終年積雪的馬特洪峰，更加成就了策馬特百年不褪的人氣光環。

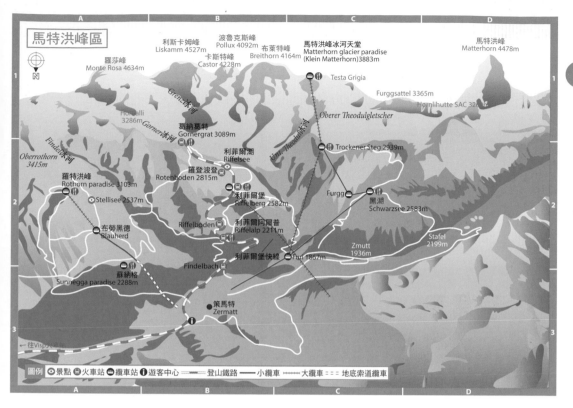

馬特洪峰區

N

A | B | C | D

羅莎峰
Monte Rosa 4634m
利斯卡姆峰
Liskamm 4527m
波魯克斯峰
Pollux 4092m
卡斯特峰
Castor 4228m
布萊特峰
Breithorn 4164m
馬特洪峰冰河天堂
Matterhorn glacier paradise
(Klein Matterhorn)3883m
馬特洪峰
Matterhorn 4478m

Testa Grigia
Furggsattel 3365m
Hornlihutte SAC 326
Oberer Theodulgletscher

Hohtalli 3286m
葛納葛特
Gornergrat 3089m
Gorner冰河
Grenzgl河
Findeln冰河

Oberrothorn 3415m

利菲爾湖
Riffelsee
羅登波登
Rotenboden 2815m

Trockener Steg 2939m

羅特洪峰
Rothorn paradise 3103m
Stellisee 2537m

利菲爾堡
Riffelberg 2582m

Furgg

黑湖
Schwarzsee 2583m

Riffelboden
利菲爾阿爾普
Riffelalp 2211m

布勞黑德
Blauherd

Zmutt 1936m
Stafel 2199m

Findelbach
利菲爾堡快線
Furi 1867m

蘇納格
Sunnegga paradise 2288m

策馬特
Zermatt

← 往Visp火車站

圖例 ◉景點 ▣火車站 🚡纜車站 ⓘ遊客中心 ━━登山鐵路 ━━小纜車 ━━大纜車 ┅┅地底索道纜車

A | B | C | D

INFO

基本資訊

區域號碼：(0)27
海拔：策馬特1,620公尺；葛納葛特3,089公尺；蘇納格2,288公尺；羅特洪峰3,103公尺；黑湖2,583公尺；馬特洪峰冰河天堂3,883公尺；馬特洪峰4,478公尺

如何到達──火車

　　無論從何處搭乘火車至策馬特，都需在布里格(Brig)或菲斯普(Visp)轉乘進出策馬特的Matterhorn Gotthard Bahn私鐵系統，持有Swiss Travel Pass的旅客可免費搭乘。每小時都有班次由布里格、菲斯普兩站出發前往策馬特，布里格出發約1小時30分鐘抵達，菲斯普出發則約為1小時；從蘇黎世至策馬特大約需3小時10分；從日內瓦出發約3小時40分。

　　此外，策馬特也是冰河列車的終點站，由聖摩里茲搭乘冰河列車至此約費時8小時，由庫爾出發約5小時40分鐘。

瑞士國鐵 🚈 www.sbb.ch
冰河列車 🚈 www.glacierexpress.ch
Matterhorn Gotthard Bahn
📞(0)27 927-7474 🚈 www.mgbahn.ch

如何到達──自行開車

　　由於策馬特實施車輛禁行規定，若要開車前往，需將車子開至離策馬特約5公里遠的Täsch，並停放至車站前的公共停車場Matterhorn Terminal Parking，再搭乘每20分鐘一班的接駁火車(Zermatt Shuttle)或接駁計程車前往策馬特，火車運行時間約為6:00~23:35，車程約12分鐘。停車場有免費提供推車服務，搬運行李至火車站也非常方便。

地區交通

　　策馬特的城鎮面積不大，小鎮內的景點與車站皆是步行可達的距離，相當方便。從火車站到最遠的馬特洪峰冰河天堂纜車站，步行也只要20分鐘。若要乘

車，只要持有任何一張效期內的纜車或登山火車票，皆可免費搭乘環鎮的電動巴士Bergbahnen路線，大約每10-12分鐘一班次。此外，火車站廣場上也有不少電動計程車及馬車提供載客服務；飯店大多會配合火車到站時間，準備電動車或馬車供旅客載運行李，可以多加利用。前往山區則搭乘登山火車、空中纜車或地底纜車，可購買點對點單程票或者旅遊通行證。

Betreiber der e-Bus Zermatt  e-bus.ch

優惠票券

策馬特山區交通由Zermatt Bergbahnen AG負責營運，除了點對點的單程/來回票以外，並發行許多不同類型的通行證，可根據季節、預計停留天數做選擇，通行證的價格和使用日期每年變換，票券可於遊客服務中心或纜車/鐵路售票櫃檯購買；亦可在出發前向飛達旅遊購得。

策馬特山區鐵路Zermatt Bergbahnen AG
📞(0)27 966-0101　🌐 www.matterhornparadise.ch
飛達旅遊 🌐 www.gobytrain.com.tw/webc/html/tickets/03.aspx?ccode=CH

◎雙峰通行證Peak2Peak

在1天之內，把馬特洪峰冰河天堂和葛納葛特登山鐵道這兩條最重要的路線玩完。可先搭乘纜車前往馬特洪峰冰河天堂，之後換乘利菲爾堡快線(Riffelberg Express)纜車前往利菲爾堡，然後再搭齒輪火車抵達葛納葛特站，最後再經由葛納葛特登山鐵道返回策馬特。反方向亦可通行。票價成人CHF197、兒童CHF98.5；持有瑞士旅行通行證者享5折優惠，成人CHF98.5。

◎策馬特通行證

針對台灣遊客的習性，飛達旅遊包裝出1~4天的瑞士策馬特通行證，可無限通行於馬特洪峰冰河天堂(含冰宮門票)、黑湖、羅特洪峰以及葛納葛特鐵道沿線，可玩遍3大主力上山路線或安排健行行程。

成人一日券CHF216、兒童CHF108，成人二日券CHF241、兒童CHF121、成人三日券CHF272、兒童CHF136，成人四日券CHF303、兒童CHF152；持有瑞士旅行通行證者成人一日券CHF162、二日券CHF181、三日券CHF204、四日券CHF227。

旅遊諮詢

◎策馬特遊客服務中心
🏠Bahnhofplatz 5 (火車站旁邊)　📞(0)27 966-8100
🕐每日8:00-18:00　🌐 www.zermatt.ch

◎葛納葛特登山鐵道服務中心
🏠Bahnhofplatz 7(火車站斜對面)　📞(0)84 864-2442
🕐週一至五8:00-18:00，週六、日8:00-14:00

◎策馬特高山嚮導中心Zermatters
在策馬特高山嚮導中心，可找到各種高山活動所需的高山嚮導或導遊，另外這裡也提供高山活動的相關資訊。
🏠Bahnhofstr. 58　📞(0)27 966-2466
🕐每日8:00-12:00、15:00-18:00
🌐 www.zermatters.ch/en

Where to Explore in Matterhorn Region
賞遊馬特洪峰區

MAP ▶ P.163B3

策馬特

MOOK Choice

Zermatt

馬特洪峰腳下人氣山城

策馬特自古即是一個典型自給自足的小山城，1820年時，第一批挑戰策馬特周邊山峰的英國登山客來到這裡，並以此處作為登山起點。1865年，來自英國的登山家艾德華溫帕(Edward Whymper)成功地由北東稜登頂，雖然下山時其中4人不幸摔落山谷罹難，但也從此開啟馬特洪峰享譽世界的名聲。

策馬特周邊多為晴朗乾燥的天氣，空氣純淨且能見度高，最適合戶外活動。夏季，這裡是健行者的天堂，沿著蜿蜒在山間的小道，可以從不同角度觀賞馬特洪峰及周邊37座4千多公尺高峰的巍峨姿態；冬季則是雪上活動樂園，超過300公里的滑雪道吸引來自全球的愛好者。

為了保持策馬特山城裡的清新質樸並減少對環境的傷害，策馬特鎮上還特別採取車輛禁行的規定，來到這裡，不妨體驗乘坐馬車的古老趣味。

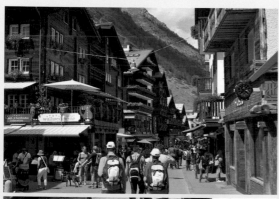

班霍夫大街 Bahnhofstrasse
出策馬特火車站即是班霍夫大街

身為瑞士數一數二的阿爾卑斯人氣山城，逛街購物自然也是少不了的觀光活動，班霍夫大街由策馬特火車站向南延伸至天主教堂，短短不到500公尺的小街道上，林立著各式登山運動用品店、紀念品店、餐廳、旅館等，令人眼花撩亂；尤其是樣式多元的登山用品，包括衣、帽、登山鞋、滑雪用具、背包等應有盡有，雖然價格上不見得比台灣便宜，但各商店常有不定期折扣商品，喜歡戶外活動的朋友不妨到這裡挖挖寶，或許會有不錯的收穫。

由於村莊禁止車輛進入，除了觀光客和裝備齊全的登山客以外，穿梭街上的電動車和響著噹噹鈴聲的馬車是班霍夫大街最常見的景象。特別的是，夏日早上9:00和傍晚17:00左右，山坡上的牧羊人家會帶領山羊群往返村莊下的牧草地，牧童趕著羊群大搖大擺穿越班霍夫大街，叮叮噹噹的悅耳鈴聲響遍村莊，是最熱鬧有趣的景象。

聖摩里西斯教區教堂
Pfarrkirche St. Mauritius

🚶 從策馬特火車站步行7～10分鐘可達 🏠 Kirchpl. ☎ (0)27 967-2314 💲 免費 🌐 pfarrei. zermatt.net

位於班霍夫大街尾端的這座天主教堂，建於西元1913年，至今仍是策馬特鎮上重要的活動中心，許多音樂會都會選擇在教堂前的廣場舉行，也是每年八月第2個週末舉辦民俗慶典(Folklore Festival)時，來自瑞士各地、穿著民俗服裝的遊行隊伍必經的表演場所。

登山者墓園 Friedhof

緊鄰教堂的後方，有一座小巧的紀念墓園，用一方方的石碑和各種造型的雕塑，追悼歷年來挑戰馬特洪峰卻不幸遇難的殉山者；此外，也有許多過去知名的登山健將長眠於此。

馬特洪峰美景唾手可得

踏上瑞士之前，你也許沒聽過馬特洪峰，卻一定看過她！她那具有高辨識度的三角錐狀山形，幾乎是瑞士的象徵符號，而行銷全球的三角巧克力Toblerone，其造型靈感也是來自於馬特洪峰。

策馬特地區氣候大多晴朗乾燥，空氣清新乾淨，村內就能看到挺拔的馬特洪峰，最佳觀景點是跨越河川的橋上，沿著聖摩里西斯教區教堂旁的Kirchstrass向河川方向前進即可抵達，建議至上層鐵橋取景。Matter Vispa河兩岸是仿傳統的木造旅館，視線順著河川向上延伸，湛藍晴空下，馬特洪峰若孤傲巨人昂然獨立。尤其是日出時刻，村莊隱約可見，陽光在山頭刷上一層粉霧，再一層燦爛玫瑰金，如同一場光線魔法秀。天氣穩定的時候，千萬別貪睡錯過！

馬特洪峰的日出與日落 Sunrise & Sunset on the Gornergrat

想親身體驗明信片中的馬特洪峰日出美景嗎? 不妨早起參加鐵道公司與葛納葛特山頂飯店合作的利菲爾湖與葛納葛特日出套裝行程(Sunrise trips at Riffelsee and Gornergrat),7月～9月中的每週日清晨出發,除了能在利菲爾湖迎接第一道曙光以外,摸黑上山的獎賞還包含飯店自助式早餐、生態導覽健行等。成人CHF135、兒童CHF34,持有瑞士旅行通行證者成人CHF85。由於名額有限,需至少1天前的16:00前至網站或車站預訂,出發時間依據日出時間調整,請上官網查詢。

若覺得早起很痛苦,也可嘗試葛納葛特星空晚餐行程(Dining with the stars on the Gornergrat),1～3月的晚上18:24從策馬特出發,出發時間每年皆有變動,可隨時上網查詢。成人CHF130、兒童CHF54,需提前預訂。

☎(0)84 864-2442 🌐www.gornergrat.ch/en/stories/sunrise-on-gornergrat 🌐www.gornergrat.ch/en/stories/dining-with-the-stars

馬特洪峰博物館
Matterhorn Museum

🚶從策馬特火車站步行7-10分鐘可達 🏠Kirchplatz 11(位於聖摩里西斯教區教堂旁) ☎(0)27 967-4100 🕐4月中～9月14:00-18:00;10月15:00-18:00;11月下旬～12月中週五至日15:00-18:00;12月中～4月初每日15:00-18:00;11月初休 💰成人CHF12、優待票CHF8起、10～16歲兒童CHF7;使用Swiss Travel Pass免費 🌐www.zermatt.ch/en/museum

馬特洪峰博物館的入口,以玻璃帷幕組成馬特洪峰獨特的造型,順著階梯走入地下展覽室,就像化身考古學家,走進高山牧民生活的木屋,探索登山裝備的演進過程,揭開策馬特和馬特洪峰的老故事。

博物館以實景模型方式展示,分為自然地質、牧民生活、觀光及登山活動等主題。在沒有高山鐵路和纜車的年代,當地居民在艱困的環境中發展出與自然對抗的生活智慧,例如防老鼠的穀倉、因應小空間使用抽屜式床鋪。帶動策馬特旅館發展的The Grand Hotel內部櫃台及大廳也呈現參觀者眼前,牆上還有遊歷此地的名人簽名和照片。透過模型可以看到早年登山家們挑戰攀爬馬特洪峰的各種路徑,不要錯過展示櫃中一條斷掉的繩索,1865年第一支成功登頂的登山隊——艾德華溫帕率領的7人團隊一在下山途中4名隊員因登山繩斷裂而不幸罹難,這半截繩索,就是倖存者所帶回的紀念物。

新特朵夫老屋區
Hinterdorf

🚶由班霍夫大街向東轉入Hinterdorfstrasse,即達新特朵夫區

一排排古舊的木造房舍,建於17至18世紀間,使用黑色的落葉松為建材,德文的舊名為「gädi」,這些是瓦萊州(Valais)當地特殊的高床式建築,過去是用來囤放物品與畜養牲畜的房舍。

從外觀就可以清楚地辨認這些可愛屋舍的舊日用途:屋子下方以木樁或石塊墊高,架上扁圓盤狀的石塊,再將屋子建在石塊上稱為Mazot,是用來堆放穀物的倉庫,這些盤狀石塊據說有防止老鼠入侵的功效;另外,一樓是以石塊堆成的房舍,由於屋子小且積雪深,因而具有冷藏的功能,可以用來堆放容易腐敗的食物。最後,開有小窗戶的屋舍是畜養牲畜之地,馬匹與羊則是當地居民舊時最常飼養的動物。

MAP ▶ **P.163B1~B3**

葛納葛特登山鐵道

MOOK Choice

Gornergrat Bahn(GGB)

追尋馬特洪峰壯麗身影

🚋從策馬特火車總站斜對面的葛納葛特鐵道火車站出發 ⌂ Bahnhofplatz 7 ☎(0)84 864-2442 ⏰除惡劣天氣停駛之外，全年行駛，每日最早運行時間為7:00，班次間隔約20分鐘，至終點站的車行時間約33分鐘。最晚下山班次約18:18-19:18，依季節調整，需事先上網確認，或當日於火車站確認 💲策馬特到葛納葛特站成人單程CHF63，來回CHF126；6至16歲孩童及持Swiss Travel Pass半價優待。各小站間往來詳細票價可在網站查詢。🌐www.gornergrat.ch

隨著葛納葛特登山鐵道在1898年開通後，馬特洪峰從此變得平易近人了許多，這是瑞士境內第一條電氣化的齒輪鐵道，同時也是全歐洲海拔最高的露天齒輪火車。

雖然登頂仍然是體力與登山技巧的考驗，但若僅是追求馬特洪峰壯麗山形的視覺形象，只要跳上火車，就能輕輕鬆鬆實現這個願望。乘坐時，不妨選擇面向馬特洪峰的右手邊座位，火車慢慢爬坡至有瀑布的Findelbach的路段，回首可看到策馬特村莊全景，接著經過Landtunnel開始穿越森林和隧道，過了Riffelalp後景色忽然開闊，再往上經過Riffelberg、Rotenboden到達終點葛納葛特車站，沿途可以由不同的角度欣賞馬特洪峰的壯麗山形。

葛納葛特站
Gornergrat

🚋搭乘葛納葛特鐵道至終點站下

步出葛納葛特火車站，不禁被眼前壯闊的景觀所震懾：360度的全景視野，四周被更高的群山所包圍，包括形象鮮明不會錯認的馬特洪峰，以及海拔高達4,634公尺、僅次於白朗峰(Mont Blanc)的歐洲第二高峰——羅莎峰(Monte Rosa)等，共29座超過4千公尺的高山，還有規模僅次於阿雷奇冰河的瑞士第二大冰河——葛納冰河(Gornergletscher)更是近在咫尺。

利菲爾湖
Riffelsee

🚋搭乘葛納葛特鐵道至羅登波登(Rotenboden)站下，向下步行約5分鐘可達

利菲爾湖是冬季冰雪融化而形成的水塘，因為礦物質溶解在水中，所以湖面略呈暗色。平靜無風的時候，湖泊似一面明鏡，藍天、白雲和馬特洪峰清晰地倒映在湖面上，與開滿湖畔的白色阿爾卑斯棉草(Scheuchzers Wollgras)等季節花卉交織成如夢似幻的美景，若不是微風吹起了湖面上的波紋，真讓人誤以為自己走進了畫中。

虛擬實境飛越馬特洪 Zooom the Matterhorn

從葛納葛特站前方搭乘電梯即可抵達；亦可步行約5分鐘可達
Gornergrat 3100m　(0)848 64-2442　9:30-16:15
www.gornergrat.ch/en/pages/zooom-the-matterhorn

2021年開始，葛納葛特站出現了一個全新的設施：Zooom the Matterhorn，運用先進的多媒體科技，透過三個變焦階段，讓每個人都可以以非常近的距離擁抱馬特洪峰區。

坐定位、戴上特製的眼鏡，眼前即出現壯麗的馬特洪峰和周圍高山。通常來到葛納葛特，無論天氣多麼好，都還是保持著特定的距離、遠遠地欣賞這些高山景觀，更遑論天候不佳時可能緣慳一面；而此時，彷彿置身群山之中，的確有說不出的驚喜。

第二階段，馬特洪峰周邊四季不同的場景掠過眼前，這也是單一趟葛納葛特所無法企及的境界，唯有虛擬實境可以辦到。

第三階段，你可以乘著飛行傘，以輕鬆的全景飛行或是選擇更刺激的運動飛行，在綿延的山脈裡自在翱翔，用各種現實世界裡自身無法達到的角度親近馬特洪峰區。

凡是購買有效車票抵達葛納葛特站的人，都可以免費體驗 Zooom the Matterhorn，所以千萬不要輕易錯過，以免入寶山卻錯失寶藏之憾。

葛納葛特鐵道周邊健行
Hiking around Gornergrat

葛納葛特鐵道周邊有不少健行路線，難度不高且標示清楚，可依照個人腳力來做選擇。由於是沿著鐵路周邊健行，不會有迷路的問題，且時常可以看到火車行經馬特洪峰山腳的經典畫面。

選擇1：葛納葛特→利菲爾堡

建議初次到訪的旅客由葛納葛特終點站往山下健行前往利菲爾堡，這條路線約需費時1.5到2小時左右，沿路都是空曠的岩石坡。走在山路上，馬特洪峰隨時在左前方，還會經過利菲爾湖，高山植物在湖泊岸邊迎風搖曳，令人心曠神怡，運氣好的話，放牧的黑面羊或野生土撥鼠都會是你特別的旅伴喔！

接近終點處的小禮拜堂，尖頂造型十分可愛，夏天時，這座小禮拜堂更陪伴著不少新人在群山的見證下完成浪漫婚禮。終點處有利菲爾堡餐廳旅館和自助餐廳，點上最道地的策馬特餐點，溫熱下肚，為這趟旅途畫下最完美的句點。

11月到4月間，葛納葛特車站至羅登波登的路段需穿著雪鞋行走；5到7月初有時會因殘雪未融而封閉步道。

選擇2：羅登波登→利菲爾堡

如果是從羅登波登站開始健行前往利菲爾堡，路程約1小時，是較為輕鬆且節省時間的路線。

選擇3：葛納葛特→策馬特

從葛納葛特終點站，一路下坡走回策馬特，全長11.5公里，高度落差達1,400公尺，需要相當的體力，4個小時內應該可完成。

馬特洪峰冰河天堂

MOOK Choice

Matterhorn glacier paradise

全年無休的銀白樂園

由策馬特鎮上沿著河邊向馬特洪峰方向前進，步行約20分鐘可到達登山纜車站，搭乘纜車在Furi、Trockener Steg兩處換車，共約45分鐘可達。 (0)27 966-0101 除惡劣天氣停駛外全年開放，每日行駛時間大約從08:30開始，7～8月提早至06:30開始，下山最後一班纜車約在15:45~16:15之間，依季節及天候狀況不同會略有變化。各纜車站口都會張貼當日最後下山時間，請多留意 從Zermatt至Matterhorn Glacier Paradise：成人來回CHF120，持Swiss Pass及孩童享半價優惠（皆含冰宮門票，亦可在各小站間任意上下） www.matterhornparadise.ch

誰說夏季滑雪一定要飛到南半球？標高3,883公尺、終年積雪的馬特洪峰冰河天堂即使在盛夏也有長達20公里的滑雪道，一整年都能在銀色的浪漫世界中欣賞馬

特洪峰英姿，也讓此處成為歐洲最著名的夏季滑雪勝地。

馬特洪峰冰河天堂坐落於小馬特洪峰（Klein Matterhorn）的山頭，不但是距離馬特洪峰最近的觀景台，也擁有全歐洲最高的高空纜車站。策馬特地區大多時候晴朗乾燥，尤其是上午水氣尚未上升，空氣特別乾淨清晰，能見度高時還能看到歐洲第一高峰白朗峰及地中海！山頂纜車站是獲得瑞士Minergie-P最高環評標準的環保綠建築，內部除了餐廳、紀念品店、地底冰宮外，還附設可住宿的登山小屋。如果你自認有好體力，在專業登山嚮導的帶領下，2.5小時的腳程就能體驗跨越冰河、征服4千公尺以上高山布萊特峰（Breithorn）的成就感。

沒有Swiss Travel Pass的旅客若想省點荷包，5月至10月可選擇13:30-15:00上山，往返策馬特的黃昏票（Afternoon ticket）成人CHF87起，16歲以下孩童免費。

觀景台
Viewing Platform

不需要任何登山技巧、無須任何驚險的過程，只要坐著纜車到達小馬特洪峰，山頂的十字架幾乎就在觸手可及的範圍內。

在這個全歐洲最高的觀景台上，可以360°的視野盡覽法國、義大利和瑞士共38座4千公尺以上的高山：東面是布萊特峰崎嶇的北壁，北面是艾格峰、僧侶峰和少女峰，西面是歐洲最高峰白朗峰，其間點綴著14條冰河，超越國界的高山美景保證教人終生難忘。

電影放映廳
Cinema Lounge

在馬特洪峰冰河天堂的布萊特峰隧道中，有一個電影放映廳，它是全歐洲海拔最高的電影院，以悠閒的節奏持續地放映與馬特洪峰區相關的影片。影片分成好幾部，每部總長只有數分鐘，分別以高山世界、當地動植物、纜車建設過程等為主題，娓娓道來馬特洪山區的點點滴滴。內容相當精彩，建議時間充足的話不要錯過。

冰宮
Glacier Palace

馬特洪峰冰河天堂的地底有一個號稱全世界海拔最高的冰洞，標高3,820公尺。深入冰河下方15公尺的冰之宮殿，全年皆能維持自然恆溫-2~0℃，冰宮中有各式冰雕作品，還有行走在冰河裂縫間的細長隧道，各色燈光穿透萬年冰河，呈現奇異的神祕氛圍。每日開放時間約為9:30-15:30，根據季節時間略有變化，7～8月提早至8:15入場，來回纜車票或通行證已包含冰宮門票在內。

黑湖 Schwarzsee

從纜車黑湖站步行約2分鐘可達

黑湖是離馬特洪峰最近的瞭望距離，一出纜車站，就能感覺到馬特洪峰幾乎唾手可得。抵達湖畔，平靜無波的湖面若水晶般清晰，映照出湖邊的小教堂和雪山連綿的倒影；不遠處的黑湖飯店(Hotel Restaurant Schwarzsee)，正是登山客們預備攻上馬特洪峰前一晚養精蓄銳的溫暖住處。

若想從不同角度欣賞這座瑞士的象徵標誌，也可下車後沿步道健行，經過製作乳製品的小村落Stafelalp以及Zmutt，約4小時可回到策馬特。

171

MAP ▶ P.163A2

羅特洪峰

MOOK Choice

Rotehorn

視野最寬闊的觀景台

🚡出策馬特火車站後沿Getwingstrasse東行，過河之後左轉可達地底纜車站，先搭地底纜車至蘇納格，再轉乘8人座空中纜車至布勞黑德站，接著換大型纜車至羅特洪峰，全程約40分鐘 ☎(0)27 966-2929 ⏰7～10月中、11月底～4月中每日行駛時間大約為8:20-16:20。行駛時間依季節不同會略有變化，可先上網查詢 💲從策馬特至羅特洪峰成人單程CHF53，來回CHF81.5，兒童及持有Swiss Travel Pass者半價 🌐www.matterhornparadise.ch

　　雖然從羅特洪峰觀景台看到的馬特洪峰比較遠也比較小，卻擁有最寬闊的展望視野，網羅了策馬特地區38座4千公尺以上的高山，而即使山峰連綿不絕，仍可一眼就認出馬特洪峰，她的獨特在此更是突顯。

　　餐廳旁是非常有趣的主題步道－蒐集山峰(Peak Collection)，每個指示牌對應眼前的高山，有第一個挑戰攻頂成功的人、有的是詩文小品、也有登山嚮導的見解，不妨繞著山頭走一圈，看看你能蒐集到幾座高山的故事。沒有Swiss Travel Pass的旅客，亦可選擇下午時間上山，往返策馬特與羅特洪峰的黃昏票(Afternoon ticket)成人CHF51.5起，也可省下不少旅費。不同季節的時間和價格皆會調整，可隨時上網查詢。

蘇納格 Sunnegga

🚡從策馬特搭地底纜車，約3分鐘可達。 ⏰5月底～10月中、11月底～4月中，除惡劣天氣停駛外皆開放，每日行駛時間大約為08:30-17:20，7～8月為08:00-18:00，每10至20分鐘一班。行駛時間依季節不同會略有變化，可先上網查詢 💲從策馬特出發成人單程CHF20，來回CHF28.5；兒童及持有Swiss Travel Pass者半價

　　只要3分鐘的時間，地底索道式纜車就能帶你登上標高2,288公尺的蘇納格。蘇納格德文的意思是「陽光普照的角落」，纜車站左下方可見到清澈的高山湖泊——萊伊湖(Leisee)，搭電梯或步行約10分鐘即可到達湖邊。如果你夠幸運，遇上晴朗無風的早晨，馬特洪峰的倒影靜靜落在湛藍色的湖面上，靜謐美景將令你永遠難忘。萊伊湖在夏季則成了人氣鼎盛的親子樂園。

　　從蘇納格搭乘空中纜車，5分鐘後可抵達布勞黑德(Blauherd)，蘇納格至布勞黑德間有許多條有趣的健行路線，包括阿爾卑斯賞花路線(Blumenweg)、全景觀路線(Panoramaweg)等，路程大約都在1至3小時之內；但是名聲響亮的五湖健行步道路途遙遠些，視個別體力大概需要4至6個小時才圓滿完成。

　　此外，布勞黑德纜車站是土撥鼠小徑(Murmelweg)的起點，大約1.5小時的路程可以下坡走回蘇納格，健行時除了欣賞馬特洪峰的雄偉，也別忘了低頭找找可愛的小土撥鼠！一路上還有許多木雕和解說牌，能深入認識土撥鼠的生活習性，步道的終點是蘇納格纜車站附近的土撥鼠觀察站(Marmot observation point)。

五湖健行步道
5-Seenweg

　　這條可連續造訪5個高山湖泊的健行路線，沿途馬特洪峰以不同的角度靜靜地倒映在或湛藍、或翠綠的湖面上，每個湖都有不同的特殊風景，非常受到愛好攝影的人們歡迎。

　　從布勞黑德(Blauherd)纜車站出發，遵行路標指示牌向下步行約20分鐘，可到達第一個施德利湖(Stellisee)，鶴立雞群的馬特洪峰倒映在水面上，令人不由得發出驚嘆，就算湖的面積不小，也忍不住繞湖一圈，嘗試捕捉馬特洪峰最美的身影。

　　繼續向前，找到第二座格蘭吉湖(Grindjisee)，湖的四周綠樹繁茂，成了馬特洪峰的最佳配角；第三座古倫湖(Grünsee)湖面呈狹長型，馬特洪峰保持著一定距離在遠方招手；第四座慕斯吉湖(Moosjisee)更形靜謐，相形之下終點站的萊伊湖(Leisee)未免太熱鬧了些。

　　五湖健行步道全長約7.6公里，是一條基本上都是下坡的輕鬆路線，只有最後一段從慕斯吉湖到萊伊湖這段是上坡，也是五湖健行中最辛苦的一段，常爬山的人一點也不以為苦。

　　五湖健行步道雖然一路上都有指示路標，但叉路多且有時路況不佳，同一支路標上可能有3個方向標示，建議跟著湖的名稱走比較不會錯；這條路徑的旅客不算多，且許多路段有難走的石坡，建議早上出發，並預留多一點時間。

🚠先搭地底纜車至蘇納格，再轉乘空中纜車至布勞黑德站下，從這裡開始健行。

MAP ▶P.164A3 **Restaurant Schäferstube**

🚃 從策馬特火車站步行9-10分鐘可達　🏠 Riedstrasse 2
📞(0)27 966-7600　🕐每日18:00-22:00　🌐www.julen.
ch/de/restaurant-schaeferstube

位於Tradition Hotel Julen裡的Restaurant Schäferstube，是策馬特頗知名的瓦萊州傳統餐廳，以柴火燒烤精心烹調的牛排、羊排、特色羊肉料理、烤起士等，還有道地的起士火鍋、炸肉火鍋等，每道菜都可以吃到對當地歷史的依戀。

Restaurant Schäferstube無論菜色或是室內布置，都以質樸、溫馨見長，可以體驗到馬特洪峰村落的原始真味。因為受歡迎，建議及早訂位。

MAP ▶P.164B2 **Restaurant La Barrique**

🚃 從策馬特火車站步行約5分鐘可達　🏠Vispastrasse 10
📞(0)27 966-5200　🕐週一至六16:00-23:00(18:00-22:00供應熱食)，週日休　🌐www.hotel-perren.ch/en

La Barrique是一間附設於Hotel Perren裡的餐酒館，向來以擅長運用當地盛產的食材，烹調出具有法國風味的菜色而聞名。

La Barrique位於飯店的地面層，室內氣氛優雅溫馨，室外則是廣闊的庭園，用餐環境各具風味。此外，豐富的酒單也是它受歡迎的重要元素之一，無論是產自瓦萊州本地、或是來自法國等鄰國的葡萄酒，都是經過精挑細選，搭配美食相得益彰。

MAP ▶P.164A2 **瓦利瑟坎納餐廳**
Restaurant Walliserkanne

🚃 從策馬特火車站步行約4分鐘可達　🏠Bahnhofstrasse 32　📞(0)27 966-4610　🕐10:00-23:00　🌐www.walliserkanne.ch

位於班霍夫大街上中心點的瓦利瑟坎納餐廳，建於1889年，建築本身即是一幢瓦萊州典型的樓房，由於地理位置太好了，可說是造訪策馬特人人必經之地，所以營業時間相當長，隨時座無虛席。

Walliserkanne的餐點以火鍋最受歡迎，除了起士火鍋外，更有魚和肉類的火鍋，也有瑞士瓦萊州的地方菜、義大利料理等；瓦萊州所產的葡萄酒稱冠全瑞士，這裡備有豐富的酒單，也不妨試試。

MAP ▶P.163B2 **利菲爾堡餐廳旅館**
Riffelhaus 1853

🚃 搭乘葛納葛特鐵道至利菲爾堡(Riffelberg)站下，旅館就在站旁　🏠Riffelberg 2500m　📞(0)27 966-6500　🌐riffelhaus.ch

利菲爾堡餐廳旅館是個頗具人氣的小餐廳，每到用餐時刻，都會聚集不少健行客前來稍事休息、用餐。這裡提供道地的策馬特德式料理；一定要嘗嘗看隨餐的Roggenbrot麵包，據當地人所說，這種麵包可以保存半年，可讓他們順利渡過寒冬，也因此成了在地主食。不過由於其質地較硬，建議吃的時候沾些湯汁一起入口，相當美味有嚼勁。另外，也推薦阿爾卑斯香料湯(Alpenkräuters chaumsüppchen)與瓦萊盤(Wallier Teller mit Roggenbrot)，都是道地美味的料理。

Where to Stay in Matterhorn Region
住在馬特洪峰區

MAP ▶ P.164B3 **Hotel Capricorn Zermatt**

🚶 從策馬特火車站步行約10分鐘可達 🏠Riedstrasse 45
📞(0)27 967-1177 🌐www.capricorn-zermatt.ch

策馬特地方不大，各種型態的住宿設施卻很多，最棒的是如果在自己的房間裡打開窗戶就能看到馬特洪峰的身影，其它就不必再多說了。Hotel Capricorn Zermatt就是這樣的住宿選擇之一。

Hotel Capricorn Zermatt共有25間房，分布在四個樓層間，客房內部空間寬敞，設施新穎完善，且絕大部分都有相當廣闊的陽台，可以在此優閒地放鬆、賞景。飯店的一側可眺望馬特洪峰，另一側則偶爾可看到葛納葛特登山火車滑過眼前，都頗賞心悅目。

供應早餐的餐廳位於地面層，室內溫馨，戶外用餐區同樣是賞景的好所在。地下樓層設有高雅的水療中心，具備蒸氣室、烤箱、按摩池等，也可以無所事事地斜臥在躺椅上，靜靜欣賞馬特洪峰的英姿。

MAP ▶ P.164A1 **Hotel Ambassador Zermatt**

🚶 從策馬特火車站步行約2分鐘可達 🏠Spissstrasse 10
📞(0)27 966-2611 🌐www.ambassadorzermatt.com

Hotel Ambassador Zermatt乍看不覺它規模大，但是共有85間客房或套房，每間房都有專屬的陽台；備有2間餐廳、室內溫水游泳池、三溫暖蒸氣室等，屬於4星級的飯店。

它的地理位置很方便：距離策馬特火車站和葛納葛特登山鐵道車站非常近，都只要2分鐘左右腳程，超級市場也在左近，到班霍夫大街購物或找吃的也很快；大約5分鐘就可抵達前往蘇納格和羅特洪峰的地底纜車站。整體而言，是探索馬特洪峰區頗理想的落腳點。

MAP ▶ P.163B1 **葛納葛特山頂飯店**
3100 Kulmhotel Gornergrat

🚶 從葛納葛特站前方搭乘電梯即可抵達 🏠Gornergrat
3100m 📞(0)27 966-6400 🌐www.gornergrat-kulm.ch

葛納葛特車站後方有座頂著酷似天文館屋頂的古堡建築，就是盤踞海拔3100公尺處、瑞士海拔最高的葛納葛特山頂飯店，光是飯店正對著馬特洪峰的絕佳地理位置，就足以吸引無數旅客前來。

飯店設有天文觀測站、商店街和2間餐廳，其中vis-à-vis餐廳較正式，即使戶外區也有專人服務；旁邊是Panorama Self自助式餐廳，預算有限的情況下，點一杯咖啡坐在戶外陽台區，對著萬年冰川曬太陽，也非常愜意。

德語區
●薩斯菲

薩斯菲
Saas Fee

文●蒙金蘭・墨刻編輯部
攝影●汪雨菁・墨刻攝影組

有「阿爾卑斯珍珠」之稱的薩斯菲，坐落在瑞士阿爾卑斯群峰下的河谷中，是個典型的冰河小鎮。薩斯菲周遭被18座超過4千公尺的群峰圍繞，這中間還包括瑞士第一高峰羅莎峰(Monte Rosa, 4,634公尺)，由於有外來車輛不能行駛到鎮上的規定，使得薩斯菲成為一處與世隔絕的人間仙境。

寧靜祥和是薩斯菲給人的首要印象，鎮上主要是旅館和餐廳的聚集地，這裡還有一區保留著17、18世紀瑞士傳統的房舍(Stadel)，每當黃昏，溫度慢慢降低之際，家家戶戶的煙囪緩緩冒出白煙，夕陽灑落在白雪皚皚的山頭上，猶如一幅風景名畫。

薩斯菲是個非常小的市鎮，漫步一圈不過10分鐘，就能將這裡打探清楚。最出名的景點即是搭乘纜車到全球最高的旋轉餐廳，享受360度被冰河環繞的感覺。另外，除了終年可滑雪外，還有長達30公里的健行步道和5.5公里的平底雪橇讓遊客體驗，冬天夜間的平底雪橇活動，更是刺激！

INFO

基本資訊
人口：約1千8百人　**面積：**40.6平方公里
區域號碼：(0)27　**海拔：**1,800公尺

薩斯菲
羅莎峰
Monte Rosa 4634m

Strahlhorn 4190m
Flюchthorn 3790m
拉靈峰 Rimpfischhorn 4199m
Allalinhorn 4027m
阿拉靈山觀景台
Mittelallalin 3500m

Britanniahutte SAC 3030m
Alphubel 4206m
Hopf
68m

Felskinn 3600m
Langfluh 2870m

Blattjen 2570m
Spielboden 2447m

薩斯菲
Saas Fee

薩斯格倫德
Saas Grund

克茲波登
Kreuzboden

The Capra

圖例
◎景點 ☷火車站 ⑪餐廳
ⓗ飯店 ▭纜車站
── 小纜車 ┈┈ 大纜車
┅┅ 健行路線

如何到達──火車+巴士

前往薩斯菲，必須先搭乘火車到菲斯普(Visp)或布里格(Brig)，出火車站後在巴士站轉乘郵政巴士511號直達薩斯菲。從菲斯普到薩斯菲車程約46分鐘，19:10前每半小時一班次，之後只有20:10、21:10及22:40發車，回程車票建議事先預訂；而從布里格到薩斯菲車程約68分鐘。

當地交通

市區禁止車輛進入，因此只能步行觀光，主要山區景點需搭乘纜車。薩斯菲是個小鎮，漫步一圈約10至20分鐘，主要的觀光行程是搭乘纜車到山頂上用餐、滑雪或健行，享受山城離世出塵的美景。若開車前來，需要將車子停在村莊外的停車場，停車場入口可撥打免費電話，請旅館派電瓶車來接駁。

優惠票券

◎薩斯谷卡SaastalCard

於夏季(6~10月)期間入住薩斯菲及鄰近村莊的旅館，可獲得一張免費的薩斯谷卡，持護照可於入住期間免費搭乘區域內的郵政巴士，以及8條纜車路線(不包含Felskinn至阿拉靈山的地下鐵Metro-Alpin)，此外參加各類導覽行程及參觀村內博物館也都有折扣優惠。對來此旅遊的旅客是相當划算的方案。

旅遊諮詢

◎遊客服務中心

⌂Obere Dorfstrasse 2 ☏(0)27 958-1858
◔週一至六8:30-12:00、14:00-18:00，週日9:00-12:00、15:30-18:00 ⓦwww.saas-fee.ch

MAP ▶ P.177A2

克茲波登

Kreuzboden

MOOK Choice

山腰天然親子樂園

🚌從薩斯菲搭郵政巴士511號在薩斯格倫德站下，車程9~10分鐘，然後轉乘纜車約15分鐘可達 ⌂Saas Grund - Kreuzboden ☏(0)27 958-1580 ◔纜車夏季9:00-16:00。纜車站口都會張貼當日最後下山時間，請多留意 💰纜車單程成人CHF30、兒童CHF15，來回成人CHF39、兒童CHF19.5

位於海拔2405公尺處的克茲波登，冬季是滑雪勝地，從克茲波登下滑11公里到薩斯格倫德(Saas Grund)的雪橇道，是薩斯山谷最長的雪橇道，頗受家庭親子遊歡迎；到了夏季搖身一變，成為可以玩水、健行、騎越野車等從事戶外活動的天然主題樂園。

冰雪融化後的克茲波登，有小橋、流水、湖泊、小型動物園，還有3種難度的越野自行車道，是當地兒童的最佳越野車訓練場。從這裡，可以清楚望見薩斯菲被包圍在群山之中，景色非常優美；雪水融化形成的克茲波登湖，水質澄淨而且透心涼，非常消暑。

纜車站出口處也有餐廳提供豐富的飲食選擇，足以徜徉半天以上的時間。

MAP ▶ P.177B2

餵食土撥鼠之旅

MOOK Choice

Marmots Tour

與土撥鼠親密接觸

🐹Stafelwald：從薩斯菲公車總站往鎮鬧區方向走，至教堂後順著後面的山坡持續上行，直到看見一整片綠色的草地，土撥鼠便在草地上出沒，步行23-25分鐘可達；Spielboden：搭乘往Längfluh的纜車，在Spielboden站下，纜車站旁便有許多土撥鼠出沒 🔵Saas-Fee～Spielboden纜車夏季(6月中~10月下旬)8:45-12:15、13:30-16:45 💲Saas-Fee～Spielboden成人單程CHF31，來回CHF48；兒童單程CHF15.5，來回CHF24 ❶旅遊服務中心有販賣餵食土撥鼠的花生包，每包CHF6

　　瑞士的山區很多地方都可看到土撥鼠，但是牠們生性害羞，聽覺又很靈敏，一察覺周遭有危險因素，就會飛快躲進洞穴裡，因此人們很難與牠們親近。

　　但是薩斯菲附近山區的土撥鼠居然不怕人，冬天經過6到8個月的冬眠之後，每年5月開始活躍，出洞覓食，人們拿著花生或胡蘿蔔，牠們也會不客氣地在你面前大吃特吃，模樣可愛極了！

　　薩斯菲土撥鼠最常大方出沒的有兩個地方：一個是距離鎮上不遠處名為Stafelwald的小山坡；另一個在Spielboden纜車站一帶。Stafelwald的山坡上，土撥鼠露面的機率相當高，看著牠們大快朵頤的畫面，非常療癒。

　　Spielboden德文是「遊戲之地」的意思，纜車站附近的山坡上有許多土撥鼠藏匿的洞穴，每天早上土撥鼠紛紛出洞覓食，所以早上前往，一定會遇到出來吃早餐的土撥鼠；下午牠們吃飽喝足，露臉的數量通常會減少，所以早上是最好的餵食時間。

愛我，請不要傷害我

　　土撥鼠敏感又脆弱，所以餵食牠們時請注意一些小細節，以免驚擾到牠們、甚至破壞到牠們生活的環境：

・勿任意餵食人類的食物。花生和胡蘿蔔是牠們的最愛。
・注意腳下：不要站在土撥鼠的洞穴上，以免嚇到牠們，也避免自己扭傷腳踝。
・壓低噪門：土撥鼠的聽覺非常靈敏，大聲說話可能嚇跑牠們。
・如果一隻土撥鼠靠近你，你可以觸摸牠們的背部，重要的是不要做任何突然的動作，也千萬不要抱土撥鼠！
・不要向土撥鼠的洞穴扔任何東西，也不要把頭伸進去！垃圾請記得帶走，以免干擾牠們的日常環境。
・拍照時請勿使用閃光燈。

MAP ▶ P.177B2

冰河健行
Glacier Experience Tour
走在宇宙洪流之上

🏠 Obere Dorfstrasse 53
📞 (0)27 957-4464 🕙
10:00-18:00 💲單人報
名CHF680，雙人報名每
人CHF360，5人以上報名
每人CHF190起 🌐www.
saasfeeguides.com/en_GB

薩斯菲周遭群峰環
繞，當地人最引以為傲
的阿拉靈山更是高達
4,027公尺，因此山上
有許多終年不化的萬年
冰河，非常適合從事冰河健行初體驗。

穿上適合雪地行走的雪鞋、攀岩安全帶，帶著
登山杖、冰爪，在專業登山嚮導的引導下，一親

萬年冰河的芳澤。薩斯菲嚮導最常帶旅客探索的
路線，從標高2,870公尺的朗弗魯 (Längfluh)纜
車站出發，穿越冰河、冰塔，慢慢抵達冰河高原
的最高點。看似簡單，但活動量相當大，沿途冰
天雪地的景象，保證帶回難忘的回憶。由於各個
季節山區的積雪狀況有所不同，所以嚮導帶領的
路線也可能不一樣。

編輯筆記

冰河健行須知
　由於冰河底下可能有未知的冰洞、裂縫，也有
一些潛在的危險，所以務必在熟知當地雪況及路
況的嚮導帶領下，才能確保安全。
必要裝備：
　保暖防風的外套、手套、毛線帽、太陽眼鏡、
防曬用品、及踝雪鞋、攀岩安全帶、登山杖、冰
爪；其中及踝雪鞋、攀岩安全帶、登山杖和冰爪
等皆可就地租用，無須刻意添購。

阿拉靈山觀景台

Mittelallalin

冰河環繞的銀白仙境

☎(0)27 957-1771 ⏰纜車夏季時刻8:30-16:00，運行至7月中；阿爾卑斯山特快車夏季時刻7:00-16:00，7月中以前不運行；阿爾卑斯山地下鐵夏季時刻7:15-15:45。詳細時間每年略有變動，請隨時上網查詢 💰成人單程CHF56，來回CHF75；兒童單程CHF28，來回CHF37.5。夏季滑雪課程(1-3天)成人CHF85-255；兒童(1-5天)CHF68-249 🌐www.saas-fee.ch(纜車)、www.skischule-saas-fee.ch(滑雪課程)

阿拉靈山(Allalinhorn)是遊客造訪薩斯菲最主要的原因，因為它頂著搭乘世界最高的地下鐵前往世界最高的旋轉餐廳，和參觀世界上最大的冰洞之名。所以囉，就算車票再怎麼貴，也要狠下心來買，才不會枉費千里迢迢來到薩斯菲一遊。

想登上海拔3,500公尺的阿拉靈山觀景台，必須搭乘兩段式的纜車和地下鐵：首先搭乘可瞭望冰河的空中纜車阿爾卑斯山特快車(Express-Alpin)，到了Felskinn後轉搭阿爾卑斯山地下鐵(Metro-Alpin)。

觀景台上有個360度的旋轉餐廳，你可以在此享受群山環繞下的冰河體驗，或是在平台上喝一杯熱咖啡取暖一番。山上有一條短步道，大約從9月底開始，山頂就會積上數十公分厚的積雪，走起來十分刺激！

當然，阿拉靈山也是瑞士著名的滑雪勝地之一，這裡擁有145公里的滑雪坡地，而且即使在夏天也能滑雪！如果你想嘗試一下這種刺激的極速快感，山上也有出租器材的地方；又或者你不諳雪性卻又不願意白白浪費難得的機會，那麼不妨在薩斯菲報名滑雪課程，包準你從此迷上這項讓無數歐美人士為之瘋狂的冬季運動。

The Capra

溫馨奢華賓至如歸

🚶從公車總站步行4-5分鐘可達 🏠Lomattenstrasse 6 ☎(0)27 958-1358 🌐www.capra.ch

薩斯菲也有五星級飯店！風塵僕僕抵達The Capra，接待人員會請你不必著急，先喝杯迎賓飲料，慢慢沉澱心情，融入周遭恬靜的環境。喝完飲料，入住手續在這期間也處理完畢，即可到房間裡把一切安頓。

The Capra由3幢相互連接的木屋式樓房組成，客房空間寬敞，木質的地板和牆面、石砌的浴室和壁爐，把五星級奢華與小木屋的溫馨舒適完美融合。坐在房外的陽台上，即可盡覽周遭群山的美景。

The Capra備有完善的健身中心：室內泳池、三溫暖、按摩療程等一應俱全；還將傳統的穀倉改造成可滑雪進出的小屋，讓房客可以無憂無慮地進入山上的滑雪道。

附設的餐廳Brasserie 1809，主廚以高超的手藝運用當地當季盛產的食材，製作出樸實無華、美味道地的菜餚，連搭配的酒單也頗講究，獲得米其林指南推薦。難怪整體頗受讚譽、獲獎連連，是探索薩斯菲的好選擇。

德語區
●洛加伯特

洛加伯特
Leukerbad

文●墨刻編輯部　攝影●墨刻攝影組

早在西元前4世紀已有居民，後來羅馬人發現此地溫泉療效，不遠千里而來，歌德、大仲馬和馬克吐溫也都曾在此遊歷。現在這個藏身瓦萊州山中的小村落，以溫泉水為觀光命脈，陡峭壯觀、如屏風般的巨大岩壁形成特殊地貌，加上多樣化的戶外活動，一躍成為瑞士境內最具規模的山區溫泉水療中心。

洛加伯特居民的生活也與溫泉息息相關。全區超過65個湧泉，每日約有3千9百萬公升、水溫高達51℃的溫泉水自地底冒出，除了供應30個室內外溫泉池以外，使用後的大量泉水還可回收利用，水力發電足以供應全村所有電力，而埋在街道地下的溫泉管，還可以保持冬季路面不結冰。

舊市區的Dorf廣場是全村莊的中心，廣場上可以看到標示聖羅倫特(St. Lorent)泉源位置的石牌，市區街道上也常常遇見有溫泉水流出的小噴泉池。村內有4間公眾溫泉和無數只限房客使用的旅館溫泉池，最知名的是洛加伯特水療中心(Leukerbad Therme)和瓦萊高山溫泉中心(Walliser Alpentherme & Spa)。此外，周邊的吉米隘口和托倫山纜車冬季是滑雪勝地，夏季有風光明媚的健行路線，白天上山走向自然，夜裡泡在泉水中舒緩身心，這就是洛加伯特受歐美旅客愛戴的原因。

INFO

基本資訊

人口：約1,500人　**面積**：67.32平方公里
區域號碼：(0)27　**海拔**：1,411公尺

如何到達——火車+巴士

洛加伯特位處巨岩群山包圍中，沒有火車直達，無論從瑞士哪個城市前往，都必須先搭乘火車至洛伊克(Leuk)，再轉乘自洛伊克火車站發車前往洛加伯特的LLB巴士(Line 471)，車程約30分鐘可抵達，公車營運時間為5:50-21:36，每小時一班次，如果沒特殊

狀況，巴士發車時間都會剛好配合火車到站時間，所以可以順利轉乘，不需擔心。若是從策馬特地區或少女峰地區前來，都需先在Visp轉車至洛伊克。

瑞士國鐵

🌐www.sbb.ch

市區交通

村內可以步行的方式遊歷，對外的交通工具為巴士，而要到周圍山上則可搭乘空中纜車。

優惠票券

◎洛加伯特迎賓卡Leukerbad Guest Card

凡是在洛加伯特訂房住宿的旅客，都會獲得一張洛加伯特迎賓卡，可免費進出Sportarena雪地公園；免費使用洛加伯特體育場的網球、壁球、羽毛球、迷你高爾夫、乒乓球、撞球、溜冰和健身房（不包括租賃設備）等設施；免費使用Regina Terme酒店的沙灘網球場（6月至10月）；免費參加迎賓卡所提及的音樂會、娛樂晚會和短途遊程。

此外，搭乘托倫纜車和前往蓋米隘口可享9折優惠；洛加伯特水療中心、瓦萊高山溫泉中心和51°溫泉(Therme 51°)等公共溫泉浴場入場費亦可享9折優惠。

🌐leukerbad.ch/en/guestcard

旅遊諮詢

◎遊客服務中心

旅遊局依季節推出了不同的套裝行程，從溫泉、美容、健行到各種戶外活動皆有，詳情可查閱旅遊局的

網站。

🏠Rathaus(與巴士站在同一棟大樓內)

📞(0)27 472-7171

🕐週一至日8:30-12:00、13:30-17:30(週日至17:00)

🌐www.leukerbad.ch

Where to Explore in Leukerbad
賞遊洛加伯特

©Switzerland Tourism

MAP ▶ P.182A3

蓋米隘口
MOOK Choice

Gemmi Pass
眺望村莊與湖泊的景觀台

🚶 從巴士站前的Rathaus街向上坡方向步行，左轉過河後順著Lichtenstrasse直走即抵達纜車站 ☎(0)27 470-1202 🕐蓋米纜車5月底～11月初每日8:30-17:00(7～9月中8:00-18:00)，每30分鐘一班，氣候不佳時每小時一班，營業時間隨月份變動；蓋米隘口－島本湖5月底～11月初每日9:15-16:45 💲蓋米纜車成人單程CHF28，來回CHF38，使用洛加伯特迎賓卡單程CHF25，來回CHF34；蓋米隘口－島本湖單程CHF7，來回CHF10。 🌐www.gemmi.ch

200多年前，蓋米隘口是旅人前往阿爾卑斯山脈的重要通商道路，要經過千辛萬苦才能通過，而現在搭乘蓋米纜車順著崎嶇山壁攀升，只要5分鐘，伯恩高地和瓦萊州阿爾卑斯山脈景觀就呈現在眼前。山頂觀景台則是膽量的大挑戰，兩根鋼線拉繫著突出於岩壁外的懸空平台，腳底下就是萬丈深谷，那種膽顫心驚的感覺，還真是相當刺激。

蓋米隘口是可追溯至西元13世紀的歷史古道，因為此處的開通，正式打開小村落對外交通，而成為洛伊克(Leuk)城的一部分。標高2,350公尺的蓋米隘口上，有個美麗的高山湖泊——島本湖(Daubensee)，湖的周圍有多條健行步道，夏天時是個健行的好去處。走在步道上面，你也可以欣賞到隆河谷的景觀，十分漂亮。

MAP ▶ P.182B1

托倫纜車
MOOK Choice

Torrent Cableway
翱翔在巨岩的頂端

🚶 從瓦萊高山溫泉中心旁的道路向南走約5分鐘可抵達纜車站 ☎(0)27 472-8110 🕐洛加伯特－林德呼特：夏季(7～10月中)8:45-12:15、13:15-17:15，每30分鐘一班，氣候不佳時每小時一班；冬季(12～4月上旬)8:45-16:20，2～4月上旬延長至16:35。Flaschen－Torrentalp－Rinderhütte：夏季9:00-12:00、13:00-17:00，冬季9:00-16:05 💲夏季成人單程CHF27，1日券CHF42，使用Swiss Travel Pass享40%優惠，使用洛加伯特迎賓卡10%優惠；冬季1日滑雪通行票成人CHF62 🌐www.torrent.ch

洛加伯特村莊南邊是標高2,997公尺的托倫峰(Torrenthorn)及2,350公尺的林德呼特山(Rinderhütte Mountain)，從村莊南側搭乘托倫纜車，約5分鐘即可抵達林德呼特纜車站(Rinderhütte)，觀景台就建立在巨大屏風岩峭壁的上方，正好與村莊北邊的蓋米隘口遙遙相望。由於此地大多時候空氣乾燥清朗，常可看到老鷹利用上升氣流盤旋天空，隨著老鷹遨翔藍天的弧度，覽

盡瓦萊州4千多公尺的山群，天氣好的時候，還能看到遠方終年積雪的羅莎峰和馬特洪峰。

從林德呼特觀景台以上至接近托倫山峰，整片山區是範圍相當廣大的斜坡，冬天是滑雪者挑戰技術的好地方。從觀景台一路向下至Flaschen的路段更是驚險。夏天時，建議試試Rinderhütte纜車站至山腰Torrentalp纜車站的健行路線，全程約1.5小時，前段路程平緩，視野開闊，可眺望洛加伯特和隆河河谷，後段會穿越林地及一個可愛的小村落。

MAP ▶ P.182B3

洛加伯特水療中心

MOOK Choice

Leukerbad Therme

充滿歡樂氣氛的水世界

🚌 從巴士站往下坡方向步行約5分鐘抵達　🏠Rathausstrasse 32　📞(0)27 472-2020　🕐每日8:00-20:00　💲3小時券成人CHF28，16歲以下兒童CHF17(只有桑拿蒸氣浴成人CHF18)；1日券成人CHF35，16歲以下兒童CHF21　🌐leukerbad.ch/en/therme　❗2023年底前部分設施關閉整修，可隨時注意開放時間

　　洛加伯特水療中心號稱歐洲山區最大的溫泉水療中心，屬於政府公營，有10種溫泉主題水療池，水溫從35℃的標準室內溫泉泳池，到44℃的高溫洞窟蒸氣浴池等。最受歡迎的是戶外水療池，包含瀑布水柱、按摩池、漩渦池、步行池等，高壓水柱穩定持續地拍打按摩，有效舒緩緊繃的肌肉，由於水溫不高，即使夏天也非常適合。洛加伯特水療中心有瑞士第一個溫泉滑水道，還有兒童戲水池，受到許多家庭旅客的青睞，無論何時都充滿熱鬧的歡笑聲。

　　若是單純的泡湯看山景還不能滿足你，不妨參加水療中心舉辦的主題水療日，例如每週日8:30舉辦水療早午餐(Brunch & Spa)，包含餐點和3小時溫泉使用券，不只身心靈，連舌間都能品嘗幸福。需提前預約，成人CHF49、兒童CHF29。

不可不知的水療文化

　　想到「泡溫泉」，腦海中浮現的也許是日本旅遊時裸身泡湯的畫面，但歐洲的溫泉都是加上冷山泉水調和至適當溫度、可長時間浸泡的溫泉水療池。進入水療中心需要穿著泳裝、拖鞋且自備毛巾，泳帽沒有硬性規定。為方便旅客，洛加伯特附近旅館都同意房客將房間內的浴巾攜出，但別忘了要帶回旅館喔！水療中心都附設更衣室和寄物間，可在此簡單淋浴換裝，如果住宿的旅館就在旁邊，也可以包著旅館浴袍就直接走進水療中心。水療池旁都會擺設躺椅，若鋪上毛巾代表有人使用，不要隨意移動別人的物品是禮貌喔！

羅馬愛爾蘭浴
Roman-Irish Bath

羅馬愛爾蘭浴是一種結合兩種歐洲傳統沐浴文化的水療方式，療程約120分鐘，透過11個步驟讓全身經過溫暖、冷卻及淨化的過程，包含淋浴、烤箱、礦物泥去角質、精油皂按摩、蒸汽浴、各種水溫的水療及最後的休息，每個步驟都有固定的時間，有如進行了一場淨化身心的裸體儀式。需注意的是：瓦萊高山溫泉中心採男女混浴的方式進行，有沒有勇氣嘗試，端看個人尺度囉！

MAP ▶ P.182B1

瓦萊高山溫泉中心

MOOK Choice

Walliser Alpentherme & Spa Leukerbad

身心靈深層療癒

🚌 從巴士站往上，右轉Kurparkstrasse，順著上坡步行約5分鐘可達 🏠 Dorfplatz ☎ (0)27 472-1010 ⏰ 每日9:00-20:00；瓦萊桑拿村15:00-20:00；羅馬愛爾蘭浴週五、週六10:00-18:00（須預約，16歲以下禁止進入）💲 3小時券成人CHF33，8至16歲兒童CHF26.5；含瓦萊桑拿村3小時券成人CHF45，8至16歲兒童CHF36；羅馬愛爾蘭浴成人CHF79 🌐 www.alpentherme.ch

躺在瓦萊高山溫泉中心的戶外按摩溫泉池裡，才明白「度假」的真義！溫潤的泉水包裹著全身，視線透過氤氳水氣，看到的是四週巨岩峭壁和山頭皚皚白雪的浪漫風景，旅行的勞累頓時一掃而空！

與洛加伯特水療中心不同的是：瓦萊高山溫泉中心結合羅馬建築元素與現代感十足的簡潔風格，連更衣淋浴設備都比較高級，整體呈現安靜優雅的療癒氛圍，所以如果你想體驗高級享受的阿爾卑斯溫泉，來這裡就對了。

德語區
阿雷奇冰河區

阿雷奇冰河區
Aletsch Arena

文●蒙金蘭　攝影●周治平

登上少女峰的觀景台，除了天際線一座比一座高的山峰引人注目外，還有地平面一條源遠流長的冰河，穿越少女峰與僧侶峰之間持續無限延伸，一直延伸到瓦萊州(Valais)的東北方，這就是全歐洲規模最大的阿雷奇冰河，於2001年和少女峰地區一起被列為世界自然遺產。

阿雷奇冰河總長達23公里，面積超過120平方公里，從少女峰南側一直延伸到上隆河谷地(Rhone Valley)，堪稱上帝在阿爾卑斯山最經典的傑作。

阿雷奇冰河如此遼闊，當然不是只有一兩處可與它親近，除了少女峰的觀景台外，在瓦萊州這一側的里德阿爾卑(Riederalp)、貝特默阿爾卑(Bettmeralp)和菲雪阿爾卑(Fiescheralp)3個山村的高處都有觀景點，其中又以菲雪阿爾卑上方的艾基斯峰高度最高、視野最廣，觀景角度最佳。而且從菲許搭乘纜車，大約只要20分鐘就可以輕易抵達，非常適合行程緊湊、又很想親近阿雷奇冰河的遊客。

搭火車經菲斯普(Visp)，車程約2小時10~20分可達菲許。

當地交通

村內可以步行的方式遊歷，而要到山上則可搭乘空中纜車。

優惠票券

◎阿雷奇探索票Aletsch Explorer

阿雷奇冰河區推出為期1~21天的阿雷奇探索票，效期內可無限次搭乘區域內所有纜車，以及從布里格(Brig)到菲許和佛甘根(Fürgangen)之間的火車。一日券成人CHF55、兒童CHF27.5，三日券成人CHF95、兒童CHF47.5，停留日期越長省越多。
🔗www.aletscharena.ch/en

旅遊諮詢

◎遊客服務中心

📍Fieschertalstrasse 1 ☎(0)27 928-5858 🕐週一~五8:30-12:00、13:30-17:30，週六9:00-16:00；週日休 🔗www.aletscharena.ch/en

INFO

基本資訊
面積：117.6平方公里　**區域號碼**：(0)27
海拔：菲許1,049公尺；菲雪阿爾卑2,200公尺；埃基斯峰2,927公尺

如何到達——火車

阿雷奇冰河位於冰河列車經過的路線上，從策馬特

Where to Explore in Aletsch Arena
賞遊阿雷奇冰河區

阿雷奇冰河區

少女峰 Jungfrau ▲ 少女峰站 Jungfraujoch ↑往僧侶峰

伯恩州Bern
瓦萊州Valais

阿雷奇峰 Aletschhorn ▲ ◉阿雷奇冰河 Aletschgletscher

艾基斯峰 Eggishorn ▲
艾基斯峰纜車站 Eggishorn
貝特默爾峰 Bettmerhorn ▲ 菲許 Fiesch
菲雪阿爾卑 Fiescheralp
貝特默爾卑 Bettmeralp
里德阿爾卑 Riederalp ● 往薩斯菲Saas Fee

↙往策馬特及 ▲馬特洪峰 Zermatt & Matterhorn

N

MAP ▶ P.187B1

菲許
Fiesch

質樸山城滑雪勝地

🚠搭火車至Fiesch站下

　菲許是座人口還不滿千人的小村落，如果不是為了前往阿雷奇冰河，應該很多外國來的觀光客都沒發現它的存在。不過到了冬季，這裡可是非常受歡迎的滑雪度假村，曾被瑞士人選為「最適合家庭同遊的滑雪勝地」。之前搭火車抵達菲許後，還得走一段大約7~10分鐘的路程去轉乘登山纜車，經過拓展工程，目前纜車線的起點已經延伸至與火車站共構，抵達菲許後即可直接轉搭纜車上山，交通更形方便了。

MAP ▶ P.187B1

艾基斯峰

MOOK
Choice

Eggishorn

坐看歐洲第一大冰河

🚠從菲許搭纜車前往菲雪阿爾卑，再轉另一段纜車抵達艾基斯峰纜車站 ☎(0)27 971-2700 ⏱纜車大致7:15-18:10，每30分鐘一班；運行時間隨月份變動，可隨時上旅遊局網站查詢 💰菲許出發成人單程CHF41.4、來回CHF49，兒童單程CHF20.7、來回CHF24.5；菲許阿爾卑出發成人單程CHF21.4，來回CHF32。持Swiss Travel Pass可享半價優惠

　從海拔1千公尺出頭的菲許搭兩段纜車，才20分鐘左右光景，直上海拔將近3千公尺的艾基斯峰纜車站，沿途景觀很快從田野、樹林、草坡變成光禿禿的冰磧石。

　步出纜車站，浩瀚的冰河就在眼前豁然開朗，天氣好的話，順著北方冰河盡頭就能看到少女峰、僧侶峰、艾格峰等，往東南方是戈姆斯河谷(Goms Valley)，往西南方則有馬特洪峰。冰河原本向著正南方順流而下，到了這裡驀然轉彎向西，形成一道極美的弧線，腳底下大約700公尺處的冰河看似靜止，宛如一座巨大的溜冰場，其實仍以每小時2公分的速度持續向前推移，就這樣存在了千百萬年，令人驚嘆造物者的神奇！

　從纜車站望向東北邊，隱約可以看到一座十字架，正是艾基斯峰的最高點，距離不遠，坡度也尚稱和緩，不到30分鐘腳程即可攻頂，非常值得走一遭。只是這一路都是草木不生的裸岩、碎石坡，務必穿著防滑的登山鞋。

巴塞爾

Basel

文●墨刻編輯部 攝影●周治平・墨刻攝影組

走在巴塞爾街頭，很難定位這城市的屬性：位處3國交界處，北邊是德國黑森林、西邊是法國亞爾薩斯，所以瑞士國鐵旁有法國國鐵車站，小巷子裡木梁外露的可愛格子房沾染德國南部的童話氣息；而萊茵河在巴塞爾轉了個大彎，由東向北流向德國，自此河道開始變得寬闊，且深度可行駛大船，四面環山的瑞士於是有了唯一通往北海的港口。自中世紀以來，滔滔湍流的萊茵河水就為巴塞爾帶來繁忙的商業貿易、多元的文化藝術和富裕的城市生活。

16世紀舊城區留住巴塞爾的歷史與榮光，但這個城市沒有停下腳步，鐘錶、製藥、建築與新藝術將巴塞爾推向國際之都。知名藥業公司諾華(Novartis)和霍夫曼・羅氏集團(Hoffmann–La Roche)為首的瑞士最大藥品公司，總部都設在巴塞爾；每年春天，巴塞爾珠寶鐘錶展(Baselworld)吸引超過2千家廠商、來自世界各地的買家和媒體參與；6月份開始的巴塞爾藝術展(Art Basel)更是國際頂尖藝術品雲集的盛會；而丁格利的鋼鐵藝術，Mario Botta、Jacques Herzog & Pierre de Meuron前衛的建築設計則為巴塞爾披上時尚外衣。

巴塞爾是文化藝術之都，博物館密集度為全國最高，擁有瑞士最古老的巴塞爾大學(1460年)，同時也是萊茵河最佳遊憩場。你可以乘著渡輪漂盪、順著水流游泳、沿著河岸散步或只是坐在北岸品嘗一杯咖啡、欣賞老城日落，貫穿城市的萊茵河不只是市民生活的動脈，也讓每個旅人甘心為她駐足。

INFO

基本資訊

人口：約17萬6千人　**面積**：23.91平方公里
區域號碼：(0)61　**海拔**：244公尺

如何到達──航空

從台灣出發，無國際線航班直達，需搭乘飛機至蘇黎世轉乘火車，或先至鄰近歐洲國家的機場，轉機降落至巴塞爾西北方的歐洲機場(Euro Airport)。
🚐www.euroairport.com

◎機場巴士

歐洲機場距離市中心約10分鐘車程，沒有火車直達，可於入境出口搭乘BVB營運的50號公車直達巴塞爾SBB火車站，路程約20分鐘，公車運行時間約04:55-00:35，單程票價CHF4.7。
🚐www.bvb.ch

◎計程車

計程車為跳錶計費，建議以電話叫車，起錶價為CHF6.5，2公里後每公里跳錶CHF3.8。從市中心至歐洲機場及貝耶勒美術館皆約CHF40，前往萊茵河3國交界處(Border Triangle)約CHF25。以下為常用的車行電話：

Taxi de l'aeroport
☎(0)3 89 700 400　🚐taxi-aeroport.fr/en/home

33er Taxi AG
☎(0)61 333-3333　🚐www.33ertaxi.ch

Enzo Taxi Basel
☎(0)79 533-4444　🚐www.enzotaxi.ch

如何到達──火車

巴塞爾市區有兩個火車站，往來瑞士境內主要城

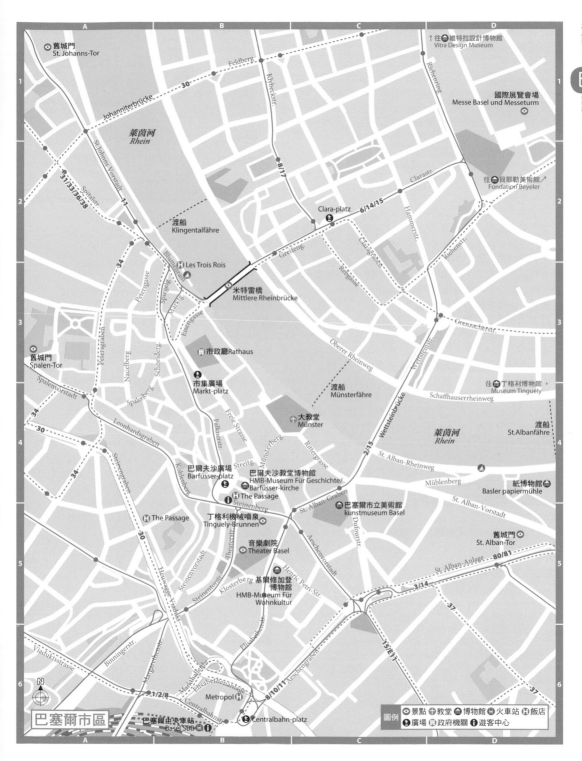

舊城門
St. Johanns-Tor

↑往 維特拉設計博物館
Vitra Design Museum

國際展覽會場
Messe Basel und Messeturm

Feldberg

Rheinbeckstr.

30

Johanniterbrücke

萊茵河
Rhein

St. Johanns Vorstadt

8/17

Riehenring

Clarastr.

往 貝耶勒美術館 ↗
Fondation Beyeler

31/33/36/38

Spitalstr.

渡船
Klingentalfähre

Clara-platz
6/14/15

Hammerstr.

Riehentor

34

Blumenrain

Greifeng.

Claragraben

Rebgasse

Les Trois Rois

Petersgasse

Spiegelg.

Marktg.

Eisengasse

米特雷橋
Mittlere Rheinbrücke

Grenzacherstr.

Petersgraben

Nadelberg

Schneiderg.

市政廳 Rathaus

Oberer Rheinweg

Wettsteinstr.

舊城門
Spalen-Tor

Spalenvorstadt

市集廣場
Markt-platz

Spalenberg

Falknerstr.

Freie Strasse

渡船
Münsterfähre

往 丁格利博物館 ▸
Museum Tinguely

Schaffhauserrheinweg

34

30

Leonhardsgraben

Münsterberg

大教堂
Münster

Rittergasse

2/15

Wettsteinbrücke

萊茵河
Rhein

渡船
St.Albanfähre

Steinengraben

Kohlenberg

巴爾夫沙廣場
Barfüsser-platz

巴爾夫沙教堂博物館
HMB-Museum Für Geschichte/
Barfüsser-kirche

Streitg.

St. Alban-Rheinweg

Mühlenberg

紙博物館
Basler papiermühle

St. Alban-Vorstadt

34

30

The Passage

丁格利機械噴泉
Tinguely-Brunnen

The Passage

St. Alban-Graben

巴塞爾市立美術館
kunstmuseum Basel

Steinenberg

Aeschengraben

Dufourstr.

舊城門
St. Alban-Tor

Steinenvorstadt

Theaterstr.

音樂劇院
Theater Basel

Klosterberg

基爾修加登
博物館
HMB-Museum Für
Wohnkultur

Henric Petri-Str.

St. Alban-Anlage
80/81

3/14

37

15/E/11

Viaduktsstrasse

Binningerstr.

Markthallestr.

Steinentorstr.

Elisabethenanlage

Centralbahnstr.

Elisabethenstr.

Aeschenvorstadt

8/10/11

Metropol

2/1/8

巴塞爾中央車站
Basel SBB

Centralbahn-platz

N

巴塞爾市區

市及法國國鐵停靠於巴塞爾中央車站(Basel SBB)，德國國鐵則停靠於萊茵河北岸的巴塞爾巴德(Basel Bad.)，其中巴塞爾中央車站距離老城區及主要景點較近，巴塞爾巴德則鄰近國際展覽會場(Messe Basel und Messeturm)，購買車票時需注意車站名稱。

從蘇黎世前往巴塞爾的直達車班次頻繁，約1小時抵達；從琉森和伯恩出發每小時均有2班次，車程約1小時；從日內瓦出發每小時2班，車程約2小時40分。若搭乘巴黎出發的直達TGV約3.5小時可抵達；法蘭克福出發約需3小時。

市區交通

巴賽爾主要景點都集中在萊茵河南岸的舊城區，範圍不大且景點路標相當清楚，步行是最好的探索方式。巴塞爾中央車站距離老城區不遠，步行約15分鐘可抵達老城中心的巴爾夫沙廣場(Barfüsser Platz)，或可搭乘市區電車11或8號前往；若要前往較遠的國際展覽會場及貝耶勒美術館(Fondation Beyeler)，建議搭乘市區電車較方便。

巴塞爾的公車及電車系統由BVB負責營運，網絡密布市中心及外圍區域，由於位處邊境的地理位置，有些路線甚至會跨越國界至德國、法國的相鄰城市，但須注意的是，若在巴塞爾市區搭乘德國公司營運的跨國境公車，車上購票只能使用歐元，雖然邊界不會檢查護照，還是建議隨身攜帶以備查驗。4站以內單程車票(K Kurzstrecke)成人CHF2.3，市中心單程車票(1 Zone)CHF3.8，1日票(Tageskarte)CHF9.9，車票可在車站的售票機、火車站或BVB服務中心購買。若住宿於巴塞爾市區的旅館，可於入住時獲得一張免費的巴塞爾卡，居住期間內均可免費搭乘市區至機場範圍內的大眾交通工具，此外，若持有Swiss Travel Pass也可於有效使用期限內免費搭乘。

BVB服務中心

⌂ Barfüsserplatz 24(巴爾夫沙廣場旁)

☏ (0)61 685-1414

🕙 週一至五08:00-17:00；週六、日休

ⓤ www.bvb.ch

觀光行程

◎舊城故事Stories of Basel's Old Town

巴塞爾旅遊局舉辦的城市導覽，跟隨專業導覽員從丁格利噴泉出發，經過大教堂、市政廳等景點，2個小時內讓你充分了解老城區的歷史。可於遊客服務中心報名。

⌂ 集合點位於巴塞爾劇院旁的丁格利機械噴泉

☏ (0)61 268-6868

🕙 每日14:30出發；週六、日加場11:00出發

💲 成人CHF20，兒童CHF10

◎老電車之旅Discovery trip in a vintage tram

搭乘1920年代的舊式有軌電車環繞市區，發掘巴塞爾的傳統與時尚。行程約75分鐘，建議提前至遊客中心或旅遊局網站預約。

⌂ 集合點位於SBB火車站Hotel Euler門口

☏ (0)61 268-6868

🕙 6至8月每週日11:00

💲 成人CHF15或CHF28

旅遊諮詢

◎巴爾夫沙廣場遊客中心

⌂ Barfüsserplatz(在Stadt-Casino內)

☏ (0)61 268-6868

🕙 週一至五9:00-18:30、週六至17:00，週日10:00-15:00

ⓤ www.basel.com

◎SBB車站遊客中心

⌂ 巴塞爾火車站內

🕙 週一至五08:00-18:00，週六09:00-17:00，週日09:00-15:00

MAP ▶ P.189B3B4

巴塞爾舊城

MOOK Choice

Basel Altstadt

在歷史中生活

🚋SBB車站前搭乘市區電車8或11等號至Barfüsserplatz下車。

萊茵河北岸是新市區，南岸則是完整保留14~16世紀建築的舊城區，建築式樣受到德國的影響，石板小巷兩旁的傳統木框架格子房古樸小巧，讓人有走入德國南部小城的錯覺。

巴爾夫沙廣場(Barfüsserplatz)是舊城區的心臟，幾乎所有電車都會行經此處，廣場旁的遊客服務中心很適合作為老城散步起點，夜幕低垂時更是燈火燦爛的酒吧集中地。從這裡沿著最熱鬧的Freie街向北步行，巴爾夫沙廣場與市集廣場(Marktplatz)之間是最熱鬧的行人徒步區，各式商店、餐廳、畫廊點綴老屋出精緻門面，華麗奪目的市政廳當然是市集廣場遊客的焦點，而週一至週六上午的蔬果農產市集才是市民的生活。市集廣場往舊城門Spalen-Tor方向上坡步行，Spalenberg街區有許多特別的設計小店，不妨停下腳步尋寶。

巴塞爾在15世紀時是一個防禦城市，當時建的城門目前僅保留3座，靠近巴塞爾大學的舊城門Spalen-Tor是規模最大的，舊城區南北也各有一座，萊茵河上游為南城門St. Alban-Tor，下游為北城門St. Johanns-Tor。

MAP ▶ P.189B3

市政廳
Rathaus
傲視群倫的王者氣勢

🚊搭乘市區電車3、8、11、14、15號至Marktplatz下車即達 🏠Marktplatz 9 ☎(0)61 267-8654 🕐內庭及民眾治公週一至五08:00-17:00，週六、日休 🌐www.staatskanzlei.bs.ch/rathaus.html 在市集廣場一整片淡色新藝術型態建築之間，紅色砂岩砌成的牆面、高聳耀眼的金色尖塔教人無法忽視市政廳的存在。

巴塞爾市政府早在14世紀就設立於此，遠離大教堂的位置可看出當時因為城市經濟及工商階級的崛起，市民希望脫離主教統治的意圖。1501年，由15個工會領導的市議會決定加入瑞士聯邦，為了紀念這個重要的時刻，重新打造哥德式的市政廳，並於屋頂城垛上裝飾代表12個州的徽章，而現在看到正立面的華美壁畫，則是17世紀擴充時繪製，左翼和金色高塔則增建於19世紀。市政廳中庭可自由入內參觀，保留着色彩鮮豔的壁畫和金碧輝煌的拱廊，參加觀光局舉辦的內部導覽行程則可參觀議會禮拜堂。

MAP ▶ P.189C4

大教堂

MOOK Choice

Münster
盡覽巴塞爾全景

🚊搭乘電車3、6、8、11、14、15和16至Barfüsserplatz，下車後沿Streitg.朝上坡步行。 🏠Münsterplatz 9 ☎(0)61 272-9157 🕐夏季週一至五10:00-17:00、週六10:00-16:00、週日11:30-17:00；冬季週一至六11:00-16:00、週日11:30-16:00；1/1、12/24~25休 🌐www.baslermuenster.ch

紅砂岩牆面、鮮豔的馬賽克圖案屋頂和聳立於萊茵河畔山丘上的雙塔，讓大教堂無庸置疑地成為巴塞爾主要地標。大教堂的歷史可追溯至卡洛琳王朝時期，917年因匈牙利人進攻而遭毀壞，11世紀亨利二世建造了嶄新的教堂，12世紀又改建成羅馬式教堂，1356年巴塞爾地震損毀後則翻修成哥德樣式，所以大教堂外觀上混合了兩種建築特色。原為天主教聖公會的主教座堂，現在則屬於新教，教堂的地窖、聖壇、修道院和中世紀尼德蘭地區人文主義大師伊拉斯謨(Erasmus of Rotterdam)的墓碑都是參觀重點。

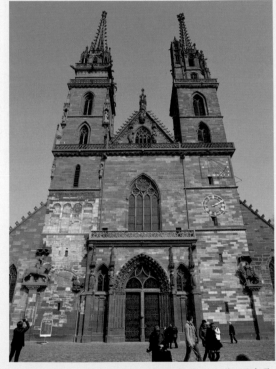

順著迴旋梯一路登上鐘塔頂端，天寬地闊的美景是最好的報酬，萊茵河道蜿蜒環繞巴塞爾市區，德國黑森林、法國亞爾薩斯的孚日山脈(Vosges)都在眼前展開。要注意的是：為了安全考量，想登上教堂鐘塔必須兩人以上同行。若不想爬上鐘塔，教堂後方的觀景平台(Pfalz)也是觀景好去處。

©Switzerland Tourism

巴塞爾狂歡節(Basel Fasnacht)

　　每年吸引2萬名遊客參加的巴塞爾狂歡節是瑞士規模最大的節慶，維持1853年至今的傳統慶祝方式。凌晨4點，教堂鐘聲響起，戴著面具的樂手用短笛和鼓聲樂聲喚醒沈睡中的城市，他們頭上帶著小燈籠，身穿特殊的節慶戲服，在黑暗中一路吹奏遊行，為一連3天的城市狂歡演奏序曲。週一和週三下午，遊行隊伍浩浩蕩蕩穿梭在大街小巷，市民傾城而出戴上面具同樂，週二晚上是銅管演奏之夜，主舞台之外，戴著面具的音樂家們(Gässle)在城市各處漫遊，即興演奏各種音樂或噪音，觀眾隨時都能加入他們的行列，餐廳也是24小時不休息，整個城市都會陷入瘋狂的情緒中。

◉聖灰日(Ash Wednesday)後的第一個週一，大約二月底至三月初。 ◉fasnacht.ch

MAP ▶ P.189B3

漫遊萊茵河

Rhine

擺盪漂流在冰涼水色間

渡輪

◉渡輪的營運時間皆因季節及天候調整，大致上為4～10月09:00-19:00，11～3月11:00-17:00 ⓢ單程CHF1.6 ◉www.faehri.ch

游泳場Breite Badhysli

◉搭乘3號電車至Waldenburgerstrasse下車，往萊茵河畔步行抵達。 ⌂St. Alban-Rheinweg 195 ☎(0)61 311-2572 ◉4月中～9月中11:00-20:00，週六、日延長至22:00 ⓢ單日CHF6 ◉rheinbad-breite.ch/baden

　　萊茵河如同流穿巴塞爾的大動脈，與市民的休閒生活密不可分。米特雷橋(Mittlere Rheinbrücke)至丁格利博物館間的河道北岸，以及Wettsteinbrücke至高速公路間的河岸都是風景優美的林蔭散步道，巴塞爾的悠閒時光完全註寫在騎單車、跑步或散步的行人背影間。

　　兩岸的渡輪不只是巴塞爾市民的傳統交通工具，更是不可錯過的旅遊體驗！這種平底渡輪的傳統名稱為Fährimaa，船隻用鋼索連繫著橫越河道的鋼索，利用河水的天然動力和船夫掌舵控制方向，以無動力的方式緩緩擺盪過河，少了馬達聲干擾，坐在船上只覺得涼風徐徐，天地靜好。5座橋之間共有4艘渡輪往來新舊市區，分別

在紙藝博物館對面、大教堂下方、St. Johanns城門附近及米特雷橋往北城門方向的河岸。

　　想要來點不一樣的動態活動，學瑞士人跳下萊茵河游泳吧！炎熱的夏季只見抱著浮板的人一個個迫不及待跳入清涼河水，順著萊茵河強勁的水流，一路往下漂流，到達下游的看台再爬上岸。有些人還會將衣物裝在防水浮球裏，上岸時換上衣服，搭乘電車回上游再跳一次。只是要留意兩邊的上岸指示，稍不注意就一路漂流到德國了！

基爾修加登博物館

Haus zum Kirschgarten

窺視18世紀富裕生活

🚋搭乘2號電車至Kirschgarten下車。 🏠Elisabethenstrasse 27-29 ☎(0)61 205-8678 ⏰週三至日11:00-17:00；週一、二休。 💲成人CHF10，29歲以下學生CHF5，12歲以下兒童免費。 🌐hmb.ch ✦週三至六16:00-17:00及每月第一個週日免費參觀

　18世紀人們的生活是什麼模樣，不需要再依靠電影或課本中的圖片想像，基爾修加登博物館原汁原味重現當時的生活空間，即使讀不懂解說牌上的文字，也能立刻看懂18～19世紀的生活史。

　這棟古典的建築物建於1777年，原為貴族宅邸，保留當時的格局與旁邊相連的民宅合併直接改裝成博物館，屬於巴塞爾歷史博物館的分館之一。地面層展示造型各異的各式時鐘和精緻的陶瓷娃娃，一樓和二樓分別呈現18世紀和19世紀巴塞爾中產階級的典型居住樣式，陶爐、紅銅廚具、臥房帷幔、織毯，即使枝微末節如梳妝台內化妝的小道具都仔細陳列，而細看這些講究的日用品就可以了解當時商業都市的富裕繁榮。

　閣樓上的玩具屋展示許多細緻擬真的娃娃屋，栩栩如生，彷彿將剛剛參觀過的每個房間都濃縮到一個木盒子中；還有以瑞士地圖為藍本的大富翁、流行於當時歐洲的桌遊和各式各樣童玩，令人大開眼界。

巴爾夫沙教堂博物館

Barfüsser-kirche

神聖莊嚴中品味歷史

🚋搭乘電車3、6、8、10、11、14、16號至Barfüsserplatz下車。 🏠Barfüsserplatz ☎(0)61 205-8600 ⏰週二至日10:00-17:00；週一休 💲成人CHF15，29歲以下學生CHF8，12歲以下兒童免費。 🌐hmb.ch ✦週二至六16:00-17:00及每月第一個週日免費參觀

　巴塞爾歷史博物館被視為上萊茵河地區最重要的文化歷史博物館，而巴爾夫沙教堂博物館即是其中的分館。教堂博物館改建自14世紀聖方濟教堂，館方將重點放在引導參觀者了解巴塞爾位於瑞、德、法三國交界的特殊地理位置，其文化交匯後發展出的獨特城市個性及歷史定位。

　巴塞爾自中世紀即是為因交易而繁榮的城市，博物館因此收藏許多萊茵河上游區域的藝術品及金飾工藝，尤其以中世紀晚期、文藝復興和巴洛克時期的文物最多。在氣氛莊嚴的教堂中透著天光欣賞鑲嵌城市徽章的彩繪玻璃、大教堂的珍寶雕刻和宗教美術品、殘存的巴塞爾死亡之舞(Basler Totentanz)，從掛毯中了解中世紀的生活樣貌，這樣的展覽方式有別於一般博物館的特殊魅力。

巴塞爾市立美術館

MOOK Choice

Kunstmuseum Basel

沈浸藝術聖殿

🚃搭乘電車2或15號至Kunstmuseum下車 🏠St. Alban-Graben 16 📞(0)61 206-6262 ⏰週二至日10:00-18:00，週三延長至20:00；週一休 💲成人CHF16，優待票CHF8；與特展聯票成人CHF26，優待票CHF8起 🌐www.kunstmuseumbasel.ch 🎫週二、四、五17:00-18:00、週三17:00-20:00及每月第一個週日免費參觀(不包含特展)。

　　如果你熱愛藝術，然而在巴塞爾的時間有限，市立美術館絕對是第一順位。美術館為1662年的建築，收藏年代跨越14至20世紀，總量超過3千件繪畫作品，印象派和立體派的現代繪畫是歐洲屈指可數的規模，並擁有全球數量最多的德國文藝復興時期畫家霍爾拜因(Holbein)及其家族的作品。此外，還有大量的上萊茵河(Upper-Rhine)及佛蘭德斯(Flemish)藝術家的畫作，文藝復興時期大師維茨(Witz)及瓦德(Grünewald)，19世紀的代表畫家梵谷(Van Gogh)、高更(Gauguin)、塞尚(Cézanne)的傑作，及20世紀立體主義的畢卡索(Picasso)、布拉克(Braque)及雷捷(Léger)等，值得花上大半天慢慢品味。

紙藝博物館

Basler Papiermühle

用指尖觸碰文化

🚃搭乘電車3號至St. Alban-Tor下車後往萊茵河岸步行即達 🏠St. Alban-Tal 37 📞(0)61 225-9090 ⏰週二至五、週日11:00-17:00，週六13:00-17:00；週一休 💲成人CHF18，優待票CHF10起 🌐www.papiermuseum.ch

　　博物館門口軸轆轉動的大水車，自15世紀開始轉動造紙業的發達，讓這個區域在16~17世紀間穩佔瑞士造紙業的寶座。500多年後，萊茵河水依舊不停歇地驅動水車，將來訪的旅客轉進手工造紙的時光隧道。

　　紙藝博物館前身即為中世紀造紙坊，博物館不只是靜態展示手工造紙工具及歷史，館內師傅們更是傳統工藝的最佳演繹者，帶你見證一張紙的誕生：從搗碎棉布開始，接著熬煮成漿、篩濾紙漿成型、擠出多餘的水分後充分晾曬，經過許多工序才能造就一張紙；光是看一定不過癮，不如自己動手做一張有溫度與厚度的手工紙當作紀念品吧！

　　順著樓梯向上，進入一樓的書寫空間，石板雕刻、鵝毛筆與打字機都是傳遞想法的重要工具，而二樓的活字版印刷則開啟文化傳播新紀元，別忘了拿出剛做好的手工紙，讓師傅教你用古老工具壓出漂亮的浮水印。最後來到3樓學習線裝書的做法和工具，若自認頗有藝術細胞，工作室中還可以大展長才，繪製一張五彩繽紛的裝飾紙。

丁格利博物館

MOOK Choice

Jean Tinguely Museum

瘋狂異想的機械創作

🚇SBB火車站前搭乘2號電車至Wettsteinplatz下車，轉搭31、38號公車於Tinguely Museum下車，或沿萊茵河岸步行約20分鐘即抵達 🏠Paul Sacher-Anlage 1 ☎(0)61 681-9320 ⏰週二至日11:00~18:00，週四延長至21:00；英語免費導覽時間可隨時上網查詢；週一休 💲成人CHF18，學生CHF12 🌐www.tinguely.ch

壓下按鈕就不停扭動旋轉的怪里怪氣機器人，發出叮叮噹噹的聲音吸引你的注意力；像巨大遊樂器材可以爬上爬下的奇妙鋼鐵樂園，走到盡頭卻看到被倒吊的小矮人不停地栽進水桶裡；用力踩踏車輪就自動畫畫的機器人在紙上塗塗抹抹，畫出一幅「抽象畫」。走進丁格利博物館，你會一直覺得莫名其妙，卻又不由自主被這些機械裝置逗弄得發笑。

挑高玻璃大廳上方架著眼睛形狀的流線屋頂，萊茵河畔的建築本身就很吸睛，這是由提契諾知名建築師馬里奧·博塔(Mario Botta)所設計。博物館主要收藏尚 丁格利(Jean Tinguely, 1921-1991)的鋼鐵雕塑作品，丁格利是瑞士具代表性的20世紀藝術家，你可以說他是鋼鐵雕塑家、行為藝術家，甚至也可以稱他為熱愛資源回收的環保人士。丁格利的創作看似一堆廢鐵、輪胎、汽油桶、塑膠管等廢棄物的組合，沒有精緻的外型或精密的電腦控制，靜止的時候像是立體的抽象畫，當電動馬達驅動皮條，帶動輪軸時，這些舞動的機器人們有點遲鈍、有點逗趣的動作卻是啟動歡笑的開關。有時候表演過程才是丁格利真正的「作品」，影片中可看到他帶著汽油驅動的畫畫機器人，在巴黎街頭幫路人素描，同時利用機器吐出的廢氣幫氣球充氣，比起雕塑本身，藝術家更重視讓人歡愉的表演過程。

除了丁格利的鋼鐵創作常設展，博物館規劃的其他特展則是以丁格利的藝術家朋友們、以及受丁格利啟發的創作為主。其中關於氣味的展覽，藝術家以視覺、聽覺來表現嗅覺，或者在純白的房間中，讓參觀者仔細分辨每一塊牆面的氣味，也非常有趣。

丁格利機械噴泉

Tinguely-Brunnen(Fasnachtsbrunnen)

童心大發的歡樂之泉

🚇SBB火車站前搭乘電車8或11號至Barfüsserplatz下車

丁格利發揮天馬行空的奇想，在巴塞爾劇院廣場前創作了的一系列自動機械噴泉，已是巴塞爾的代表性地標。9個鋼鐵機器人忙碌地在陽光下噴灑清涼水柱，姿態各異，造型奇趣，看似瘋狂與無俚頭的作品，卻是市民生活中無與倫比的歡樂調味劑。法國龐畢度中心(Centre Georges Pompidou)廣場前色彩繽紛的噴水機械玩偶，也是丁格利與妻子妮基(Niki de Saint Phalle)的共同創作。

MAP ▶ P.189D2

貝耶勒美術館

MOOK Choice

Fondation Beyeler

世上最著名的私人收藏館之一

🚃 搭乘6號電車於Fondation Beyeler下車即達 🏠 Baselstrasse 101, 4125 Riehen ☎(0)61 645-9700 ⏰每日10:00~18:00，週三延長至20:00，週五延長至21:00 💲成人CHF25，25歲以下憑證件免費；週二優惠成人CHF20 🌐www.fondationbeyeler.ch

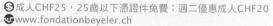

恩斯特·貝耶勒(Ernst Beyeler)是20世紀傳奇畫商，同時也是巴塞爾國際藝術節的創辦人之一，在他50年的藝術經紀人生涯中，與同樣熱愛藝術的夫人Hilda Kunz合力收藏超過250件藝術作品，從印象派到古典現代派的繪畫雕塑，從當代藝術到非洲、大洋洲及阿拉斯加的部落雕塑。

為了讓更多人欣賞接觸藝術，成立了以他們姓氏命名的基金會，並於1997年委託龐畢度藝術中心的建築師倫佐·皮亞諾(Renzo Piano)設計一座博物館來展示這些收藏。

博物館採用長型的設計，外觀低調不張揚，甚至可說是平凡，然而屋頂使用數層霧面或透明玻璃組合而成，每片玻璃面板均可視光線入射方向調整傾斜角度，使自然光均勻柔和覆蓋室內每個角落，呈現簡潔明亮、完美襯托藝術品的展覽空間。博物館展出許多20世紀深具影響力的藝術家作品，包括莫內(Monet)、梵谷(Van Gogh)、畢卡索(Picasso)、保羅·塞尚(Paul Cézanne)、亨利·馬蒂斯(Henri Matisse)等。除了定期更換常設館藏展品外，每年還會有3次現代藝術的大型展覽，或是與當代藝術家合作的展出。

國際商品展示會場＆巴塞爾鐘錶珠寶展Messeturm & Baselworld

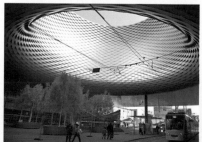

走過米特雷橋進入萊茵河北岸的新市區，沿路兩旁都是大型連鎖百貨商場，而道路終點拔地而起的高樓Messeturm就是每年春季國際鐘錶界的奧斯卡－巴塞爾鐘錶珠寶展舉辦的地方。巴塞爾珠寶展每年都吸引超過2,000家廠商、3,000家國際媒體及無數的專業買家蒞臨，所以若這個時間點想要遊覽巴塞爾，最好提前預訂飯店。

Messeturm樓高105公尺，是全城最高的建築，頂樓的酒吧是俯瞰城市的好去處，而2013年由巴塞爾知名建築師Jacques Herzog & Pierre de Meuron所設計的新展場，以波浪形金屬板覆蓋建物表面，陽光下如同閃爍銀光的藤編盒子，中心挖洞的前衛設計讓光線得以穿透，製造舞台聚光燈效果，成功榮登巴塞爾的地標排行榜。

🚃搭乘電車2、6、14、15至Messeplatz下車即達 ⏰每年3月中或底 🌐www.messeturmbasel.ch/en/home-english

MAP ▶ P.189D1

維特拉設計博物館

Vitra Design Museum

建築設計迷必朝聖

🚌搭乘8、6、14、15號電車至Claraplatz下車，轉乘55號公車至Vita下車，公車時間約20分鐘 📍Charles-Eames-Str. 2, D-79576 Weil am Rhein ☎(0)49 7621 702-3200 🕙10:00~18:00；每天12:00、14:00共兩場英文建築導覽，行程2小時 💰博物館成人CHF15，優待票CHF12；建築導覽成人CHF16，優待票CHF14；博物館＋傢俱展場聯票CHF21，優待票CHF19 🌐www.design-museum.de ❗使用Mobility Ticket只能通行至邊界，需要使用歐元購買德國段的公車票

設計博物館位於跨越德國邊境後的小鎮，是設計古根漢美術館的弗蘭克·蓋里(Frank Gehry)在歐洲的第一件作品，白色的建築外觀像是正展開的花苞，又像瞬間凝結的漩渦，在碧綠草地上以巨型雕塑的藝術姿態伸展。博物館內部實際面積不大，不同的地板高度區隔展區，斜坡道、塔樓、引進自然光的斜屋角，由於建築特殊的外型，讓室內展覽空間也值得細究。

德國家具品牌Vitra執行長Rolf Fehlbaum於1989年以私人基金會的方式成立設計博物館，規模及收藏品的豐富性都可名列世界上首屈一指

的現代家具博物館，館藏範圍從19世紀一直到現代家具，以Charles and Ray Eames、George Nelson、Alvar Aalto、Verner Panton、Dieter Rams、Richard Hutten以及Michael Thonet等人的作品為主。館方根據不同主題規劃更換展出的收藏，每年2次與當代知名設計師合作，舉辦與設計及現代藝術相關主題的臨時性展覽。

博物館後方佔地廣大的建築群是工廠區(Vitra Campus)，可說是集合知名建築師之大成，有安藤忠雄設計的會議廳(Conference Pavilion)、Zaha Hadid設計的消防站、Frank Gehry設計的工廠車間等，只有參加建築導覽行程方可參觀，建築迷不可錯過。

博物館右側的焦點是Herzog & de Meuron設計的傢俱展場(Vitra Schaudepot)，外型像一層層向上堆疊的積木，裡面展出Vitra歷年來的經典款設計傢俱，最棒的是大部份陳列的椅子都可以實際坐坐看。入口處設有餐廳和商店，建議先搭乘電梯至頂樓，再慢慢逛下來，感覺像是在逛IKEA賣場，不過不管在室內設計或是傢俱設計的品質上都更加分，其中100張名家椅收藏系列，足以讓所有設計迷尖叫賴著不肯離開。

聖加侖
德語區

聖加侖及其周邊
St. Gallen & Around

文●李曉萍　攝影●墨刻攝影組

西元612年，愛爾蘭傳教士Gallus來到波登湖畔這個森林圍繞的地方，決定在此定居傳教，這就是城市的起源，「St. Gallen」的名稱也是從Gallus的名字演變而得。鬱鬱蔥蔥的森林和綿延起伏的草坡丘陵環繞，紅鱗屋瓦的聖加侖老城沒有雪山湖泊為其增艷，遠看自有一份恬淡泰然的寧靜，仔細探訪才能發掘底蘊深厚的文化光芒。

巴洛克風格的修道院圖書館和大教堂，早在1983年被聯合國文教組織評定為世界文化遺產，千年歷史的手抄書架構起華麗璀璨的知識聖殿。而老城區的華麗凸窗和織品博物館則訴說紡織業最發達的年代，城市富裕的過往，樓主們競相炫耀自己對世界的閱歷，屋簷上的雕塑能找到熱帶水果花卉、美洲印地安人和亞洲的臉孔。

聖加侖也是戶外活動的起點站，從這裡出發前往東部各處旅遊相當方便，瑞士傳統農村風情代表的阿彭策爾(Appenzell)、煙波浩渺的波登湖、視野絕美壯麗的森蒂斯山等，都可當

聖加侖市區

日來回。市區本身也有當地人散步休閒的好地方，從修道院圖書館的後方搭乘地面纜車上山，前往Muhlegg Tunnelbahn高地，出纜車站右邊就是景觀路線的起點，順著黃色路標可前往Freudenberg山，再步行至St. Georgen-Bach車站搭乘公車回聖加侖。沿途有老城和大教堂的全景陪伴，路程約1小時。此外，聖加侖位於瑞士、德國、奧地利和列支敦士登4國交界之處，特殊地理位置讓穿越國境、順遊其他國家變得像去隔壁城鎮般簡單。

INFO

基本資訊

人口：約7萬5千人　**面積**：39.41平方公里
區域號碼：(0)71　**海拔**：670公尺

聖加侖周邊

羅曼斯漢 Romanshorn

波登湖 Bodensee

羅爾沙赫 Rorschach

福士美術館 Museum Forum Würth

Bischofszell

Heiden

Uzwil

Flawil

Gossau

聖加侖 St. Gallen

Maestrani巧克力工廠 Chocolate Factory Maestrani

Herisau

阿彭策爾 Appenzell

Urnäsch

Jakobsbad

Kronberg

Schwägalp

森蒂斯山 Säntis

Nesslau

列支敦士登 Liechtenstein

圖例 ━━ 鐵路 ┈┈ 纜車 ● 景點 ◢ 美術館

如何到達──火車

聖加侖位於德、瑞、奧、列支敦士登的交界地區，國內外交通均非常方便，從蘇黎世中央車站每小時有2班車直達，車程約1小時；從伯恩出發，每小時1班直達車，約需2小時20分；從日內瓦出發，每小時1班直達車，車程約4小時；而從琉森出發的阿爾卑斯山麓快車(Voralpen Express)，一路行經蘇黎世湖和阿彭策爾地區，享受2小時15分鐘橫跨149公里的美景之旅。若從德國慕尼黑出發，搭乘EC火車直達聖加侖僅需3小時。

市區交通

聖加侖的市區不大，且觀光景點都集中在規劃成徒步區的舊城，因此步行是最好的遊覽方式。

前往周邊區域遊覽可搭乘通勤火車S-Bahn，再轉乘當地郵政巴士，當然，最便利的方式是租車自駕。

◎租車

Europcar

⌂ Park Garage Neumarkt(火車站對面City-Garage AG)

☏ (0)71 222-1114　🌐 www.europcar.ch

◎計程車

Herold Taxi AG

☏ (0)71 222-2777　🌐 heroldtaxi.ch

Frosch Taxi

☏ (0)71 500-5050　🌐 www.taxifrosch.ch

觀光行程

◎個人語音導覽Audio Tour

想要了解聖加侖的文化遺產及歷史，不如聽第一個建立起這個城市的修士Gallus、改革聖加侖的Vadian或者新藝術大師Hedwig Scherrer為你說故事吧！在遊客中心內可租借掌上型電腦(Pocket PC)，只要戴上耳機，就能跟隨影音導覽進行90分鐘個人化的歷史之旅。

⌂ Bankgasse 9　💲 每次CHF5

🌐 www.st.gallen-bodensee.ch

◎老城散步Old Town walking tour in St. Gallen

一小時的導覽行程，會了解許多關於修道院及老城區建築的故事。提供英文導覽，可於旅遊局網站或遊客中心報名。

⌂ 在遊客服務中心集合

⌄ 時間視月份變動，可隨時上網查詢

💲 成人CHF15，兒童CHF8

🌐 www.st.gallen-bodensee.ch

旅遊諮詢

◎聖加侖遊客服務中心

⌂ Bankgasse 9　☏ (0)71 227-3737

⌄ 週一至五9:00-18:00，週六9:00-16:00，週日10:00-16:00

🌐 www.st.gallen-bodensee.ch

◎羅爾沙赫遊客服務中心

⌂ Hafenpavillon, 9400 Rorschach

☏ (0)71 841-6141

⌄ 每日8:45-12:00、12:45-17:15

Where to Explore in St. Gallen & Around
賞遊聖加侖及其周邊

老城區Altstadt

MAP ▶ P.199A2

城市客廳

MOOK Choice

Stadtlounge

紅色奇想幻境

🚇 出中央車站後沿著St. Leonhard Strasse東行，於Kornhausstr.右轉即達 🏠 Roter Platz、Raiffeisenplatz 2

從火車站前往老城區的方向步行，經過這片區域一定會忍不住想捏捏自己，確認到底是在夢境、電影拍片現場、還是現實。這是由瑞士知名銀行Raiffeisen出資，委託藝術家Pipilotti Rist和Carlos Martinez所完成的創作，以在城市中打造戶外Lounge為概念。整個區域的地板、造型時尚的桌椅全都鋪上紅色PU，銀行大樓獨立在廣場中，周圍新古典式建築的影像倒映在新大樓幾何切割的長方形玻璃上，讓前衛創新與傳統巧妙結合。

四周都是銀行和公司企業，每到中午用餐時間，許多上班族在這裡享用簡單的三明治或稍作休息，就像在家中客廳般輕鬆愜意。而夜幕低垂時，天空中鵝卵石造型的燈具緩緩變換不同色彩，如進入非現實的奇異幻境。

老城區Altstadt

MAP ▶ P.199A1

織品博物館

MOOK Choice

Textilmuseum

編織百年繁榮

🚇 出中央車站後沿著St. Leonhard Strasse東行，於Kornhausstr.右轉至下個路口，Vadianstrasse 2左轉即達。 🏠 Vadianstrasse 2 ☎ (0)71 228-0010 🕐 每日10:00-17:00 💲 成人CHF12，26歲以下學生CHF5，16歲以下兒童免費 🌐 www.textilmuseum.ch

聖加侖織品的歷史起源於修道士為了自給自足而織的亞麻布，這項技術流入民間後，成為地方產業的基礎，自中世紀開始，紡織業的發達就帶動城市代代相傳的富裕繁榮，19~20世紀的全盛時期，聖加侖有「歐洲紡織城」的美譽，全城約有1/5的人口從事紡織工業。

博物館從一台有歷史的大型自動織布機開始，展出百年來從皇室到平民所使用的布料和衣著，

包含14世紀手工織品、傳統民俗服裝、蕾絲及刺繡製品、現代布料及當代時裝設計。即使現在紡織業已不再是城市的主要產業，聖加侖生產的高級訂製蕾絲仍然是時裝設計師和名流們的最愛，展覽品中可看到英國威廉王子與凱特王妃結婚時所穿的婚紗，其蕾絲也是來自聖加侖地區。

MAP ▶ P.199B2

修道院圖書館

MOOK Choice

Stiftsbibliothek St. Gallen

在知識中心滋養靈魂

出中央車站後沿著St. Leonhard Strasse向東邊老城方向步行，進入老城區後向南可達，步行9～10分鐘 ⏴Klosterhof 6D ☎(0)71 227-3416 ⏵每日10:00-17:00(16:45最後入場)；11月閉館2週 ⏧成人CHF18，優待票CHF12 ⏲www.stibi.ch ⏱進入圖書館需於鞋子外套上館方準備的羊毛氈拖鞋；圖書館內禁止拍照

　城市名字聖加侖來自於7世紀時的愛爾蘭傳教士Gallus，西元612年他在這裏搭建修行的小屋就是修道院的起源。719年，Aleman Otmar擴大修築成修道院，從747年起，聖加侖修道院就開始遵守《本篤會規》，並設立了圖書館，9世紀時，聖加侖已發展成歐洲重要的文化和教育中心。17～18世紀是本篤教派的第二次興盛期，那時聖加侖修道院是瑞士聯邦境內最重要的宗教中心，現在的圖書館和大教堂也完成於這個時期(1758-1767)。1983年因大量的古籍文獻及文化意義，被列入世界文化遺產。

　修道院圖書館擁有17萬本藏書，2,100冊手抄本，其中有超過400本千年歷史的書籍，以及世界上最重要的手抄本收藏；此外，約有1,650

本珍貴稀有的古騰堡時代(Gutenberg)印刷本Incunabula。藏書範圍包含8～12世紀的各種版本聖經、音樂及文學作品、美術、拉丁哲學、德國古語、醫學等。由於參觀的遊客眾多，為了保護這些珍貴的書籍，目前書牆皆包覆一層細鐵絲網，僅提供學者和研究者申請，而一般讀者仍可借閱西元1,900年以後出版的書籍。

　圖書館大廳和大教堂同屬後巴洛克時期的洛可可風格傑作，被認為是世界上最美的圖書館之一。走進圖書館，視線由深淺木紋組成的幾何工藝地板向上移動，比例完美、雕刻精緻的木書架自地面展延至挑高天花板，大型華麗壁畫覆蓋天井，敘述早期教堂四場宗教會議的情景，日光溫柔散射，靜謐的氣氛讓每個人不自覺降低音量。四面書牆擺滿珍貴的歷史古籍，展示櫃中則陳列了不同主題的手抄本、印刷本以及世界上最古老的建築設計圖，細細閱讀一字一字工整如印刷的手抄書，深刻感受到筆者對文化與思想傳遞的渴望，以及知識的珍貴。一轉身，入口處上方以希臘文雕刻的題詞Seelenapotheke，意思是『靈魂的藥房』，正為圖書館下了最佳註解。

　參觀完圖書館，可順道前往地下室，這裏的石展示廳(Lapidarium)展示了18世紀重建以前，修道院使用的石塊。

©St. Gallen-Bodensee Tourismus

老城區Altstadt

MAP ▶ P.199B2

大教堂

Kathedrale

華麗精緻的宗教中心

MOOK Choice

🚇 出中央車站後沿著St. Leonhard Strasse向東邊老城方向步行，進入老城區後向南即可看見大教堂尖塔，步行9～10分鐘 🏠Gallusstrasse 34 ☎(0)71 224-0550 ⏰4～10月中9:00-19:00，10月中~3月9:00-18:30，週日早上彌撒時間不開放參觀 💲免費 🌐www.kathsg.ch

聖加侖大教堂建於1775-1767年間，屬於本篤教派，是瑞士境內後巴洛克時期建築的代表作，與旁邊的修道院圖書館一同於1983年被列為世界文化遺產，高聳雙尖塔是老城區中最醒目的地標。大教堂的修建在當時存在著展示地區富裕興盛的用意，因此內部裝飾特別繁複而華麗，層層疊疊向內延伸的拱形天頂下裝飾精雕細琢的祭壇，白色石柱頂端點綴淡綠色葉藤，淡雅配色正好襯托出天花板色彩豐富的壁畫。

抬頭欣賞天花板的宗教壁畫時，可以找找隱藏在畫作中關於St. Gallus的傳說故事。西元7世紀時，St. Gallus跟隨St. Columbanus與其他10人從愛爾蘭前往羅馬的路上，因為生病而落後隊伍，獨自留在聖加侖附近的Arbon，一天夜裡他在森林裡燃起營火正要休息，卻遇見一隻飢餓的熊，慈悲的St. Gallus把手上最後一點麵包送給大熊，為了感謝St. Gallus，大熊從樹林中撿來許多木材報答，St. Gallus將這個奇遇視為上天的預兆，於是選擇在此地搭建小屋，也就成為後來的聖加侖修道院。

老城區外圍Outer Altstadt

MAP ▶ P.199B1

聖加侖文化博物館

Kulturmuseum St.Gallen

深入了解城市歷史

🚇出中央車站後沿著St. Leonhard Strasse向東步行，穿越老城區至Museumstrass路底即達 🏠Museumstrasse 50 ☎(0)71 242-0642 ⏰週二至日10:00-17:00；週一休 💲成人CHF12，優待票CHF6起 🌐kulturmuseumsg.ch

舊城區東邊的廣大公園綠地可說是聖加侖的文化藝術園區，沿著Museumstrass向東，先後經過音樂廳、戲劇院、美術館、自然史博物館，最後到達文化博物館。博物館擁有7萬多件館藏，除了城市的歷史記

憶，也涵蓋波登湖地區的史前時代、中古時期一直到20世紀文物，及世界各地的展品；其中，以模型方式重現9世紀修道院和30年戰爭時期的城鎮樣貌，最引人入勝。每年都會舉辦多場主題特展，2007年起並增設兒童博物館。

`MAP ▶ P.200B1`

福士美術館&波登湖

Forum Würth Rorschach & Bodensee

水天一色的藝術饗宴

🚗 從聖加侖搭乘火車至羅爾沙赫(Rorschach)下車,火車站對面即為美術館 🏠Churerstrasse 10, 9400 Rorschach ☎(0)71 225-1070 ⏰4～9月每日10:00-18:00,10～3月週二至日11:00-17:00(週一休) 💲免費;英文語音導覽CHF8 🌐Forum Würth 美術館www.wuerth-haus-rorschach.com;遊湖船www.bodenseeschiffe.ch

福士美術館座落於波登湖畔(Bodensee,又名康士坦茲湖Lake Constance),雙層玻璃交錯組合成帷幕外牆,反映波登湖變化萬千的煙波渺渺、水色天光,跟隨延伸至陸地的湖景逐步靠近,戶外造型奇趣的雕塑是第一層驚喜。

美術館由專門生產各類零件及手工用具的德國福士集團(Würth Group)所設立,希望創造出「在藝術中工作」的場域,所以美術館同時也是企業辦公室。這是該集團在歐洲成立的第15間美術館,除了羅爾沙赫(Rorschach)以外,瑞士庫爾(Chur)和Arlesheim也有分館,展出收藏16,000件來自世界各地的近現代藝術作品。

結束藝術之旅別急著離開,建議留點時間在波登湖邊散步。沿著步道西行,羅爾沙赫小城中可愛的房舍和造型如巴洛克城堡、瑞士最美的糧倉也值得一遊;8月份湖岸還有大型沙雕展。這裏也提供不同選擇的遊湖行程,搭乘遊船劃破浩浩湯湯的湖水前往對岸德國Friedrichshafen只需要40分鐘航程,或是逆時針遊覽沿岸小鎮,都是不錯的選擇。

`MAP ▶ P.200A2`

Maestrani巧克力工廠

Maestrani's Chocolarium

跳入香濃甜蜜滋味

🚗 從聖加侖搭乘火車至Flawil車站,下車後於車站出口轉搭751號郵政巴士,於Flawil, Maestrani站下車即達。巴士每小時一班,下車請先確認回程時間 🏠Toggenburgerstrasse 41, 9230 Flawil ☎(0)71 228-3888 ⏰週二至五10:00-18:00,週六、日10:00-17:00(打烊前1小時停止入場) 💲參觀免費;導覽成人CHF14,優待票CHF8起 🌐www.chocolarium.ch/en ❗週六、日工廠生產線不運作。工廠內禁止拍照

Maestrani是瑞士知名巧克力品牌,算是超商中很受歡迎的國民巧克力品牌。參觀SchoggiLand巧克力工廠建議參加導覽,1.5小時的行程,從影片開始認識Maestrani巧克力原料的故鄉、採收及篩選可可豆的方法、跋山涉水的路程、調製配方及品牌故事。接著進入工廠生產線,攝氏18度的恆溫工作環境下,各種大型鍋爐、機器不斷運轉,雖然看不到整鍋香濃巧克力醬誘人的攪拌模樣,看著包裝完成的巧克力一顆顆排列在運送帶上,心情也會逐漸雀躍。當然行程的最後一定要以品嘗各種招牌巧克力畫下甜蜜句點。

聖加侖周邊 Around St. Gallen

MAP ▶ P.200B2

阿彭策爾
Appenzell

舒緩如詩的田園牧歌

從聖加侖搭乘S22火車直達阿彭策爾車站，每半小時一班，車程約47分鐘。 www.appenzell.ch/de

　　沿著火車站前的Poststrasse前行至郵政廣場 (Postplatz)，逐漸被畫滿亮麗壁畫的可愛斜屋頂房子包圍：身穿傳統服飾的牧民、農莊田園、牛群、花草和鄉村酒吧都是壁畫常見的主角；往教堂尖塔的方向走，就能到達聖摩里西斯天主教堂 (St. Mauritius Kirche)，樸質的外觀很難想像內部巴洛克風格的燦爛。遊客中心和市政廳就在教堂旁邊，建議可在遊客中心內索取散步地圖，有針對小鎮中特色房屋的詳細說明。市政

廳東側的鄉土博物館則展示刺繡、民俗服裝、傳統手工藝品等，能認識地區歷史文化及傳統手工業。

　　順著市政廳前的Hauptgasse西行，Landsgemeinde大廣場就是每年4月最後一個週日上午11:00召開露天會議的場所。走在街上別忘了抬頭看看，鐵鑄商店招牌也是特色，不需多餘文字，從招牌圖樣就能猜出店家從事的行業。阿彭策爾停留在百年前的模樣，成為最具瑞士鄉土民俗特色的小鎮。

　　阿彭策爾地區以畜牧及農業為經濟重心，地區農產品聞名瑞士，加入香草調味的乳酪(Appenzeller)、42種香草製成的藥酒(Alpenbitter)、帶著微微辣味的臘肉乾(Mostbrockli)和阿彭策爾啤酒(Quöllfrisch)，都值得嘗試。參觀香草酒廠或當地最後一家啤酒廠Brauquöll也是相當受歡迎的行程。

聖加侖周邊Around St. Gallen

MAP ▶P.200B3

森蒂斯山

Säntis

御風翱翔於國境之上

🚌 從阿彭策爾或聖加侖搭乘火車至Urnäsch站，轉乘791號郵政巴士，約15分鐘至Schwägalp下車即抵達纜車站，由此搭乘纜車或步行上山。公車每小時一班次，下車時建議先確認回程時間 ☎(0)71 365-6565 ⏰纜車2~5月每日8:30-17:00(週末08:00起)；6~10月中7:30-18:00(週末延長至18:30)；10月中~12月8:30-17:00。每30分鐘一班。起士工廠五月10:00-17:00；6~9月9:00-18:30；10月10:00-17:00；11月11:00-16:00(11月僅天氣好時開放) 💲成人單程CHF38，來回CHF58，6-16歲兒童單程CHF19，來回CHF29 🌐www.saentisbahn.ch

纜車貼著壯觀的巨大岩壁攀升，僅僅10分鐘就從海拔1,352公尺的Schwägalp到達2,501公尺高的觀景台。森蒂斯山是瑞士東部最高峰，西南側是連綿不絕的阿爾卑斯山脈，東北側平緩的丘陵一路延伸至波登湖，而迎風站在森蒂斯山頂觀景台，就像飛翔於阿爾卑斯山前緣，平原與山脈

的接壤處視野絕佳，擁有720度壯闊景觀，繞觀景台一圈，可同時看到瑞、德、奧、義、列支敦士登五國領土，天氣良好時甚至可看到法國。

回到山腳下的Schwägalp纜車站後，不妨多花點時間探索這個區域。纜車站斜對面是起士示範工廠Alpschaukäserei Schwägalp，在這裡可以喝到最新鮮的阿彭策爾牛奶，看到師傅們示範起士的製作方式。Schwägalp同時也是多條健行路線的起點，2~3小時路線可走到鄰近的Kronberg、Hochalp山峰，或是周圍自然森林公園也有簡單的環繞散步路線。

梅恩菲德及其周邊
Maienfeld & Around

文●墨刻編輯部　攝影●墨刻攝影組

漫步在梅恩菲德，清脆的牛鈴伴隨著腳步一路迴盪在耳邊，任誰都會在第一眼愛上這個小村落。田園牧歌的純樸景緻在19世紀激發了瑞士作家約翰娜‧史匹里(Johanna Spyri, 1827–1901)的創作靈感，現在更吸引無數遊人前來踏青散心。

　　梅恩菲德位於格勞賓登(Graubünden)州，不僅是典型的瑞士山村，也是著名的葡萄酒產區，然而，真正讓這座小村及瑞士阿爾卑斯山麓風光聞名全球的，卻是史匹里夫人筆下的阿爾卑斯少女——《海蒂Heidi》，這部小說的背景就是在梅恩菲德。當時的史匹里夫人為了拜訪兩位住在梅恩菲德附近的同學，時常到此遊歷散步，這裡親切的人、事、物與自然景觀，深深感動她，也讓她在多年後將印象轉化為文字；而日本人將這個故事畫為卡通，就是台灣遊客記憶中的《小天使》，卡通中「小蓮」可愛的模樣和阿爾卑斯山區場景，令人印象深刻。現在的梅恩菲德村裡重現了故事中場景，讓粉絲們親身體驗原創海蒂故鄉的純樸魅力。

207

與梅恩菲德相鄰的巴德拉格斯自13世紀起就因為溫泉療養的效果，成為瑞士東部人們造訪的小鎮。這裏與海蒂也有淵源，故事中有腿疾的克拉拉就是在小鎮中療養治癒，而史匹里夫人當時也常常居住在巴德拉格斯的溫泉酒店中，凝望不遠處的梅恩菲德綠野。

INFO

基本資訊

人口：約2千9百人　**面積**：32.33平方公里
區域號碼：(0)81　**海拔**：635公尺

如何到達──火車

梅恩菲德站是個非常小的火車站，快車都不會停，需由鄰近較大的城市轉搭地方線火車。從蘇黎世搭火車出發的火車，需在薩爾岡斯(Sargans)轉車，每小時3班，車程約70分鐘；從聖加侖出發需在巴德拉格斯轉乘S12，車程約80分鐘；由庫爾至梅恩菲德的S12直達車班次相當頻繁，需時約12分鐘。

巴德拉格斯站是相對熱鬧的火車站，從蘇黎世出發的RE快車為直達車，每小時1班，車程約75分鐘，也可搭乘IC特快車於Sargans轉乘S12；從聖加侖出發的直達車，每小時1班，需約65分鐘；從庫爾出發約14分鐘可抵達。

市區交通

村落範圍不大，步行是最好的方式。遊覽梅恩菲德可由火車站沿著小海蒂之路，步行至海蒂之家主題博物館參觀，若要從這裡繼續前往大海蒂之路，難度較高，建議準備一雙好走的登山鞋，或是繼續沿著小海蒂之路繞一圈返回村裡。

巴德拉格斯火車站距離舊城區約1公里，步行約15分鐘，若不想走路，也可搭乘往市區方向巴士，於Bad Ragaz Post下車即為遊客中心。

旅遊諮詢

◎巴德拉格斯遊客中心
⌂Am Platz 1
☎(0)81 300-4020
◷週一至週五8:30-12:00、13:00-17:00，週六9:00-13:00；週日休
🌐www.heidiland.com

MAP ▶ P.208B1

海蒂村博物館

MOOK Choice

Heididorf

重溫天真浪漫的兒時記憶

📍由火車站出發沿路標上坡經Bovelgasse，約25分鐘可到達海蒂霍夫旅館，停車場外的左手邊小路徒步5分鐘可達。或是沿著海蒂之路步行36-40分鐘可達 ⌂Postfach ☎(0)81 330-1912 🕐3月中～11月中每日10:00-17:00 💲成人CHF13.9、兒童CHF5.9 🌐www.heididorf.ch

　　雖然海蒂的故事可以用任何一處瑞士阿爾卑斯山區作為背景，但是由於約翰娜・史匹里當初就是來到梅恩菲德探望好友並從事著作，也因此梅恩菲德被認定為正牌的海蒂故鄉；而在海蒂村中，你可以看到書本及動畫中所描繪的情景在眼前真實重現。

　　海蒂村包含一座已有300年歷史的海蒂小屋(Heidihaus)、海蒂博物館及小農場，此外，這裏也是前往海蒂牧場的健行路線起點。一走進海蒂小屋，就看到海蒂與彼得相對而坐，桌上還放著海蒂尚未完成的功課；2樓的角落，爺爺做到一半的木工還放在架上。時間在此恍若靜止，刻畫的不僅是書中的畫面，更是瑞士山間小鎮的歷史即景。

　　商店及售票處樓上是海蒂博物館，有關於作者的介紹，展示被翻譯成各國語言的小說和繪本。有趣的是各種版本的海蒂不只身材相貌設定不同，連年齡似乎也不太一樣，而瑞士拍攝的真人版海蒂影片則是本地人的兒時回憶。博物館外的小農場，可以近距離跟小羊咩咩親近；小雞從眼前飛奔而過，草地上放牧的牛群不時傳來叮噹牛鈴樂音，一切就像是海蒂生活的純樸世界。想要來點不一樣的紀念品，可以在商店中買張明信片寄出，除了自己蓋上的紀念章外，還會有海蒂故鄉專屬的郵戳。

MAP ▶ P.208A1B1

海蒂之路
Heidiweg

體驗忘憂原野之美

🚩 起點：梅恩菲德火車站　🌐 www.heididorf.ch/angebote/heidiweg

　　海蒂村博物館規劃的海蒂健行路線，是一條環型路線，從梅恩菲德火車站出發，順著主要道路緩緩上坡，穿越村落中心、市政廳廣場和海蒂商店，注意看路上往右邊方向的紅色指標，右轉進小徑後，伴隨著葡萄園的果香朝山脈的方向前進。經過Unter-rofels後不久就會到達海蒂村，在這裡可以參觀海蒂冬天的家和博物館，眺望村莊景色，若要前往海蒂牧場就從海蒂小屋旁的小路上山。

　　繼續沿著路標向前，出現在眼前的現代化建築是海蒂霍夫餐廳旅館(Heidihof Hotel

約翰娜・史匹里與小天使海蒂
Johanna Spyri & Heidi

　　「高山上的小木屋，住著一個小女孩，她是一個小天使，美麗又可愛」，這是民國66年播出的卡通影集《小天使》的主題曲，相信不少人到現在仍可以琅琅上口，而故事中主人翁「小蓮」純真開朗的個性，不僅融化了爺爺的冰冷、讓雙腳不良於行的小芬重新站了起來，也深刻地在不少人心裡留下了溫暖，而這故事的原著，正是瑞士女作家約翰娜・史匹里筆下的「阿爾卑斯的少女海蒂」故事。

　　史匹里夫人生於蘇黎世近郊的Hilzel小鎮，在山水之間長大的她，對大自然有著無比的熱愛，雖然婚後隨著夫婿移居蘇黎世，但仍然難以忘情摯愛的山水。1845至1852年間，她多次前往拜訪居住在梅恩菲德附近的好友，並藉此親近她最喜愛的大自然；被大自然治癒心靈的她，也開始以梅恩菲德作為故事背景，寫下了海蒂的一系列故事。1871年，史匹里夫人的首部小說出版；1880年首度發表以海蒂為主角的作品，一出版即獲得相當大的迴響。史匹里夫人在1901年過世前，共有49部作品問世，其中海蒂的故事目前已被翻譯超過50種文字，並以紀錄片、童話書、動畫片、電影等不同方式呈現，也讓她成為家喻戶曉的童書作家。

Restaurant)，接著會走一段車道，留心指向左邊林間小路的指標，從這裡進入下坡的森林路段，走過森林的出口的草原，往車道方向，就會看到海蒂噴泉(Heidi Brunnen)。這是1953年由以「兒童們的未來」為名的募捐善款所興建，故事裡海蒂和她的好朋友彼得時常歇腳喝水的小噴泉在此真實重現，海蒂與小羊準備喝水的模樣，刻畫得生動有趣。

　　接著返回剛剛的草原，往山下村落的方向前行，穿越整片結實累累的葡萄園後，繞一圈正好回到梅恩菲德火車站。若不包含參觀海蒂村的時間，海蒂之路全線僅需時1.5小時，且坡度平緩，一路上伴隨田園牧歌般的風景，走起來輕鬆愜意。

巴德拉格斯溫泉浴場 Spahouse Bad Ragaz

從巴德拉格斯火車站沿Bahnhofstrasse直行12~15分鐘可達；若從梅恩菲德火車站步行，約33分鐘可達 Am Platz 1 (0)81 330-1750 週二至六9:00-12:15、13:15-18:00；週日、一休 單人浴池60分鐘CHF80；雙人浴池60分鐘CHF100 www.spahouse.ch

小鎮的中心是巴托洛梅廣場(Bartholoméplatz)和旁邊有著豪華挑高羅馬柱拱門的建築，是否覺得這樣的場景有點熟悉？在史匹里夫人筆下，海蒂前往爺爺家之前居住的溫泉小鎮就是巴德拉格斯，而坐著輪椅的克拉拉也因為腳傷來此地長期療養，所以我們在熟知的日本卡通《小天使》裡就看過一模一樣的畫

面。這棟醒目的建築在19世紀是公共溫泉浴場，現在則是遊客中心以及鎮上唯一的公共溫泉浴場，這裏採用個人池的方式，自行調整水溫，可全裸入浴。

塔米納峽谷 Taminaschlucht

從Grand Resort後方有散步路徑可前往Alten Bad Pfäfers，路程約1小時20分，從這裡進入峽谷約500公尺可看到泉源。也可從巴德拉格斯火車站或舊城區郵局搭乘往Pfäfers, Altes Bad的公車，9:35-17:35間每小時一班次，車程約17分鐘。 (0)81 302-7161 峽谷：每年4月底~~10月；博物館：峽谷開放期間的每日10:00-18:00(5月和10月於17:00結束) CHF5 www.altes-bad-pfaefers.ch

正午時分，走到天頂的太陽穿越70公尺的陡峭岩壁裂縫，射入塔米納峽谷，一道神聖而奇幻的光束打亮塔米納溫泉泉源，36.5°C的純淨泉水自山壁上滾滾湧出，這就是巴德拉格斯的生命之泉，也是歐洲最豐沛且富含礦物質的泉源。

13世紀修道士意外發現Pfäfers這個地區的溫泉，當時朝聖者想要浸泡溫泉可不像現在這麼享受，不但要走過崎嶇難行的路、穿越溪谷岩壁，還要將人綁在繩子上，垂吊至溪谷中；只有富有的人才能乘坐稍微舒服的椅子垂吊下降。1774年Pfäfers的修道院在峽谷的入口處建立了第一座溫泉浴場Alten Bad Pfäfers，也就是現在看到的修道院和1983至1995年間改建的溫泉博物館。直到1840年，長達4公里的溫泉管線鋪設至巴德拉格斯，泡溫泉才變成高級優雅的療養方式。

若是對歷史有興趣，溫泉博物館中有許多關於地區歷史的介紹，附設的餐廳僅於峽谷開放期間供餐。穿越修道院就可以到達塔米谷入口，經過一個小溫泉池繼續往岩壁深處走，不久就可以看到湧泉處。步道路況良好，可以近距離感受奔流不停的水流威力。

©Grand Resort Bad Ragaz

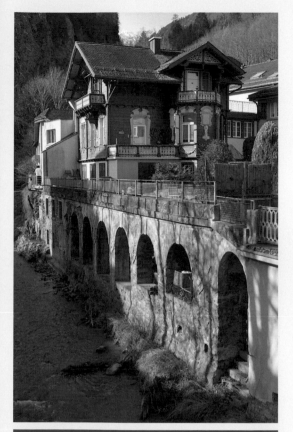

MAP ▶ P.208A1

巴德拉格斯

MOOK Choice

Bad Ragaz

療癒身心的溫泉小鎮

從梅恩菲德搭火車S12僅需3分鐘可達，但因為兩個村鎮的火車站與舊城區間都有點距離，所以選擇22號巴士會更方便，車程約15分鐘

巴德拉格斯是位於Pizol山脈與萊茵河谷地間的小鎮，8世紀開始，附近區域就屬於修道院的控制範圍，13世紀在塔米納峽谷發現溫泉，從此之後，來Pfäfers修道院朝聖的人們，就會不顧路途險惡，前往谷底浸泡沐浴。而真正打開小鎮溫泉療養的名聲，要歸功於16世紀的醫生兼科學家Paracelsus，他利用這裏的溫泉水治療病人，並在1535年發表著作稱讚溫泉水的療效，從此帶動巴德拉格斯溫泉旅遊的發展。

Grand Resort Bad Ragaz

🚌 飯店提供房客往來於巴德拉格斯火車站至飯店間的免費接送服務
🏠 Bernhard-Simon-Strasse 20 ☎ (0)81 303-3030 🌐 www.resortragaz.ch/en

　　Grand Resort Bad Ragaz是瑞士規模最大的頂級溫泉度假飯店，區域內包含完善的住宿設施、房客專屬的水療中心、開放公眾使用的塔米納溫泉中心、醫療復健中心、賭場、高爾夫球場、網球場，此外更有美容中心和8間餐廳、6間酒吧可選擇，每年都榮獲無數獎項及評鑑肯定。以前約翰娜·史匹里曾在此度假，現在則吸引來自世界各地的富商名人前來放鬆身心。

　　度假村內每間客房都擁有專屬陽台，打開門就是滿懷的清新空氣、群山綿亙和花園綠地，寬敞的衛浴空間能洗去旅人一身疲憊。2009年才啟用的水療套房(Spa Suites)更是以當代藝術風格打造極盡奢華的空間；頂樓面積達440平方公尺的Penthouse Suite，宴會廳、廚房、桑拿室、漩渦浴缸等配備不說，傢俱和設計皆來自名家之手，而360度全景觀視野更是讓入住的旅客有國王級的尊榮。

　　附設的醫療中心由冬季奧林匹克團隊首席醫師領導的30人醫療團隊進駐，被指定為瑞士奧林匹克的選手醫療復健中心。住宿房客專屬的水療中心以巴洛克宮殿的氣勢打造恆溫34°C的溫泉水療池Helenabad，塔米納峽谷的純淨湧泉經管線直接入注，富含礦物質的中溫礦泉對循環系統疾病和風濕有相當療效。水療池邊設有按摩水柱、氣泡池和漩渦池，還有28°C的室內外游泳池、桑拿室以及施華洛世奇水晶打造的香草蒸汽浴。此外，房客也可以免費使用塔米納溫泉中心。

塔米納溫泉中心 Tamina Therme

🌀 Grand Resort Bad Ragaz區域內 ☎ (0)81 303-2740 🕐 每日8:00~22:00(週五至23:00) 💲 週一至五成人2小時CHF37、1日券CHF51；週末及假日成人2小時CHF44、1日券CHF58；每增加1小時加價CHF4 🌐 www.taminatherme.ch

　　塔米納溫泉中心是由Grand Resort所經營的公眾溫泉，2009重新裝修後，純白挑高的現代化建築，已成為草地上最醒目的地標。一整排巨大的橢圓形窗引進自然天光，而窗外皚皚白雪的山景就像框在畫中與時變換的風景，而夜裡水波倒映著不斷轉換顏色的燈光，如入奇異幻境。

　　溫泉中心佔地達7,300平方公尺，有室內池、露天泳池、噴流池、漩渦浴池、按摩水柱等，大多是34~36.5°C的低溫溫泉，最高溫為39°C的岩洞池。購票後會拿到寄物櫃鑰匙，先在地下一樓的穿越型更衣間換上泳衣，從另一邊的門出去就是寄物櫃。最貼心的是：當你享受完水療起身後，工作人員會適時遞上加熱過的溫暖大毛巾，以防感冒著涼。入口處有溫泉飲用台，離開前不妨試看飽含礦物質的水泉滋味。

©Switzerland Tourism

德語區
庫爾

庫爾
Chur

文●墨刻編輯部　攝影●墨刻攝影組

庫爾掌握了阿爾卑斯山脈向南的交通孔道，又是萊茵河沖積平原的起點，因此自古就是瑞士東部的重要關口。根據考古研究，庫爾早在西元前5千年時就有聚落形成，可以說是瑞士歷史最為悠久的城市。

　　庫爾在瑞士發展史上也扮演了重要的角色，曾先後被凱爾特人、羅馬人、東哥德人和法蘭克人 治。約在西元280年的羅馬時代，庫爾就是羅馬公路系統中聯絡北歐與羅馬的要衝；西元451年時，這裡正式成為主教教區並持續了千年之久，也因而成為瑞士天主教的傳教中心，吸引了歐洲四方的朝聖信徒，進而也繁榮了庫爾城鎮。

　　走進庫爾，就會發現這裡與她的歷史一樣，充滿了濃濃的中世紀風情，很難想像城市曾經在1464年時幾乎被一場大火完全摧毀。這場空前絕後的大火不僅徹底改變了庫爾市容，更改寫了庫爾的歷史：在此之前這裡原是屬於羅曼語區，但為了大火後的重建，一批批來自德語區的藝術家、工匠不斷湧入，他們引進當時最流行的北義石造建築風格重整市鎮，賦予了庫爾全新的哥德式市鎮景觀，但其使用的德語卻也使得羅曼語受到排擠，在庫爾城逐漸凋零。從此，庫爾成為一個同時擁有羅曼文化的精神、北義市鎮的風格，但卻使用德語溝通的有趣城市。

213

INFO

基本資訊

人口：約3萬5千人
面積：28.09平方公里
區域號碼：(0)81
海拔：592公尺

如何到達——火車

　　庫爾是格勞賓登州(Graubünden)的首府，也是重要的火車轉運站，包括冰河快車、伯連納快車與阿羅薩快車(Arosa Express)都經過此地。從蘇黎世到庫爾的直達車，每小時有2班車，最快約1小時15分到達；由琉森前往庫爾可選擇在蘇黎世或Thalwil轉車，每小時2班，需時約2小時10分鐘；從聖摩里茲搭乘RE快車至庫爾，每小時1班直達車，車程約2小時；從策馬特乘冰河快車至庫爾，夏季每日4班，冬季每日僅1班，車程最快約5小時34分。從義大利的蒂拉諾(Tirano)乘伯連納快車到庫爾，每日只有1班，車程約4小時20分。

圖例　❖景點 ✚教堂 🍴餐廳 Ⓗ飯店 ❶遊客中心 🚉火車站

當地交通

　　市區中的舊城區大都已規劃為行人徒步區，車輛必須停放在舊城區外圍的公用停車場，且舊城區的範圍不大，徒步是最好的遊覽方式。
　　前往鄰近地區可搭乘郵政巴士，火車站前的班霍夫廣場(Bahnhofplatz)為主要的巴士轉運點。

◎租車

　　庫爾鄰近的山區雖然有郵政巴士，但班次不頻繁，若喜歡行程多點彈性，也可租車自駕並順遊格勞賓登州其他地區。

Avis
🏠Kasernenstrasse 37
☎(0)81 300-3377
🌐www.avis.ch

Europcar
🏠Bahnhofplatz 1
☎(0)81 252-0247
🌐www.europcar.ch

Hertz
🏠Triststrasse 15　☎(0)81 252-3222
🌐www.hertz.ch

National Car Rental
🏠Bahnhofplatz 1　☎(0)81 252-0247
🌐www.nationalcar.com

導覽行程

◎舊城導覽

　　市區觀光可參加徒步導覽行程，該行程以德語解說，主要造訪庫爾舊城區，約2個鐘頭。需上網事先預約。
🏠火車站遊客中心集合
💲成人CHF20、6-16歲兒童CHF10
🌐www.chur.graubuenden.ch/en

◎語音導覽

　　在庫爾旅遊局官網上的Audio-Guide單元可免費下載中文的市區語音導覽mp3檔案，只要將下載的檔案存入自己的手機、iPod或mp3播放器中，並列印搭配的語音導覽地圖，就等於有隨身導遊陪伴你遊老城；更棒的是：想去哪裡、停留多少時間都由你控制。

旅遊諮詢

◎庫爾遊客服務中心

🏠Bahnhofplatz 3 (庫爾火車站內)
☎(0)81 252-1818
🕐週一至五9:00-12:00、13:30-17:00(週五16:00提前打烊)，週六9:00-13:00，週日休
🌐www.chur.graubuenden.ch/en

Where to Explore in Chur
賞遊庫爾

MAP ▶ P.214A3

庫爾舊城
Altstadt Von Chur
群山環繞的哥德式古城

擁有全瑞士最悠久的城市歷史，庫爾的舊城自然也成為觀光重心之一，不過，實地走訪就會發現建築並不如想像中的古老。實際上，因為1464年的庫爾大火，原本木造屋舍為主的市區毀壞殆盡，現存的舊城建築大都建於16世紀，為了防止災難重演，特別學習北義以石頭為主要建材的哥德式建築風格，也因此賦予了庫爾如此獨特的城市景觀。

走在庫爾舊城時，不妨留意沿途屋舍牆上的精美壁畫，這些壁畫訴說了屋子過往的風華歷史，壁畫上裁縫、打鐵等圖案，顯示建築過去是何種行業的行會所在地。另外，也時常可以看到建築或噴泉飾以野生山羊(英文為Steinbok，德文為Steinböcke)的圖案，這種長著長角的羊生活在阿爾卑斯高山上，因此被瑞士人賦予「自由」的象徵意義，而當地人也取其自由之意，以這種羊作為格勞賓登州的代表圖示。

MAP ▶ P.214B3

市政廳

MOOK Choice

Rathaus
民意發聲的場所

🚶 沿火車站前的班霍夫大街(Bahnhofstrasse)前進，續行郵政街(Poststrasse)，市政廳即位於左手邊 🏠 Poststrasse 33

在1464年發生的歷史性市區大火中，庫爾當時的市政廳也同時付之一炬，現今的庫爾市政廳則是以原聖靈醫院(Spital zum Hl Geist)為基礎逐年修建而成，雖然格局不甚方正且屋簷微傾，卻也是庫爾歷史的最佳側寫。

若參加舊城導覽，遊客可以進入不少重要的廳室參觀。走進議事廳，保存良好的木質天花板訴說了這個議事廳的悠遠歷史，而一旁畫工精美的瓷製火爐建於西元1735年，也深具價值。除此之外，議事廳全間設計相當樸實寧靜，似乎也隱約呼應了政治在瑞士的大眾意涵。

MAP ▶ P.214B3

聖馬汀教堂
Kirche St. Martin
直達天聽的聳立尖塔

🚶 沿火車站前的班霍夫大街前進，續行郵政街到底即達。 🏠 St. Martinsplaz 10 ☎ (0)81 252-2292 ⏰ 週一8:30-17:00，週二和四8:30-11:30，週三和五8:30-11:30、14:00 16:30 💰 免費 🌐 www.chur.ch/kirchen/6040

聖馬汀教堂外觀上最為醒目的，自然是那一柱擎天式的尖塔，這尖塔建於1918年，當時教徒為了與建在山丘上的天主教大教堂一別高下，硬是建了一座比天主教大教堂還高的尖塔，來象徵他們的信仰比舊教更接近上帝，其心態令人莞爾。此外，教堂裡的珍藏則是由瑞士藝術家奧古斯托·賈克梅提(Augusto Giacometti)在1919年製作的3面彩繪玻璃窗，雖然內容講述的是基督誕生的故事，但造型頗具現代藝術感，相當值得一看。

大教堂
Kathedrale St. Himmelfahrt
混搭風格的朝聖地

從聖馬汀教堂旁的Kirch-grass進入，沿著階梯向上即可抵達 ⌂Dompfarramt St. Mariae Himmelfahrt, Hof 14 (0)81 252-2076 6:00-19:00（週二8:00起，週日7:00起）。 免費 www.bistum-chur.ch

庫爾從5世紀開始，就是天主教主教教區，也因此成為天主教教徒朝聖的聖地之一。現在看到的大教堂屬於羅馬式的建築風格，其於12世紀即開始修建，直到西元1272年才修建完成。教堂與四周庭院包含了一座巴洛克式的主教宮及受俸者的住處，自給自足，宛如一個獨立城鎮。在過去，四面八方不斷湧入的朝聖者來到這裡，都是由教堂安排住宿，並供給工作機會，也因此許多朝聖者在賺了錢後，都會主動捐獻或動手裝飾教堂，也讓教堂內部裝飾呈現出巴洛克、哥德式等不同時期的多元建築風格，與教堂外的樸實大異其趣。

阿卡斯廣場
Arcasplatz
繽紛色彩點綴古廣場

從聖馬汀教堂沿Oberegasse西行，再向南穿越任一條巷弄即達

保存良好的屋舍為阿卡斯廣場營造了庫爾城鎮的中世紀美感；一座座古舊的房舍包圍出偌大的廣場，很難想像直至1971年以前，這裡呈現的都還是充斥著倉庫的混亂畫面。阿卡斯廣場上不少房屋過去都是倚靠著庫爾城牆建造，如今城牆隨著時代演進而消逝，僅留下這些房舍讓後人回想當年的城市景觀。現在的阿卡斯廣場林立著不少露天餐廳及咖啡座，每週六早上，阿卡斯廣場還會成為生鮮市集，販賣各式庫爾當地生產、栽植的農作物與土特產，熱鬧非凡。

上城門
Obertor
遙想中世紀車馬駢闐

從聖馬汀教堂沿Oberegasse西行即達

中世紀時，庫爾四周皆擁有完整的城牆與城門，時至今日則僅存兩座城門可供緬懷，而這座上城門就是其中之一，其造型、顏色與歷史意涵，使得它成為庫爾的標誌性建築之一。

上城門建於西元1583年，是過去人們進出庫爾城內的主要通道，白天是人聲鼎沸的幹道，晚上則關門以保障城內居民的安全，直至現在，上城門仍然維持這樣的傳統。今日遊客們來到上城門下，信步走在附近的街道上，既感受舊時車馬雜沓的模樣，也享受旅遊歐洲時的那份閒適。

德語區‧
達沃斯

達沃斯及其周邊
Davos & Around

文●李曉萍‧墨刻編輯部　攝影●周治平

在瑞士的山區度假勝地中，達沃斯各方面都顯得獨樹一幟：街道上少見傳統木屋，取而代之的是現代化公寓式住宅和高級飯店；雖然是高山包夾、腹地不大的狹長型城市，卻是國際賽事和會議的舉辦地，每年的世界經濟論壇(WEF)和國際冰上曲棍球錦標賽都在此舉行。

然而達沃斯的最初發展卻和旅遊沒什麼關係，入住人口逐漸增加是因為這裏以空氣清新著稱，所以發展成肺結核等呼吸系統病患的夏季療養中心；德裔作家托馬斯‧曼(Thomas Mann, 1875–1955)得到諾貝爾文學獎的小說《魔山》(Der Zauberberg)，即是來此地探望患了肺結核的妻子時得到靈感，以沙茨阿爾卑(Schatzalp)的療養院為故事舞台寫下的名著。

達沃斯東西兩側有亞考布斯峰、Parsenn、Pischa、Madrisa和Rinerhorn，夏季健行、冬季滑雪的高山多得不勝枚舉，直到150年前，第一批冬季遊客抵達，才開啟了達沃斯的冬季運動旅遊之門。

從空中俯瞰達沃斯與克洛斯特斯，就像散落在狹長山谷中的雙子城，南北兩側高山聳立，雖然地理位置相當接近，卻發展出極為不同的個性。

克洛斯特斯是個純樸清新的阿爾卑斯山中小鎮，傳統木屋建築、百年歷史的旅店、寧靜優雅的氣氛，從50年代起就受到低調的富豪及皇室、好萊塢明星們的青睞，像是英國查爾斯王子一家每年冬天都會來克洛斯特斯渡假。

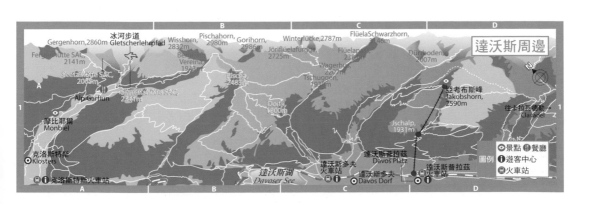

INFO

基本資訊

人口：約1萬1千人　**面積：**284平方公里
區域號碼：(0)81　**海拔：**1,560公尺

如何到達——火車

從蘇黎世或其他瑞士主要車站出發，都沒有前往達沃斯的直達車，需要在Landquart轉車，蘇黎世出發車程約2小時20分。達沃斯有兩個火車站：達沃斯普拉茲(Davos Platz)以及達沃斯多夫(Davos Dorf)，主要景點集中在達沃斯普拉茲一帶，購買車票時需注意。從蘇黎世前往克洛斯特斯也需要在Landquart轉車，車程約1小時50分。達沃斯與克洛斯特斯之間搭乘火車約25分鐘，每小時2班次。

地區交通

從達沃斯普拉茲到達沃斯多夫之間約3公里，最熱鬧的主要道路Promenade貫穿兩區，旁邊都是商店、餐廳和旅館，步行即可，也可搭乘VBD經營的地區巴士3或4號往來兩個車站，單程票CHF3。若要前往鄰近村莊則可搭乘達沃斯地區巴士或郵政巴士。

VBD
📶www.gemeindedavos.ch/vbd

優惠票券

**◎達沃斯-克洛斯特斯貴賓卡Davos Klosters
Premium Card**

只要投宿在達沃斯或克洛斯特斯區域的旅館，即會獲得一張免費的達沃斯-克洛斯特斯貴賓卡，憑卡可於入住期間免費搭乘區域內的登山鐵道、纜車、兩地之間往來的火車(二等艙)及部分區域巴士，並可免費參觀達沃斯的博物館。此外，滑雪、玩飛行傘等許多戶外活動也多有折扣優惠，對旅客而言非常方便且吸引人。

📶www.davos.ch/en

滑雪課程

冬天來到達沃斯，怎麼能錯過滑雪機會，若已有滑雪經驗，鄰近火車站和停車場的InterSport Bardill有選擇豐富、裝備齊全的雪具出租，且提供專業諮詢。就算你對滑雪一竅不通，達沃斯的專業滑雪教練也能讓你從此喜歡上這項運動。

InterSport Bardill
🏠Brämabüelstrasse, 7270 Davos Platz
📞(0)81 413-2323
🏠Landstrasse 185, 7250 Klosters
📞(0)81 422-1040
📶www.bardill-sport.ch
滑雪學校Schweizer Schneesportschule Davos
🏠Promenade 157, 7260 Davos Dorf
📞(0)81 416-2454　📶ssd.ch
🌐可詢問是否有中文教練

旅遊諮詢

◎達沃斯遊客中心(達沃斯普拉茲)
🏠Talstrasse 41 , 7270, Davos Platz
📞(0)81 415-2121
◎克洛斯特斯遊客中心
🏠Alte Bahnhofstrasse 6 , 7250 Klosters
📞(0)81 410-2020
📶www.davos.ch

Where to Explore in Davos & Around
賞遊達沃斯及其周邊

MAP ▶ P.217D1

亞考布斯峰
Jakobshorn

MOOK Choice

群峰競高環繞

📍 Davos Platz火車站向下方即可看到纜車站　☎(0)81 417-6150　🕐 6月下旬～10月中大約8:30-17:10，每30分鐘一班；11月下旬～4月中大約8:15-17:15，每15分鐘一班。　💲 早晨半日券(13:00前返回)成人CHF15，下午半日券(12:15以後出發)成人CHF58，一日券成人CHF73，二日券成人CHF137。另有多種滑雪通票

達沃斯又分為東北邊的多夫(Dorf)和西南邊的普拉茲(Platz)，大部份的博物館和休閒設施都在普拉茲。從普拉茲搭乘纜車前往亞考布斯峰，20分鐘即可攀升至2,590公尺的觀景台，無邊無際的3千多公尺群峰環繞四周，向下俯瞰，城鎮是蔥鬱山谷的最佳點綴。

夏天來到此地，回程可在纜車中站Jschalp下車，然後從這裡循健行路線走回達沃斯；若步行40分鐘前往Clavadeleralp，還能品嘗當地手工起士的滋味。而達沃斯更精彩的季節在冬天，這個地區雪質細緻，相鄰共7座滑雪場，雪道總長320公里，不管是雙板、單板、越野滑雪或雪橇，從初學到中、高級玩家都能找到適合的滑道，甚至可以越過幾座山一路滑到克洛斯特斯，也因此達沃斯被選為瑞士國家代表隊的訓練基地。

此外，在市區也可以搭登山纜車前往對面山頭的沙茨阿爾卑(Schatzalp)觀景台。對藝術有興趣的遊客則別錯過基爾西 美術館(Kirchner Museum)，館內擁有最豐富德國表現主義大師基爾西 (Ernst Ludwig Kirchner, 1880-1938)的收藏。

MAP ▶ P.217A1

克洛斯特斯健行
Hiking around Klosters

探訪傳統山區聚落

📍 從Klosters Platz火車站搭乘郵政巴士232號，於Monbiel下車，車程約10分鐘，每小時2班。或是由Klosters市中心沿指標步行前往，單程約1小時

克洛斯特斯從前是屬於羅曼語的聚落，中世紀時瓦爾薩人(Walser)移居此地，從此德語逐漸流行。至今克洛斯特斯周圍山區仍有幾個瓦爾薩人村莊，其中最推薦的是摩比耶爾(Monbiel)，小村落寧靜得像被文明世界遺忘在阿爾卑斯山間，房子的地面層以石頭堆砌蓄養牲畜，一樓以上搭建木屋作為住宅，這樣的傳統生活依然持續著，時間被凍結在百年前。

從摩比耶爾出發往深山邁進，前往Alp Garfiun的7公里環狀路線，繞一圈大約2小時，沿途幾乎都是平緩上坡，有蔥鬱森林和清澈溪流陪伴，高山環繞之下徐徐而行，輕鬆愜意。步道中點是Alp Garfiun餐廳，這裡景色開闊，不妨在此歇歇腳。若是散步行程，休息後即開始回程；若有足夠的裝備，這裡就是前往Silvretta登山健行的起點。

這條全年開放的健行路線，夏季清爽舒適，冬季則是一片銀白世界，若回程不想步行，還可體驗駿馬拉雪橇的貴族式享受。

©Switzerland Tourism

法語區

French-Speaking Region

法語區

法語是瑞士的第二大語言，通行在瑞士與法國交界的西邊地區，目前大約有19%的瑞士人使用法語。在法語區內，你不僅可以聽到與法國相差甚小的法語，就連飲食習慣也跟法國極為類似，而這一區所出產的起士和葡萄酒，都絕對不會輸給世界知名的產地。

位於瑞士西南部的日內瓦，是瑞士的第二大城、聯合國歐洲總部及紅十字總會所在地，因此日內瓦和蘇黎世比較起來，顯得更具有國際感。而日內瓦百年如一日的老城區、時尚與高雅兼具的購物大道，以及日內瓦湖中一柱擎天的大噴泉，都使日內瓦成為瑞士最受歡迎的觀光大城。

日內瓦湖畔沿著洛桑、拉沃、威薇、蒙投一線，是日內瓦湖區的精華旅遊地段，遼闊的藍色日內瓦湖，此岸是一望無際的葡萄園梯田，彼岸是煙嵐繚繞的群山諸峰，極目美景，令人無法移開視線。除了漫步在湖光山色之中，小鎮上許多特殊主題的博物館，如洛桑的奧林匹克博物館、威薇的食品博物館和遊戲博物館等，都能為旅途添加不少趣味。

無論走在法語區的哪個城市，都不難發現：這裡流竄的氛圍就如同法國一樣，少了一般都會的匆忙，而多了一股悠閒與自在，要享受瑞士的「浪漫」，非法語區莫屬。

法語區之最Top Highlights of French-Speaking Region

日內瓦湖 Lac Léman
陽光下粼粼波光映襯著遠方白雪皚皚的阿爾卑斯山脈，日內瓦湖景吸引無數名人雅士流連。不管是日內瓦市直衝天際的大噴泉，還是洛桑與威薇的古樸可愛，只要以寶石藍的日內瓦湖為背景，一切都變得更迷人了。(P.244)

©Switzerland Tourism

拉沃葡萄園梯田Lavaux
洛桑一帶綿延30公里的葡萄園梯田，被列入世界文化遺產。閃耀著金黃光芒的葡萄園在夕陽下延伸至湛藍湖面，色彩飽滿豐富，就像上帝不小心打翻的調色盤。(P.252)

西庸城堡
Château de Chillon
依水而建的厚實堡壘，如漂浮在水面般浪漫，實際進入探訪，才能了解走過的沈重歷史。遼闊視野令人忘憂。(P.257)

法語區
●日內瓦

日內瓦

Genève

文●墨刻編輯部　攝影●周治平・墨刻攝影組

位於瑞士西南部的日內瓦,在地理上和德語區的蘇黎世各據一方,不僅是瑞士第二大的城市,也是瑞士法語區的重鎮。雖然日內瓦的人口僅有20萬,卻是聯合國歐洲總部及紅十字會總會的所在地,市內還有許多國際性的機構,小小一座城市,卻掌管著全球80億人口的福利,其國際地位的重要性可想而知。

除了作為國際級的大都會外,日內瓦還是一座充滿公園、綠地的花園城市,市區被隆河(La Rhône)一分為二:右岸是新城區,日內瓦的主要車站就座落於此,同時這一帶也有不少尊貴的五星級大飯店;而隆河左岸是以市政廳為中心的老城區,擁有許多優美的古蹟和廣場,靠近河邊的隆河大街與市場大街更是高級鐘錶店與名牌專賣店匯集的地方,皆屬觀光重地。

此外,日內瓦還擁有依山傍水的好風景,市區緊臨的日內瓦湖(即法語中的雷夢湖)是民眾平日休憩的最佳去處;而從日內瓦市區也可以望見阿爾卑斯山及侏羅山脈的巍峨群峰。如此得天獨厚的自然條件,難怪要成為瑞士最受歡迎的觀光城市,2014年更被票選為「歐洲最佳旅遊城市」。自古以來,這裡便吸引許多名人到此一遊,包括拜倫、巴爾札克、杜斯妥也夫斯基、西西皇后,和近代的奧黛麗赫本、亞蘭德倫等,都曾在此流連忘返。

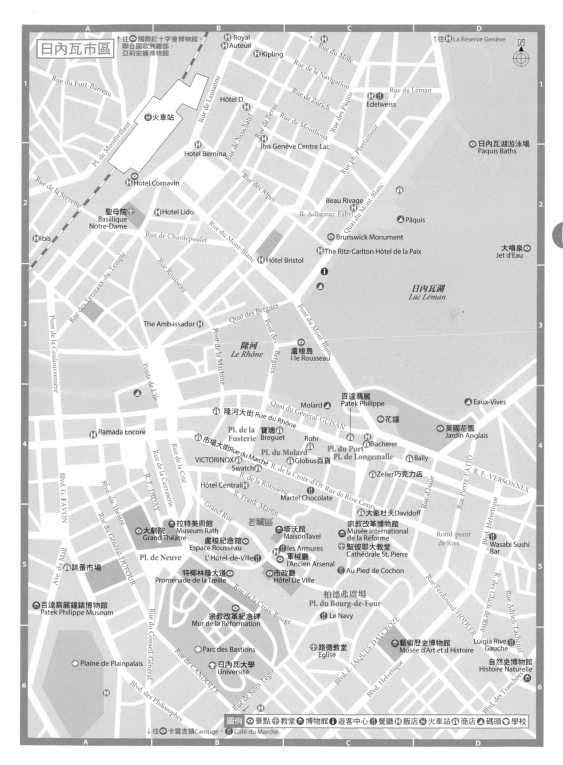

日內瓦市區

往⦿國際紅十字會博物館、
聯合國歐洲總部、
亞莉安娜博物館

🚂火車站

A · B · C · D

1

Rue du Fort-Barreau
Rue de Montbrillant
Rue de Lausanne
Rue de la Navigation
Rue du Môle
往⦿La Rèserve Genève
Ⓗ Royal
Ⓗ Auteuil
Ⓗ Kipling
Rue de Zürich
Rue des Pâquis
Rue du Léman
Edelweiss

Hôtel D
Rue de Berne
Rue de Monthoux
Rue de Neuchatel

2

Rue de la Servette
Ⓗ Hotel Cornavin
聖母院 Basilique Notre-Dame
Ⓗ Hotel Lido
Rue de Chantepoulet
Rue du Mont-Blanc
Rue des Alpes
Ⓗ Hotel Bernina
ibis Genève Centre Lac
Rue ph. Plantamour
Beau Rivage
R. Adhémar-Fabri
🛈
Ⓗ Pâquis
⦿日內瓦湖游泳場 Paquis Baths

Ⓗ Ibis
Hôtel Bristol
Brunswick Monument
Ⓗ The Ritz-Carlton Hôtel de la Paix
🛈
🛈
大噴泉⦿ Jet d'Eau

3

Pont de la Coulouvrenière
Rue des Terreaux-du-Temple
Rue Rousseau
Quai des Bergues
The Ambassador Ⓗ
Pont de la Machine
隆河 Le Rhône
Pont des Bergues
Pont du Mont-Blanc
盧梭島 I le Rousseau
日內瓦湖 Lac Léman

4

Pont de l'Ile
Ramada Encore Ⓗ
Rue du Théâtre
Rue de la Corraterie
Quai du Général-GUISAN
隆河大街 Rue du Rhône
Pl. de la Fusterie
寶璣 Breguet
Rohr
Molard
百達翡麗 Patek Philippe
🛈
🛈 Bucherer
花鐘
Eaux-Vives
英國花園 Jardin Anglais

市場大街 Rue du Marché
VICTORINOX
Swatch
Hôtel Central
Pl. du Molard
Globus百貨
R. de la Croix-d'Or
Rue de Rive
Pl. du Port
Pl. de Longemalle
Bally
Zeller巧克力店

5

Blvd. G. FAVON
Blvd. du Théâtre
R. F. DIDAY
Grand Rue
R. de la Cité
R. de la Rôtisserie
R. Frank-Martin
Martel Chocolate
大衛杜夫 Davidoff
Rue d'Italie
R. F. VERSONNEX
Rue Pierre-FATIO
Blvd. Helvétique
Wasabi Sushi Bar

Ave. du Mail
Rue du Général-DUFOUR
大劇院 Grand Théâtre
拉特美術館 Museum Rath
盧梭紀念館 Espace Rousseau
L' Hôtel-de-Ville
老城區
塔沃館 MaisonTavel
les Armures
軍械廳 l'Ancien Arsenal
Pl. de Neuve
宗教改革博物館 Musée International de la Réforme
聖彼耶大教堂 Cathédrale St. Pierre
Au Pied de Cochon
Rond-point de Rive

6

跳蚤市場
Rue du Conseil-Général
特稞林蔭大道 Promenade de la Treille
市政廳 Hôtel De Ville
柏德弗廣場 Pl. du Bourg-de-Four
Rue Ferdinand HODLER
R. des Glacis de Rive
Rue Adrien-Lachenal
Luigia Rive Gauche

百達翡麗鐘錶博物館 Patek Philippe Museum
Rue de CANDOLLE
Rue de la Croix-Rouge
宗教改革紀念碑 Mur de la Réformation
Le Navy
路德教堂 Eglise
藝術歷史博物館 Musée d'Art et d Histoire
自然史博物館 Histoire Naturelle

Plaine de Plainpalais
Parc des Bastions
日內瓦大學 Université
Rue de Saint-Léger
Blvd. E. JAQUES-DALCROZE
Blvd. Helvétique
Blvd. de Tranchées

Blvd. des Philosophes
往卡露吉鎮Carouge、Café du Marché

圖例 ⚑景點 ✚教堂 🏛博物館 🛈遊客中心 🍴餐廳 Ⓗ飯店 🚂火車站 🛍商店 ⚓碼頭 🎓學校

法語區⋯⋯日 內瓦 Genève

223

INFO

基本資訊

人口：約20萬2千人　**面積**：15.92平方公里
區域號碼：(0)22　**海拔**：375公尺

如何到達——航空

日內瓦國際機場(GVA)建於瑞士與法國的邊境上，是瑞士的主要門戶之一，超過40家歐洲及國際航空公司提供服務，航線連結世界各地130座主要城市。從台灣飛往日內瓦目前沒有直航班機，必須經由歐洲其他城市轉機抵達。
📞(0)848 19–2020　🌐www.gva.ch

◎機場線火車
搭火車是前往市區最方便的方法。在日內瓦機場的地下即是火車站(Genève–Aéroport站)，可搭乘IC、IR等火車抵達柯納文車站(Gare de Cornavin)，尖峰時刻每12分鐘一班次，車程只需6分鐘。每人CHF3。

◎機場巴士
地面層出境大廳外有Bus 10的公車站，可搭乘至市中心，尖峰時刻每8~15分鐘就有一班。

◎計程車
從日內瓦國際機場搭計程車至市中心，大約需要10分鐘，費用約CHF50~60。

如何到達——火車

日內瓦是瑞士國際及國內的交通樞紐，擁有四通八達的火車網絡，主要火車站為柯納文火車站。由蘇黎世直達日內瓦，每小時2班次，車程約2小時40分鐘；自琉森出發，每小時1班直達車，約需2小時50

分鐘；從伯恩出發，每小時2班次直達日內瓦，約需1小時40分鐘。若從法國巴黎搭乘TGV至日內瓦，只要3.5小時即抵達日內瓦市中心，且省去提早至機場劃位、候機及托運行李的時間。
🌐www.sbb.ch

如何到達——遊湖船

夏天從洛桑出發前往日內瓦，如果時間和預算充裕，並想要欣賞美麗湖景的話，也可選擇搭乘CGN公司的單程遊船。7月至9月初，每日10:55開始出發，抵達時間約為14:35起。
📞(0)848 811–848　🌐www.cgn.ch

市區交通

◎大眾運輸系統
日內瓦的大眾交通系統統稱UNIRESO，整合市區火車(CFF)、輕軌電車及市區巴士(TPG)、日內瓦湖上的黃色交通渡船(Mouettes Genevoises)，交通票券可通用這些交通工具。大部份的景點集中在舊城區，都在徒步可達的範圍之內，但若要前往郊區的聯合國歐洲總部或是卡露吉鎮，還是需要搭乘市區巴士或輕軌電車。車票可在火車站、TPG服務處或遊客中心購買，買票時記得索取一份路線圖，單程票則在站牌前的自動售票機或於車上向司機購買即可。若您持有Swiss Travel Pass或入住旅館時贈送的日內瓦交通卡(Geneva Transport Card)，則無需再另外購票。

TPG涵蓋範圍相當廣，一般旅客只要購買單區票就夠用(Zone 10, Tout Genève)。市區內行駛的電車路線相當多，基本上幾乎所有電車都會經過柯納文火車站，站牌上有清楚的行車方向，電車上也都有電子看板顯示下一站的站名，不用擔心坐過站。
💲單程票：3站以內CHF2，一小時票CHF3，一日票CHF10，09:00以後使用的一日票CHF8。

UNIRESO www.unireso.com
TPG www.tpg.ch

◎交通渡船

碧藍的日內瓦湖上，常常可以看見鮮黃色的水上交通船，繁忙的往來於兩岸新舊城區，這種稱為Mouettes Genevoises的渡船對市民而言是重要的交通工具，省去不少往返兩岸的時間。對遊客而言，若沒有搭乘遊輪的時間或預算，乘坐這種貼近水面的交通船一樣能體驗短暫的遊湖樂趣。

交通船有四種路線，M1、M2、M3都是從白朗峰大道旁的Pâquis碼頭出發，分別前往Molard(近隆河大街)、Eaux-Vives(近英國公園)及Genève-Plage，M4則是往來於Genève-Plage和de Chateaubriand之間。營運時間大約是7:00-21:00之間，週末10:00後發船，冬季(11~3月)則提早於19:30左右結束，每條路線的起末時間稍微不同。搭乘M3交通船從大噴泉旁經過，能近距離感受直上天際的水柱震撼。單程CHF2，一小時券CHF3，若使用Swiss Travel Pass或日內瓦交通卡皆免費。
www.mouettesgenevoises.ch

◎計程車

在日內瓦可在街上揮手招車，但比較便捷的方式還是以電話叫車，或是至計程車招呼站搭車。計程車起錶為CHF6.3，每公里跳錶CHF3.2，夜間、週日、假日或離開邦境的話，為每公里CHF3.8。若有大型行李，每件加收CHF1.5。小費已內含在車資之內。

Taxi-phone SA Genève
(0)22 331-4133 www.taxi-phone.ch

AA Genève Central Taxi
www.taxis.ch

◎租車

以下為日內瓦機場及柯文納火車站皆有提供服務的租車公司(電話皆為火車站的分店)。

Avis
(0)22 731-9000 www.avis.ch
Europcar
(0)22 909-6990 www.europcar.ch
Hertz
(0)22 716-3080 www.hertz.ch

優惠票券

◎日內瓦交通卡 Geneva Transport Card

自2007年起，遊客來到日內瓦只要投宿在任何一家飯店，不論星等，甚至是青年旅館和露營地，店家便會主動寄出免費的日內瓦交通卡，下載在手機裡，憑卡便可搭乘日內瓦包括交通渡船、輕軌、巴士在內的所有大眾運輸工具，且使用效期至退房當日為止。
www.geneve.com

◎日內瓦通行證 Geneva City Pass

使用這張通行證可免費進入日內瓦市區的所有博物館、美術館，搭乘觀光巴士或觀光遊船，免費參加旅遊局舉辦的徒步導覽及卡露吉鎮的導覽，至合作的餐廳用餐也享有10%~30%的折扣或是飲料招待。如果不使用Swiss Travel Pass，又想安排博物館之旅，是不錯的選擇。通行證可於旅遊局官網、遊客服務中心或合作旅館購買。
1日卡CHF30；2日卡CHF40；3日卡CHF50
www.geneve.com

觀光行程

日內瓦旅遊局推出多種徒步的主題行程，在專業導覽人員的帶領下，深入了解日內瓦的歷史故事。以下所有行程均可於遊客服務中心報名。

◎老城區散步

行程將從遊客服務中心出發，穿越老城狹窄的鵝卵石街道，探訪隱藏在老樓房背後的可愛庭院；每一處

廣場的每一座噴泉都有一段動人的故事，當然，關於聖彼耶大教堂和市政廳的故事更是引人入勝。

◎每週六14:00(全程約2小時)
⑤成人CHF25，學生CHF15，持日內瓦通行證CHF1

◎遊湖船

日內瓦湖是西歐最大的湖泊，也是沃州景致最美的所在，日內瓦有許多碼頭提供遊船服務，你可依據自己的喜好、時間與預算來選擇行程，也可以搭船前往沿湖其他城鎮。出發碼頭為Quai du Mont-Blanc與Jardin Anglais。行程、時刻表與詳細票價每季變更，請上官網查詢。

ⓤwww.cgn.ch

◎隆河遊河船

隆河遊河船的出發碼頭在Quai des Moulins de l'Ile，出發後經過隆河與Arva河匯流處，沿途欣賞日內瓦周圍鄉村景觀。來回航程約2小時30分鐘，開船前2小時可於Hotel Beau-Rivage對面的SWISSBOAT購票，來回票價成人CHF25，4至12歲孩童CHF18。

SWISSBOAT

⚑4,8, Quai du Mont-Blanc
☎(0)22 732-4747　ⓤwww.swissboat.com

◎觀光巴士

在日內瓦也有看起來像是小火車的觀光巴士，車上附有含英語在內的語音導覽，並且有3條路線可供選擇，算是最輕鬆愜意的遊覽方式。

老城區景觀Old town of Geneva

經過市政廳、大教堂、塔沃館、柏德弗廣場、宗教改革紀念碑等景點，全程約35分鐘。
⚑出發點：Quai de Bergues
◎3～12月每日10:45-18:45，每隔45分鐘發車
⑤成人€11.41

日內瓦湖右岸公園 Parks and Residences

沿著日內瓦湖右岸行走，一路會經過許多公園與著名宅邸，並可欣賞湖邊的雕塑與白朗峰風景，全程約35分鐘。
⚑出發點：Rotonde du Mont-Blanc
◎3至10月每日10:50-17:50(3、10及11月僅週末運行)，每隔45分鐘發車
⑤成人€9.31

國際組織與湖景International & Panoramic Tours

這條路線沿途經過萬國宮、國際紅十字會等國際機構，並開往日內瓦湖左岸，一路欣賞英國公園、大噴泉與玫瑰公園，全程約90分鐘。
⚑出發點：Place du Rhône和Quai du Mont-Blanc
◎3～12月每日11:30-16:45，3～4月及11～12月僅週末發車，每隔45分鐘發車

⑤成人€26.16
Trains and Trolleys Tours
ⓤwww.trains-tours.ch

旅遊諮詢

◎遊客服務中心

⚑Quai du Mont-Blanc 2　☎(0)22 909-7000
◎週一至六9:15-17:45(週四10:00開始)，週日及假日10:00-16:00
ⓤwww.geneve.com

◎機場遊客服務中心

⚑Geneva International Airport入境出口
◎每日8:00-22:00

城市概略City Guideline

從地理位置上來看，日內瓦就像是從瑞士領土伸向法國的觸手，3面被法國包圍，因此有些地方甚至要與法國共用領土，像日內瓦機場內就分為法國與瑞士出境處。也因為日內瓦是許多國際機構及跨國企業總部，每天有無數的法國居民往來兩地通勤。

城市中心正好是在日內瓦湖與隆河的匯口，北岸是新城區，以柯納文火車站為分界點，往北是住宅區，白朗峰大道往南延伸至日內瓦湖畔，是商店林立的購物街，湖畔則是公園與高級飯店區。跨過白朗峰橋，湖畔幾個廣場及隆河大道是名店街，再往上坡前進就是舊城區的範圍，主要景點都分布於此。此外，市中心北邊的廣大綠地，則是國際機構雲集的ONU地區。

日內瓦行程建議
Itineraries in Genève

日內瓦城區範圍雖然不大，但也不要心急著一次把所有景點看完，來到日內瓦最重要的事情就是保持一顆悠閒的心與一雙緩慢的腿，細細感受日內瓦的氣息，你會發現，原來愜意就是日內瓦最美麗的景致。

如果你有2天

第一天先走進日內瓦的歷史，老城區有太多故事等待挖掘。《日內瓦公約》的簽署地－－市政廳是很好的起點，在日內瓦最古老宅邸塔沃館中，可以認識中

世紀以來的日內瓦市民生活，尤其是最出名的市民盧梭，他的出生地當然也改建為紀念館供世人緬懷與參觀。登上聖彼耶大教堂150多階的高塔將會獲得全城最棒的視野，而作為瑞士宗教改革的重要城市，來到此地又怎能錯過與教堂相連的宗教改革博物館。在美麗的柏德弗廣場享用午餐後，散步至特椰林蔭大道，沿著下坡路來到日內瓦大學的校園內參觀宗教改革紀念碑。穿過公園的綠地及普蘭帕雷公園(Plaine de Plainpalais)後，便可看見百達翡麗鐘錶博物館，不管您是不是鐘錶迷，這間不可思議的博物館都能令您嘆為觀止。

　　第二天要見識日內瓦的國際化，起個大早前往萬國宮，那裡是聯合國的歐洲總部，國際紅十字會博物館及亞莉安娜博物館也都在此。參觀行程告一段落，下午是感受日內瓦市民輕鬆愜意的時候了！沿著湖畔散步，英國花園的花鐘與碼頭旁的大噴泉都是日內瓦最著名的景點，你可以在湖岸邊的露天咖啡座悠閒地喝個下午茶，走到大噴泉的下方感受其呼嘯沖天的震撼，或是搭乘遊湖船在湖上等待夕陽美景，為旅程寫下美好的句點。

如果你有3-5天

　　若是你在這一帶留有充裕的時間，不妨抽出半天到附近的卡露吉鎮挖寶。若不想每天換住宿地點，不妨安排當日來回的小旅行，搭乘火車或遊船前往洛桑、拉沃、威薇、蒙投，甚至可搭船前往對岸法國。洛桑的大教堂與奧林匹克博物館、拉沃的葡萄園梯田、威薇可愛的湖邊景致、蒙投的西庸城堡、達布列斯的冰河3000，日內瓦湖畔每一處景點都令人回味無窮。

日內瓦散步路線
Walking Route in Genève

　　散步行程就從日內瓦湖的右岸開始，①**白朗峰湖岸大道**一邊是可以眺望大噴泉的港灣景致，一邊林立著豪華的五星級大飯店，從前奧地利的西西皇后最愛在

法語區···日 內瓦 Genève

日內瓦散步路線

這條路上散步，至今湖邊仍立有一尊她的銅像供人緬懷。湖邊另一處顯著的地標是布朗斯威克紀念碑，這是流亡的布朗斯威克公爵查理二世的墳墓，由於他沒有子嗣，因而將大筆遺產悉數捐給了日內瓦政府，唯一要求是要永眠於日內瓦風景最美的地方。

　　走過白朗峰大橋便到了②**英國花園**，花鐘是日內瓦最熱門的拍照打卡地點。沿著湖畔左岸前進，高達140公尺的③**大噴泉**也愈來愈壯觀，來到這裡就不要怕溼，勇敢地走到大噴泉下吧！因為從噴泉裡面往外看，也有另一種意想不到的美感。

　　沿著湖岸走回Place du Port，從這裡折而向南，走上通往老城區的階梯。階梯頂端即是雄偉的④**聖彼耶大教堂**，400多年前「新教的羅馬」便是在這裡誕生。大教堂廣場外沒多遠便是⑤**市政廳和舊軍械庫**，這一帶是老城最具風情之處，知名哲學家的出生地「盧梭紀念館」也在此。沿著R. de l' Hôtel-de-Ville向東走，便會來到日內瓦最古老的⑥**柏德弗廣場**，再沿著下坡的方向從⑦**特椰林蔭大道**走下日內瓦大學，便是這趟散步路線的終點⑧**宗教改革紀念碑**，而這一帶的綠地和公園也是當地居民假日休閒的場所。

市中心Centre Ville

MAP ▶ P.223D2

大噴泉

MOOK
Choice

Jet d'eau

變幻萬千的水柱震撼

🔽 春天至秋天全天，及冬季白日。遇天候不佳或風速過強時，隨時關閉

　　直向天際的大水柱，隨著風向捉摸不定，有時像是一條天邊垂落的緞帶，有時又宛若一艘張飽了風的帆船，那就是日內瓦最著名的景觀－－大噴泉。大噴泉每秒約可噴出500公升的水量，高度可達140公尺，相當於一座45層樓的摩天大廈，曾經是世界上最大的人工噴泉。

　　其實大噴泉在1886年原本只是附近水力發電廠的安全閥，工人下班時將龍頭關閉後，為了釋放多餘的水壓，便有這麼一道水柱從閥裡噴出，成了當地一處景觀。1891年，為了慶祝瑞士建國600周年，日內瓦當局將這座閥門移至湖畔碼頭邊，這在當時曾引發不小的爭議，因為湖岸居民認為水柱會破壞日內瓦湖的美好景致，想不到100多年過去，遠從世界各地而來的人們，聚集在湖邊都只是為了一睹大噴泉的壯麗。

　　觀賞大噴泉最熱門的觀景地點是在噴泉旁的英國公園與對岸的湖珍珠公園(La Perle du Lac)；而最親近大噴泉的地方，當然就是沿著堤岸來到它的腳下，在那裡不但可以感受時速200公里水柱的清涼震撼，若是天氣晴朗，還有機會看見360度的圓形彩虹呢！

MAP ▶ P.223C4D4

英國花園與花鐘

MOOK Choice

Jardin Anglais et horologe fleurie

繽紛爭豔的計時器

🎵 從新城過Pont du Mont-Blanc大橋即達

坐落在白朗峰大橋(Pont du Mont-Blanc)南側的英國公園，最為人稱道的景點就是直徑長達5公尺的大花鐘，這也是日內瓦城內最常被遊客拍照留念的地點。花鐘建於1955年，目的是為了向日內瓦的鐘錶工業致敬，鐘面使用6,500束花朵排列而成，隨著花期遞嬗，鐘面的顏色也會跟著變化，十分賞心悅目。花鐘旁的雕像則是為慶祝1815年日內瓦加入瑞士聯邦所設置。英國公園也是日內瓦居民假日休閒的去處，人們悠閒地躺在碧草如茵的綠地上，望著大噴泉揚起的透明水幕，日內瓦的愜意莫過於此。

MAP ▶ P.223D6

自然史博物館

Museum d'Histoire Naturelle

凝結栩栩如生的瞬間

🚋 搭乘Tram 12於Villereuse下車，步行約3分鐘可達 🏠 1 Route de Malagnou ☎(0)22 418-6300 🕐週二至日10:00~17:00；週一休 💲常設展免費 🔗institutions.ville-geneve.ch/fr/mhn

瑞士最大的自然史博物館，每年吸引超過20萬

參觀人潮，多樣化的生物標本和各種珍奇異獸的模型從書中跳出來，是最受小朋友歡迎的博物館。

博物館入口就是巨大的長毛象化石，迎接前來探索自然界的參觀者。1F展示哺乳動物和鳥類，2F為兩棲類、爬蟲類、昆蟲及其他無脊椎動物，3F及4F分別展示地球及人類演化、礦物及瑞士的地質結構。展覽以靜態標本或模型為主，但實體大小、幾可亂真的生物模型如同在行動中被瞬間凝結，搭配實體情境，常常讓參觀者有逛動物園的錯覺。

市中心Centre Ville

MAP ▶ P.223A5

百達翡麗
鐘錶博物館

MOOK Choice

Patek Philippe Museum

鐘錶迷的聖殿

🚃搭Tram 12或15至Plainpalais站，穿越公園後即達
Rue des Vieux-Grenadiers 7 ☎(0)22 8707-3010
週二至五14:00-18:00，週六10:00-18:00。週日、一及國
定假日休 💲成人CHF10，優待票CHF7，18歲以下免費
www.patekmuseum.com

對於鐘錶迷來說，縱使面前有千軍萬馬，也
不能阻擋他進入百達翡麗鐘錶博物館朝聖。除
了多達數千件的驚人館藏外，最重要的一點：
「百達翡麗」就是鐘錶界的王者象徵！

博物館的一樓展示了許多從前打造零件與進
行組裝的工作台，搭配古老的照片，讓遊客了
解以前製錶的工作情形。二樓則是讓收藏家們
血脈沸騰的百達翡麗名錶珍藏，從1839年安東
尼‧百達(Antoni Patek)於日內瓦創業伊始製
造的鐘錶，一直到現代問世不久的新錶款，都
有豐富的展示。同時，在這一層樓裡，你也可
以找到1989年百達翡麗為誌慶創業150周年而
推出的「Caliber 89」，這支錶可以同時顯示
33種時間資訊，是目前世界上最複雜的鐘錶。

博物館的三樓則是主人私藏的古老鐘錶，例
如打造於1530年代的全世界最古老機械錶。
其中最精彩的陳列，莫過於18世紀時由中國皇
室訂做的各色機械鐘，這些機械鐘有的做成鳥
籠的模樣，有的則是一把精細的火槍，整點一
到，鳥鳴鐘響，各有巧妙，令人拍案叫絕。

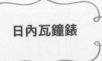

日內瓦鐘錶

16世紀歐洲興起宗教改革運動，許多支持新教的
商人、藝術家及工匠從歐洲各地逃到日內瓦尋求庇
護，為日內瓦數個世紀的繁榮富裕奠定基礎。當時
從法國來的鐘錶師傅們，帶來先進的製作技術，並
結合瑞士邦聯最受歡迎的珠寶工藝，開啟日內瓦鐘
錶製作的新紀元。

時至今日，日內瓦鐘錶工業仍然處於世界級的領
先地位，如果說瑞士製(Swiss Made)是品質優良的
保證，那麼擁有在機芯刻印「日內瓦印記(Poinçon
de Genève)」的資格，就是鐘錶界的勞斯萊斯了。
日內瓦印記創立於1886年、只有日內瓦本地生產、
並且符合嚴苛標準的製作技術和工藝表現，才能
獲得此最高榮譽，象徵
機芯質感及外觀上毫無
瑕疵，這不只是日內瓦
的官方認證，早已成為
世界公認的權威認證標
籤。

老城區Vieille Ville

MAP ▶ P.223C5

柏德弗廣場

Place du Bourg-de-Four

日內瓦最古老的廣場

🔧從聖彼耶大教堂，任何一條往東下坡的小路都能到達

　　柏德弗廣場據說就建在古羅馬的交易廣場遺跡上，從中世紀以來，這裏就是相當熱鬧的市集所在。環繞在廣場四周的建築物樓層間，有著明顯的顏色差異，這是由於宗教改革時，為了消化大批從舊教國家逃來的移民，只好將市中心的樓房向上加蓋，也才形成今日特殊的景象。18世紀時，廣場上興建起一座

小巧可愛的噴泉，在當年還有「最美麗噴泉」的美譽。

　　現在的柏德弗廣場，成了美食餐廳、露天咖啡座林立的約會角落，人們坐在餐廳外的露台上談天說笑，或是觀看街頭藝人的精彩表演，瀰漫著一股悠閒氣息。

老城區Vieille Ville

MAP ▶ P.223B5

市政廳與舊軍械廳

Hôtel de Ville / L'Ancien Arsenal

國際和平仲裁起始點

🔧往老城聖彼耶大教堂方向步行，在大教堂往南一個巷口即是Rue de l' Hôtel-de-Ville。 🏠Rue de l' Hôtel-de-Ville 💲免費 ❗僅有中庭開放參觀

　　市政廳在國際史上有著重要的和平象徵地位。1872年開啟國際和平仲裁的先河的「阿拉巴馬號索賠案」，以及1864年由17國共同

簽署關於戰爭人道救援的日內瓦公約(Geneva Conventions)都是在此簽訂，而當年在此所召開的國際會議也和國際紅十字會的成立息息相關。

　　市政廳對面的舊軍械廳是一棟17世紀的建築，在一樓的開放空間裡，仍留有5門加農砲，這個砲陣從前擔負著守衛城市的重任。牆壁上有3幅拼貼於1949年的馬賽克壁畫，描繪的是日內瓦的重要歷史，由左而右分別是凱撒征服日內瓦、中世紀城市商業繁榮的景象、以及宗教改革期間，日內瓦大開城門讓難民進入的情景。

法語區……日 內瓦 Genève

231

MAP ▶ P.223C5

聖彼耶大教堂

MOOK Choice

Cathédrale St.-Pierre

新教領袖喀爾文的傳道殿堂

🚶 往老城方向，朝著教堂尖頂走，任何一條上坡的小巷皆可到達 🏠 Cours Saint-Pierre 6 ☎(0)22 311-7574 ◷每日10:00-17:00(最後入場時間16:30) 💲教堂免費；地下考古遺址成人CHF8，7至16歲孩童及優待票CHF4。考古遺址、高塔與宗教改革博物館的聯票成人CHF18，優待票CHF12，7至16歲孩童CHF10 ➍www.site-archeologique.ch ❶地下考古遺址提供免費語音英文導覽

　聖彼耶大教堂是舊城區中最醒目的標的，只要朝著大教堂高聳的尖頂走去，就能到達老城中心。大教堂建於西元1160到1232年間，建築本身融合多種不同式樣，哥德式拱門、希臘羅馬式的正面廊柱，至於大廳內則依稀可見羅馬萬神殿的影子。16世紀宗教改革期間，崇信「因信得救」的新教徒們以簡樸為美德，因此大部份華麗的裝飾都已從教堂中移除。

　聖彼耶大教堂在世界宗教史上最顯著的地位奠定在1536至1564年間，當時集宗教改革思想大成的約翰‧喀爾文(Jean Calvin)就是在此論經講道，由於他在新教傳佈上的努力，也讓日內瓦自此有了「新教的羅馬」之稱。喀爾文當時使用的椅子(Le Siège de Calvin)依然完好地保存在教堂內，而對新教著力甚深的羅漢公爵(Henri de Rohan)死後也被葬在這裡，供後人緬懷留念。

　此外，來到大教堂一定要留點時間登上教堂的雙塔，爬上157層階梯遠眺老城區、大噴泉和日內瓦湖，絕對值得為此流一點汗。而教堂下方挖掘出許多西元4世紀的考古遺跡，更為教堂增添不少話題。

MAP ▶ P.223C5

宗教改革博物館

Musée International de la Réforme

再現宗教改革歷史記憶

🚶 就在聖彼耶大教堂旁 🏠 Cour de Saint-Pierre 10 ☎(0)22 310-2431 ◷週二至日10:00-17:00；週一休 💲成人CHF13，優待票CHF8，7至16歲孩童CHF6，7歲以下免費 ➍www.musee-reforme.ch ❶博物館內禁止拍照，提供免費語音中文導覽

　宗教改革博物館位於聖彼耶大教堂的迴廊邊，館址正好就是1536年5月21日日內瓦宣布進行宗教改革的地點，因此別具意義。博物館向遊客展示了許多宗教改革時期的畫作、為了打破神職人員的權威而翻譯成白話文的聖經、當時新舊教之間的論戰漫畫、喀爾文的生平事蹟和遺物等，並介紹關於新教的音樂形式及南特敕令(Edict de Nantes)解除後造成的移民潮。這些聽起來硬梆梆的史料，透過多媒體科技呈現，讓遊客們以有趣的方式參與一場16世紀的神學盛宴，了解當時諸位神學家們對於救贖預定論(Predestination)的看法。地下室有一條通往大教堂考古遺址的地下通道，可以購買聯票進入參觀。

老城區 Vieille Ville

MAP ▶ P.223B5

塔沃館
Maison Tavel

日內瓦城中世紀建築代表

🚇 就在聖彼耶大教堂隔壁 🏠 Rue du Puits-Saint-Pierre 6 ☎ (0)22 418-3700 ⏰ 週二至日11:00~18:00；週一休 💲 常設展免費，特展CHF3 🌐 www.mahmah.ch

塔沃館原本是一棟貴族的私人宅邸，重建於1334年的日內瓦大火之後，數百年來幾經轉手，於1963年為日內瓦市政府購得。現在成為日內瓦的市立博物館，陳列著日內瓦數個世紀以來的市民記憶。展示品中有各個時代的刀槍武器、傢俱擺飾、爐灶餐具，甚至還有一座實際使用過的斷頭台！同類展品依據年代先後排列，因此你可以比較中世紀以來大門與門鎖的演進歷程、各時代對壁紙風格的喜好差異；如果想知道從前日內瓦城區的模樣，3樓有一座造於1850年以前的大型城市立體模型，你會很驚訝地發現，日內瓦老城的街景竟和數百年前沒有什麼不同！

老城區 Vieille Ville

MAP ▶ P.223B5

盧梭紀念館
Espace Rousseau

啟蒙運動之推手

🚇 聖彼耶大教堂西側沿Grand Rue西行即達 🏠 Grand Rue 40 ☎ (0)22 310-1028 ⏰ 週二至日11:00~18:00；週一休 💲 成人CHF7，優待票CHF5 🌐 m-r-l.ch ❊ 提供25分鐘的中文語音導覽

日內瓦最知名的公民莫過於集政治思想家、教育家與音樂家於一身的盧梭(Jean-Jacques Rousseau)。他在世時雖然窮困潦倒，但所著作的《民約論》卻點燃了18世紀啟蒙運動的熊熊烈火，為歐洲的民主思潮帶來光亮，更引發了美國獨立運動與法國大革命。而他的另一部名著《愛彌兒》則為西方現代教育哲學奠下了基礎。盧梭紀念館是盧梭從前居處，可以逐一瞭解到偉人的生平及畢生作品。

💡 登城節 Escalade

©Switzerland Tourism

登城節是日內瓦最重要的節慶，熱鬧的程度甚至超過了新年！登城節的慶祝活動是為了紀念1602年12月12日的一場大勝利。當時鄰近的薩伏伊(Savoy)公國公爵企圖攻佔還是獨立共和國的日內瓦，卻遭到全城軍民合力抵抗，終於鎩羽而歸。在攻防的過程中，最出名的就是羅優姆大媽(Royaume)將熱蔬菜湯倒在登城士兵身上，英勇退敵的故事。現在每年的登城節，家家戶戶都會準備巧克力製的鍋子，餐廳和市政廳也會供應熱蔬菜湯，夜裡穿著當時的服裝，拿著火把在隆河邊遊行，當騎馬的傳令官朗讀完勝利宣言，並在聖彼耶大教堂前燃起篝火後，活動便到達了最高潮。

🔽 每年12月的第二個週末。

特椰林蔭大道

MOOK Choice

Promenade de la Treille

綠意盎然的約會地點

🚶 從聖彼耶大教堂向南，往日內瓦大學方向即達

特椰林蔭大道位於日內瓦中世紀的城牆上，城牆5公尺的高度，讓這裡得天獨厚地有了居高臨下的視野，枝葉扶疏的栗樹下也成為日內瓦市民乘涼、散步的最佳去處之一。林蔭大道一旁有張長達126公尺的長板凳，曾寫下世界上最長板凳的紀錄。起點上的雕像，是1815年代表瑞士參加維也納會議的皮克泰・德・羅許蒙(Pictet de Rochemont)，當年他不但遊走於列強之間，鞏固瑞士成為永久中立國的角色，更是促使日內瓦加入瑞士聯邦最重要的推手，對瑞士及日內瓦國際地位的影響功不可沒。

宗教改革紀念碑

Mur des Réformateurs

挑戰舊權威的勇敢象徵

🚶 從聖彼耶大教堂往日內瓦大學方向，走下階梯即可看到

16世紀時，由於羅馬教會的腐敗，日耳曼的馬丁・路德率先向天主教威權發難，接著，蘇黎世的茲文利也將宗教改革的火炬引進了瑞士，而在瑞士集其思想之大成者，便是日內瓦的喀爾文(Jean Calvin)，他不但將日內瓦變成了「新教的羅馬」，其學說理論也對後世的西方宗教，乃至於社會型態有著不可抹滅的影響。

1909年時，適逢喀爾文400歲冥誕，人們便在

日內瓦大學裡的一面牆上雕刻了喀爾文及弟子們的浮雕像，由左而右分別是法萊爾(Guillaume Farel)、喀爾文、伯撒(Théodore de Béze)、諾克斯(John Knox)，用以紀念喀爾文對宗教改革所做的貢獻，雕像上還刻有「Post Tenebras Lux」的字樣，意即經過了黑暗，光明終於來到。

郊區Banlieue

MAP ▶ P.223A1

聯合國歐洲總部 (萬國宮)

Palais des Nations(ONU)

歐洲的中心與和平的首府

🚋搭乘Tram15至Nations站下車抵達 🏠14 Avenue de la Paix ☎(0)22 917-4896 ⏰4～6月週一至六10:00-12:00、14:00-16:00；7、8月週一至六10:00-16:00；9～3月週一至五10:00-12:00、14:00-16:00。導覽場次為10:30、12:00、14:30、16:00；4～8月週日及9～3月週六、日休 💲參加導覽成人CHF16，優待票CHF10起 🌐www.ungeneva.org/en ❗僅開放導覽參觀，須攜帶身分證明，禁止攜帶大型行李或背包

第一次世界大戰結束後，美國總統威爾遜建議讓日內瓦成為國際聯盟設址之地，此後，日內瓦便成為許多重要國際組織的落腳處，包括國際勞工組織、國際紅十字會、世界衛生組織等，都將總部設在這裡。其中聯合國歐洲總部正式於西元1946年在日內瓦成立，這裡腹地極廣，所有建築物和綠地加起來，堪與凡爾賽宮媲美，裡面不僅有聯合國開會會場，還有圖書館、美術館及公園等設施。

總部大門前那張高大醒目的跛腳椅，是國際助殘組織於1997年時的創作，旨在號召各國簽署《渥太華禁雷公約》，並於2007年重新豎立在聯合國歐洲總部大門前，以提醒世人地雷和集束炸彈的可怕。如果有心，可在此購買一份「和平通行證」(Pass for Peace)，代表你祈求世界和平的願望。

郊區Banlieue

MAP ▶ P.223A1

國際紅十字會博物館

MOOK Choice

Musée international de la Croix-Rouge et du Croissant-Rouge

人道關懷的深刻反思

🚌搭Bus 8、20等至Appia站，沿Avenue de la Paix北行即達 🏠Avenue de la Paix 17 ☎(0)22 748-9511 ⏰週二至日10:00-18:00(11～3月於17:00結束)；週一及假日休 💲成人CHF15，優待票CHF10 🌐www.redcrossmuseum.ch

國際紅十字會是由亨利‧杜南(Jean Henri Dunant)於1863年創建的世界第一個人道組織，總部設立於聯合國歐洲總部的正前方。總部內的博物館除了展示紅十字會的發展歷史、成立目標及160年來於世界各地災難救援的紀錄外，更重要的是帶領參觀者瞭解戰爭與人道救援等嚴肅的國際和平議題。就如同博物館前一群被矇著眼睛且雙手反綁的戰俘雕像群，提醒遊人們國際上仍然充斥著各種殘害人權的現象，也為博物館的這一堂和平課程拉開序幕。

全新設計的展區分成「捍衛人類尊嚴」、「重建家庭連結」、「減輕自然風險」3大主題，以多媒體影像呈現及互動體驗方式，讓參觀者深入主題，反思這3個影響人類未來的重要關鍵。

MAP ▶ P.223A1

亞莉安娜博物館

Musée Ariana

歐洲最重要的陶瓷博物館

🚃於火車站前搭Bus 8、20等至Appia站即達 🏠Avenue de la Paix 10 ☎(0)22 418-5450 🕙週二至日10:00-18:00；週一休 💲常設展免費。特展成人CHF6，優待票CHF4，18歲以下免費；每月第一個週日免費 🌐www.musee-ariana.ch/fr

亞莉安娜博物館有超過25,000件館藏，涵蓋7個世紀，範圍遍及歐洲與遠東的作品。古斯塔夫‧萊維羅(Gustave Revilliod)是19世紀有名的收藏家，為了存放他不斷增加的陶瓷收藏品，特別蓋了這棟華麗的新古典主義式建築，並以他的母親亞莉安娜命名。古斯塔夫由於沒有子嗣，因此在臨死前將他畢生的收藏連同建築本身都送給了日內瓦政府。

博物館內可以看到世界各國的精緻陶器、瓷器、彩釉和玻璃藝品，不但有許多17世紀法國、荷蘭瓷匠刻意模仿景德鎮的青花瓷，也能找到一些中國景德鎮為了外銷歐洲而燒製的歐風瓷器。除了古代精品，館內也有當代藝術家們的豐富傑作，例如法國大師拉利克(René Jules Lalique)的作品就讓人大開眼界。

MAP ▶ P.223B6

卡露吉鎮

Carouge

穿梭巷弄蒐尋個性化小物

🚃搭Tram 12、18至Rondeau站下車，車程約15分鐘 🌐www.carouge.ch

卡露吉是日內瓦近郊的幽靜小鎮，被稱為「日內瓦的格林威治村」。以小咖啡館與個性手工精品店著稱，尤其是各種精品店，都是強調純手工製造，店主身兼設計師，且賣場與工作室相連，個人特色十足。

卡露吉鎮曾經是薩丁尼亞王國的一部分，於1754年後開始發展為人潮聚集的市集，主要居民多為18世紀移民自法國南部及義大利的後裔，街道巷弄流露義大利南部的地中海悠閒風情。小鎮獨有的人文氣息，與日內瓦市區的繁忙現代化大異其趣，也因此讓這裡成為不少日內瓦人消磨午後時光的最佳去處。

Where to Eat in Genève
吃在日內瓦

市中心 Centre Ville

MAP ▶ P.223C1 **Edelweiss**

📍出中央車站後，沿Rue de Lausanne北行，至Rue de la Navigation右轉走到底即達 🏠Place de la Navigation 2 📞(0)22 544-5151 🕐週二至六18:00-23:00 🌐www.hoteledelweissgeneva.com/en

位於Hôtel Edelweiss地下室的同名餐廳，大概是日內瓦新城內最得觀光客緣的餐廳了。Edelweiss是一家以阿爾卑斯高地風味為號召的餐廳，每天晚上7點半之後便會有瑞士傳統民謠演出，從手風琴、木響板、魯特琴、牛鈴到阿爾卑斯長號等傳統樂器，樂手們無不使出渾身解數，要讓氣氛熱到最高點。而菜色當然也是以阿爾卑斯山區的料理為主，譬如最受遊客歡迎的烤起士、起士火鍋與牛肉炸鍋等。

市中心 Centre Ville

MAP ▶ P.223D6 **Luigia Rive Gauche**

📍搭乘Tram 12於Villereuse下車，沿著Rue Adrien-Lachenal往上坡方向步行約5分鐘抵達 🏠Rue Adrien-Lachenal 24A 📞(0)22 840-1515 🕐週一至五11:00-14:30、18:30-23:30，週六11:30-23:30，週日11:30-23:00 🌐luigia.ch/en

不仔細尋找很容易錯過這家隱身小巷底的義大利比薩專賣店。被當地網友評比為日內瓦最好的比薩，Luigia的位置隱密，風格卻一點也不低調，圓形燈泡排列成的霓虹大招牌，讓人誤以為站在義大利夜總會入口；中心圍成一圈的長吧台式座位讓歡笑熱鬧的義式氛圍擴散，半開放廚房內的大窯烤爐，一再提醒你，不點份覆蓋著濃郁起司的薄脆比薩嘗嘗，就太對不起自己了！可惜不接受訂位，建議用餐時間稍微提早前往，否則只好乖乖排隊了。

市中心 Centre Ville

MAP ▶ P.223C4 **Martel**

📍從新城過Pont du Mont-Blanc大橋後沿Place Longemalle南行，至Rue de la Croix d'Or左轉，直行即達 🏠Rue de la Croix-d'Or 4 📞(0)22 310-3119 🕐週一至六7:00-19:00，週日10:00-17:00 🌐www.martel-chocolatier.ch

日內瓦手工巧克力不只是遊客最愛的伴手禮，也是居民的生活必需品。Martel創業於1818年，這家於市場大街上的老牌巧克力店，百年來深受市民愛戴，店內的手工巧克力口味多樣豐富，甜而不膩且入口即化，但都是當日現做且售完為止，越晚來選擇越少。Martel也提供室內外座位區，在櫃檯前選擇喜歡的巧克力和甜點後，找個喜歡的位置坐下，服務人員就會前來為你點搭配飲料。

市中心 Centre Ville

MAP ▶ P.223D5 **Wasabi Sushi Bar**

📍從新城過Pont du Mont-Blanc大橋後，沿Rue du Rhône直行，右轉Boulevard Helvétique抵達 🏠Boulevard Helvétique 32 📞(0)22 735-3232 🕐10:00-22:00，週日休 🌐www.wasabi-sushibar.com

在什麼都貴的日內瓦用餐，對想要省錢的旅客而言簡直是天大的難事，除了超級市場的三明治及中國餐館以外，Wasabi Sushi Bar這樣方便快速又相對平價的小店，真是背包客的福音。Wasabi Sushi Bar在日內瓦有14家分店，類似爭鮮壽司，師傅在吧台後現場製作各類花壽司，生魚片壽司、軍艦捲、蓋飯等，可選擇外帶，也提供舒適的內用座位，夏天不失為歇歇腳吹冷氣的好地方。

老城區Vieille Ville

MAP ▶ P.223B5　**L' Hôtel-de-Ville**

🚋 就在市政廳對面的轉角處　🏠Grand-Rue 39　📞(0)22 311-7030　🕐週一至五8:00~24:00，週六、日10:00~24:00

　　這間與市政廳同名的歷史餐廳，數百年來一直都是政府官員們中午休息聚餐的場所，因此餐點的美味與嚴謹自是不在話下。如果你想把日內瓦當地美食嘗個過癮的話，建議可以點一份套餐，含前菜與甜點在內共有5道菜，河鱸魚片(Filets de Perches)、日內瓦風味香腸與傳統的辣燉豬排，一次滿足味蕾的好奇心。而最後的甜點也很特別，洋梨慕斯裝盛在鬱金香造型而帶有梨子酒風味的軟餅乾裡，外頭則由一層像是鳥巢形狀的麥芽糖拉絲所包裹著，在視覺上極富現代藝術感。

老城區Vieille Ville

MAP ▶ P.223B5　**Les Armures**

🚋 往老城區聖彼耶教堂的方向走，就在大教堂的西側　🏠Rue Puits-Saint-Pierre 1　📞(0)22 818-7171　🕐每日12:30~23:00，全年無休　🌐www.lesarmures.ch/restaurant

　　位於Hôtel Armures一樓的同名餐廳，始業於17世紀，號稱是日內瓦歷史最悠久的餐廳。餐廳至今仍保持了中世紀的古老風味，一副雄壯威武的全套鎧甲就佇立在櫃台旁，地下室則是歷史酒窖。Armures供應的是瑞士法語區的傳統料理，古老菜譜傳承著數個世紀以來的美味，各種口味的起士火鍋交織成濃鬱化不開的起士味覺網。如果對起士沒興趣，推薦招牌鱸魚料理，日內瓦湖新鮮現撈的湖魚是來到這個城市必嘗的特色佳餚，那鮮甜中又留在舌根的一抹酸味，即使吃完滿滿一盤仍令人意猶未盡。

老城區Vieille Ville

MAP ▶ P.223C5　**Au Pied de Cochon**

🚋 就在柏德弗廣場旁。　🏠Place du Bourg-de-Four 4　📞(0)22 310-4797　🕐週一至五9:00~24:00，週六、日12:00~24:00　🌐pied-de-cochon.ch/en/home

　　位於柏德弗廣場上的Au Pied de Cochon，是當地美食雜誌的常客，餐點以道地的法國佳餚著稱，從店名「在豬的腳下」便可得知，豬肉料理是這家餐廳的招牌菜色，許多人來到這家餐廳，都會點一份他們最出名的烤豬腳(Stuffed pig's trotter)享用。其實，除了豬肉之外，Au Pied de Cochon對於魚肉的烹調也掌握得極為出色，尤其是他們所使用的都是剛從日內瓦湖中打撈上來的漁獲，非常新鮮肥美。

郊區Banlieue

MAP ▶ P.223B6　**Café du Marché**

🚋 搭Tram 12、18至Marché站下車即達。　🏠4 Place du marché, 1227 Carouge　📞(0)22 301-2647　🕐週一至五7:30~23:30，週六7:00~23:30，週日9:30~23:00　🌐cafedumarchecarouge.ch

　　走進卡露吉鎮市場廣場旁的Café du Marché，會瞬間以為自己來到義大利南部村莊的小餐館，牆面上彩繪豐收的葡萄園，歲月在深褐色的木頭老桌子上雕刻痕跡，泛著淡淡溫潤光澤，整個空間飄散義大利式的熱情與歡笑聲。

Where to Buy in Genève
買在日內瓦

市中心Centre Ville

MAP ▶ P.223B4 隆河大街 **Rue du Rhône**

🅟 從新城過Pont du Mont-Blanc大橋後，往老城方向的第一個路口即達

鄰近「鐘錶山谷」(Vallée de Joux)的日內瓦，長久以來一直是瑞士的鐘錶業高居執牛耳的地位，許多名貴的鐘錶，譬如百達翡麗，就是由日內瓦起家的。位於隆河左岸的隆河大街可說是日內瓦鐘錶業的金光大道，在這條貴氣逼人的街道上，你可以找到百達翡麗、蕭邦(Chopard)、歐米茄(Omega)、古柏林(Gubelin)等名錶的直營專賣店，也能看到瑞士著名鐘錶珠寶商寶齊萊(Bucherer)在日內瓦的分店。而來自國際的精品名牌如LV、Fendi、Bvlgari等，也將分店開設在此。

市中心Centre Ville

MAP ▶ P.223B4 **市場大街 Rue du Marché**

🅟 從新城過Pont du Mont-Blanc大橋後穿越Place Longemalle南行，至Rue de la Croix d'Or左轉即達

和隆河大街平行的市場大街，應該是全日內瓦最熱鬧的一條街道了。與隆河大街相比起來，這裡顯得平易近人許多，坐落於市場大街上的，多半是一些主攻年輕人市場的時髦商店，以鐘錶為例，在世界上擁有廣大年輕粉絲的Swatch，就將日內瓦的分店開設在這裡。而每到假日，市場大街上便擠滿了熙熙攘攘的人潮，路邊也不時可看到賣弄各式絕活的街頭藝人，街景十分熱鬧。

市中心Centre Ville

MAP ▶ P.223B4 **VICTORINOX旗艦店**

🅟 從新城過Pont des Bergues橋後，直行穿越Rue du Rhône及廣場後即抵達 🚉Rue du Marché 2 📞(0)22 318-6340 ⏰週一至五10:00~19:00，週六10:00~18:00；週日休 🌐www.victorinox.ch

如果你以為VICTORINOX只販售瑞士刀和行李箱，日內瓦的旗艦店會顛覆你對這個品牌的看法。一樓是整個牆面的錶款、男女休閒服和香水，順著鑲嵌瑞士刀的牆面走上樓梯，有更多兼顧休閒功能與時尚造型的服飾。而地下室是瑞士刀大本營，除了基本款功能外，還有添加隨身碟、滑雪及高爾夫球專用的工具組。造型多變更是令人讚賞，更多顏色及材質選擇，如復古款、限量版的貝殼及大理石表面，甚至還有奢華的鑽石鑲嵌款式，絕對能找到你需要的夢幻瑞士刀。

市中心Centre Ville

MAP ▶ P.223B4 **寶璣 Breguet**

🅟 從新城過Pont du Mont-Blanc大橋後右轉即達 🚉Rue du Rhône 40 📞(0)22 317 -4920 ⏰週一至五10:00~18:45，週六10:00~17:00；週日休 🌐www.breguet.com

寶璣錶是世界頂級鐘錶工藝的典範品牌，每個細節都精準呈現獨特的品牌風格，表現在指針尖端的鏤空圓點(Breguet hands)、花樣繁複的手工雕刻金質錶面、以及錶盤上隱藏式的簽名。對細節的講究讓寶璣一直受到皇室及政商名流的愛戴，法王路易十六、瑪麗安東尼皇后、拿破崙及邱吉爾都是寶璣的擁護者。

品牌的創意與對卓越的追求更是充分表現在複雜的機芯技術上，從初期的自動上鍊懷錶、業界首創的陀飛輪(Tourbillion)技術、擺輪軸防震器，到2006年推出令人驚嘆的雙陀飛輪腕錶，難怪寶璣一直立於頂級鐘錶業的不敗之地。

MAP ▶P.223C4 百達翡麗 **Patek Philippe**

📍從新城過Pont du Mont-Blanc大橋後右轉即達 🏠 Rue du Rhône 41 ☎(0)22 707-3050 ⏰週一至五10:00-18:30，週六10:00-18:00；週日休 🌐www.patek.com

由於百達翡麗幾乎每一款錶都能打上日內瓦印記，於是百達翡麗決定制定出一套更嚴格的印記標準，並於2009年宣布不再使用日內瓦印記(Geneva Seal)，取而代之的是自家的百達翡麗印記。百達翡麗對自家產品的要求，除了品質和美感，更要精準度標準量化；除了機芯需經過嚴格檢驗，全錶的每一個零件都在檢驗範圍之內。由此可以看出百達翡麗對於品牌的要求是何等嚴苛，動輒數十萬台幣的名錶，貴得不是沒有道理。

MAP ▶P.223B4 **Swatch**

📍從新城過Pont du Mont-Blanc大橋後沿Place Longemalle南行，至Rue de la Croix d'Or左轉，直行即達 🏠Rue du Marché 40 ☎(0)22 311-4542 ⏰週一至五10:00-19:00，週六10:00-18:00；週日休 🌐www.swatch.com

同樣是瑞士製造的Swatch手錶，主打年輕族群的低價市場，在鐘錶與大眾藝術的結合上，Swatch所表現出來的創意無人能出其右，從電影、漫畫、時事到體育，幾乎所有題材都能運用在Swatch錶款的設計上，也讓Swatch在低價鐘錶的市場中，以另類的風格成功地打響名號，甚至還成為不少錶迷收藏的對象。Swatch在日內瓦共有3家分店，其中以市場大街上的這家最大、款式最齊全，值得品牌愛好者們專程來這裡獵貨。

MAP ▶P.223C4 寶齊萊**Bucherer**

📍從新城過Pont du Mont-Blanc大橋後即達 🏠Rue du Rhône 45 ☎(0)22 319-6266 ⏰週一至五10:00-18:30，週六10:00-18:00；週日休 🌐www.bucherer.com

準備到瑞士買鐘錶的人，一定對Bucherer不陌生！從1888年開業至今，成為瑞士全國連鎖的高級珠寶鐘錶專賣店，各種品牌的名錶一應俱全，從頂級的寶璣、萬國、伯爵、蕭邦、浪琴等，到價格較平易近人的Tissot、Victorinox、Swatch都找得到。號稱是世界最大的勞力士手錶販售店，2008年開始也有原創設計錶款。現在店內大多是日本人和大陸團，所以也有會說中文的店員服務。

MAP ▶P.223C5 大衛杜夫 **Davidoff**

📍從新城過Pont du Mont-Blanc大橋後沿Place Longemalle南行，至與Rue de Rive的轉角即達 🏠Rue de Rive 2 ☎(0)22 310-9041 ⏰週一至五9:00-18:30，週六9:00-18:00；週日休 🌐www.davidoff.com

除了鐘錶之外，大衛杜夫算是日內瓦的另一項名牌，雖然創立人席諾·大衛杜夫(Zino Davidoff)是位俄裔的猶太人，但他名聞天下的菸草事業卻是在日內瓦起頭。目前大衛杜夫的菸草產地主要來自多明尼加。走進日內瓦的這家大衛杜夫菸草店，琳瑯滿目的各色菸草與林林總總的吸菸用具，簡直就像個菸草博物館一樣；而後方的雪茄專賣區則又是另一處大觀園，除了大衛杜夫本身的6大系列之外，包括Domaine AVO在內的各種雪茄名牌也都應有盡有。

市中心Centre Ville

MAP ▶ P.223C4 **Zeller Chocolaterie**

🚇 從新城過Pont du Mont-Blanc大橋後沿Place Longemalle南行,過隆河大街即達 🚏 Place de Longemalle 1 ☎ (0)22 311-5026 🕐 週二至五9:00-18:30,週六10:00-18:00;週日、一休 🌐 www.chocolat-zeller.ch

　雖然門面不起眼,但1959年開店至今,堅持好原料、純手工製作的Zeller巧克力,仍然是日內瓦市民的最愛之一。Zeller是日內瓦少數仍然堅持手工製作的巧克力工坊,產品十分多樣化,但一定不能錯過的是這裡的招牌巧克力方磚,嚐起來入口即化、不甜不膩,讓人不知不覺一口接著一口;最棒的是,大方的老闆還會常常端出巧克力請客人試吃。

市中心Centre Ville

MAP ▶ P.223C4 **Chocolats Rohr**

🚇 從新城過Pont du Mont-Blanc大橋後南行,穿越隆河大街至Molard廣場即達 🚏 Place du Molard 3 ☎ (0)22 311-6303 🕐 週一至五9:00-19:00,週六9:00-18:00;週日休 🌐 rohr.ch

　Rohr是一家做蛋糕店起家的巧克力店,傳承至今已是第五代接棒,小小的空間,老日內瓦人絡繹不絕走進來買令人開心的魔法靈藥。店內的巧克力雖然多樣化,但堅持只販售自家配方製成的巧克力,招牌白蘭地甜酒松露巧克力(Truffles)入口即化,散發淡淡酒香餘韻,令人回味無窮。此外,花式巧克力也是一絕,兼顧趣味與口感的垃圾筒造型巧克力(poubelles de Genève)是送禮的好選擇。也別忘了嚐嚐有日內瓦黑磚之稱的「pavés glacés」,Rohr的口味可是來自最原創的配方呢!

市中心Centre Ville

MAP ▶ P.223A5 **跳蚤市場**

🚇 搭Tram 12、13等至Plainpalais站即達。 🚏 Plaine de Plainpalais公園周邊 🕐 週三、週六及每月第一個週日,夏季6:30-18:30,冬季6:30-17:30

　在百達翡麗博物館附近的Plaine de Plainpalais公園,每週三和週六都會有規模龐大的跳蚤市場。這裡的跳蚤市場雖然什麼都賣,什麼都不奇怪,但最有名的還是當地藝術家的創作作品,以及一些古董的二手畫作。據說曾有人在這裡的書畫市場上,僅用15瑞士法郎的低廉價格,便從一位不識貨的老闆手上買到莫內真跡,因而轟動一時。有興趣的朋友不妨也前來這裡尋寶一番,說不定會有意想不到的收穫。

老城區Vieille Ville

MAP ▶ P.223B5 **老城區Vieille Ville**

🚇 從新城過Pont du Mont-Blanc大橋後穿越Place Longemalle南行,任何一條向上的階梯即抵達

　走過老城區上上下下的階梯,狹窄的石板人行道路,自然有一種尋寶的樂趣。Grand Rue是以前日內瓦的主街,經過市政廳到達柏德弗廣場,15~18世紀的建築物一樓是餐廳、骨董店、小雜貨店,還有網羅了從後現代、普普到華麗巴洛克的各種風格家飾店。商店不密集,且招牌和老建築一樣低調,來這裡逛街,需要一點悠閒,加一點好奇心,就能找到能讓你看對眼的商品。

市中心Centre Ville

MAP ▶P.223C2 **Beau Rivage**

🚉出火車站後，沿Rue du Mont-Blanc往河岸方向，至Quai du Mont-Blanc左轉到碼頭邊即達 📍Quai du Mont-Blanc 13 ☎(0)22 716-6666 🌐www.beau-rivage.com

　位於隆河右岸碼頭邊的Beau Rivage自1865年營業至今，是一間由Mayer家族經營、歷史非常悠久的豪華飯店，內部奢華的程度早就超越了飯店星級評等，簡直就像住在歐洲皇室城堡中。飯店大廳的挑高天井流瀉柔和自然光線，粉紅色大理石立柱呈現優雅高貴風格，房間露臺正對著大噴泉絕佳的湖景，歷史建築的古典氛圍中卻有最高規格的現代化設備，因而成為許多名人政要指定下榻之處。

市中心Centre Ville

MAP ▶P.223B3 **Hôtel Bristol**

🚉出火車站後，沿Rue du Mont-Blanc往河岸方向即達 📍Rue du Mont-Blanc 10 ☎(0)22 716-5700 🌐www.bristol.ch

　Bristol擁有對自助旅行者或商務旅客而言絕佳的地理位置，火車站步行約5分鐘的距離，離開飯店2分鐘就能走到日內瓦湖邊，過個橋就是最熱鬧的隆河大街和市場大街。雖然位處日內瓦交通最繁忙的心臟地區，飯店後方正對著市區少見的中庭花園，卻能給旅客鬧中取靜的私密安寧。由於飯店老闆喜歡東方元素，簡單大方的歐式裝潢中，常可見中國風的絹織或水墨畫作點綴。

市中心Centre Ville

MAP ▶P.223B1 **Hôtel Auteuil**

🚉出火車站後，沿Rue de Lausanne北行即達 📍Rue de Lausanne 33 ☎(0)22 544-2222 🌐www.manotel.com

　成立於1978年的Manotel飯店集團，在日內瓦總共有6家飯店，每一家都在距離中央車站徒步可達的範圍之內，更棒的是：每家都有色彩鮮明的主題風格，遊客可以依據自己的喜好和預算來選擇。譬如這家Hôtel Auteuil走的便是現代都會風，從大廳到門廊，你會看到牆上掛著許多電影明星、爵士樂手的圖畫或照片，這些都是曾經造訪過日內瓦的名人。房間的冷色系基調，配上暖色的床單與沙發，營造寧靜中求得溫暖的感覺。寬敞的房間和陽台予人充裕的活動空間，斜躺在陽台的躺椅上，還能望見大噴泉呢！

市中心Centre Ville

MAP ▶P.223B1 **Hôtel Kipling**

🚉出火車站後，沿Rue de Lausanne北行，至Rue de la Navigation右轉即達 📍Rue de la Navigation 27 ☎(0)22 544-4040 🌐www.manotel.com

　同為Manotel集團旗下的Hôtel Kipling是以英國諾貝爾文學獎得主吉卜林(Joseph Rudyard Kipling)來命名，吉卜林出生於印度孟買，在他的作品中充滿了印度的叢林色彩，而這也正是Hotel Kipling所採用的基調。藤製的扶手椅、像是行軍用的折疊茶几、木雕精美的房門與鏡框、表現英國殖民地風格的紅白條紋窗簾，再加上隨處擺放的印度黑白照片，真讓人有種回到維多利亞時代印度的錯覺。

市中心Centre Ville

MAP ▶ P.223C1 **Hôtel Edelweiss**

🚇出火車站後，沿Rue de Lausanne北行，至Rue de la Navigation右轉走到底即達 📍Place de la Navigation 2 ☎(0)22 544-5151 🌐www.manotel.com

　　Hôtel Edelweiss以瑞士山間的小木屋作為其裝潢特色，打開房門，可愛的傢俱擺飾讓你不禁懷疑自己是否打開了小叮噹的任意門，從湖岸邊的國際都會突然來到阿爾卑斯的山林之間。木質的內部空間在燈光的照映下，散發出一股溫馨的味道，大大小小的聖伯納犬玩偶，更是在可愛這項目上加分不少。旅館地下室的Edelweiss餐廳，供應的是瑞士山間傳統餐點，每天晚上都有瑞士民謠的表演，成為觀光客來到日內瓦一定會去的餐廳之一。

老城區Vieille Ville

MAP ▶ P.223B5 **Hôtel Les Armures**

🚇往老城區聖彼耶教堂的方向走，就在大教堂的西側 📍Rue du Puits-Saint-Pierre 1 ☎(0)22 818-7172 🌐www.lesarmures.ch

　　僅有32間客房的Les Armures是日內瓦規模最小的星級飯店，也是舊城區唯一的五星級飯店，獨特的中世紀氛圍，吸引各國政要下榻於此。緊鄰市政廳及舊軍械廳，飯店本身也是歷史古蹟，最早可追溯至13世紀的大教堂教士總會，現在大部分的建築則是17世紀時改建。1977年進行大改裝，成功地在歷經滄桑的歷史建物中注入現代元素。走進一樓大廳，17世紀的壁畫及彩繪天花板圖樣，原汁原味呈現，不管是厚重石牆、木梁、舊煙囪或石砌窗台，每間客房都有高級飯店的舒適，兼容歷史的痕跡。

市中心Centre Ville

MAP ▶ P.223C1 **Hôtel Jade**

🚇出火車站後，沿Rue de Lausanne北行，至Rue de Rothschild右轉即達 📍Rue de Rothschild 55 ☎(0)22 544-3838 🌐www.manotel.com

　　以中國的風水為主題，設計時曾找來一位中國的風水大師協助規劃，因此每一間客房都依據陰陽五行的方位來設定相應的色調、布局與擺飾，以幫助每一位入住的房客匯聚他們的「能量」，而房內的風格也表現出一股濃厚的禪味。據飯店經理透露，當初以風水作為主題只是一種裝潢風格上的構想，沒想到自飯店開幕以來幾乎天天都是客滿，看來風水之說真的有其根據。

市中心Centre Ville

MAP ▶ P.223B1 **Hôtel Royal**

🚇出火車站後，沿Rue de Lausanne北行即達 📍Rue de Lausanne 41-43 ☎(0)22 906-1414 🌐www.manotel.com

　　Hôtel Royal一如其名，走的是貴族風的氣派路線，新古典主義風格的傢俱擺飾與所有現代化的設施完美結合，寬敞的空間設計也讓人在房內可以完全地放鬆。同時，這裡高規格的會議室與宴會廳，也獲得許多商務人士的青睞。一樓的Rive Droite餐廳以時令的食材供應精緻料理，其葡萄酒的種類也很豐富。

郊區Banlieue

MAP ▶ P.223D1 **La Rèserve Genève**

🚇由日內瓦市區的碼頭出發，搭船至Bellevue，約10分鐘可達旅館。飯店提供日內瓦機場免費接送服務 📍Route de Lausanne 301, 1293 Bellevue- Genève ☎(0)22 959-5959 🌐www.lareserve.ch

　　La Réserve Genève特別請來法國室內設計大師賈西亞(Jacques Garcia)操刀，打造非洲殖民風情。公共空間以紅色基調為原點，加入了非洲主題的元素，豹紋、象身等充滿自然野性之美的圖像，透過設計師的巧手，在室內營造出奔放而又不失典雅的氛圍。旅館共有102間客房，每一間都可以享受到湖泊或是花園的優美景致。此外，每一間客房也以不同的色調進行裝潢，充分顯示出設計者的用心。

法語區…日內瓦 Genève

日內瓦湖區
Region du Léman

文●墨刻編輯部　攝影●周治平‧墨刻攝影組

　　日內瓦湖是西歐最大的湖泊，在法文中還有另一個極浪漫的名字，叫做雷夢湖。日內瓦湖是瑞士和法國的交界，湖泊北岸是瑞士一連串如珍珠般的可愛城鎮，而湖泊南岸則是法國白雪皚皚的阿爾卑斯山頭，以出產高級礦泉水聞名的艾維昂(Evian)就位在這裡，而從瑞士的一側往南看，還能望見歐洲第一高峰——白朗峰呢！

　　日內瓦湖北岸的洛桑，以其風華絕代的哥德式大教堂與運動員的朝聖地奧林匹克博物館，每年吸引大批遊客前來觀光，然而洛桑最美的地方卻是在濱臨大湖的烏契鎮(Ouchy)，廣闊無垠的蔚藍湖泊，襯上雄偉的壯麗雪山，即使

待在湖邊坐看一整天，也不會覺得時間漫長。洛桑近郊的拉沃是一片綿延30公里的葡萄園梯田，茂盛的葡萄藤蔓地還在美麗的日內瓦湖畔，唯美的景致，使拉沃在2007年成為瑞士的第7處世界遺產。

　　而威薇和蒙投這兩座相鄰的可愛小鎮，素有「瑞士藍色海岸上的珍珠」之稱，如果你發現自己竟不可自拔地愛上這兩座城鎮，請不要覺得驚訝，因為自古以來已不知有多少騷人墨客曾因湖畔的美景而深受啟發，留下許多著名的詩篇與小說。如果繼續往阿爾卑斯山區的方向走，代堡的乳酪香味與冰河3000的浪漫雪景，都能令你留下難忘的回憶。

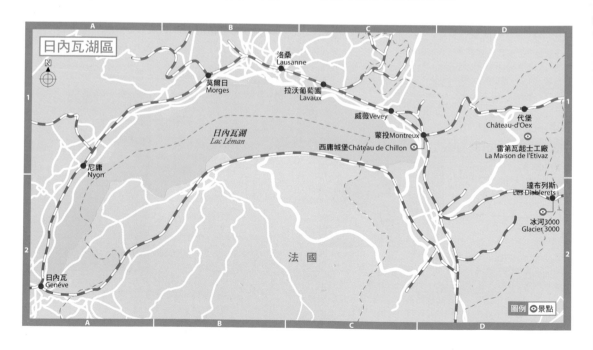

©Switzerland Tourism

INFO

如何到達──航空

目前國內無航班直飛湖區，需搭乘飛機至蘇黎世轉乘火車，或於歐洲其他主要城市轉機至日內瓦機場，由日內瓦機場的火車站可轉乘火車至沿湖各城市。

如何到達──火車

從瑞士東部及北部搭乘快車前往日內瓦以外的湖區沿岸各城鎮，都必須在洛桑轉車；蘇黎世直達洛桑，搭乘IR車程約2小時左右。而要前往代堡的話，則要在蒙投轉車，從蒙投到代堡可搭乘一般火車或黃金列車，車程皆為1小時。

🔗 www.sbb.ch

如何到達──遊湖船

從日內瓦右岸Quai du Mont-Blanc出發前往洛桑，如果時間和預算充裕，並想要欣賞美麗湖景的話，也可選擇搭乘CGN公司的單程遊船，航程約3小時15分鐘。4至6月中僅週末航行，10:15從日內瓦出發，大約13:30抵達洛桑的烏契；6月中至9月中每日10:15和14:50出發，抵達時間約為13:50和18:02。

從法國前往也可搭乘跨湖遊船CGN mobility，從法國Evian-Lausanne碼頭出發，約35分鐘可抵達洛桑烏契，從Thonon-Lausanne的航程約50分鐘，大約每小時一班次。

☎ 848-811-848 🔗 www.cgn.ch

當地交通

◎大眾運輸工具

　　在日內瓦湖區的城鎮中，洛桑是規模比較大的城市，城內有2條地鐵線(Metro)，其中的M2線連接市區南端的烏契、洛桑中央車站(Lausanne-Gare)、市中心的夫隆車站(Lausanne-Fion)和大教堂附近的Bessières站，是最常使用到的一條路線。洛桑市區內也有非常多條公車路線，而位於夫隆車站附近的Bel-Air公車站是許多條公車路線的交會點。

　　威薇和蒙投可以用徒步的方式走遍全城，這兩座城市屬同一個公車系統，其中的Bus 1連接威薇、La Tour-de-Peilz、蒙投和西庸城堡，是最常被遊客搭乘到的公車路線之一。

◎計程車

　　日內瓦湖區的計程車，起錶價為CHF6，城內每公里跳錶CHF3.8(此費率適用於早上8點至下午6點)，夜間或出城的話，為每公里CHF4。若有大型行李，每件加收CHF1.1。

區域交通

◎火車

　　從日內瓦到蒙投，有一條貫穿日內瓦湖北岸的鐵路，班次頻繁，且各點間的交通距離都不會太久。從日內瓦出發，乘IC、IR直達洛桑約40分鐘，乘IR直達威薇與蒙投約需1小時左右。從洛桑出發，乘IR直達威薇約13分鐘，乘S-Bahn直達威薇也只要22分鐘。從威薇到蒙投，搭乘IR約5分鐘，乘S-Bahn也在10分鐘之內。

◎遊船

　　從洛桑出發前往威薇及蒙投也可搭乘遊船，到達威薇約需1小時，前往蒙投約1.5小時。4月至6月中僅週末航行，11:45及15:30從烏契出發，途經威薇於13:12、17:02抵達蒙投，也可繼續前往西庸城堡；6月中至9月中每日9:30、10:50及14:15出發。

　　沿著日內瓦湖畔有許多碼頭都有CGN的遊湖行程，行程、時刻表與詳細票價每季變更，請上官網查詢或至遊客中心詢問。

交通卡 Transport Card

　　和日內瓦一樣，你只要在洛桑、威薇、蒙投任何一家提供住宿的場所，包括星級飯店、小旅社、出租公寓、青年旅館、露營地等，都會獲得免費的交通卡。在洛桑地區為洛桑交通卡(Lausanne Transport Card)，在威薇－蒙投區域可使用里維拉卡(Montreux Riviera Card)，憑卡可搭乘地鐵、公車等大眾運輸工具，兩種卡的涵蓋區域皆包含城鎮中心及周圍郊區，且使用效期至退房當日為止。

　　威薇－蒙投的里維拉卡除了可以搭乘VMCV系統的交通工具外，搭MOB火車到周邊地區、乘CGN的遊船至附近碼頭，可享受8折優惠；參觀區域內8家博物館、西庸古堡、前往3間主題公園遊玩等，以及參加市區導覽都可享有半價優惠。詳情見旅遊局官方網站。

旅遊諮詢

　　本地區旺季大致為5月中至9月中，淡季為9月中至5月中。

◎洛桑中央車站遊客中心

⌂Avenue Louis-Ruchonnet 1, 1003 Lausanne(近Platform 10)
☏(0)21 613-7373
◔9:00-18:00

◎洛桑大教堂遊客中心

⌂Pl. de la Cathédrale, 1014 Lausanne
◔4～9月週一至六9:30-12:30、13:30-18:30，週日13:00-17:30。10～3月週一至六9:30-12:30、13:30-17:00，週日14:00-17:00

◎蒙投遊客服務中心

⌂Grand-Rue 45, 1820 Montreux
☏(0)848 86-8484
◔旺季週一至五9:00-18:00，週六、日9:00-17:00；淡季週一至五9:00-17:30，週六、日10:00-14:00

◎威薇遊客服務中心

⌂Grande-Place 29, 1800 Vevey
☏(0)848 86-8484
◔旺季週一至五9:00-18:00，週六、日9:00-12:45、13:30-17:00，淡季休

◎代堡遊客服務中心

⌂Place du Village 6, 1660 Chateau-d'Oex
☏(0)26 924-2525
◔週一至五8:30-12:30、13:30-17:30，週六、日9:00-12:30、13:30-16:30

◎日內瓦湖區各旅遊局網站

日內瓦湖區旅遊局
🌐www.lake-geneva-switzerland.com

洛桑旅遊局
🌐www.lausanne-tourisme.ch/en

拉沃旅遊局
🌐www.lavaux.com

威薇－蒙投旅遊局
🌐www.montreuxriviera.com/en

代堡旅遊局
🌐www.alpesvaudoises.ch/fr/stories/paysdenhaut

洛桑 Lausanne

MAP ▶ P.248B2

洛桑大教堂

MOOK Choice

Cathédrale Notre-Dame

瑞士最美的哥德式大教堂

🚇搭M2或搭Bus 8至Bessières站，順指標前往即達　🏠Place de la Cathédrale (Cité), 1005 Lausanne　📞(0)21 316-7161　🕐教堂4～9月每日9:00-19:00，10～3月每日9:00-17:30(週日上午10:00前禁止遊客參觀)。鐘塔4～9月週一至週六9:30-12:30、13:30-18:30，週日13:30-17:30；10～3月週一至週六9:30-12:30、13:30-17:00，週日14:00-17:00(關門前30分鐘停止進入)　💰教堂免費；鐘塔成人CHF5、優待票CHF3、兒童票CHF2　ℹ️musees.vd.ch/musees-cantonaux；www.cathedrale-lausanne.ch/accueil

　　洛桑大教堂不但是瑞士境內規模最宏大的主座教堂，同時也被認為是瑞士最美麗的哥德式建築。這座瑞士法語區的精神堡壘始建於1150年，經過7次不同階段的修建，終於在一百多年後的1275年宣告落成，並由教皇額我略十世(Gregory X)與哈布斯堡家族的魯道夫一世(Rudolph I)為其舉行奉獻禮。

　　還沒走進大教堂，南側大門上的精緻雕像就已讓人傾心嘆服，刻畫繁複的聖經人物密密麻麻地占據了所有空間，每一尊的表情都栩栩如生，無論是藝術表現還是雕工技術，都堪稱一絕，更令人驚訝的是，這些雕像在宗教改革之前都還有著

鮮豔的色彩！教堂內部的裝飾雖然因為改信新教而變得樸素，但繽紛絢麗的彩繪玻璃依舊動人，尤其那扇從13世紀便遠近馳名的玫瑰窗，更是引人目不轉睛。這扇玫瑰窗由105片彩繪玻璃組成，每一片圖案都代表著不同的節氣、元素與黃道12宮，體現了中世紀時期的宇宙觀。

　　只要你肯走上232階的鐘樓，大教堂便會以全城最佳的風景當作回報。而洛桑大教堂另一處奇特的地方，就在於它可能是全瑞士最後一間保留守更人制度的教堂，每天晚上10點到凌晨2點，都能聽到大教堂鐘樓上傳來守更人聲若洪鐘的報時聲，在寧靜的夜晚裡，顯得格外古趣。

洛桑 Lausanne

MAP ▶ P.248B1

聖梅耶城堡

Château St. Maire

堅不可破的政治中心

🚇 從大教堂沿Rue Cité-Derrière北行即達。 🏛Place du Château, 1002 Lausanne ⓘ城堡內部不開放參觀

從大教堂往上走到最高處，便會看到一棟造型奇特的城堡，城堡下半部是厚實的石牆建築，上半部卻是由紅磚砌成，這種建築式樣流行於義大利的北部，為何會出現在法語區的瑞士呢？原來這座建於1397到1427年間的城堡，最初是作為

洛桑大主教的居城，當時的主教出生於義大利北部的奧斯塔(Aosta)，因此便徵召故鄉的工匠來為他築城。城堡居高臨下的宰制地位，加上牢不可破的防禦體系，使得聖梅耶城堡從完工的那天起便一直是洛桑的權力中心。宗教革命以後，城堡成為當地的行政長官官邸，而今天，這裡則是沃州的議會所在，由於仍是機關重地，因此並不開放參觀，遊客只能在外邊的廣場上欣賞它的獨特美感。

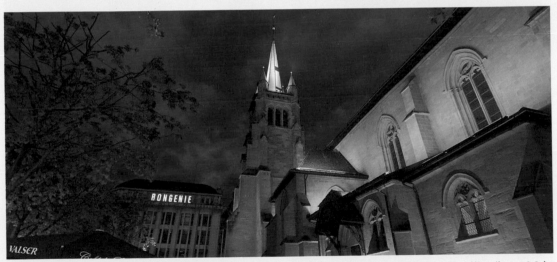

洛桑 Lausanne

MAP ▶ P.248B2

聖法蘭索瓦教堂

Église St. François

居民的信仰寄託

🚌搭Bus 1、2、4等至Saint- François站即達 🏛Place Saint- François, Lausanne ⏰每日8:00-20:00 💲免費 🌐 www.sainf.ch

聖法蘭索瓦教堂緊鄰著方濟會的修道院，大約建於1270年左右，而56公尺高的鐘樓，優雅莊嚴的形制和大教堂的鐘樓如出一轍，為1400年加建的部分。

教堂底下的聖法蘭索瓦廣場是洛桑老城內最繁華的地段，周圍商行店家及辦公大樓林立，每天午餐及下午茶時刻，人們齊聚在廣場上用餐談天，十分熱鬧。而廣場東側有一條名為柏格路(Rue de Bourg)的街道，這條路面鋪著石磚的步行街雖然並不寬廣，卻是洛桑老城內精品名店最集中的購物大街，每週三及週六早上6點到下午2點的傳統市集，也很值得一逛。

洛桑 Lausanne

MAP ▶ P.248B4

奧林匹克博物館

MOOK Choice

Musée Olympique

傳遞跨越千年的運動家精神

🚌搭Bus 21、25等至Musée Olympique站即達，或搭M2至Ouchy站，沿湖岸東行即達 🏠Quai d'Ouchy 1, 1001 Lausanne ☎(0)21 621-6511 🕐週二至日9:00~18:00，週一休 💲成人CHF20，優待票CHF14，15歲以下兒童免費 www.olympic.org

　洛桑因為是國際奧林匹克委員會(IOC)的總部所在，因而又有「奧林匹克之都」的美譽，也是世界上唯一可以任意使用奧運5環標誌的城市，而1993年全世界第一座奧林匹克博物館在此揭幕後，每年更是有數以萬計的遊客來到這座城市感受奧運會的魅力。

　展示面積廣達11,000平方公尺的博物館，展出超過上萬個實體物件，從古希臘時期的聖火炬、奧林匹克遺物、神殿模型，到現代奧運會的器材設備、獎牌徽章、附屬紀念品等，這裡都蒐集得非常齊全。最吸引人的是，這裡還有歷屆奧運奪牌選手們當時所使用的體育用品，例如曾代表瑞士奪得1996年亞特蘭大奧運鞍馬金牌的李東華，他的體操服和鞍馬就在此展示。此外，還有豐富的多媒體資料庫，可找到運動員們的精彩影片。館外的奧林匹克公園，正對著波光瀲灩的日內瓦湖，園裡有許多別具意義的雕塑作品，傳達出奧運背後的和平理念，很適合傍晚時分在此散步。

洛桑 Lausanne

MAP ▶ P.248A2

艾莉榭攝影美術館
Photo Elysée
影像創作新藝術

從洛桑火車站步行約5分鐘可達 🏠Place de la Gare 17, 1003 Lausanne ☎(0)21 318 4400 🕐週一至日10:00-18:00(週四開放至20:00)；週二休 💰成人CHF15，優待票CHF12，26歲以下免費；每月第一個週六免費 🌐www.elysee.ch

©Matthieu Gafsou / Photo Elysée / Plateforme 10

©Mathida Olmi / Photo Elysée / Plateforme 10

　　艾莉榭攝影美術館是一處專門展示攝影作品的場所，也是歐洲第一個攝影藝術館，這裡的展覽以輪展的方式策劃，每次展出不同攝影師的創作發表，是國際攝影師們嶄露頭角的重要舞台。這些攝影師的作品不見得都是狹義的報導式攝影，拍攝的對象也不見得是風景或人物，事實上，他們的作品有很大一部分都是針對視覺效果特殊設計的，就像後現代各流派的畫家一樣，只不過他們所使用的素材不是畫筆和顏料，而是實物和底片。於是攝影便不只是單純的捕捉鏡頭與攝影技巧而已，而是在拍攝之前就已預先設定好主題、構圖、色彩、光影和表達方式，接著像畫家一樣進行創作。

洛桑 Lausanne

MAP ▶ P.248A1

阿爾布呂特美術館
Collection de l'Art Brut
用藝術呈現真實靈魂

搭Bus 2、3、21至Beaulieu-Jomini站即達。 🏠Avenue des Bergières 11, 1004 Lausanne ☎(0)21 315-2570 🕐週二至日11:00-18:00，週一休(7、8月時週一也開放) 💰成人CHF12，優待票CHF6，16歲以下孩童免費；每月第一個週六免費 🌐www.artbrut.ch

　　阿爾布呂特美術館展示的藝術品你絕對沒有看過，藝術家們的特色也是千百個陌生，但當你凝視著這些看似混亂卻又充滿力量的作品時，又很難不被它們深深吸引。

　　讓人訝異的是，這些創作者其實都是精神病患或是牢裡的罪犯，他們不但沒有受過正規的藝術訓練，有的甚至連大字都不識幾個，作品不受藝術流派與理性的限制，彷彿這些靈魂的不安、恐懼、憤怒、偏執，就這樣赤裸裸地在畫布上掙扎著。「Brut」這個字在法文中即帶有「未經提煉」的意思，這樣原始而真實的精神層面，可不是一般在社會規範與理智控制下的正常人所能表現出來的。

©Switzerland Tourism

拉沃 Lavaux

MAP ▶ P.244C1

拉沃葡萄園梯田

MOOK Choice

Lavaux

日內瓦湖畔浪漫酒莊之旅

🚴 拉沃的範圍大約是從洛桑東邊的Lutry一直延伸到威薇西邊的Chardonne，一般而言，有以下幾種方式可以到達：1. 從洛桑或蒙投搭乘S-Bahn的S1、S3至Lutry或Cully，由此搭乘葡萄酒列車。2. 從洛桑或蒙投搭乘S-Bahn至拉沃的任一城鎮後，下車以步行的方式遨遊葡萄園（有車站的小鎮包括Lutry、Villette、Cully、Epesses、Rivaz、St. Saphorin、Chexbres、Puidoux、Grandvaux）。3. 從洛桑或蒙投搭乘S-Bahn至Lutry、Cully、Chexbres，在當地的遊客中心租借腳踏車。4. 6月中至9月中可搭乘CGN公司的遊湖航程Famous lemanic vineyards，每日有3班往返洛桑和蒙投之間，途經Lutry、Cully、Rivaz等地，可從湖上欣賞葡萄園梯田的絕美景致。🌐www.lavaux.com

日內瓦湖區的沃州(Vaud)是瑞士第二大葡萄酒產地，這一帶共有26個葡萄園區，這處沿著日內瓦湖北岸種植的拉沃葡萄園梯田，種植歷史據

稱可追溯至羅馬軍隊占領時期，也有人說最早是從中世紀的傳教士才開始釀酒，而目前在斜坡上將近30公里長的種植面積，則確認是始於11世紀。因其表現了千年來人類與環境互動演化的最佳驗證，聯合國教科文組織在2007年宣布將拉沃葡萄園梯田列為世界文化遺產。

這些硬梆梆的史料，在看見湖畔一整片葡萄園時頓時消失。印象中梯田應該有的如浪稻穗，換成掛著串串葡萄的葡萄藤，春夏時節，一片碧綠的葡萄園區，有許多活動選擇：你可以在只有夏夜開放的酒窖品酒，也可以搭遊湖船從另一個角度欣賞梯田。而秋日裡，滿山遍野的金黃，襯著看不到邊際的日內瓦湖和湛藍天空，在阿爾卑斯的陽光照耀下，色彩猶如梵谷筆下的麥浪般豔麗，心情卻是莫內畫中的寧靜平和。

一般來說，瑞士的葡萄酒味道不那麼厚重濃郁，較輕較薄且不過分甜膩、很容易入口。瑞士葡萄酒之所以沒那麼有名，當地說法是由於產量過少，多數都供應內銷，尤其是白酒，常常一上市便被搶購一空，外國人只有到瑞士才有機會一嘗。拉沃地區的酒窖多半屬於家庭經營，為了標示出各自的特色，人們會在家門口掛上各式各樣的鐵鑄門牌，或在牆上嵌進一塊展示窗，擺上自家釀的酒，就是間小小的葡萄酒專賣店。

對酒不感興趣的遊客，不妨放慢腳步在葡萄果香伴隨下穿梭小徑，尋找最適合停留拍照地點；或是在沿著斜坡搭蓋的小鎮裡亂逛，屬於瑞士的法式浪漫莫過於此。

葡萄酒列車 Lavaux Express

搭乘這輛不需要鐵軌的兩截式可愛小火車，漫遊葡萄園梯田，是遊覽拉沃最輕鬆愜意的方式之一。小火車有4條路線可供選擇，全程1至2小時不等。在5月～9月下旬的週五至週日晚上18:30，葡萄酒列車還會有特別的「caveaux Train」行程，從Lutry的遊船碼頭出發，參觀當地農家釀酒的酒窖，以及品嘗拉沃最負盛名的葡萄酒，還能將品酒的葡萄酒杯帶回家作紀念。

©Switzerland Tourism

🏠在Lutry或Cully的CGN碼頭上車 ☎(0)848 848-791 ⏰每年時間略有調整，可上網查詢，並事先訂位 💲成人CHF16，優待票CHF12，4至12歲孩童CHF6；酒窖行程成人CHF28，4至16歲孩童CHF10
🌐www.lavauxexpress.ch

威薇 Vevey

MAP ▶ P.253A2

卓別林像

Statue of Charlie Chaplin

紀念威薇最出名的移民

📍 出威薇車站後往湖的方向走，至湖邊沿湖岸東行即可看到。
🏠 Quai Perdonnet上

圖例 ●景點 ✚教堂 🏛博物館 🚢碼頭 🚉火車站 🏨飯店

頭戴一頂圓邊帽、身穿一件窄禮服、手拿一根竹拐杖、臉上一撮小鬍子，這尊雕像的主人就是傳奇喜劇泰斗——查理·卓別林(Charlie Chaplin,1889-1977)。卓別林出生於英國，在美國的好萊塢大放異彩，並自導自演了許多經典電影，例如《淘金記》、《城市之光》、《摩登時代》、《大獨裁者》等。卓別林電影的不朽，並不在於他的喜感與趣味，而是他在電影中運用幽默傳遞了人性，利用諷刺來對抗不公，使得他的作品在娛樂之外，更有著難以言喻的影響力。

然而就是因為卓別林所擁有的龐大影響，加上他略帶左傾的色彩，使他於麥卡錫主義猖獗的年代裡，成為美國聯邦調查局的眼中釘。1952年，美國政府趁卓別林回鄉之際，取消了他的入境資格，卓別林於是決定定居於威薇，並在這裡一住就是25年，直到他於1977年逝世為止。沃州政府在日內瓦湖畔豎立了這尊銅像，以紀念這位傳奇人物，卓別林在威薇的故居也已改建成博物館。

威薇 Vevey

MAP ▶ P.253B2

遊戲博物館

Musée Suisse du Jeu

重拾遺落童心

📍 至湖邊沿湖岸東行，右彎接Quai Roussy後，前方的城堡即是 🏠 Rue du Château 11, 1814 La Tour-de-Peilz 📞 (0)21 977-2300 ⏰ 週二至日11:00-17:30；週一休 💲 成人CHF12，優待票CHF8，6歲以下免費。 🌐 museedujeu.ch/en

蔚藍的日內瓦湖邊佇立一座帶著中古幽情的城堡，走進庭園卻看到孩子們追趕跑跳地玩遊戲，其實這棟城堡就是最受兒童喜愛的遊戲博物館。博物館中收藏了來自世界各地的遊戲種類，從遠古時代用石頭玩的「拈」，到最新款的Xbox，數千年的遊戲智慧全都濃縮在這棟城堡裡了。其中最精彩的是各組雕工精細、造型誇張的西洋棋和象棋。而在五花八門的遊戲中，你也能找到不少熟悉的家鄉味，舉凡麻將、牌九、尪仔標等，當然不能在這場世界遊戲的盛會中缺席。這裡也有兩間遊戲室提供西洋棋、跳棋、圍棋等遊戲，讓你可以找人捉對廝殺，一展棋藝。

威薇 Vevey

MAP ▶ P.253A2

照相機博物館

MOOK Choice

Musée Suisse de L'appareil Photographique

相機迷的立體百科全書

🚇出威薇車站後往湖的方向走至大廣場(Grande Place)，就在廣場東側。 🏠Grande Place 99, 1800 Vevey ☎(0)21 925-3487 🕐週二至週日11:00~17:30；週一休 💲成人 CHF9，優待票CHF7，18歲以下免費。可免費借用英語語音導覽 🌐www.cameramuseum.ch

　　和洛桑的艾莉榭攝影美術館不同，威薇的照相機博物館展示的不是攝影作品，而是照相機本身。如果你對相機有異於常人的熱情，一定會覺得自己身在天堂，因為這裡的相機收藏，從最原始還談不上相機的攝像設備，到21世紀高畫素的數位相機，可說一應俱全。在這裡，你可以

會説話的長椅

　　在威薇和蒙投一帶，經常能看見一些貼著綠色標籤的長椅，這些可不是普通的長椅，它們可都是會説話的！在這些長椅上，你能找到標示著英文、德文、法文等語言的按鈕，按下按鈕後，就會有一位曾經造訪過日內瓦湖畔的名人向你講述一段故事、朗誦一段詩文，或是引述文學作品中的名句。威薇和蒙投總共有25張這樣的長椅，每一張都代表一位不同的人物，他們有可能是杜斯妥也夫斯基、雨果、卓別林、羅曼·羅蘭、安徒生、費茲傑羅、里爾克、海明威、拜倫或托爾斯泰，也有可能是大哲學家盧梭。在這一帶漫步，最有意思的就是找到這些會説話的長椅，聽它們述説一段關於湖區的往事。

看到早期將感光液塗在玻璃上當作底片的攝像設備，在當時甚至就已有配上顏料加工的「彩色照片」；你也能觀看暗房的操作情形，理解讓影像顯影的化學原理；而1百多年前拍攝肖像照所搭設的佈景，也讓人有古今一同之感。

　　二樓以上的相機展示更是洋洋大觀，早期軍隊使用的像炮管一樣的相機、第一代的拍立得相機、第一款跟著太空人漫步外太空的相機、第一代可以在海底拍攝的相機⋯⋯。透過完整而詳細的語音導覽解說，你所得到的知識並不只有每一款相機的功能而已，而是了解人類如何克服技術上的困難，運用新的知識與科技，不斷發展出日新月異的相機設備。將近2百年的相機歷史，在今天看來過時陳舊，但今日最新款的相機也未必就是發展的極致，未來的相機會多出哪些不可思議的功能，也令所有好奇的人拭目以待。

威薇 Vevey

MAP ▶ P.253B2

食物博物館

Alimentarium

MOOK Choice

食在有意思的生活知識

🚶 出威薇車站後往湖的方向走，至湖邊沿湖岸東行即達(就在卓別林像後面) 🏠 Quai Perdonnet 25, 1800 Vevey 📞(0)21 924-4111 🕐4～9月週二至日10:00-18:00，10～3月週二至日10:00-17:00；週一休 💲成人CHF13，優待票CHF4或11 🌐www.alimentarium.org/en

　　也許一般人對威薇這個地名感到有點陌生，但對雀巢(Nestle)這個名字就再熟悉不過了，而雀巢正是由威薇起家的廠牌，其總部就設在威薇的日內瓦湖畔。而這間食物博物館正是雀巢企業的產業之一，是世界少見以「食」為主題的博物館。

　　博物館共分3層樓、5個展區，一樓的主題是「烹飪」與「食用」，在烹飪的部分陳列了各種烹飪器材與食物原料，甚至還有一間讓兒童學習廚藝的烹飪教室；食用的展區則是介紹世界各地的飲食文化，並透過遊戲教導孩子正確的飲食觀念。二樓

的主題是「購買」與「消化」，購買區佈置成一間超市的模樣，以生動的文字及多媒體介紹各種常見的食品類型；而消化展區當然就是講解食物被吃進肚子之後究竟去了哪裡。寓教於樂的佈置設計，豐富多樣的遊戲操作，讓孩子樂在學習中。三樓則會舉辦與生物科學有關的特展。

威薇 Vevey

MAP ▶ P.253B2

威薇歷史博物館

Musée Historique de Vevey

市民百年生活史縮影

🚶 從卓別林像沿湖岸東行，左轉Rue du Château即達 🏠 Rue du Château 2, 1800 Vevey 📞(0)21 925-5164 🕐週二至日11:00-17:00；週一休 💲成人CHF5，優待票CHF4，18歲以下免費 🌐www.museehistoriquevevey.ch

　　威薇城堡雖然名為城堡，但看起來卻像一棟古代權貴富豪的宅邸，其造型獨特的屋頂與窗框，令人印象深刻。威薇城堡建於16世紀，最初是塔沃(Tavel)家族的產業，後來賣給了伯恩時期的封建領主。19世紀時，這裡曾經是一間旅館，而旅館在二次大戰結束營業後，當地的葡萄酒同業公會(Winegrower's Brotherhood)為避免這座華

麗的古宅傾圮毀壞，於是在1986年將其買下，加以整理修葺。

　　現在城堡的地面樓是一家當地有名的餐廳，一樓是釀酒公會的博物館，二樓則是威薇歷史博物館。威薇歷史博物館中，保存了數百年來威薇的市民記憶，其中有兩大非看不可的重點：一是古時造型精緻的門鎖收藏，包括鑰匙、鎖扣、盒子等；另一是當地畫家杜茂林(F.A.L. Dumoulin)在18世紀末時繪製的作品，他曾在西印度群島目睹英法之間的海戰，並讓當時的場景躍然紙上。

蒙投市區

圖例　◎景點　✚教堂　🏛博物館　🏨飯店
　　　⚓碼頭　🚉火車站　ℹ遊客中心

艾彌爾的長椅Henri-Frédéric Amiel
Tralala　Rue du Temple
都德的長椅Alphonse Daudet
蒙投車站
蒙投博物館 Musée de Vieux-Montreux
遊船碼頭
日內瓦湖 Lac Léman
市場廣場 Place du Marché
弗萊迪·墨丘里雕像 Statue of Freddie Mercury
Eden Palace
天主教堂 Catholic Church
迪布魯的長椅 Henri Deblue
西庸城堡 Château de Chillon
蒙投賭場 Casino de Montreux
Quai du Casino

蒙投 Montreux

MAP ▶ P.256A2

弗萊迪像與日內瓦湖

Statue of Freddie Mercury and Lac Léman

搖滾靈魂不朽

🚇 出蒙投車站後，往湖邊的方向走，沿湖岸東行至市集廣場(Place du Marché)即可看到 🔘 Place du Marché

　　現在的年輕人可能對弗萊迪·墨丘里(Freddie Mercury)感到陌生，但每當國際有體壇大事時，那首「We Are the Champions」仍叫人熱血沸騰，總能在齊聲高唱中將氣氛帶到最高潮。

　　We Are the Champions是70年代搖滾天團Queen的代表作之一，而弗萊迪正是Queen的傳奇主唱和鋼琴手。弗萊迪第一次來到蒙投是在1978年，當時他們來到這座瑞士的「爵士之城」，錄製的就是《Jazz》這張專輯。弗萊迪一踏上蒙投的土地，立刻就愛上了這裡的山水風景，於是便在能欣賞湖景的地方買下一層公寓。他曾說：「如果你要在心靈上獲得真正的寧靜，就一定要去蒙投。」弗萊迪於1991年病逝前在蒙投錄製了他的最後一張專輯《Made in Heaven》，這張專輯在1995年正式發行時，封面用的正是蒙投這尊弗萊迪像望向日內瓦湖的背影。

　　和蒙投結緣的搖滾天團除了Queen之外，還有Deep Purple，他們的經典名曲Smoke on the Water歌詞中的water指的正是日內瓦湖！事情發生在1971年12月4日，當時Deep Purple在

蒙投爵士音樂節
Montreux Jazz Festival

@Switzerland Tourism

　　蒙投爵士音樂節是讓蒙投成為瑞士爵士樂之都的最大原因，肇始於1967年的爵士音樂節如今已發展成為期16天的年度盛會。當今樂壇只要能叫出名字的爵士樂手，都一定曾在蒙投音樂節上表演過，且蒙投音樂節發展至今，音樂範疇已不僅只於爵士樂而已，舉凡搖滾、藍調、靈魂樂、放克、雷鬼、電音等，都會在這裡登場。想要同時觀看多位超級樂手的演出，蒙投音樂節絕對是不可多得的機會。要搶到音樂廳的好位子，最好及早上網搶票，音樂節期間，除了在兩座音樂廳內有售票的表演外，街頭許多廣場與酒吧也有搭設小舞台，讓樂迷們免費觀看新進樂手們的演出。

🔘 每年7月的第1個週五到第3個週六間舉行
www.montreuxjazzfestival.com/en

蒙投錄製專輯，而另一位吉他宗師Frank Zappa剛好也在蒙投賭場開音樂會，然而一位失控的樂迷突然擊發火焰槍燒掉了賭場的屋頂，Deep Purple見狀靈感大發，將整個過程寫成一首歌。

法語區……日 內瓦湖區 Region du Léman

蒙投 Montreux

MAP ▶ P.244C1

西庸城堡

MOOK Choice

Château de Chillon

漂浮日內瓦湖上的夢幻城堡

🚇搭S-Bahn通勤電車至Veytaux-Chillon🏠站,或從威薇、蒙投搭Bus 201至Chillon站即達。若時間充裕,可從蒙投出發,沿著湖畔<花徑 Flower path>步行至城堡,總長4公里,步行約45分鐘。 🏠Avenue de Chillon 21, 1820 Veytaux ☎(0)21 966-8910 🕐6~8月9:00-19:00,4~5月和9~10月9:00-18:00,11~3月10:00-17:00(關門前1小時停止售票) 💲成人CHF13.5,優待票CHF11.5,6至15歲孩童CHF7 🌐www.chillon.ch

西庸城堡是瑞士最重要的古堡之一,早在羅馬時代便已矗立在這裡坐看人間潮起潮落。11至13世紀時,西庸城堡擴大改建,成為今日的壯闊模樣,其後經歷了薩伏伊(Savoy)和伯恩人(Bernese)的統治,一直到1798年沃州革命(Vaudois Revolution)後,才正式成為公有財產。

西庸城堡的地基位於300公尺深的日內瓦湖底,城堡底部依山勢修建,從外觀看來,既像是和山坡合而為一,又彷彿飄浮在水面上。雖然西庸城堡給人一種浪漫的氛圍,景觀也好得沒話說,不過城堡最出名的地方,卻是在臨湖一側的陰暗地窖中:以往這裡是囚禁犯人的監獄,在不見天日的大牢裡,共有200多名囚犯曾在此度過餘生;其中最有名的,便是16世紀時支持日內瓦從薩伏伊人統治下獨立、而被囚禁的博尼瓦神父(Banivard),他曾被鐵鍊綁在第5根柱子上長達4年之久。西元1816年,英國詩人拜倫(Lord Byron)來到西庸城堡參觀,有感於這段歷史,因而創作出《西庸的囚徒》(the Prisoner of Chillon)這首不朽的詩篇,西庸城堡也因為這首詩的流傳而聲名遠播。如今在地牢的第3根柱子上,還可清楚看到他當年到此一遊的親筆簽名,成為西庸城堡中最多遊客圍觀的部分。

逛完地窖,可順著指標依序參觀城堡主樓的各個廳堂,這裡的許多房間都復原成伯恩人統治時期的樣貌,包括餐廳、大廳、臥室、小客廳、小教堂、文書院、軍械室、審問室、茅廁等,完整呈現從前人們在古堡內的生活點滴。從城牆頂部的巡廊上,可以一睹城內的規劃格局,而高聳的主塔則是城堡視野最好的地方,從這裡望向日內瓦湖及阿爾卑斯山,景色非常優美。

代堡 Château-d'Oex

雷第瓦起士工廠
La Maison de l'Etivaz
品嘗濃醇新鮮的起士

🚌從代堡車站搭巴士至l'Etivaz, anc. Poste站即達 🏠Route des Mosses 72, 1660 L'Etivaz ☎(0)26 924 7060 🕐6~9月週一至六8:00-18:30、週日9:00-17:00，10~5月週一至六8:00-12:30、13:30-17:30、週日9:00-17:00 💲品嘗起士每人CHF3起；參觀及品嘗起士行程，成人CHF11、優待票CHF6。6歲以下兒童免費 🌐www.etivaz-aop.ch/en

　　雷第瓦起士是代堡的特產，來到代堡旅遊，參觀它的起士工廠是不可錯過的行程。雷第瓦起士工廠位在離代堡市中心10來分鐘車程的郊區外，與其說是工廠，還不如說是一間山中的木屋。這裡的視聽中心以3種語言輪流播放起士的製造過程，一樓是雷第瓦起士的賣場，可以買到各式各樣的起士產品與料理起士的用具，而視聽中心的對面就是起士儲藏室，遊客能實際看到起士發酵的4大步驟。

　　雷第瓦起士之所以出名，就在於這裡的乳牛完

全以阿爾卑斯山毫無汙染的牧草為主食，加上這個地區的牧草(Pay d'Enhaut)含有特殊的香氣，因此牛群的奶水品質當然好得沒話說。也正因為如此，雷第瓦所生產出來的起士不但具有香濃的奶味，同時還散發出具有阿爾卑斯山風味的香草氣息呢！

©Château-d'Oex Tourism

代堡國際熱氣球週 The Château-d'Oex international hot-air balloon

　　代堡從20世紀中葉以來，一直都是愛好熱氣球飛行者的天堂，而在1999年時，瑞士人伯特蘭·皮卡德(Bertrand Piccard)和布萊恩·瓊斯(Brian Jones)一同搭乘熱氣球百年靈3號(Breitling Orbiter 3)自代堡起飛，並成功地完成繞行地球一周且中途不著陸的壯舉，使得代堡的熱氣球更是聞名於世。

　　其實代堡早自1979年起，便是一年一度的國際熱氣球競賽舉辦場地，每年至少有來自15個國家、超過80架熱氣球在此比賽。在競賽的一星期內，代堡至少會湧入6萬名遊客，而各式各樣的熱氣球把天空妝點得七彩繽紛，更是讓人看得目眩神馳！要提醒的是：活動期間代堡將是人山人海，想要共襄盛舉最好及早訂房。

☎(0)26 924-2533 🕐每年一月的最後一週 💲入場費用每人CHF15；9日通票CHF25 🌐www.festivaldeballons.ch

達布列斯 Les Diablerets

MAP ▶ P.244D2

冰河3000

Glacier 3000

終年冰雪的銀色世界

到冰河3000大致有兩種方式：一是從蒙投搭乘火車前往Aigle，在Aigle換搭TPC的窄軌火車到Les Diablerets，再乘郵政巴士前往Col du Pillon；另一種是從蒙投搭乘黃金列車到Gstaad，再從那裡轉乘郵政巴士到Col du Pillon。冰河3000的纜車站就在Col du Pillon，搭乘可容納125人的大型纜車上山，只需15分鐘便可到達山頂 ⌂Col du Pillon, Route du Pillon 253, Les Diablerets ☎(0)24 492 0923 ◯Col du Pillon至山頂Scex Rouge的主要纜車11月初～5月初9:00-16:30，5月初～9月中9:00-16:50。阿爾卑斯雲霄飛車4～10月(纜車維修及天候不佳時同時關閉)。雪地履帶小巴5～9月11:30-15:30，每小時一班次。哈士奇雪橇6月及9月週三、六、日，7～8月週二、四、六、日。冰雪公園11月初～5月9:00-16:00。越野滑雪6～12月 $Col du Pillon至Scex Rouge纜車成人來回票CHF85，兒童及持Swiss Travel Pass半價；阿爾卑斯雲霄飛車CHF9(5次票為CHF36) ⑩www.glacier3000.ch

　　冰河3000顧名思義，就是海拔高達3,000公尺的冰河，這裡終年積雪，永遠都是一片銀白色的世界，是世上少數在夏天也能滑雪的場地。與瑞士其他高山相同，這裡也建有現代化的登山纜車，在山頂上也有景觀餐廳和滑雪設施，以及一些提供給非滑雪客的娛樂項目。同時，由於打著國際名建築師馬利歐‧波塔(Mario Botta)的大名，讓冰河3000更有種時髦與現代感的風格。

　　雖然這裡的活動以滑雪為焦點，但若你不是滑雪客的話，仍然能在這裡找到許多樂子，譬如每天從Scex Rouge纜車站出發的雪地履帶小巴(Snow Bus)，帶著乘客穿越雪白一片的冰河，體驗冰原上的寒地風光。另一項最受遊客歡迎的，就是乘坐由一群可愛的哈士奇拉的雪橇(Dog Sled Ride)在雪地裡奔馳，感受早期人們在高山上的交通方式。而阿爾卑雲霄飛車(Alpine Coaster)總長1公里的軌道，共會經過520度的迴旋、10處彎道、6道波浪和3處彈跳，驚險刺激的程度，讓你幾乎忘了欣賞沿途的高山美景。

　　而由馬利歐‧波塔所設計的波塔3000餐廳(Botta 3000)，不但室內有格調高雅的設計，在這裡用餐，連室外的冰原高山美景也一併進入眼簾，氣氛優雅浪漫。當然，除了高級的餐廳之外，這裡也有平價的自助餐廳，讓你可以用省下來的錢，在這裡玩得更盡興。

義語區

義大利語區

Italian-Speaking Region

義大利語在瑞士僅占全部人口的8%，主要分布在南方的提契諾州(Ticino)與格勞賓登州(Graubünden)南部的小區塊，由於這裡古時長期受義大利米蘭公爵管轄，因此無論是地理、歷史與文化，都與義大利有著極深的淵源。陽光、棕櫚樹和波光粼粼的湖水描繪出地中海式的風情，義語區城市擁有瑞士井然有序、愛好整潔的生活方式，卻又承襲了義大利熱情奔放的民族天性，得天獨厚的氣候和截然不同的南歐情調，孕育出歐洲遊客鍾愛的度假天堂。

盧加諾為義語區第一大城，距離時尚之都米蘭僅僅幾公里的距離，舊城區國際名牌精品匯集，不亞於蘇黎世的班霍夫大道；更棒的是，北義的迴廊式建築，讓遊客可以風雨無阻、不畏艷陽地享受血拼樂趣。

貝林佐納是提契諾州的首府，位居重要的交通樞紐，也是從瑞士中北部進入義語區的門戶

城鎮，舊城區內的3座中世紀城堡，則在2000年時被列為世界文化遺產。

洛卡諾馬嬌蕾湖畔林立的旅館，與年年絡繹不絕的人潮，都顯示了其在歐洲旅遊市場的重要地位。距離僅30分鐘車程的佛薩斯卡峽谷，景緻幽靜，水碧澄清，錯落著老木屋及中世紀石橋，呈現出與湖岸度假都市完全不同的清新氛圍。

義語區之最Top Highlights of Italian-Speaking Region

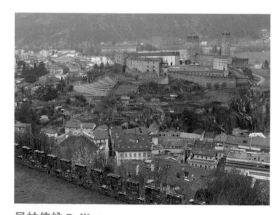

貝林佐納 Bellinzona
大城堡、蒙特貝羅城堡和卡斯特羅城堡是貝林佐納的守護者，這3座充滿中世紀傳奇色彩的城堡，數百年來盤踞山丘上，捍衛著當地邊防。登上城牆眺望城市，發思古之幽情。(P.269)

阿斯科納 Ascona
阿斯科納那小鎮能給你的不多，只有享受陽光美景的悠閒度假氣氛。馬嬌蕾湖畔色彩繽紛的房子、白色大陽傘下的咖啡座和冰淇淋車、以及半瞇眼享受日光浴的旅客，真讓人誤以為身在地中海邊。(P.279)

布雷山 Monte Bre
登高遠眺，將提契諾州第一大城、聖薩爾瓦多山與盧加諾湖的美景寫入相機中，搭乘30分鐘登山纜車前往布雷山觀景台就能輕易達成。別忘了健行下山，拜訪湖邊純樸的岡德雅小漁村。(P.266)

義大利語區
盧加諾●

盧加諾及其周邊
Lugano & Around

文●墨刻編輯部　攝影●周治平・墨刻攝影組

雖然盧加諾擁有提契諾州最大城市與瑞士第3大經濟重鎮的雙重身分，仍有一般大都會難得一見的水色風光，距離義大利邊境僅有短短幾公里，義大利悠閒熱情的生活態度與忙碌時髦的都會風情在此融合得恰到好處。漫步盧加諾的舊城區，可以逛遊古蹟，也可以血拼名牌商品；想要享受奢華的度假氛圍，沿湖興建的高級度假旅館不會讓你失望；想要郊遊踏青，搭乘市郊電纜車即可輕鬆登上聖薩爾瓦多山或布雷山。吃、喝、玩、樂、買，在盧加諾，樣樣不缺。

別忘了走一趟水路，拜訪盧加諾湖邊的鄰近小鎮。看沿湖綠意映照在澄清的湖水中，讓人墜入湛藍水色與小鎮純樸景致所編織成的夢幻天地，悠然忘歸。夏季時分，沿湖徒步區還有煙火秀和各種街頭表演吸引遊人駐足。

INFO

基本資訊

人口：約6萬4千人　**面積**：75.98平方公里

區域號碼：(0)91　**海拔**：273公尺

如何到達——航空

從台灣出發無航班直達盧加諾，需搭乘飛機至蘇黎世，再轉乘火車前往。盧加諾機場位於盧加諾西邊的Agno，為歐洲線的國際機場，往來蘇黎世、日內瓦等瑞士國內城市，以及義大利、法國等鄰近國家。台灣旅客也可選擇先飛至歐洲其他主要城市，再轉機至盧加諾機場。

🚉 www.luganoairport.ch/en

◎機場線火車

出機場後南行大約10分鐘的路程，即是Agno火車站。從Agno搭乘FLP火車至盧加諾，車程大約20分鐘。每天6:25-20:10，每15分鐘1班車、週日則是半小時1班。

🚉 www.flpsa.ch

◎機場巴士

從機場搭乘接駁巴士可直達盧加諾火車站與市中心，每日8:00-18:30間(週日10:00起)，班機抵達10-15分鐘後發車，從機場到火車站為每人CHF8，到市中心為每人CHF10；16歲以下孩童半價，若有成人陪伴則免費。而從市區若要搭乘接駁巴士至機場，則需事先預約。

Shuttle Bus Sagl

©Ticino Tourism

☎(0)79 357-0876 🌐www.shuttle-bus.com

◎計程車

　　每日7:30-21:30間，有許多隸屬於盧加諾機場的計程車提供城區的接送服務。搭乘計程車至市區約需20分鐘，到火車站約為CHF30，到市中心約為CHF35。
☎(0)91 605-2510

如何到達——火車

　　由蘇黎世搭乘直達車前往盧加諾，約2小時40分；從日內瓦出發需在琉森轉車，約5.5小時；從琉森出發約2.5小時；而從義大利米蘭前往，只要1小時。此外，盧加諾也是聖哥達全景觀快車的終站，從琉森至盧加諾，包含遊船的時間，行程約5.5小時。而每年5月中旬至10月中旬，從庫爾或聖摩里茲出發，也可搭乘伯連納快車至義大利的蒂拉諾(Tirano)，再轉乘伯連納巴士經義大利北部抵達盧加諾，車程共約5.5小時。
🌐www.sbb.ch

如何到達——長途巴士

　　從聖摩里茲可搭乘棕櫚快車(Palm Express)至盧加諾，這條路線於6月中旬至10月中旬的週五至週日營運，車程約4小時。要注意的是：由於巴士會跨越國境，穿越北義山區，因此需要攜帶有效證件。
🌐www.postbus.ch

市區交通

◎大眾運輸工具

　　盧加諾市區的觀光景點大多都在湖邊，因此沿著湖岸散步是一種相當愜意悠閒的旅行方式。若是不想走路，或是要到比較遠的郊區，可以利用TPL提供服務的十餘條公車路線，市區內單程CHF2.3。

盧加諾周邊圖

布雷山 Monte Brè

岡德雅 Gandria

盧加諾 Lugano

盧加諾湖 Lago Lugano

聖薩爾瓦多山 Monte San Salvatore

Alprose巧克力博物館 Museo del cioccolato Alprose

義大利 Italy

瑞士小人國 Swissminiatur

圖例 ◎景點 🏛博物館 🛍購物　　↓往🦊狐狸鎮 Fox Town

　　盧加諾火車站位於地勢較高的區域，往來湖畔和火車站之間，可搭乘登山電纜車直達山下的舊城區中心。
🌐www.tplsa.ch

旅遊諮詢

◎火車站遊客服務中心
🏠Piazzale della Stazione　☎(0)58 220-6501
🔽週一至五9:00-13:00、14:00-18:00，週六9:00-13:00，週日休

◎舊城區遊客服務中心
🏠Piazza Riforma 1, 6900 Lugano
☎(0)58 220-6506
🔽週一至五9:00-12:00、13:00-18:00，週六17:00提前打烊，週日16:00提前打烊
🌐www.luganoregion.com

市中心Centro

MAP ▶ P.262A2

舊城區

MOOK Choice

Citta Vecchia

古典中尋獲時尚

🚠 由火車站可搭乘電纜車直達山下舊城中心

　　盧加諾的舊城區處處可見古典情調與時尚潮流的火花，不同的氣氛恰到好處地融合在大街小巷之中。盧加諾的舊城以改革廣場(Piazza della Riforma)為中心，街道由湖邊向四周呈放射狀延伸，建築受義大利北部風格的影響，拱廊與騎樓是最大的特色。許多人認為盧加諾是最適合逛街的城市，正因為這夏天遮陽、雨天擋雨的長廊。

　　改革廣場上一家家咖啡店與餐廳，遊人們熙來攘往，果然好一幅悠遊自在的風情。沿著小路來到Via Cattedrale與Via Salame等狹小巷弄中，街邊有各式土產與食品行，販賣著道地美味，空氣中瀰漫一股熱情與活力。轉個身，由改革廣場向南來到Via Nassa街上，眼前換成林立的各式高級鐘錶及名牌服飾店，立刻營造出奢華富麗的都會即景，而這也是盧加諾市中心最主要的逛街購物區，品牌的水準與選擇性，可與蘇黎世等大都市同場較勁。大部分商店的營業時間為平日9:00-18:30，週四晚上延長至21:00，週日幾乎所有商店都休息，若要安排購物行程要特別注意。

市中心Centro

MAP ▶ P.262B2

市民公園

Parco Civico

學瑞士人慢活哲學

🚶 從改革廣場沿湖岸東行即達　Ⓢ免費

　　位在盧加諾湖畔的市民公園，是盧加諾市民休閒散步的最佳去處之一。面對著遼闊的盧加諾湖，市民公園以色彩繽紛的花卉與植栽點綴在湖光山色之中，每當夏日午後，市民公園的小徑中、草地上、湖岸邊，四處可見來此散步、遛狗，甚至做日光浴的人們。在舊城區逛累了，不妨趁機感受一下臨湖城市獨有的悠閒時光。此外，市立美術館(Museum Villa Ciani)及州立自然史博物館(Cantonal Natural History Museum)也都在公園中。

市中心Centro

MAP ▶ P.262A2

聖羅倫佐大教堂

Cattedrale San Lorenzo

展現早期文藝復興古典美感

🚶 從盧加諾火車站前順著向下階梯即可抵達。　🏠Via Cattedrale　☏(0)91 922-8842　🕐6:30-18:00　Ⓢ免費

　　聖羅倫佐大教堂是盧加諾歷史最為久遠的一座教堂，也是天主教盧加諾教區的主教座堂，最初建於西元9世紀，之後經歷了數度整修，才成了現在的模樣。白色石頭砌成的教堂正面，看起來像硬加上去的裝飾板，因為這是在西元1517年增建完成，屬於文藝復興時代早期的作品，所以風格迥異。走進教堂中，遊客可以將這面牆上華麗的玫瑰窗更加仔細地看個清楚，窗上的聖母懷抱聖子像，也令人印象深刻。

市中心Centro

MAP ▶ P.262B2

盧加諾遊湖

MOOK Choice

Grande Giro del Lago

沉浸湛藍湖光與小鎮風情

🏠Viale Castagnola 12 ☎(0)91 222-1111 ●遊湖行程約從4月～10月底。套裝行程出發時間皆不同，請至官網確認 💲一般交通船的價格距離而不同，來回票約在CHF18.2～45.6之間，使用Swiss Travel Pass半價優惠 🌐www.lakelugano.ch

©Ticino Tourism

盧加諾湖在瑞士及義大利的交界，是U字型的狹長冰河湖，自古以來就是重要的商業往來之處，如今搭乘遊船欣賞湖岸依山而建的小鎮，感受瑞士南部慵懶陽光的度假氛圍，是遊覽盧加諾不可或缺的一部分。包括岡德雅(Gandria)、莫爾格特(Morcote)以及瑞士小人國所在的Melide小鎮，都位於盧加諾湖湖邊，搭乘交通船前往，不僅方便，還可飽覽湖上風光，相當恣意悠閒。

盧加諾市區內有兩個主要的碼頭，分別是舊城改革廣場對面的Lugano Centrale碼頭與南方距離聖薩爾瓦多較近的Lugano-Paradiso碼頭，已經確定要停靠哪些小鎮的遊客，可以直接搭乘交通船前往。另外，船公司也有多種套裝遊船行程可供選擇。

市中心Centro

MAP ▶ P.262A3

聖母天使教堂

MOOK Choice

Chiesa di Santa Maria degli Angeli

扣人心弦的濕壁畫

📍從改革廣場沿Via Nassa南行即達。 🏠Piazza Luini 3 ☎(0)91 922-0112 ●每日8:30-18:00 💲免費 🌐santamariadegliangioli.ch

坐落於舊城中盧伊尼廣場(Piazza Luini)旁的聖母天使教堂，始建於15世紀左右，原為法蘭西斯修道院(Franciscan Monastery)所擁有。雖然隱匿在周邊房舍之中，外觀極不起眼，但是這座教堂卻擁有極為珍貴的文化歷史瑰寶，便是數幅出於盧伊尼(Bernadino Luini, 1475-1532)之手的濕壁畫，因而擁有不凡的地位。

盧伊尼與達文西同屬於米蘭畫派，在當年更擁有與達文西齊名的繪畫地位。在聖母天使教堂中，將聖壇與主殿區分隔開來的牆上，就是教堂最為知名的壁畫，壁畫描繪了基督受難及聖塞巴斯蒂安(St. Sebastian)被利箭穿身的故事，繽紛的色彩及精緻的畫工，深刻地描繪了受刑那一幕的情形，令觀賞者也幾乎能感同身受。此外，面向聖壇左手邊描繪「最後的晚餐」的壁畫，也是出自盧伊尼之手。

郊區Periferia

布雷山

Monte Brè

登高遠眺水色山光

🚉 穿越市民公園後沿湖岸步行5分鐘，即可抵達登山纜車站；由舊城區搭乘TPL Bus 2,11,12在Cassarate/Monte Brè下車，即可到達纜車站　☎(0)91 971-3171　⏰6~10月上山時間9:10-18:45，下山末班車為19:05，7~8月週五及週六開放至23:05；11~5月上山時間9:20-17:45，下山末班車為18:05。每半小時發車。　💲成人來回票為CHF26，單程票為CHF17；6~16歲兒童來回票為CHF13，單程票為CHF8.5。持有Swiss Travel Pass享有半價優惠。遊船加布雷山套票成人CHF31.6，優待票CHF15.8　🌐www.montebre.ch

　　盧加諾附近有數座標高在1,000公尺上下的小山，於是登高望遠便也成了在盧加諾頗受歡迎的休閒活動之一。布雷山在盧加諾市區的東方，搭乘纜繩驅動的鐵道車上山，需於Suvigliana換車，約莫30分鐘就可以到達山頂。在標高933公尺的觀景台眺望，盧加諾市區、聖薩爾瓦多山與閃閃發光的湖泊，甚至遠方的阿爾卑斯群山及南方的平原，都在視線範圍之內。布雷山上不但有餐廳，還有小巧可愛的市鎮與教堂，也相當適合散步、健行，若時間充足的話，建議選擇用健行的方式下山，經過布雷村走到岡德雅，來一趟約2小時的健康之旅。

盧加諾周邊Intorno a Lugano

岡德雅

Gandria

溫暖純樸的漁村小鎮

🚢 搭乘盧加諾湖遊船約35分鐘可達；或是於市民公園旁搭乘490號巴士，約20分鐘抵達。也可由盧加諾市中心健行至此，約費時50分鐘至1小時

　　位於布雷山的山腳下，岡德雅是盧加諾湖周邊的一處小城鎮，也是盧加諾湖遊船不能錯過的一個小站。這座擁有百年歷史的小鎮，過去是個以捕魚為生的漁村，依山傍水的環境讓這裡近年來發展成熱門的觀光景點。

　　想要來到岡德雅，你可選擇由盧加諾徒步或搭乘遊船前往。當船隻在湖上行駛時，遠遠地就可以看到沿著陡峭山壁興建的可愛村鎮，略顯褪色的屋舍外牆，透露出這個迷你小鎮跨越的年歲。走下簡單的木造碼頭，迎接你的就是這一方純樸簡單的小天地；和煦陽光斜照進櫛比鱗次的房舍之間，鋪石巷弄蜿蜒在層層疊疊的屋簷之中，營造出專屬於小鎮的溫暖情調；沿途還有各式手工陶藝品店，讓人流連其中，忘卻煩憂。

　　特別推薦其中一家名為Ceramiche d'arte Gandria的陶藝店，開店的夫妻兩人，先生做坏，妻子作畫，一個個精巧富有童趣的作品，都是由工作室手工製造的，讓人愛不釋手。

盧加諾周邊Intorno a Lugano

MAP ▶ P.263B2

聖薩爾瓦多山
Monte San Salvatore
用青山綠與湖水藍彩繪風景

登山鐵道車站則位於Lugano Paradiso地區，由Paradiso火車站徒步前往，約費時5分鐘；從舊城區沿著湖岸道路步行前往約20分鐘 ☎(0)91 985-2828 ⏰3月初～11月初每日9:00-18:00(5～6月中及8月中～9月的週五、週六延長至23:00，6月中～8月中每日營運至23:00)；11月～3月初休 💲成人來回票為CHF32，單程票為CHF25；孩童來回票為CHF14，單程票為CHF11。持有Swiss Travel Pass享半價優惠。 🌐www.montesansalvatore.ch

從山下鐵道車站出發，搭乘可愛的紅色纜繩式登山鐵道車，12分鐘就可以登上標高912公尺的聖薩爾瓦多山，墜入一片由翠綠、湛藍和天藍描繪出的世界。離開車站繼續往全景觀景台(Terrazza Panoramica)方向上坡5分鐘，遇上觀景台上的小巧教堂，由此眺望360度的全幅景

©Switzerland Tourism

觀令人印象深刻：盧加諾市區、布雷山、繞著兩岸小山蜿蜒的盧加諾湖、聖喬治山(Monte San Giorgio)，甚至遠方的阿爾卑斯山都一覽無遺，天氣晴朗的時候，還能看到義大利米蘭地區的柯摩湖(Lago di Como)。除了景觀之外，聖薩爾瓦多山上有一間博物館，展示鄰近地區的化石及各種岩石，也能了解聖薩爾瓦多山上7處洞穴的傳說和神話故事。這兒有多條健行路線，不妨在山頂的景觀餐廳休息一下，享受美景佐餐的佳餚美味，再用雙腳走進畫中。

盧加諾周邊Intorno a Lugano

MAP ▶ P.263B2

瑞士小人國
Swissminiatur
一小時走遍瑞士

位於盧加諾湖畔的Melide小鎮，可搭乘盧加諾湖遊輪前往，航程約35分鐘，下船徒步5分鐘左右即達；也可由盧加諾市中心火車站搭火車前往，約7分鐘抵達Melide，下車徒步5分鐘左右可達 📍Via Cantonale, 6815 Melide ☎(0)91 640-1060 ⏰3月中～10月底每日9:00-18:00，1月～3月中每日13:00-16:00；11～12月休 💲成人CHF21，6至15歲孩童CHF14，5歲以下免費。冬季入園半價。遊船加瑞士小人國套票成人CHF31，優待票CHF18起 🌐www.swissminiatur.ch

瑞士說大不大，但若要來一趟完整的瑞士遊程，看遍大大小小景點，卻也不是一件容易的事，想要一圓這個美夢，來一趟瑞士小人國就能得償所願。瑞士小人國充分地運用各種巧思，將模型在有限的空間裡做完整的展示，把120個以上的瑞士知名景點濃縮呈現在小小的公園內，拿

著園方的地圖指南、循著經過設計的遊園路線，就可以輕輕鬆鬆遊歷整個瑞士。

少女峰、馬特洪峰等瑞士名峰、阿爾卑斯山谷中各種充滿鄉村風情的小木屋、日內瓦聖彼耶大教堂等大城小鎮的知名景點，一一以1/252的比例縮小呈現。尤其是全園長達3,500公尺的鐵路線，更是令人印象深刻：縮小版的各種列車在小山丘間來回行駛，配合著音響，總是讓人目不轉睛。而在山峰之間，也有小纜車、滑雪椅正上上下下地運行著，無論你是大人還是小孩，都一定會被這精巧細緻的小人國情景深深吸引。

義語區⋯⋯**盧**加諾及其周邊 Lugano & Around

267

MAP ▶ P.263A2

Alprose巧克力博物館

Museo del cioccolato Alprose

香濃甜膩的巧克力王國

🎵 從盧加諾火車站對面的Funic. Lug.火車站搭乘往Malcantone方向的通勤電車(橘線),於Caslano站下車沿鐵軌旁道路跟隨指標,步行7~10分鐘可達 🏠Via Rompada 36, 6987 Caslano ☎(0)91 611-8888 🕐週一至日9:00-17:00,商店營業至17:30 💲成人CHF5,7-16歲兒童CHF2 🌐www.alprose.ch ❗週一至五工廠運作時間才能看到巧克力生產過程

　　Alprose是瑞士巧克力的平價國民品牌,品牌在工廠旁設置了小型博物館,用巧克力噴泉開啟歡樂序幕,帶領大人小孩走進香濃的巧克力世界。

　　除了靜態展示,不妨看看有生命力的巧克力!推開塑膠簾幕,立刻被空氣中那誘人的甜味吸引,空中走廊架設在工廠生產線上方,看到巧克力灌模後低溫定型、快速包裝,最後一顆顆在生產線上滾動的模樣,挑動你想一嘗甜頭的欲望。當然,博物館旁的Alprose專賣店能立刻實現你的願望,就算不想傷荷包,無限量免費試吃的巧克力也夠讓人心滿意足。

MAP ▶ P.263B2

狐狸鎮

Fox Town Factory Stores

打包名牌的購物天堂

🎵 從盧加諾搭火車約20分鐘至Mendrisio站,轉乘每半小時一班往狐狸鎮的Citta公車,或出火車站後左轉至圓環,從圓環旁的步道上橋,過橋後右邊即達,步行7~10分鐘。 🏠Via A. Maspoli 18, 6850 Mendrisio ☎(0)84 882-8888 🕐每日11:00-19:00 🌐www.foxtown.com

　　盧加諾市區Via Nassa名牌街上逛得過癮卻買不下手?歐洲南部最大的名牌Outlet保證讓你大包小包心滿意足地回家。狐狸鎮位於盧加諾南方的Mendrisio,大型購物廣場內有160家商店、1間賭場及7間餐廳,知名品牌商品都以零售價的3~7折出售,除了廣

受亞洲女性消費者歡迎的Armani、 Bally、Burberry、Dior、Dolce & Gabbana、Gucci、Prada等精品外,也有長毛象(Mammut)、The North Face、Timberland、Nike、Adidas等運動用品。不只品牌選擇多,商品種類也相當齊全,網羅日常生活之所需,所以吸引的不只是遠道而來的觀光人潮,許多提契諾州各地的居民假日也會攜家帶眷來採購。

　　寬敞明亮的室內購物空間、買到低價奢侈品的快樂和便利的交通讓狐狸鎮吸引一輛輛遊覽車湧進,每天更有「血拼專車」往返於義大利的米蘭和狐狸鎮之間。消費滿CHF300以上即可退稅,對非歐盟國的消費者而言更是方便。你也準備好像狐狸一樣精明購物了嗎?

貝林佐納

Bellinzona

文●墨刻編輯部　攝影●周治平・墨刻攝影組

貝林佐納是提契諾州的首府，位於聖哥達
(St. Gotthard)、聖貝爾納爾迪諾(San
Bernardino)和魯克瑪諾(Lucomagno)3大隘口
間的狹窄谷地，是義大利與瑞士南阿爾卑斯區
域的交通要塞，自中世紀以來，就是兵家必爭
之地，堅不可摧的防禦工事在山頭逐步修建，
老城區也因往來貿易而繁榮。西元2000年時，
中世紀城堡群正式被納入世界文化遺產之列。

　　漫步老城鎮的石板街道，品啜悠閒自在的義
語區氛圍；登上瑞士唯一現存的中世紀堡壘眺
望，放鬆在提契諾原野的青草芳香中，這就是
充滿傳統風情的貝林佐納，為駐足停留的遊客
所端上的最佳旅遊小點。

INFO

基本資訊

人口：約4萬3千人　**面積**：164.96平方公里
區域號碼：(0)91　**海拔**：241公尺

如何到達──航空

　　從台灣出發無航班直達這個區域，需搭乘飛機至蘇
黎世，再轉乘火車前往。距離貝林佐納最近的機場為
盧加諾機場，也可選擇搭飛機至歐洲其他城市，轉機
至盧加諾機場，再搭車至貝林佐納。
ⓌⓉwww.luganoairport.ch/en

如何到達──火車

　　貝林佐納像是義語區的通關口，從瑞士各主要城市
進入義語區的火車，一定會先經過貝林佐納。蘇黎世
出發的直達快車，車程約2小時20分鐘；從盧加諾至

貝林佐納約30分鐘；從洛卡諾出發約20分鐘。
　　此外，貝林佐納也是聖哥達全景觀快車必經之地，
每年5月初至10月下旬，從琉森出發至貝林佐納，含
遊船的時間在內大約為4小時40分。
ⓌⓉwww.sbb.ch

市區交通

◎大眾運輸工具

　　貝林佐納市區相當迷你，以徒步的方式即可走遍全
城，較遠的景點如卡斯特羅城堡，可於火車站前搭乘
公車前往。

優惠票券

◎貝林佐納通行證Bellinzona Pass

　　可通行於貝林佐納主要的3大城堡，搭乘纜車、
參觀博物館和臨時展覽也有20%~30%的優惠。成人
CHF28，6至16歲孩童CHF18。

旅遊諮詢

◎舊城遊客服務中心

　Piazza Collegiata 12　☎(0)91 825-2131
　週一至五9:00-18:00，週六9:00-16:00，週日
10:00-16:00

◎火車站遊客服務中心

　週一至五8:30-12:00、13:00-18:00，週六、日及
假日8:00-12:00
ⓌⓉwww.bellinzona.ch

MAP ▶ P.270A2~A4

舊城區

Citta Vecchia

古意盎然的北義情調

🎵 順著火車站前的Viale Stazione向下坡步行約5分鐘即達

MOOK Choice

貝林佐納舊城位在大城堡聳立的岩石下，最熱鬧的是Collegiata廣場和市政廳前的Nosetto廣場。Collegiata廣場上的聖瑪莉亞十字架教堂(Chiesa dei Santi Pietro e Stefano)是舊城地標，鵝黃色的文藝復興式華麗立面在一片紅屋瓦中特別顯著。Nosetto廣場上文藝復興風格的市政廳，自古即是政府機關和法庭的所在，其歷史可追溯至13世紀，現在看到中庭拱形迴廊，則是1928年重新修建後的樣貌。像戶政機關一般，鎮上居民的出生、死亡和結婚都與這棟建築相關，遊客中心就在市政廳的一樓。

若要深刻體驗提契諾州的道地人情味，舊城區每週六7:00-13:00的週末市集絕對是不能錯過的活動。小販自四周城鎮湧入，帶來各種當地的起士、香腸、水果、葡萄酒和手工藝品等，占地不大的廣場、街道擠滿人潮，叫賣聲不絕於耳，瀰漫著百分百的義式熱情。

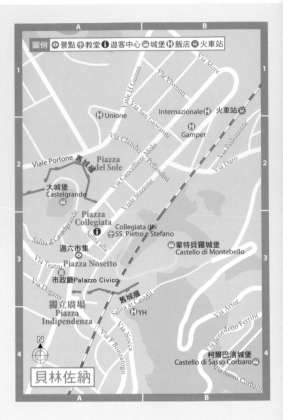

圖例 ◎景點 ✚教堂 ❶遊客中心 🏰城堡 ⊞飯店 🚉火車站

貝林佐納

嘉年華會
Rabadan Carnival

「Rabadan」的字面意思是喧鬧聲，每年二月在貝林佐納舊城舉行的Rabadan嘉年華會，會讓小巧而古老的石板路充滿響徹雲霄的歡笑與音樂聲。Rabadan嘉年華會與巴賽爾、琉森並列瑞士3大嘉年華會，延續150年的傳統，固定於週四晚上舉行開始儀式，市長將城市之鑰交給嘉年華會的「國王」，象徵接下來連續5天提契諾州的首府將交由「國王」統治。主要活動從下午一直進行到晚上，週五是以學校為單位的小朋友扮裝遊行，週六的樂團遊行伴隨飲酒狂歡的人，喧鬧直到深夜，節目高潮則是週日的大型樂隊花車遊行。嘉年華會每年吸引超過15萬遊客。

🔽 每年復活節的40天前舉辦　✤ www.rabadan.ch

MAP ▶ P.270A2

大城堡

MOOK Choice

Castel Grande

鑲嵌現代建築元素的千年古堡

📍出火車站後往西南方向步行至Piazza del Sole即可看到前往城堡的升降梯入口 ☎(0)91 825-8145 ⏰旺季10:00-18:00，淡季10:30-16:00 💰成人CHF15，優待票CHF8 🌐fortezzabellinzona.ch

　　大城堡顧名思義就是貝林佐納3座城堡中最大的一座，坐落於聖米切雷山(Monte San Michele)的大城堡，也在貝林佐納的歷史上扮演了極為重要的角色，掌握了阿爾卑斯山與南方義大利之間的交通孔道。根據最新的考古研究，早在西元前5,500到5,000年的新石器時代，就有人跡出現在大城堡現址，而防禦堡壘最早則是由羅馬人在西元4世紀時所建立。

　　我們現在所見到的城堡，是經過數度擴建、重整之後的結果，最早是13世紀時，米蘭軍方為防禦來自阿爾卑斯北麓的威脅，所進行的大規模整建，之後於15、17、19世紀都分別進行過修葺。最近的一次整修則是在1984~1991年之間，由建築師Aurelio Galfetti操刀，將現代的電梯及建築元素加入這個早已跨越不知多少世代的歷史建築中。

　　由於歷史演進與戰亂之故，目前城堡的面積較諸過去大為縮減，在威斯康提(Visconti)家族統治期間，蜿蜒的城牆最遠可以到達提契諾河邊，現在我們僅能見到一部分城牆屹立於貝林佐納市區的葡萄園間。

　　城堡的建築風格與其他提契諾州的古老建築一樣，都是源於義大利北方的Lombard，尤其是城堡側翼皇冠般的城垛造型最為容易辨認，充滿了義大利的城堡興味。城堡中設立的Museo Storico博物館，展示鄰近區域挖掘出的新石器時代遺跡，以及羅馬時期、中世紀至20世紀的貝林佐納當地歷史，其中還能看到16世紀由瑞士聯邦鑄造的錢幣。

MAP ▶ P.270B3

蒙特貝羅城堡
Castello di Motebello

山丘上的守護者

📍Collegiata廣場的教堂旁有小路可步行約10分鐘至城堡；若由大城堡出發，可沿著往高處延伸的城牆徒步上行 🅰 Via Artore 4 ☎(0)91 825-1342 ⏰旺季10:00-18:00，淡季10:30-16:00 💲成人CHF15，優待票CHF8 🌐 fortezzabellinzona.ch

「蒙特貝羅」在義大利文中的意思是「美麗的山」，也是蒙特貝羅城堡所在山頭的名字。位在高於大城堡90公尺的山頭上，蒙特貝羅城堡擁有極佳的視野，整個貝林佐納城盡在眼前，天氣清朗時，視野甚至可及馬嬌蕾湖(Lago Maggiore)，伴隨著微風輕拂，令人心曠神怡。

城堡的中心建築建於13、14世紀間，由於來自義大利科摩(Como)的Rusconi家族擁有此座城堡的時間相當長，推測這部分的建築也很可能是由Rusconi家族所建，另外城堡的庭院及塔樓則是建於15世紀。目前城堡南側與北側的城牆保存得尚稱完整，在視野較好的角度，我們還可以看到蒙特貝羅城堡的城牆與大城堡城牆的銜接狀況，清楚地勾勒出中世紀時由兩座城堡共同連結成的防禦線。城堡內的博物館則展示了附近區域的考古遺跡。

每年5月，蒙特貝羅城堡會倒轉時空，帶領遊客重返中世紀的輝煌。連續2天的「在要塞的劍(La Spada nella rocca)」慶典，城堡中到處走動穿著中世紀服裝的演員，工匠展示打鐵手藝，騎士揮舞盾牌長劍，還有精彩的射旗、射箭及劍術比賽。

MAP ▶ P.270B4

科爾巴洛城堡
Castello di Sasso Corbaro

小而厚實的方正堡壘

🚌可由市中心搭乘Bus 4在Artore站下車，徒步約3至5分鐘可達城堡；或由蒙特貝羅城堡沿健行路徑抵達 ☎(0)91 825-5906 ⏰旺季10:00-18:00，淡季10:30-16:00 💲成人CHF15，優待票CHF8 🌐fortezzabellinzona.ch

科爾巴洛城堡是3座城堡中距離市鎮中心最遙遠、占地也是最小的一座，這座城堡建於1479年，在同年稍早發生的「Giornico戰役」中，瑞士軍隊由北方進軍擊敗了米蘭軍隊，也因此在休兵之後，米蘭公爵立刻親自下令建造這座城堡，與大城堡、蒙特貝羅城堡互為犄角，來充實日益吃緊的北方防務。

正因為如此明確的防禦取向，城堡本身的造型並不如其他兩座來得優美，呈現方正的矩形造型，厚達4.7公尺的城牆更是令人印象深刻。目前城堡內附設的博物館則是一處建於17世紀的「愛瑪大廳(Sala Emma Poglia)」，完整的木造建築深具歷史及藝術價值。

洛卡諾及其周邊
Locarno & Around

文●墨刻編輯部　攝影●周治平‧墨刻攝影組

　　背倚群山、坐擁馬嬌蕾湖(Lago Maggiore)的洛卡諾，是瑞士海拔最低的城市，陽光、湖泊、山色與義大利語區的熱情民族天性，讓它與瑞士其它城市有截然不同的風情，自古以來就吸引許多貴族、文人來此停留，留下了濃濃的人文采風。現在一年一度的國際電影節更是全球聚焦的影壇盛事，每年皆吸引超過15萬人專程前來觀影、共襄盛舉。

　　洛卡諾在16世紀之後才被正式劃入瑞士版圖，在那之前，洛卡諾的政治一直都下轄於義大利的米蘭大公國，而宗教則是在義大利科摩主教(Bishops of Como)的掌理之下。在政治與宗教的雙重力量下，洛卡諾的文化、歷史、建築、藝術等各方面都受到義大利極深的影響。此外，氣候更是與義大利十分雷同，和煦的陽光和宜人的溫度，孕育了各種地中海型氣候的植物，春日裡木蘭花和山茶花開滿湖畔，點綴滿城繽紛，夏日棕櫚樹、無花果樹及石榴樹迎風搖曳，整個城市瀰漫著南歐的慵懶風情。

　　離開古樸可愛的舊城區，洛卡諾周圍有需多別具特色的景點：阿斯科納散發色彩飽滿的地中海風情；搭乘纜車飛越市區，1670公尺的奇美塔擁有令人屏息的美景；而佛薩斯卡峽谷水青山翠的幽靜氣息更具有療癒身心的功效。

INFO

基本資訊
人口：約1萬6千人　**面積**：19.27平方公里
區域號碼：(0)91　**海拔**：200公尺

如何到達——火車
　　從瑞士其他地區搭乘火車前往洛卡諾，都一定會經過貝林佐納，且大部分車次需要在貝林佐納換車。從蘇黎世出發的直達車約需3小時，每2小時一班，但就算在貝林佐納轉車，車程時間也差不多。洛卡諾同時也是聖哥達全景觀快車的終點站，從琉森出發含遊船的時間在內，車程大約5小時。

　　由盧加諾搭火車前往洛卡諾，也需在貝林佐納換車，約需時1小時；若搭乘S-Bahn的S10，則要在Giubiasco轉乘S20，車程也是1小時。從貝林佐納前往洛卡諾，搭乘IR約20分鐘，搭乘通勤火車S20需時約25分鐘。

如何到達——巴士
　　從貝林佐納前往洛卡諾也可選擇在火車站前搭乘公車311號，大約45分鐘可抵達。

市區交通
◎大眾交通工具
　　洛卡諾市區的景點皆在徒步可達的距離之內，相當方便。若要前往周邊景點，則可於火車站前搭乘郵政

圖例　✚景點　✚教堂　🏛博物館
🏨飯店　Ⓜ電車　ℹ遊客中心

電車終站Ⓜ
往卡爾達達與奇美塔
Cardada & Cimetta

岩石聖母教堂
Santuario della
Madonna del Sasso

往 ➡ 佛薩斯卡谷
Via del Sole

Belvedere
Via della Palme
Via Sempione Via San Gottardo

盧斯卡之屋美術館
Casa Rusca
Via Masino
Via al Sasso

聖安東尼奧教堂
Chiesa di Sant' Antonio
Via della Stazione

火車站
Via del Verbano

Ⓜ電車站

遊船碼頭

Via ai Monu
Via Cappuccini
Via Borghese
舊城
Città Vecchia
Largo Zorzi

馬嬌蕾湖
Lago
Maggiore

大廣場
Piazza Grande
Lungolago Giuseppe Motta

Via Citadella
V. F. Rusca
Via Antonio Ciseri
Via Giuseppe Cattori

🏨YH
Via Bernardino Luini
Via Giovanni
Antonio Orelli

新教堂
ChiesaNuova
威斯康提城堡
Castello Visconteo
Ibis

聖法蘭西斯教堂Chiesa di San Francesco

往 ➡ 阿斯科納Ascona

洛卡諾

巴士前往。

◎自行車e-Bike

洛卡諾和阿斯科納的遊客中心都有提供電動自行車租借服務，不管是沿著湖岸公園一路騎到下個小鎮，或是在老城中漫遊，都非常方便，且可節省不少力氣。

導覽行程

◎觀光小火車Ternino

藍白車身的兩截式小火車，其實是使用輪子行駛一般道路的可愛列車。在半露天的座位，迎著涼爽微風，30分鐘繞老城區一圈，聽著城市歷史和景點的解說，輕鬆愜意。洛卡諾和阿斯科納都有的行程，直接上車購票即可。

🚩洛卡諾出發點：遊船港口前；阿斯科納出發點：湖邊廣場(Hotel Elvezia前方)。
📞(0)79 427-6079
🕐3～10月營運。第一班皆為11:00發車
💲成人CHF8，3-12歲兒童CHF4
🌐www.trenino.ch

旅遊諮詢

◎洛卡諾遊客服務中心

🚩Piazza Stazione FFS, 6600 Locarno
📞(0)848 091-091
🕐週一至五9:00-18:00，週六及假日10:00-18:00，週日10:00-13:30、14:30-17:00(7、8月10:00-17:00)
🌐www.ascona-locarno.com

洛卡諾國際電影節
Locarno International Film Festival

©Switzerland Tourism

1946年起，一年一度的國際電影節是洛卡諾最為知名的年度盛事，每年皆吸引全球超過15萬人來此參加活動，也因此有了「最大的地方節慶」的美譽。現在，洛卡諾國際電影節更被列為全世界前5大電影節之一，除了觀影人潮洶湧外，也有不少電影明星與會，星光熠熠，聲勢年年加溫。

洛卡諾國際電影節每年8月初舉行，為期兩週，白天各參展電影皆在市內大小電影院輪番上演，到了夜晚時分，廣場四周街道封閉，所有人潮都會集中於可容納7,500人的大廣場上，在夏夜晚風、星空月色下欣賞露天電影。由於參加的人數眾多，想要共襄盛舉的朋友可得要早點計畫行程，尤其是旅館一定要越早確定越好，才不會面臨一床難求的窘境。

🌐www.locarnofestival.ch/home.html

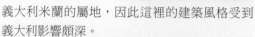
MAP ▶ P.274A2

新教堂
Chiesa Nuova
華美巴洛克建築

🚇 從大廣場沿Via Bossi西行即達 🏠 Via Cittadella 17 🕐 7:00-19:00 💲 免費 🆗 www.parrocchialocarno.ch/chiesa-nuova

雖然名為新教堂，這座教堂卻建於古老的1630年代，只不過由於興建在原有的舊教堂地基上，所以被當地人喚做「新教堂」，其實教堂的正式名稱是Chiesa S. Maria Assunta。新教堂建造時，正逢黑死病疫情高峰過後的20年，因此教堂西側入口也特別豎立了象徵擁有對抗瘟疫能力的聖克里斯多福雕像。此外，雕梁畫棟的立面也充分展現了巴洛克式的建築風格，據說，這座教堂是由當地的仕紳兼建築家Cristoforo Orelli捐獻建造，以此作為與教會的交換條件，同意他與表妹的婚事；而教堂隔壁就是他們當時的住所「Palazzo Cristoforo Orelli」。

市中心Centro

MAP ▶ P.274A2

舊城區
Citta Vecchia
繽紛豔麗的北義風情

🏠 主要範圍在Via San Antonio與Via Cittadella街道上

由於洛卡諾所屬的提契諾州在歷史上一直為義大利米蘭的屬地，因此這裡的建築風格受到義大利影響頗深。

洛卡諾舊城以大廣場西側的Via San Antonio與Via Cittadella兩條街道為主，兩旁美輪美奐的建築大都建於16、17世紀。為了容納大家族同住的需求，這些房舍大都以拱頂裝飾的通道連接各主要建築，圍繞成天井，形成一個獨立的家族空間。以建築風格來說，則是融合了巴洛克後期與當地的特色，色彩鮮豔的牆面與裝飾精美的庭院尤其精彩，讓人感覺恍若走進了義大利。

有興趣的話，一定要挨家挨戶參觀這裡的義式庭院，如Casa Rusca美術館與Via San Antonio街上的古董店Bellerio Antichità，都是保存良好且相當典型的當地建築，尤其Bellerio Antichità店中還保存了不少當地名壁畫家族Orelli父子的作品，不妨多停留些時間細細品味。

義語區⋯洛卡諾及其周邊 Locarno & Around

市中心Centro

MAP ▶ P.274A2

大廣場
Piazza Grande
古色古香中品味悠閒

MOOK Choice

🚇 出火車站後，沿Largo Zorzi西行即達

地上鋪著一顆顆鵝卵石的大廣場，被四周刷上粉嫩色彩的建築圍繞，開闊的空間不僅是洛卡諾城區的中心地帶，更是當地最重要的社交場所，不管平假日，午後總是坐滿了喝下午茶的人。這裏的建築都有超過百年歷史，拱廊下的騎樓是逛街的好去處，每週四9:00-17:00的市集，則聚集了販賣手工藝品、農產品及二手商品的小攤販。到了每年8月的洛卡諾國際電影節時，這裡更會搖身一變，成為萬頭鑽動的露天電影院，熱鬧盛況年年上演。

`MAP ▶ P.274B2`

馬嬌蕾湖

Lago Maggiore

迎向一方醉人湛藍

🚇 火車站出口朝湖的方向步行2～3分鐘即可抵達遊船碼頭 🕐 4～10月中 💲 單程票價根據距離而定 ⓤ www.navigazionelaghi.it

陽光下閃閃發光的馬嬌蕾湖，水色湛藍泛著珍珠般柔和光暈，點點風帆輕巧畫過湖面，順著撩撥起的水紋望向湖岸，木蘭花開盛艷，遊人三三兩兩漫步湖畔公園，而色彩繽紛的小鎮後方，皚皚雪山向看不見的遠方綿延。馬嬌蕾湖位於瑞士海拔最低的位置，66公里的狹長型冰河湖一路向義大利延伸，只有北部約1/3屬於瑞士境內，終年日照充足，氣候宜人，洋溢著南歐地中海的度假氣氛，吸引許多作家、藝術家前來此地定居。

馬嬌蕾湖畔適合各種戶外活動，沿著湖岸是長長的步道，腳踏車或散步最能體會洛卡諾的悠閒，而歐洲遊客偏好風帆、遊艇和水上獨木舟，若沒有這方面技巧，搭乘遊湖船是更寫意的方式。湖上交通由Navigazione del Lago Maggiore提供服務，對居民而言，更像是班次密集的交通船，建議可以購買單程票，前往周邊任何一個小鎮上岸遊覽，例如：搭船前往阿斯科納，再搭公車返回洛卡諾。要特別注意的是：若要搭船進入義大利，因已跨越邊界，費用也會以歐元計算。

`MAP ▶ P.274A2`

威斯康提城堡

Castello Visconteo

見證政權遞嬗歷史

🚇 從大廣場沿V. F. Rusca南行，至Piazza Castello即達 🏠 Via Bartolomeo Rusca 5 ☎ (0)91 756-3170 🕐 週二至日10:00-16:30；週一休 💲 考古博物館成人CHF15，優待票CHF8 ⓤ castellolocarno.ch

威斯康提城堡的歷史最遠可追溯至西元998年，這座城堡原屬於當地望族Orelli家庭，14世紀時轉為米蘭的威斯康提公爵世家所擁有，而洛卡諾的政治也一直操控在義大利的米蘭公國之下。15世紀時，威斯康提家族大肆擴建、修繕城堡，當時城堡的占地面積為今日的6、7倍大。然而好景不常，十六世紀時來自北方的瑞士軍隊攻陷了洛卡諾，為了鞏固政權，瑞士軍隊搗毀了象徵著義大利家族政治力量的威斯康提城堡。現在城堡中十五世紀的內部庭院及壁畫，仍然依稀可見，而遊人僅能從殘存的遺跡遙想當年的雄偉。

城堡內部規劃成一間考古博物館（Museo civico e archeologico），當地人相信洛卡諾是羅馬時代相當重要的玻璃工業城市，因此博物館也主要展示著羅馬時代、青銅器時代的玻璃及陶製品。

市中心Centro

MAP ▶ P.274A2

聖安東尼奧教堂
Chiesa di Sant' Antonio

新古典主義與巴洛克的混搭風格

🚇 從大廣場沿V. F. Rusca南行，右轉Via della Motta，接Via S. Antonio後走到底即達 🏛️Vicolo Collegiata 5 ☎️(0)91 751-3853 💲免費 🌐www.parrocchialocarno.ch

　　聖安東尼奧教堂興建於西元1692年，內部風格屬於巴洛克式，其門面及天花板曾經一度倒塌並在西元1863年時重建，屬於新古典主義式的建築風格。來到教堂內部，除了巴洛克式的華麗裝飾令人目不暇給之外，教堂一角的聖餐桌也相當值得注意；這張餐桌是1740年由當地相當著名的壁畫家Giuseppe Antonio Felice Orelli所繪，內容是描繪基督之死。另外，教堂內還有一尊打造於15世紀的鍍金聖母瑪麗亞木製神像，也相當值得一看。

市中心Centro

MAP ▶ P.274A2

盧斯卡之屋美術館
Casa Rusca

貴族式的藝術展館

🚇 從大廣場沿V. F. Rusca南行，右轉Via della Motta，接Via S. Antonio後走到底即達 🏛️Piazza S. Antonio 1 ☎️(0)91 756-3185 🕐週二至日10:00-16:30；週一休 💲成人CHF15，優待票CHF8 🌐museocasarusca.ch

　　位於洛卡諾舊城內的盧斯卡之屋，建築本身是十八世紀時由當地貴族所建，而盧斯卡（Rusca）就是這個望族的姓氏。盧斯卡之屋至今保存得相當完整，而且其內部類似四合院的拱頂庭院造型及整體建築結構，都屬於相當典型的洛卡諾式義風建築，建築本身就頗具看頭。

　　盧斯卡之屋現在已成為洛卡諾市立美術館，展出的作品以二十世紀的當代美術繪畫及雕塑為主，其中又以在洛卡諾度過晚年生活的瑞士達達主義藝術家漢斯・阿爾普（Hans Arp）的相關收藏品，最為知名。

市中心Centro

MAP ▶ P.274A2

聖法蘭西斯教堂
Chiesa di San Francesco

用城堡遺跡堆砌信仰

🚇 從大廣場沿Via Bossi西行至V.Cittadella左轉，直走到底即達 🏛️Via Cittadella 20 ☎️(0)91 751-8414 💲免費 🌐sanfrancescolocarno.ch

　　最早建於西元1332年，教堂的唱詩班席位與穹頂天花板為14世紀所建，正廳則大致完成於西元1583年，而正門則是使用瑞士軍隊自威斯康提城堡拆卸下來的石塊所建造的。仔細看教堂正門的外側牆面，還可以發現不少殘留的刻字，寫著當地望族之間召開政治性會議的時間、內容等史跡，顯示這些石塊的的確確是來自於過去的城堡牆面。

　　教堂左側緊鄰的建築，13世紀時是聖法蘭西斯修道院的所在地，1480年時Fra Bartolomeo d'Ivrea修士就是在這個修道院的閣樓上，看見了漂浮在岩石聖母教堂現址上方的聖母影像，也才有了日後岩石聖母教堂的建立。

MAP ▶ P.274A1

岩石聖母教堂

Santuario della Madonna del Sasso

峭壁上的莊嚴聖殿

MOOK Choice

🚇 出火車站往大廣場方向可抵電纜車站，搭乘電纜車至終點Orselina，下車後順著階梯向下步行約5分鐘可達 🏠 Via Santuario 2, 6644 Orselina ☎(0)91 743-6265 🕐 電纜車4～10月8:00～21:00，每15分鐘一班次，20:00後每30分鐘一班次（5～6及9月延長至22:00；7～8月延長至24:00）；11～3月8:00-19:30，每30分鐘一班。教堂每日7:30-18:00 💲 電纜車成人來回CHF7.2，兒童CHF3.6；單程成人CHF4.8，兒童CHF2.2。教堂免費 🌐 www.madonnadelsasso.org

　　居高臨下的岩石聖母教堂，昂然矗立峭壁之上，俯瞰照拂提契諾州的人們，鵝黃色正立面沐浴著陽光，瀲灩碧藍的湖水為襯，更顯得高雅與閃耀，讓人望之神往不已。岩石聖母教堂不但是洛卡諾最引人注目的地標，在當地的信仰與建築歷史上，都扮演了極為重要的角色。

　　這個教堂擁有一個非常傳奇的故事，據說在1480年的夏日午夜，有一位名叫Fra

Bartolomeo d'Ivrea的聖法蘭西斯修道院修士，在眺望夜空時看到了聖母懷抱聖嬰的影像，出現在市郊的峭壁附近，並且夢到聖母指示他在該處建造教堂，因此修士由1487年開始親手建造起這座岩石聖母教堂，前後經過當地信徒的接力建造，直至1650年左右才大致修建完成。

　　教堂屬於聖方濟會修道院，完全是靠信徒捐獻及親力建造而來，因此空間設計略顯凌亂，卻絲毫無損於教堂的美觀及莊嚴。走進教堂，天花板及牆面的五彩壁畫也相當珍貴，尤其是一幅描繪摩西出埃及記的壁畫，正是出自16世紀的名家布拉曼蒂諾(Bramantino)之手。聖母教堂以靈驗聞名，牆壁上掛滿了各種信徒回贈的感謝牌，寫著「Grazia Ricevuta」，其意思即為「感謝恩澤加諸於我」，顯示了信眾對聖母的感恩及信仰的虔誠。

　　前往聖母教堂除了搭乘纜車以外，也可以選擇老城區出發的朝聖之路，這是從前教徒參拜之路，沿途穿越綠樹成蔭的山澗，彩繪宗教圖畫的聖壇遺跡，路途陡峭正是對虔誠信仰的小小考驗。

郊區Periferia

MAP ▶ P.274A1

MOOK
Choice

卡爾達達與奇美塔

Cardada & Cimetta

登高遠眺湖光山色

沿火車站前大街向市區前行可抵電纜車站，搭電纜車至終點Orselina轉乘空中纜車抵達。 ⌂ Via Santuario 5, 6644 Orselina ☎(0)91 735-3030 ◷ Orselina至Cardada6～8月每日8:15-18:15(每30分鐘一班)、18:15-20:15(每小時一班)；9～5月週一至週五9:15-18:15，週末及假日8:15-18:15(每30分鐘一班)。Cardada至Cimetta6～8月9:15-12:15、13:15-17:30，3～5月及9～11月最後班次為16:50；11～12月維修期間，每年時間不定 $ Orselina至Cardada成人來回CHF28，6-15歲兒童CHF14；Orselina至Cimetta成人CHF10，兒童CHF5；Orselina至Cimetta成人來回CHF36，兒童CHF18。使用Swiss Travel Pass半價 ◷ www.cardada.ch

　　標高1,340公尺的卡爾達達觀景台，是眺望洛卡諾市區、馬嬌蕾湖、義大利和阿爾卑斯山脈的最佳地點。前往卡爾達達要先搭乘往岩石聖母教堂的登山纜車，於Orselina下車後轉乘空中纜車，現代感十足的纜車是由瑞士知名的設計師馬里奧·博塔(Mario Botta)所設計，整片透明的窗框式車體，視野極佳。

　　從卡爾達達纜車站走向山崖方向，樹林中的觀景台就像一個從樹梢上向外突出的平台，僅用A字型鋼架結構支撐，下方懸空，風大的時候還會微微擺動，風景雖美，卻也挑戰你的勇氣。走過一小段林道就是小纜車站，搭乘滑雪場常見的雙人座開放式纜車，可到達更高處、海拔1,670公尺的奇美塔觀景台，這裡有360度的寬廣景觀，視線隨風飛越馬嬌蕾湖，白雲似乎觸手可及，對岸的義大利及湖邊山脈在腳下綿延。上午水氣未上升又順光時，是拍照最好的時機，同時還能看到瑞士海拔最低點－－阿斯科那旁的Maggia河口三角洲(海拔約205公尺)，以及瑞士最高的羅莎峰(Monte Rosa, 4,634公尺)。而這裡冬天是滑雪樂園，夏天則有多條健行步道，一路伴著美麗湖景步行下山，令人心曠神怡。

洛卡諾周邊Intorno a Locarno

MAP ▶ P.281A5

阿斯科那

MOOK
Choice

Ascona

陽光耀眼的度假勝地

從洛卡諾火車站外搭乘1號公車，於終點站Ascona Posta下車，車程約10分鐘

　　洛卡諾西南方的阿斯科那，像是馬嬌蕾湖湖畔一朵盛開的向日葵，熱情、亮麗又帶有獨特的個性。這個色彩繽紛的小鎮，直到19世紀末仍是不起眼的純樸小漁村，因位於瑞士海拔最低點，擁有最充足的日照和溫和的氣候，加上馬嬌蕾湖的湖光山色，吸引了一批有影響力的哲學家、宗教領導者和藝術家前來定居，逐漸將小漁村改造成具人文藝術氣息的度假勝地。

　　小鎮房子像調色盤般展開各種色彩，呈現協調的美感，蜿蜒的石板巷道中，兩側古老建築上還留有裝飾性宗教壁畫；轉個彎，被咬了一口的大型青蘋果現代雕塑靜靜躺在街角，卻也不顯突兀。小巷子內佈滿畫廊、時尚餐廳和個性小店，展現小鎮的藝術和設計氣息，湖畔座無虛席的餐廳和咖啡館，將阿斯科那歡樂悠閒的氛圍炒熱到最高點。

義語區…洛 卡諾及其周邊 Locarno & Around

MAP ▶ P.281A1~B5

佛薩斯卡峽谷

Valle Verzasca

忘憂在夢中桃源幽谷

可在洛卡諾火車站前搭乘行駛於Locarno-Tenero-Sonogno的郵政巴士321號，即可到達佛薩斯卡峽谷間各個城鎮及景點，發車時間為7:20-19:50，每小時一班 Via ai Giardini, 6598 Tenero(佛薩斯卡谷旅遊服務中心) (0)91 745-1661 www.ascona-locarno.com/en/explore/valle-verzasca 建議旅遊時間為6~9月

洛卡諾位於不少溪流匯集的馬嬌蕾湖邊，附近因溪水流經所沖刷形成的清新山谷，自然就成了洛卡諾市民假日休閒的最佳去處，而佛薩斯卡谷就是其中之一。

距離洛卡諾僅有1.5公里距離的佛薩斯峽卡谷，以Tenero鎮為起點向山間延伸，是洛卡諾周邊山谷中距離最近的一個。佛薩斯卡峽谷是亞洲旅客較不熟悉的觀光景點，居民過去皆以農耕為主業，生產城市所需要的牛奶、起士等農產品。這些居民往往只有夏日居住在谷中，一到了冬天便搬出山谷，移往較為溫暖的地方居住。也幸虧山谷開發得較晚，讓這裡保留了更多原始山林之美及傳統風情，尤其是那清可見底的碧綠溪水，及散落在山谷間一個個嬌小純樸的傳統聚落，都令人驚豔不已，洛卡諾市民何其有幸，只要花上短短30分鐘，就可以到達世外桃源般的谷地。這裏沒有大山大水的壯闊，旅行的方式就是放慢腳步，悠閒地信步在青山綠水間，讓身心徹底地放鬆！

佛薩斯卡水壩 Verzasca Dam

搭乘郵政巴士至Diga Verzasca站即達 Trekking Team (0)41 390-4040 復活節後至10月底 成人CHF255，學生CHF195 www.trekking.ch

車子才進入佛薩斯卡峽谷的山路上，目光立即被一座巨大的水壩吸引，這座深達220公尺的超大水壩，可是全歐洲最大的水壩呢！佛薩斯卡水壩除了蓄水發電的功能外，同時也是頗負盛名的極限運動場地，這處全世界落差最大的高空彈跳點，是極限運動玩家心目中一定要挑戰一次的地方之一，而著名的007電影「黃金眼」，就是以詹姆斯．龐德在這裡進行的高空彈跳為電影拉開序幕。

想要進行高空彈跳的朋友可以聯絡Trekking Team，他們是當地最有名的戶外運動公司。若是不敢做如此大膽的嘗試，可以在水壩上的步道走走，由水壩中央向下眺望，也頗能感受到水壩的壯觀及附近的山水美景。

薩爾蒂羅馬橋 Pont dei Salti

🚌搭乘郵政巴士至Lavertezzo站即抵達

薩爾蒂羅馬橋是佛薩斯卡峽谷第二處主要歇腳景點，這座高12公尺、寬度僅約1公尺的優美雙拱造型羅馬橋已有250年歷史，搭配四周的青山綠水，讓這裡成為不少攝影師最愛的取景拍照地點。夏天時，碧綠的河水吸引遊客前來戲水、游泳、做日光浴，勇於挑戰的青少年還會特地來此嘗試跳水，只要由拱橋中間的最高處躍下，跳入冰涼清澈的河水之中，一旁圍觀的民眾就會立即報以如雷的掌聲，讓許多年輕人樂此不疲，不停地上上下下嘗試各種不同的跳水姿勢，相當有趣！

松諾紐 Sonogno

🚌搭乘郵政巴士至Sonogno站即達，從洛卡諾出發，車程約1小時

松諾紐是佛薩斯卡谷最末端的一個小城鎮，這裡以保存完整的傳統石造房舍最為知名，歷史從100到300年不等的古老屋宇沿著山坡林立，形成一座純樸溫馨的小村鎮，夏天時，街邊還不時販賣著由老村婦手工製作的果醬和麵包。在這裡，時間彷彿暫時停止，十分愜意悠閒。

過去山谷裡的生活條件並不好，居民生活也頗為困苦，但如今在觀光產業的興盛下，一座座房舍反而都搖身一變成為價值不菲的度假屋，不少屋舍在主人的精心整修及妝點下，絲毫感覺不出其滄桑的歷史背景。

科里波 Corrippo

🚌搭乘郵政巴士在Corrippo, Bivio站下車，過河步行約20分鐘左右可達

有別於松諾紐的高知名度，科里波是個極少遊人前往的迷你小鎮，古老的屋舍靜靜地屹立在這個山谷的小角落，沿著坡地密集建造的房舍，反而讓小鎮多了一股溫馨與幽靜，走在僻靜的小巷弄中，忘卻一切煩憂。少了往來遊人，科里波的房舍大都已無人居住，雖然屋子都未被重新修建，卻反而保留了更多原始之美，讓人懷想山谷的舊日時光。

洛卡諾周邊

N

- 松諾紐Sonogno
- 薩爾蒂羅馬橋 Pont dei Salti
- 佛薩斯峽谷 VAL VERZASCA
- 科里波 Corippo
- 佛薩斯卡水壩 Verzasca Dam
- Tenero
- 阿斯科納 Ascona
- 洛卡諾 Locarno

圖例 ◉景點 ❶遊客中心

羅曼語區

羅曼語區

Romansh-Speaking Region

羅曼語區是瑞士最小、人口也最少的語區，目前只有不到1%的人口使用此種語言，瑞士政府為了避免羅曼語消失，施行了不少政策保護。羅曼語的起源可追溯至羅馬時代，當時跟隨大軍西遷的人們所使用的通俗拉丁文(Vulgar Latin)隨著時代遞嬗並與當地語言融合後，便形成了今日的羅曼語。

羅曼語區主要分布在恩加丁谷地，恩加丁(Engiadin)在羅曼語的意思是「茵河的花園」，茵河(Inn)從源頭馬洛亞山(Maloja)出發，經聖摩里茲、斯庫爾往北流向奧地利，與多瑙河匯流，在格勞賓登州形成一條延伸於山間的狹長谷地，這裏因為交通不便，得以承襲公元前就存在的古老傳統和文化。恩加丁谷地根據上下游分為聖摩里茲附近的上恩加丁(Engiadina' Ota)，以及北部斯庫爾所在的下恩加丁(Engiadina Bassa)。

下恩加丁谷地中心的斯庫爾，最能代表羅曼文化的世界。以溫泉療養中心聞名的斯庫爾，舊城區的每個角落，都像五彩繽紛的可愛童話世界，令人流連忘返。區域內世外桃源般的小鎮瓜爾達、自然生態資源豐富的瑞士國家公園、米施泰爾小鎮以及珍藏9世紀濕壁畫的聖約翰本篤修道院，都是適合散步徐行，令人心曠神怡的美妙旅程。而屬於「阿爾卑斯山精華區」(The Best of the Alps)聯盟成員之一的聖摩里茲，則呈現截然不同的「香檳色氣息」，長久以來一直是全球著名的王公貴族度假勝地。

羅曼語區之最Top Highlights of Romansh-Speaking Region

斯庫爾 Scuol
以溫泉水療而聞名的小鎮，同時也保留了原汁原味的羅曼語區文化。色彩粉嫩的房舍裝飾各式圖樣的灰泥刮畫，繽紛花朵綻放熱情，如童話一般的小鎮。(P.290)

米斯泰爾聖約翰本篤修道院 The Benedictine Convent of St. John at Müstair
保存9世紀珍貴的卡洛林時期壁畫，被列為世界文化遺產之一。瑰麗珍寶在神聖而靜謐的修道院內，世世代代傳訴聖經的故事。(P.293)

魔塔拉觀景台Muottas Muragl
搭乘傾斜52度的登山火車，從海拔2,453公尺的觀景台瞭望，伯連納山脈白雪皚皚，碧藍湖泊是散落山谷間的一串寶石項鍊，景色壯麗令人驚嘆。(P.287)

羅曼語區
聖摩里茲●

聖摩里茲
St. Moritz

文●墨刻編輯部　攝影●墨刻攝影組

聖摩里茲位於茵河(Inn)上游、伯連納群峰包圍的寬闊山谷，一年擁有超過320天陽光照耀，終年乾爽舒適、空氣清新，被讚譽為「香檳氣候」。雖然被歸類為羅曼語區，但觀光發達的聖摩里茲其實是多種語言混合區，羅曼語被保留下來，但城內大部份的人使用德語，而周邊山谷村落則以義語溝通。

這個以昂貴奢華出名的山城，名流來往的歷史可追溯至19世紀中葉。1864年，第一批和庫爾姆酒店(Kulm Hotel)老闆打賭而留下的英國遊客，開啟了瑞士冬季旅遊先河，他們在這裡愉快的經驗讓聖摩里茲從此聲名大噪，發展成最受歐洲富豪名流喜愛的冬季度假區。聖摩里茲也是全瑞士最早設有旅遊局的城鎮，瑞士的第一盞電燈、第一部輕軌電車、全球第一次在結冰的湖上舉辦賽馬都在此發生。而最令聖摩里茲人驕傲的地方，就是這裡是瑞士唯一舉辦過兩次冬季奧運的城市，同時也是阿爾卑斯滑雪世界盃錦標賽的舉辦地。此外，聖摩里茲也是著名的溫泉城市，16世紀時，教宗還將這裡具有療效的溫泉視為聖地，吸引不少教徒前來，也因此今日聖摩里茲的高級旅館內，都提供溫泉設施。

整個聖摩里茲分為兩個區域，一是高級旅館與名牌商店聚集的聖摩里茲·多爾夫(St. Moritz-Dorf)，另一區則是位於湖邊的新區聖摩里茲·巴特(St. Moritz-Bad)，而這裡也是平價旅館及運動中心的聚集地。聖摩里茲火車站

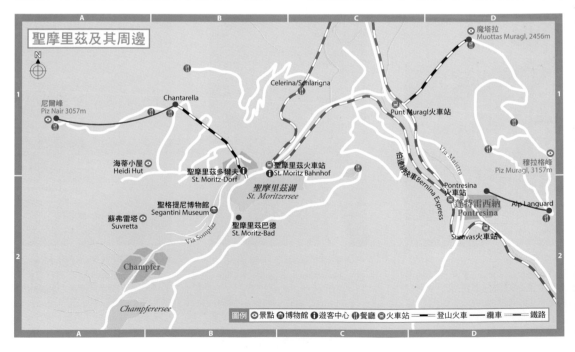

聖摩里茲及其周邊

魔塔拉 Muottas Muragl, 2456m
Celerina/Schlarigna
尼爾峰 Piz Nair 3057m
Chantarella
Punt Muragl火車站
聖摩里茲火車站 St. Moritz Bahnhof
海蒂小屋 Heidi Hut
聖摩里茲多爾夫 St. Moritz-Dorf
聖摩里茲湖 St. Moritzersee
穆拉格峰 Piz Muragl, 3157m
聖格提尼博物館 Segantini Museum
伯連納快車 Bernina Express
Via Maistra
Pontresina 火車站
蓬特雷西納 Pontresina
Alp Languard
蘇弗雷塔 Suvretta
聖摩里茲巴德 St. Moritz-Bad
Via Somplaz
Surovas火車站
Champfer
Champferersee

圖例 ◉景點 🏛博物館 ℹ遊客中心 🍴餐廳 🚉火車站 ▬登山火車 ━纜車 ═鐵路

位於湖畔，由於這裡的房舍是依山而築，所以要走到市中心得花上一點力氣！而從山邊俯視聖摩里茲湖的極佳視野，的確為整個城鎮的景致添加不一樣的風情。

INFO

基本資訊

人口：約5千人　　**面積**：28.69平方公里
區域號碼：(0)81　　**海拔**：1,822公尺

如何到達——火車

前往聖摩里茲幾乎都得先至格勞賓登州的首府庫爾或是Landquart轉車，從蘇黎世經庫爾轉車來此，約需3小時20分，經Landquart轉車約3小時。由庫爾搭火車至此約需2小時。

此外，聖摩里茲不僅是冰河快車的終站，伯連納快車也行經此地。從策馬特乘冰河快車至聖摩里茲，約需8小時；從庫爾乘冰河快車至聖摩里茲，約需2小時；從蒂拉諾乘伯連納快車至聖摩里茲，約需2.5小時。

如何到達——長途巴士

從盧加諾可搭乘棕櫚快車(Palm Express)至聖摩里茲，這條路線於6月中旬至10月中旬的週五至週日營運，行駛時間大約4小時。而從庫爾也可搭乘尤利爾快車(Julier Pass Route)至聖摩里茲，12月中至4月中、6月上旬至10月下旬每日營運，行駛時間大約2.5小時。可使用Swiss Travel Pass，但需另外支付訂位金。同時要注意的是：由於棕櫚快車會穿越義大利國境，因此需要隨身攜帶有效證件。

🚍 www.postbus.ch

市區交通

◎大眾運輸工具

從火車站至聖摩里茲‧多爾夫，走路僅需15分鐘，但由於是一連串的上坡，若是帶著大行李，可多多利用湖邊的升降梯，或是搭乘恩加丁巴士(Engadin Bus) 3號，這條巴士路線從火車站出發，穿越聖摩里茲‧多爾夫市中心後前往聖摩里茲‧巴特，單程票CHF3；而由聖摩里茲‧多爾夫至聖摩里茲‧巴特，徒步則需20分鐘。在市區內可以徒步的方式遊覽，若要前往蓬特雷西 (Pontresina)、錫爾斯(Sils)、馬洛亞(Maloja)等鄰近村莊，也可從火車站搭乘恩加丁巴士前往。前往更遠的區域則要搭乘郵政巴士。

恩加丁巴士 Engadin Bus

💲 單區單程票CHF3，2區CHF5.6；單區日票CHF6，2區日票CHF11.2
🚍 www.engadinbus.ch

◎計程車

Alpina Taxi ☎(0)79 103-9000
Ademaj Agim S.A.G.L. ☎(0)81 833-2311

◎租車

Europcar ☎(0)81 837-3634　🚍 www.europcar.ch
Hertz ☎(0)81 851-0599　🚍 www.hertz.ch

旅遊諮詢

◎聖摩里茲‧多爾夫遊客中心

🏠Via Maistra 1　☎(0)81 830-0001
🕐週一至五8:00-12:00、13:00-17:00，週六、日休
🚍 www.engadin.ch/de

◎火車站遊客中心

🏠聖摩里茲火車站售票櫃檯旁
🕐每日10:00-14:00、15:00-18:30

MAP ▶ P.284B2

聖格提尼博物館

MOOK Choice

Segantini Museum
畫家筆下的恩加丁光影

🚏從聖摩里茲・多爾夫市中心沿著Via Somplaz往下坡步行約15分鐘抵達。🏠Via Somplaz 30 ☎(0)81 833-4454 🕐5/20～10/20、12/10～4/20週二至日11:00～17:00；其餘時間休 💲成人CHF15，學生CHF10，6-16歲兒童CHF3 ⓦwww.segantini-museum.ch

聖格提尼(Giovanni Segantini,1858-1899)是聖摩里茲地區著名的畫家，在他短短41年的生命裡，有12年的光陰投入在捕捉恩加丁的美麗山景與光線中，畫家筆下的恩加丁，光線輕柔透明，似乎吸得到香檳色的空氣。聖格提尼描繪的多半是與自然和諧共存的人類活動，雖然其創作生涯極其短暫，卻在國際藝壇上獲得相當高的評價。

這間博物館建立於1908年，就是為了要紀念他生命最後5年居住在聖摩里茲的歲月，以及這段時間內所創作出，以恩加丁谷地為背景的相關畫作。聖格提尼最著名的3幅傑作《生－自然－死亡(la vita – la natura – la morte)》就展示在自然光流動的穹頂展廳，用畫家生前最愛的通透感光線呈現他的熱情與信念。

MAP ▶ P.284A1

海蒂小屋

Heidi Hut
走進海蒂的純真世界

🚏在海蒂的百花步道健行路徑上 🏠Via Salastrains 10

瑞士女作家約翰娜・史匹里(Johanna Spyri)筆下的《海蒂》故事，在70年代曾被26家電視頻道播放過，在瑞士可說是無人不知、無人不曉。原著的背景雖然設在梅恩菲德，但當時電視公司為拍攝海蒂的電視影集，於1971年建造的小屋卻是在聖摩里茲。

從聖摩里茲・多爾夫市中心搭乘往Chantarella的纜車，下車後沿著海蒂的百花步道(Heidis Blumenweg)步行，可愛的海蒂小屋就座落在路徑旁。小木屋內可以清楚地看到山區住民與動物共處一室的兩層床鋪，這是因為山上夜間氣溫降得極低，人們為了要借取動物的體溫保暖，因而如此設計。走在這條平緩的路徑上，沿途欣賞美麗綻放的花朵，約2.1公里的路程，便可到達終點Salastrains。回程經過海蒂小屋的位置時，注意往右的路標，就能接上Schellenursli健行步道，一路下坡回到聖摩里茲城內，總行程約2小時左右。

蘇弗雷塔
Suvretta

瑞士的比佛利山莊

🚌搭Bus 2、5至St. Moritz, Somplaz站，沿Via Suvretta上山即達

MAP ▶ P.284A2

位於聖摩里茲不遠處的蘇弗雷塔可說是大有來頭，雖然聖摩里茲已是吸引各界富豪的休閒度假勝地，但蘇弗雷塔更像是瑞士的比佛利山莊，成為世界名流聚集之處。如摩洛哥卡洛琳公主已故的第二任義大利籍丈夫Casiragi，便曾在此擁有一棟別墅，而汶萊國王、飛雅特汽車老闆、德國億萬女富翁Holden、海尼根啤酒老闆、希臘船王歐納西斯的女兒、奧地利籍名指揮家卡拉揚等，都在此地擁有豪宅，每年冬、夏季，他們大都會各花一個月的時間在此度假。

© Engadin St. Moritz Tourist

MAP ▶ P.284D1

魔塔拉觀景台

MOOK Choice

Muottas Muragl

一路相伴的山湖全景

🚌搭Bus 1、2至Punt Muragl, Talstation站，至Punt Muragl車站乘登山鐵道上山至Muottas Muragl車站，由此開始健行。從Alp Languard乘纜椅下山至Pontresina SPL，步行至Pontresina Bahnhof 搭Bus 1、2回聖摩里茲 ⏱6月~10月下旬、12月中~3月，齒輪火車每日7:45-17:30，夏季營運時間至23:00，約每30分鐘一班次；纜椅每日8:30-17:30 💲Muottas Muragl齒輪火車：成人來回CHF41，13~17青年來回CHF27.3，6~12歲兒童來回CHF13.7。Alp Languard滑雪纜椅：成人來回CHF28、單程CHF19.5，兒童來回CHF9.5、單程CHF6.5 🌐www.mountains.ch/en

聖摩里茲周邊的健行路線多達12條，健行路程從30分鐘到6個小時的都有，你可以依據自己的腳程和時間來做選擇。其中，魔塔拉(Muottas Muragl)到藍加德山(Alp Languard)的這全景步道有壯闊的山勢湖景一路相隨，最受歡迎。

Muottas Muragl登山鐵道是瑞士齒輪登山鐵道的先鋒之一，搭乘52度傾斜的登山火車，登上標高2,454公尺的山頂後，可以清楚地觀望到聖摩里茲湖和城鎮的全貌，伯連納群山峰峰相連，碧藍湖泊像是散落在翠綠山谷間的寶石，景色壯麗令人驚嘆。火車站旁是瑞士首座自行供電的環保旅館，這裏的觀景台也是欣賞黃昏及夜景的最佳據點，若是冬天前來，還可以乘坐雪橇一路滑到山腳。

全景步道(Panorama Trail)的起點從魔塔拉觀景台開始，全長約6.7公里，都是和緩上下坡，步行時間約2.5小時，算是簡單輕鬆的路線。途中還能夠觀賞到許多野生動物，例如可愛的土撥鼠、展翅飛翔的老鷹等。建議可以安排早上在此健行，當抵達Alp Languard後，在山頂的小餐廳享用一頓由濃湯、麵包和格勞賓登州(Graubunden)傳統鄉村菜搭配成的套餐，品嘗道地的大麥濃湯(Gerstensuppe)或蔬菜焗小米(Polenta mit Steinpilzen)，吃飽之後再打道回府，搭乘滑雪纜椅下山。

羅曼語區…**聖** 摩里茲 St. Moritz

下恩加丁谷地
Engiadina Bassa

文●李曉萍・墨刻編輯部　攝影●墨刻攝影組

現今的下恩加丁谷地是瑞士少數使用羅曼語的地區之一，雖然羅曼語言在瑞士歷史的演進中逐漸凋零，然而其文化與傳統，卻仍舊在這遺世獨立的清新谷地中默默傳承。下恩加丁谷地從瓜爾達(Guarda)、斯庫爾(Scuol)到奧地利邊境，散佈許多小村莊，至今仍原封不動地保留了羅曼文化及阿爾卑斯山區純樸風情。

聳立於岩石峭壁邊的斯庫爾是下恩加丁谷地的重心，其鎮名即是源自羅曼語的「Scopulus」(岩石)。這裡早在西元900年即有人居住，只是其漫長的冬季，讓居民僅能勉強維持溫飽而已。然而，這一切都在19世紀時瞬間改觀，交通的進步，讓斯庫爾的溫泉與礦泉水終於得到各界的重視，道路所帶來的溫泉客，也讓這裡倏忽繁榮了起來，成為以溫泉療養聞名的觀光新寵兒。

下恩加丁谷地南方的廣大區域，就是瑞士國家公園和米施泰爾河谷。瑞士唯一的國家公園擁有豐富的高山動植物物種，每年吸引15萬愛好自然的旅客。而綿延18公里的米施泰爾河谷曾因是義大利通向阿爾卑斯山的交通關口而被各方勢力重視，現在則因為珍貴的卡洛林時期濕壁畫而聲名大噪。

INFO

基本資訊(斯庫爾)

人口：約4千6百人　**面積**：438.63平方公里
區域號碼：(0)81　**海拔**：1,290公尺

如何到達──火車

斯庫爾是下恩加丁谷地鐵路的終點站。從蘇黎世方向前往斯庫爾，必須先坐到Landquart轉搭區間火車至Scuol-Tarasp站，車程約2小時39分；由聖摩里茲出發，需先至Samedan換乘區間火車，最快約1小時16分鐘；從庫爾出發，搭乘區間直達火車，約2小時左右。

如何到達──長途巴士

從柯洛斯特斯可搭乘910號巴士至斯庫爾，途中會經過瓜爾達；從聖摩里茲出發則是搭乘960號巴士。

前往瑞士國家公園、米施泰爾及下恩加丁谷地的大部份村莊都要仰賴郵政巴士。最方便的是Zernez出發的811號巴士，穿越瑞士國家公園至米施泰爾，最後抵達義大利Malles Stazione，車程約1小時10分，大約1~2小時一班次，建議先查詢時刻表。

🚌 www.postbus.ch

如何到達──開車

從瑞士中、北部城市開車至下恩加丁地區，因為維瑞納隧道(Vereina-Tunnel)的開通，節省了不少翻山越嶺的時間。克洛斯特斯出發，在Prättigau將車子直接開上RhB的火車車廂，只要坐在自己的車子裏，18分鐘後就能快速的穿越整片山區，到達下恩加丁谷地的入口Sagliains，且不用擔心山區天候不佳或道路封閉的問題。運輸汽車的火車每30分鐘一班次。

Rhaetian Railway
🚌 www.rhb.ch

市區交通

下恩加丁谷地的小鎮及村落都不大，徒步遊覽是最好的方式。即使是稍具規模的斯庫爾，市區的景點也大都可徒步到達，火車站到市中心徒步約15分鐘。若帶著大行李，可於火車站門口搭乘郵政巴士至市區。

旅遊諮詢

◎斯庫爾遊客中心
🏠 Stradun 403a, 7550 Scuol
☎ (0)81 861-8800
🕐 週一至五8:00-18:00，週六9:00-12:00、13:30-17:00，週日及假日9:00-12:00

◎瓜爾達遊客中心
旅遊局網站提供免費下載的導覽APP，有關於文化、歷史及建築的詳細解說。
🚶 進入村莊看到打鐵小舖，沿著旁邊巷子向上步行至廣場即達
🏠 Chasa da Scoula 84
☎ (0)81 861-8827
🕐 週一至五9:00-11:00、16:00-18:00；週六、日休
🚌 www.engadin.com/en

◎米施泰爾遊客服務中心
🏠 Via Val Müstair 33, 7532 Tschierv
☎ (0)81 861-8840
🕐 週一至五09:30-11:30、15:30-17:30；週六、日休
🚌 www.val-muestair.ch/en

MAP ▶ P.290C2

斯庫爾下城

Old Town

彩繪浪漫童話小鎮

斯庫爾擁有瑞士年平均最多的晴天日，長達9個月的雪季打造出冬天運動及溫泉養生的天堂。而斯庫爾的魅力不僅於此，這一座典型的羅曼小鎮，保留了傳統羅曼語及文化，粉嫩繽紛的房舍外牆上，幾何圖形的灰泥刮畫和樸拙童趣的壁畫描繪出浪漫童話世界，夏日的窗台上、噴泉旁，處處綻放奔放豔麗的花朵，更讓斯庫爾下城多了一股活力與朝氣。

斯庫爾依山而建，上城多是現代化酒店、公共機關和溫泉水療中心，下城則完整呈現羅曼建築的特色。羅曼式建築採用特殊的「Sgraffito」工法，將整面牆糊上石灰後，再用器具刮出圖案，現在已相當少見。穿梭在斯庫爾下城彎彎曲曲的石板小巷間，仔細瞧瞧牆壁上的圖樣，也許是工整有立體感的幾何圖形，也許是繁複柔美的花卉，也許是當地居民的生活，幾乎每棟房舍，都擁有獨一無二的壁畫，每個轉角都是一方美麗風景。

羅曼語區……下 恩加丁谷地 Engiadina Bassa

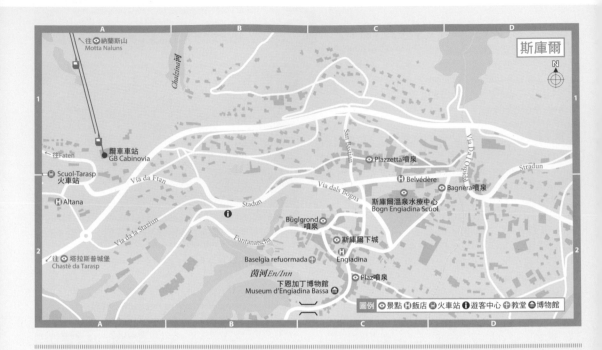

斯庫爾

MAP ▶ P.290B2C2

斯庫爾泉水與噴泉
Spring Water & Fountains

啜飲各式清涼礦泉

純淨的礦泉水是斯庫爾的天然寶藏，四周隱藏著至少20處礦泉水的源頭，其中有10處已被當地人挖掘，作為飲用水和水療之用。特別的是：這裡的泉水流出地表時，大約只有攝氏6～8度，每公升的水則含有1.1～17克不等高量的礦鹽，這種富含鈣與鎂的礦泉水，特別具有舒活身心的功效。根據史料，礦泉水早在1369年即有文獻紀錄，但是直到19世紀後期，才因為道路的整修而掀起觀光風潮。

斯庫爾城區，散佈著小巧可愛的噴泉廣場，這些噴泉都有2至3個出水口，其中一邊是自來水，另一邊則是天然的礦泉水。泉質因流經的岩石及在地底儲藏的時間而有不同，所以每一處的噴泉都會流出不同味道的礦泉水，有的是氣泡礦泉水，有些則是富含較高比例的礦物質，不妨一一品嘗，相當有趣。過去這些噴泉廣場是鎮上社區交流的主要場域，洗衣、取水全都仰賴這些散布各處的泉池，因此這裡的房舍都有面向噴泉建造的傳統，也是相當特殊的泉水文化。

MAP ▶ P.290C2

斯庫爾溫泉水療中心
Bogn Engiadina Scuol

MOOK Choice

通體舒暢的頂級享受

出Scuol-Tarasp火車站後往左邊沿Stradun步行約15分鐘，或搭郵政巴士至Bogn Engiadina站即達 Via dals Bogns 323, 7550 Scuol (0)81 861-2600 服務中心與售票口為08:00-22:00，水療池開放時間為8:00-21:45(週四9:00-12:00為女客專用時間)，10歲以下兒童需有大人陪伴，使用時間為週三及週日10:30-16:30。羅馬愛爾蘭式水療需預約，每人至多停留3.5小時 水療與三溫暖

成人3小時CHF34，1日券CHF48，19:30以後入場CHF24；羅馬愛爾蘭浴CHF72，另有各式按摩療程票種可供選擇 www.bognengiadina.ch/en

斯庫爾溫泉水療中心是歐洲著名的水療中心之一，也是遊客慕名前來斯庫爾的主要拜訪之地。除了多種水療設施與療程服務，戶外池與阿爾卑斯山的自然景觀連成一線，讓你在享受泉水按摩時，不僅能呼吸到新鮮的空氣，還能飽覽湖光山色的優美景致。此外，這裡也提供特殊的羅馬愛爾蘭式水療(Roman-Irish Bath)，結合兩種古老的水療文化所延伸出的特殊療法，其療程包含15個步驟，每個步驟所使用的水溫與時間都有一定的限制，當你完成2小時的療程後，絕對通體舒暢！有機會的話，也可以嘗試在中心內的飲泉站，體驗以飲用礦泉水的方式進行的特殊療養方式。水療中心內部備有上鎖的置物櫃供客人存放物品，並提供浴巾與泳衣的租借服務，浴巾CHF10，泳衣CHF4，若不想多花錢，記得從入住的旅館自行攜帶毛巾。

MAP ▶ P.290A1

納蘭斯山
Motta Naluns

繁花似錦輕鬆行

纜車站就在Scuol-Tarasp火車站的東邊不遠處 (0)81 861-1414 纜車5~6月及9~10月9:00-16:45，7~8月8:00-17:15。Ftan-Prui滑雪纜椅6、9~10月中9:00-12:00、13:30-16:45，7~8月8:30-12:30、13:30-17:15。12~3月均為8:30-16:30 Scuol-Motta Naluns纜車來回成人CHF26、孩童CHF13，單程成人CHF16、孩童CHF8。冬季一日票CHF69。持Swiss Travel Pass可享50%優惠 www.engadin.com

恩加丁越野中心

納蘭斯山纜車終點站即可租借 (0)81 861-1419 6~10月9:00-16:00 www.engadin-adventure.ch

乘坐纜車(Gondola Scuol-Motta Naluns)可登上斯庫爾後方海拔2,146公尺的納蘭斯山，而這也是斯庫爾登山健行與滑雪等戶外活動的主要場域。夏天時，山間的花卉及飛舞的蝴蝶、蜜蜂，總為健行增添不少趣味。納蘭斯山有多條健行步道，不僅視野遼闊、景色優美，途中還會經過一些小巧可愛的城鎮。從纜車終點站直接健行前往Ftan，路程約1.5小時，由Ftan經Muntclü健行回到斯庫爾鎮上，也是1.5小時左右。

若想玩點新鮮的體驗，不妨在納蘭斯山纜車站租借滑板車(Mountain Scooter)，由纜車站經布里(Prui)到Ftan，再回到斯庫爾，由於幾乎一路向下，因此不需花費太多體力，而且可以一邊享受速度的快感，一邊欣賞沿途風光，相當刺激，全程共10公里，約需1.5小時左右。騎乘滑板車雖然有趣好玩，還是要注意安全，路上碎石較多，容易打滑，要記得戴上安全帽，盡量雙手同時煞車並放慢速度。

塔拉斯普城堡

Schloss Tarasp

富麗堂皇的千年城堡

🚌斯庫爾旅客服務中心前搭乘往Tarasp方向的郵政巴士912，車程約10分鐘，下車後步行約10~15分鐘可達 🏠Jon Fanzun, 7553 Tarasp 📞(0)81 864-9368 🕐僅開放導覽參觀，行程約1小時，英文導覽需另洽。可隨時上網查詢可參加場次並完成預約 💰成人CHF15，7至15歲孩童CHF8 🌐www.schloss-tarasp.ch

　　塔拉斯普城堡佇立在下恩加丁谷地一座突出的巨岩上，群山環繞，雄偉傲然，這就是下恩加丁地區最著名的地標。城堡建於1040年，為當時統治這個區域的塔拉斯普家族所有，因家族分裂，城堡先後易主給庫爾主教、提洛大公及哈布斯堡家族，直到1803年，此地仍屬於奧地利貴族所有。期間雖歷經多次戰爭，但因為地勢險峻，數百年來未曾被攻佔。

　　直到20世紀初，漱口水品牌Odol的創辦人K.A. Lingner以CHF20,000買下已呈現荒廢狀態的城堡，使用歐洲最奢華的裝飾品大規模整修，並引進最先進的配備，如自來水龍頭、電梯、中央暖氣等。至今塔拉斯普城堡至今仍是屬於私人所有，經由導覽行程，遊客可以參觀內部的禮拜堂、大廳、餐廳及各式房間。夏天時，城堡中由3,000支風管組成的大鍵琴會演奏音樂，透過牆壁內特殊的管道共鳴設計，演奏時整個城堡的人都能聽見，讓這趟旅程古典又浪漫。

瓜爾達

MOOK Choice

Guarda

樸拙可愛的天空之村

🚆搭乘RhB私鐵至Guarda車站，從斯庫爾至瓜爾達約15分鐘。下車後轉乘往返村莊的郵政巴士上山，一天約15個班次，若想要徒步上山，有登山健行道，步行時間約30~40分鐘。若開車前往，要將車子停在村外的停車場，步行進入

　　從火車站望向山丘，瓜爾達靜靜坐落在向陽山坡，以雪山藍天為背景，沐浴著金色陽光，像是遺世獨立的天空之村。一踏進村莊，粉嫩可愛的房子裝飾著幾何圖案灰泥刮畫，色彩繽紛的壁畫描繪精緻花草圖騰，村民們三三兩兩坐在自家屋前談笑，只會羅曼語的老人家用親切笑容與旅人交流，時間彷彿凝結在數百年前，一個與世無爭的彩色繪本世界。羅曼

語區建築的另一特色是，每戶人家的大門口都有附設椅子的小平台，尺寸特別大的木門和斜坡設計，則是為了方便牲畜進出，瓜爾達的建築多源自17世紀，整個村落就是歷史與傳統文化的活教材。瑞士知名的童書繪本畫家Alois Carigiet以瓜爾達作為故事舞台，畫出每個瑞士小孩一定讀過的《Schellen-Ursli》故事，從此讓恩加丁谷地外的人們對瓜爾達產生嚮往與想像。現在居民除了農牧以外，也發展手工藝品，村落中有各種工作坊，如：打鐵、陶器、木製品等，還有Schellen-Ursli繪本及相關產品專賣店，適合安排半天慢慢逛。

瑞士國家公園
Parc Naziunal Svizzer
觀察高山生態的萬種風情

🚆 從斯庫爾爾搭乘RhB系統火車，約32分鐘可達策爾內茲(Zernez)；由聖摩里茲出發，需在Samedan換車至策爾內茲，車程約46分鐘。由策爾內茲前往國家公園，可在鎮上郵局前搭乘郵政巴士811、815號 🏠Chastè Planta-Wildenberg, 7530 Zernez(國家公園遊客中心) ☎(0)81 851-4111 ◗ 遊客中心夏季(5月中至10月底)8:30-18:00。冬季(11月至5月上旬)週一至五9:00-12:00、14:00-17:00；3~5月、11月至3月上旬的週六、日休。國家公園步道於冬季關閉。 💲展示館成人CHF9，6至16歲孩童CHF5，6歲以下免費 🌐www.nationalpark.ch ❗國家公園內提供餐飲服務的據點相當少，若計畫長時間健行，最好自行準備食物及飲水。健行時請勿偏離步道

　　瑞士國家公園海拔由1,400至3,200公尺不等，不僅是瑞士唯一一座國家公園，更是全歐洲最早設立的國家公園，目前已規劃21條時間、難度各異的登山健行路線，成為觀察阿爾卑斯高山生態的最佳教室。策爾內茲的遊客中心有提供最即時的氣候、步道資訊以及簡介影片等，建議出發前先來此索取資訊，或者參加遊客中心舉辦的步道行程。遊客中心內的生態展覽館以多媒體互動設備，讓遊客能認識國家公園的地貌和生態，也值得參觀。推薦從Ova Spin出發，經Champlönch到達Il Fuorn的健行路線，其起點和終點皆有郵政巴士站通往國家公園服務中心。沿途可認識高山植物、穿越針葉林及大草原，夏天還有機會遇見赤鹿與岩羚羊出沒。路線終點站的Il Fuorn旅館，是少數提供住宿及餐飲服務的地方。起迄點與難度類似的步道還包括Ova Spin－Grimmels－Ova Spin的2.5小時健行路線，與Punt La Drossa－Il Fuorn的0.5小時路線，也都可以參考。

米斯泰爾聖約翰本篤修道院

MOOK Choice

The Benedictine Convent of St. John at Müstair
珍貴中世紀濕壁畫

🚆 從策爾內茲(Zernez)搭乘郵政巴士811，越過國家公園抵達修道院對面巴士站，約1小時10分。 🏠Kloster St. Johann, 7537 Müstair ☎(0)81 851-6228 ◗博物館及教堂5~10月週一至六9:00-17:00，週日及假日13:30-17:00；11~4月週一至六10:00-12:00、13:30-16:30，週日及假日上午休 💲教堂免費；博物館成人CHF10，學生CHF5起 🌐www.muestair.ch

　　安靜地立於米泰爾廣闊草地上，從樸實的外觀絲毫看不出裡面藏著世界文化的瑰寶。米泰爾位於瑞士與義大利的邊境，是翻越阿爾卑斯山脈的重要關口，自古以來就是兵家必爭之地。修道院建於775年，12世紀開始作為女子修道院使用，是現存少數卡洛林王朝(Carolingian)時期的建築。20世紀中因為教堂修繕工程，才無意中發現19世紀的壁畫下竟藏著一層9世紀的創作，壁畫的內容描繪著舊約、新約聖經中的82個故事場景。即使已有許多損壞剝落，這些宗教藝術傑作仍是世界上保留最好的中世紀前期濕壁畫，也因此修道院在1983年被列為世界文化遺產。修道院旁的普蘭塔(Planta Tower)現在是博物館，塔樓本身的歷史可追溯至960年，是阿爾卑斯地區最古老的防衛塔，透過展示品及內部房間擺設，可了解千年來修道院的演變。

羅曼語區…下 恩加丁谷地 Engiadina Bassa

列支敦士登

Liechtenstein

列支敦士登

世人們一向把瑞士視為度假勝地，而列支敦士登則又是瑞士人的度假勝地。列支敦士登西隔萊茵河與瑞士為鄰，翻過東邊的山地則是奧地利的國土，整個國家的面積不到台北市的2/3，但是平均每人5萬美金的國民生產毛額卻是名列世界第一！從前列支敦士登還不是很富裕的時候，靠著發行郵票來維持國本，直到今天，列支敦士登發行的郵票仍舉世聞名，藝術性與收藏價值兼具。今日的富裕則主要來自工業的發展與低稅政策，由於列支敦士登對營業稅的課徵比其他國家低很多，因此成為全球企業的避稅天堂，在這裡註冊的公司總數，甚至是全國人口的兩倍以上。

　　列支敦士登於1868年成為永久中立國，當時甚至連軍隊都解散了，而這也為該國節省了大筆國防預算。一次大戰之後，列支敦士登與瑞士結盟，因此從瑞士到列支敦士登，幾乎感覺不到關防的存在，同時列支敦士登使用的貨幣也是瑞士法郎，是以許多觀光客到瑞士東遊玩時，都會順道前去一遊。

　　對一般亞洲觀光客而言，列支敦士登的首都瓦都茲(Vaduz)是主要的遊覽重點，如果租車的話，幾乎一天之內就可以把整個列支敦士登遊遍，能夠這樣玩的國家，世上恐怕找不出幾個。

列支敦士登

列支敦士登之最 Top Highlights of Liechtenstein

郵票博物館 Briefmarkenmuseum

　　郵票幾乎已經和這個國家畫上等號，就算不是集郵迷，來到瓦都茲的郵票博物館，也會著迷於那如同藝術創作的小方塊世界。(P.299)

大公酒莊 Fürstliche Hofkellerei

　　列支敦士登的葡萄酒香氣濃郁，口感柔順不酸澀，但礙於葡萄種植範圍和產量有限，所以沒有外銷，來到此地千萬別錯過地方限定的珍藏好味道。(P.298)

INFO

基本資訊

人口：約3萬9千人　　**面積**：160平方公里

國碼：423(無區碼)　　**語言**：德語

如何到達──火車+巴士

　　列支敦士登境內沒有機場，需先搭飛機至蘇黎世國際機場，再由瑞士入境。一般而言，從瑞士前往列支敦士登，都是先搭火車到萊茵河西岸瑞士境內的薩爾岡斯(Sargans)或布赫斯(Buchs)，這兩座火車站的規模都很小，車站外就是巴士總站。從薩爾岡斯可搭乘郵政巴士11號至瓦都茲市中心(Vaduz Post站)，從布赫斯則搭乘郵政巴士12號，均為每小時2班次，車程約20分鐘。火車票可在火車站的售票機購買，巴士票則可上車後向司機購買。持有瑞士火車通行證(Swiss Travel Pass)可在期限內搭乘所有班次的火車及列支敦士登的郵政巴士。

郵政巴士LIEmobil ⓌUwww.liemobil.li

國內交通

◎郵政巴士

　　列支敦士登的所有城市，包括首都瓦都茲在內，用雙腳走遍全城絕對綽綽有餘。而城鎮與城鎮之間的交通，則可搭乘黃色車身的列支敦士登郵政巴士，在每個巴士站的候車亭都有路線圖與時刻表，非常方便。車票可在上車後向司機購買，車資也適用於Swiss Travel Pass或列支敦士通行證。

◎租車

Avis, Vaduz ☎232-3722　Ⓤwww.avis.ch

Europcar, Nendeln ☎373-1288　Ⓤwww.europcar.ch

Sixt AG, Triesen ☎390-1040　Ⓤwww.sixt.ch

觀光行程

◎瓦都茲觀光小火車 Citytrain

　　瓦都茲觀光小火車其實是火車造型的觀光巴士，從市政廳附近的總站出發，沿途會經過許多歷史景點和葡萄園，中間會在紅屋(Rotes Haus)下車停留，那裡是拍攝瓦都茲城堡最好的角度之一，行程約35分鐘。如果有興趣的話，可以在客運總站的Welcome Desk詢問詳情與購票。

⌂上車處在Äulestrasse的客運總站，市政廳附近。

☎777-3490

◉4月～10月中每日13:00、16:30出發

💲成人CHF21，兒童CHF8.5　Ⓤwww.citytrain.li

優惠票券

◎列支敦士登通行證Adventure Pass

　　無論是郵政巴士、瓦都茲觀光小火車、馬爾本纜椅、國內各博物館門票等，都在這張通行證的使用範圍內。而且持有通行證，還可免費在護照上蓋上入境紀念戳。可以在遊客服務中心買到這張通行證。

💲1日通行證為成人CHF25，6至15歲孩童CHF17；2日通行證為成人CHF29，6至15歲孩童CHF19；3日通行證為成人CHF35，6至15歲孩童CHF29。6歲以下皆免費。

旅遊諮詢

◎瓦都茲遊客服務中心

　　列支敦士登的邊境沒有海關，如果你想在護照上留下列支敦士登的入境章，可以到Liechtenstein Center請櫃台人員為你蓋印，費用為CHF3。雖然沒有效力上的實質意義，卻是個難得的紀念。

⌂Städtle 39, 9490 Vaduz　☎239-6363

◉夏季每日9:00–18:00，冬季每日9:00–17:00

Ⓤwww.tourismus.li

◎馬爾邦遊客服務中心

⌂Im Malbun 35, 9497 Malbun　☎263-6577

◉7～10月週一至五09:00–12:00（週末至13:30）。12～4月每日09:00–12:00、13:00–16:00。

◎特里森堡遊客服務中心

⌂Dorfzentrum, 9497 Triesenberg　☎262-1926

瓦都茲市

Where to Explore in Liechtenstein
賞遊列支敦士登

瓦都茲 Vaduz

MAP ▶ P.296B2

瓦都茲城堡

MOOK Choice

Schloss Vaduz

雄踞山巔的大公之家

❶ 內部不開放給遊客參觀

　　瓦都茲城堡是列支敦士登的象徵，也是列支敦士登大公一家人居住的地方，它雄峙在首都的山丘上，既傲視著它富裕的領土，又高高在上接受人民的景仰。瓦都茲建城於1322年，1712年時被列支敦士登家族買下，1719年與薛倫堡（Schellen）合併升格為大公國。當初購買這兩塊土地，只是為了要獲得成為神聖羅馬帝國主權成員國的資格，這就是這個國家為何這麼迷你，而列支敦士登也成為歐洲少數以交易方式立國的國家。雖然列支敦士登早在18世紀初便已立國，但因為大公長住於維也納，且在其他地方尚擁有許多帝國采邑，因此直到帝國瓦解多年後的1938年，列支敦士登大公才初次踏進這塊土地。在所有君主立憲的國家元首中，列支敦士登大公是最

有實權的一位，他甚至擁有解散國會的權力。

　　由於列支敦士登大公一家人就住在瓦都茲城堡內，因此城堡並不對外開放參觀，你可以沿著一條浪漫的步道上山，來到城堡的大門外一探究竟。如果看到城堡上懸掛著列支敦士登的國旗(上藍下紅，左上角有一頂金色王冠)，就代表大公在家喔！

瓦都茲 Vaduz

MAP ▶ P.296B3

國家博物館

Landesmuseum

穿梭列支敦士登的過去與現代

🚶 遊客中心東邊隔壁的房子即是　🏠 Städtle 43, 9490 Vaduz
☎ 239-6820　🕐 週二至日10:00-17:00(週三至20:00)；週一休
💲 成人CHF10，優待票CHF7　🌐 www.landesmuseum.li　❶
博物館內禁止拍照

　　如果對列支敦士登這個國家感到好奇，不妨走一趟列支敦士登國家博物館，這裡一共分有7個展廳，從和國家歷史相關的考古遺址、歷史古文物、中世紀貨幣、武器、住家型態、教堂聖物

等，到列支敦士登人民的傳統服飾、節慶用品、生兒育女、婚喪喜慶、休閒娛樂等生活層面，幾乎無所不包。你也能在這間博物館中找到歷任列支敦士登大公的畫像，以及重現1600年裝潢陳設的房間。除了人文歷史的面向之外，還有一棟與之相連的自然科學展示館，專門展示當地的動、植物標本與古生物骨骼，其中還包括一些已經滅絕的物種。如此全方面的收藏，足以令遊客對於列支敦士登的歷史演進有個通盤的了解。

瓦都茲 Vaduz

MAP ▶ P.296B2

列支敦士登美術館
Kunstmuseum Liechtenstein

大公的私人藝術珍藏

🚶 從遊客中心沿Städtle西行即達　🏠Städtle 32, 9490 Vaduz
☎235-0300　🕐週二至日10:00-17:00(週四至20:00)；週一
休　💲成人CHF15，優待票CHF10，16歲以下免費　🌐www.
kunstmuseum.li　❗週四18:00提供藝術品導覽

　　現任的列支敦士登大公漢斯・亞當二世(Hans-Adam II)，是一位著名的名畫收藏家，估計他擁有數以千計的世界名畫，包括像魯本斯(Peter Paul Rubens)等具有代表性的大師作品。大公也懂得獨樂樂不如眾樂樂之道，大方地將私人收藏以主題性輪展的方式放在列支敦士登美術館中展出，讓一般民眾也有機會見識這些名畫之美。列支敦士登美術館也會籌劃許多列支敦士登本地與國際知名藝術家的特展，展出的創作不拘一格，表現多元的文化思維，令人耳目一新。

瓦都茲 Vaduz

MAP ▶ P.296A1

大公酒莊

MOOK Choice

Fürstliche Hofkellerei

啜飲地區限定的貴族氣味

🚶 搭Bus 11、12至Hotel Elite站即達　🏠Feldstrasse 4, 9490
Vaduz　☎232-1018　🕐週一至五9:00-18:00，週六10:00-
17:00，週日休　🌐www.hofkellerei.at

　　位於瓦都茲市區北郊的大公酒莊屬於列支敦士登大公的產業，酒莊占地廣達4公頃，是這一帶面積最大的葡萄莊園。既然掛著列支敦士登大公的名號保證，這裡出產的葡萄酒絕對讓人味蕾為之發亮，不論是紅酒還是白酒，在倒進酒杯的瞬間就能聞到馥郁誘人的香氣，質地精緻的葡萄酒喝起來不酸不澀，極為順口，果然帶有歐洲王室的貴氣。更令人心動的是，散客只要在開放時間內來到大公酒莊，還能在品酒室內免費品酒呢！由於列支敦士登的葡萄種植範圍有限，而其國民又多好酒之士，因此列支敦士登的葡萄酒是不外銷的，想帶點特別的紀念品回去，大公酒莊的葡萄酒是個不錯的選擇。

　　至於10人以上團體，可以預約參觀酒莊的酒窖，並試飲5種不同的葡萄酒，對當地的葡萄品種與釀酒過程能有更深入的認識。10人以上費用為每人CHF23。

瓦都茲 Vaduz

MAP ▶ P.296B3

郵票博物館

MOOK Choice

Briefmarkenmuseum

集郵迷不可錯過的朝聖地

位於遊客中心西邊 Städtle 37 Postfach 1216, 9490 Vaduz 239-6846 每日10:00~17:00 免費 www.landesmuseum.li

　　如同台灣曾被稱為「蝴蝶王國」一樣，列支敦士登也曾經幾乎成為「郵票」的代名詞。列支敦士登遲至1912年才開始發行自己的郵票，在此之前都是依賴奧匈帝國的郵政體系。由於列支敦士登的郵票製造嚴謹，加上本地藝術家們的獨特創意，使得發行自列支敦士登的郵票很快便成為國際集郵者的新寵，對當時還未躋身富裕國家之列的列支敦士登來說，這是一筆重要的收入來源。儘管隨著電子郵件的普及，郵票的地位已經不如以往，但列支敦士登的郵票依然是集郵者們心目中的寶貝，其日新月異的藝術風格、切合時事的主題設計，早就超越了郵資本身的價值，使其在郵票式微的時代裡仍舊聲勢不墜。

　　列支敦士登郵票博物館成立於1930年，館內郵票依年代及主題分門別類，以拉櫃的方式展示，收藏量豐富。此外，博物館內還陳列了許多藝術家們創作的郵票原稿、郵政的相關文獻紀錄、早期販賣郵票的機器、從前郵差們的裝備和服裝等，可以認識郵政的演進史。

巴爾采斯 Balzers

MAP ▶ P.295A4

古騰堡城堡

Gutenberg Fortress

葡萄梯田上的古堡

搭Bus 11、12至Balzers Post站即達 Burgweg 8, 9496 Balzers 388-1133 禮拜堂和玫瑰園5~10月每周日10:00~19:00 www.haus-gutenberg.li 城堡內部不開放參觀

　　當你坐著郵政巴士經過巴爾采斯這個小鎮時，一定會被車窗外的景象所吸引住：綠意盎然的葡萄梯田中，一座有著高聳尖塔的古堡，昂然雄踞在小山丘上，這是何等牧歌式的畫面。古騰堡城堡建於13世紀左右，數百年來一直為私人家族所有，列支敦士登政府在1979年時將古堡買下，作為夏日舉辦文化活動的場地。城堡內部開放團體租賃場地辦理活動，大多為研討會或婚禮使用，城堡前方的中庭、玫瑰園及禮拜堂則開放一般民眾參觀。

The Savvy Traveler
聰明旅行家

文●墨刻編輯部　圖●墨刻攝影組

基本資訊

◎瑞士

正式國名：瑞士聯邦(Confoederatio Helvetica，簡稱CH，Switzerland為英文的通用名稱)

面積：41,284平方公里

人口：約870.3萬人，其中超過22.7%為外來人口

首都：伯恩(Bern)

宗教：以基督新教及羅馬天主教為主，分別佔了35%及42%的人口比例

種族：日耳曼人65%、法蘭西人18%、義大利人10%、其他7%

語言：瑞士為多語言國家，官方語言有4種，分別為德語佔65.6%人口、法語約22.8%、義語約8.4%和羅曼語不到1%。有趣的是各項產品、菜單及路標也都會同時標示2~3種以上的文字。瑞士人從小學開始就必須學習母語以外的第二種語言，國中後可再選擇英語課程，因此大部分瑞士人都能說多國語言，且由於瑞士是非常注重觀光和商業的國家，大城市和觀光景點都能以英語溝通，旅行途中幾乎不會有語言問題。

政治：瑞士是由26個州(canton)所組成的聯邦制國家，採用直接民主制度，遇上重要事務可訴諸公民投票。在聯邦憲法保護下，各州分權、地位平等，有自己的旗幟、政府議會、法律規章、教育制度，稅率和假日也不盡相同。

◎列支敦士登

正式國名：列支敦士登大公國 Fürstentum Liechtenstein

面積：160平方公里

人口：約3.9萬人

首都：瓦都茲(Vaduz)

宗教：人民信仰以羅馬天主教為主，約佔全國人口的78.4%，而新教徒佔8.3%，伊斯蘭教徒為4.8%，其他信仰與無神論者佔8.5%

種族：本地居民主要為日耳曼人中阿拉曼人(Alamanni)的後代。而在列支敦士登的人口結構中，本地居民約佔總人口的65.8%，其他34.2%為外國移民

語言：官方語言為德語

簽證辦理

　　從2025年中開始，國人前往包含瑞士、奧地利、捷克、匈牙利等歐洲30個國家和地區，需要事先上網申請「歐盟旅行資訊及許可系統」(ETIAS)且獲得授權，手續費€7。ETIAS有效期限是3年，或持有護照到期為止。效期內只要持有效護照及ETIAS即可不限次數出入申根公約國，無需再辦理申根簽證，6個月內最多可停留90天。有效護照的定義為，預計離開申根區時最少還有3個月的效期。

　　要注意的是，儘管開放免簽證待遇，卻不代表遊客可無條件入境，移民官有時會在入境檢查時要求提供相關證明文件，建議隨身攜帶以備查驗。入境申根國家可能需要查驗的相關文件包括：來回航班訂位紀錄或機票、英文行程表、當地旅館訂房紀錄或當地親友邀請函、足夠維持旅歐期間生活費之財力證明、公司名片或英文在職證明等。

ETIAS

🌐 travel-europe.europa.eu/etias_en

　　如有其他相關問題，或是要辦理非觀光簽證，可洽詢：

瑞士商務辦事處(TOSI)

📍台北市基隆路一段333號31樓3101室

☎(02)2720-1001

旅遊諮詢

瑞士旅遊局

🌐www.myswitzerland.com

列支敦士登旅遊局

🌐www.tourismus.li

飛航資訊

　　瑞士有蘇黎世、日內瓦、伯恩、巴塞爾、盧加諾等5座國際機場。由台灣前往瑞士大都由蘇黎世或日內瓦進出，目前均無直飛航班前往，須經亞洲或歐洲其他城市轉機。這兩座機場都和瑞士國內的鐵路網相連接，交通非常方便。

　　若不知如何選擇航空公司，建議善用機票比價網站Skyscanner，填寫出發、目的地及時間後，可選擇只要直達班機或轉機1~2次，網站上會詳細列出所有票價比較、飛航時間及提供服務的航空公司組合。

Skyscanner

🌐www.skyscanner.com.tw

◎台灣飛航瑞士主要航空公司

旅遊資訊

◎時差

　　11~3月比台灣時間慢7小時，夏季實施夏令日光節約時間(3月最後一個週日起至10月最後一個週日止)，較台灣慢6小時。

◎貨幣與匯率

　　瑞士和列支敦士登的法定貨幣為瑞士法郎(Swiss Francs，CHF)。紙幣有10、20、50、100、200及1000幾種面額，硬幣則有5、10、20、50分，以及1、2、5瑞士法郎。瑞士各大車站、機場都有匯兌處，除國定假日外，一般營業時間為每日8:30-16:30。瑞士法郎兌換新台幣匯率約為1:36.27(2023.08)。

◎電壓

　　電壓均為220V，插座為兩孔式或三孔式，由於兩孔式轉接頭也適用於三孔插座，建議準備兩插式轉接頭即可。

　　不過有些較舊的建築插座設計較為特殊，插孔深度較深，即使自備了合適的轉接頭也有可能插不上

航空公司	飛行城市	訂位電話	網址
瑞士國際航空	台北經香港或曼谷至蘇黎世	(02)2507-2213	swiss.com
德國漢莎航空	台北經香港、法蘭克福/慕尼黑到蘇黎世/日內瓦	(02)2325-8861	www.lufthansa.com.tw
	台北經曼谷、法蘭克福到蘇黎世/日內瓦		
	台北經新加坡、法蘭克福到蘇黎世/日內瓦		
泰國航空	台北經曼谷至蘇黎世	(02)2515-0188	www.thaiairways.com.tw

去，屆時可向飯店詢問借用。

◎打電話

若需要經常撥打瑞士國內電話，可在Swisscom、Sunrise或Orange等通訊業者的門市購買手機預付Sim卡，有多種面額可供選擇。撥打電話的方式如下：

瑞士直撥台灣：00＋886＋區域號碼(去掉0)＋電話號碼

台灣直撥瑞士：002＋41＋區域號碼(去掉0)＋7碼電話號碼

瑞士國內電話：區域號碼＋7碼電話號碼

◎網路

現在瑞士提供免費無線上網的地點很多，包含博物館、餐廳、飯店、機場及部分火車站等。也可在Swisscom、Sunrise或Orange等通訊業者的門市購買預付網卡。

如果一次遊歷歐洲超過2個國家，網路上可以找到一些歐洲國家通用的預付網卡，跨越國界時完全無需做任何調整，彷彿在同一個國度內使用，非常方便。可依照自己所需天數、網路用量、需不需打電話等差異加以選擇。

◎小費

所有飯店、計程車及部分餐廳的費用已包含15%的服務費，因此毋需額外給予小費。但若是對飯店與火車站提供行李搬運的服務人員，或是協助搬運行李的計程車司機，習慣上給予每件行李CHF2的小費。有些餐廳的服務費不包含在餐費裡，可酌情加餐費的10~15%給服務人員，以示感謝之意。

◎飲水

瑞士人一向以水質清澈甘美自豪，飯店和餐廳內水龍頭的水皆可生飲。蘇黎世和日內瓦等大城市路邊常常可見小噴泉，若沒有另外標明禁止飲用符號，都是可生飲的泉水。只要帶個隨身水壺，就不需要額外花錢買礦泉水了！

◎治安

相較於歐洲其他國家，瑞士的治安令人相當放心，路上很少看到流浪漢或行跡可疑的人，即使是蘇黎世或日內瓦這樣的大城市，也感受不到雜亂、緊張匆忙的氣息。然而，作為遊客還是要提高警覺，小心保護自身及財產的安全。

緊急聯絡電話

瑞士：警察117、消防118、急救144

外交部海外急難救助免付費電話：00-800-0885-0885

駐瑞士台北文化經濟代表團：(41-31)382-2927或(41-31)350-8050

◎營業時間

一般公司或政府機關的辦公時間通常是上午8點到中午12點、下午2點到5點，其他商店、餐廳或銀

泡麵族看過來：機場找不到熱水

瑞士由於消費較高，不少人出門前會準備泡麵作為補充糧食，建議在離開瑞士的機場前把泡麵食用完畢，不要留到機場，否則蘇黎世機場範圍內幾乎找不到熱開水，泡麵可能要再帶回台灣了。